抗日战争时期中国人口伤亡和财产损失调研丛书

主　编　李忠杰
副主编　李　蓉　姚金果
　　　　霍海丹　蒋建农

江苏省抗日战争时期人口伤亡和财产损失

江苏省委党史工作办公室　编

中共党史出版社

图书在版编目(CIP)数据

江苏省抗日战争时期人口伤亡和财产损失/江苏省委党史工作办公室编 . —北京:中共党史出版社,2014.10
(抗日战争时期中国人口伤亡和财产损失调研丛书/李忠杰主编)
ISBN 978-7-5098-2837-3

Ⅰ.①江… Ⅱ.①江… Ⅲ.①抗日战争－损失－史料－江苏省 Ⅳ.①K265.06

中国版本图书馆 CIP 数据核字(2014)第 228074 号

出版发行:中共党史出版社
责任编辑:陈海平
复　　审:姚建萍
终　　审:汪晓军
责任校对:龚秀华
责任印制:谷智宇
责任监制:贺冬英
社　　址:北京市海淀区芙蓉里南街6号院1号楼
邮　　编:100080
网　　址:www.dscbs.com
经　　销:新华书店
印　　刷:北京君升印刷有限公司
开　　本:170mm×240mm　1/16
字　　数:571 千字
印　　张:29.25　18 面插图
印　　数:1－3000 册
版　　次:2014 年 10 月第 1 版
印　　次:2014 年 10 月第 1 次印刷

ISBN 978-7-5098-2837-3
定　　价:69.00 元

此书如有印制质量问题,请与中共党史出版社出版业务部联系
电话:010－82517197

《抗日战争时期中国人口伤亡和财产损失调研丛书》

本课题在中共中央党史研究室室委会领导下进行。先后三位时任主任孙英、李景田、欧阳淞对本课题给予了重要指导。

主　编　李忠杰
副主编　李　蓉　姚金果　霍海丹　蒋建农

参加审稿的领导和专家：
一、中共中央党史研究室领导和专家
  曲青山　孙　英　龙新民　陈　威　石仲泉
  谷安林　张树军　黄小同　黄如军　李向前
  陈　夕　任贵祥　郑　谦　王　淇　黄修荣
  刘益涛　韩泰华
二、有关部门和单位的专家
  李景田（第十二届全国人大常委、民族委员会主任
     委员；中共中央党史研究室原主任；中共
     中央党校原常务副校长）
  何　理（中国人民解放军国防大学少将、教授、中
     国抗日战争史学会会长）
  支绍曾（中国人民解放军军事科学院少将、原军事
     历史研究部副部长、研究员）

罗焕章（中国人民解放军军事科学院研究员）

刘庭华（中国人民解放军军事科学院原军事历史研
　　　究部研究室主任、研究员、博士生导师、
　　　首席军史专家）

阮家新（中国人民革命军事博物馆原副馆长、研究员）

步　平（中国社会科学院近代史研究所原所长、研
　　　究员）

汤重南（中国社会科学院世界历史研究所研究员、
　　　中国日本史学会名誉会长）

姜　涛（中国社会科学院近代史研究所研究员）

荣维木（《抗日战争研究》原主编）

郭德宏（中共中央党校党史教研部原主任、教授、
　　　博士生导师）

肖一平（中共中央党校党史教研部教授）

杨圣清（中共中央党校党史教研部教授）

李东朗（中共中央党校党史教研部教授、博士生
　　　导师）

徐　勇（北京大学历史系教授、博士生导师）

李良志（中国人民大学中共党史系教授）

王桧林（北京师范大学教授、博士生导师）

谢忠厚（河北省社会科学院原现代史研究所所长、
　　　历史研究所顾问、研究员）

中共中央党史研究室课题组成员

李忠杰　霍海丹　李　蓉　姚金果　李　颖
王志刚　王树林　杨　凯

《**抗日战争时期中国人口伤亡和
财产损失调研丛书**》

总　　序

中共中央党史研究室副主任　李忠杰

　　发生在 20 世纪三四十年代的中国人民抗日战争，是中华民族抵抗日本帝国主义侵略的一场规模巨大的战争，是世界反法西斯战争的重要组成部分和东方主战场，是近代以来中国反对外敌入侵第一次取得完全胜利的民族解放战争。中国人民抗日战争的胜利，成为中华民族由衰败走向振兴的重大转折点，也对世界各国人民取得反法西斯战争的胜利、争取世界和平的伟大事业产生了巨大影响。

　　这场战争，作为世界反法西斯战争的一部分，从根本上来说，是反法西斯正义力量与法西斯侵略势力之间的一场大决战，是文明与野蛮的一场大搏斗。日本侵略者，站在法西斯阵营一边，不仅与中国人民为敌，而且与世界人民为敌，肆意践踏人类的公理和正义，企图以残暴杀戮的手段，将中华民族置于自己的铁蹄之下。日本侵略者先后占领了中国、东南亚、南亚、大洋洲许多国家的领土，杀害居民，掠夺物资，强征劳工，施放毒气，蹂躏妇女和儿童，毁坏和窃取文物，造成了大量人员和财产的损失，给中国人民和亚洲其他许多国家人民留下了巨大的创伤，给世界文明造成了空前的破坏。

　　中国是受战争摧残最为严重的国家。从 1931 年到 1945 年的 14 年间，日本侵略者先后占领了东北、华北、华中、华南等大片中国最重要的经济政治文化战略地区。在整个战争进程中，日军到处屠杀、焚烧、抢掠、奸淫，使中国人民的生命财产惨遭蹂躏；大量使用生化武器，进行残酷的细菌战和化学战；把大批中国平民和俘虏当作细菌和毒气的试验品；对无辜的中国平民施放毒气，或在河流、湖泊、水井中投毒；掠走大批中国劳工，强迫他们筑路、开矿、拓荒，从事大型军事工程，使其大批冻、饿、病、累而死；强征中国妇女作为"慰安妇"，严重残害妇女的身心健康；对抗日根据地实行"烧光、杀光、抢光"政策，企图摧毁抗战军民起码的生存条件；在许多地方还制造了一系列触目惊心的大惨案。直至今天，日本侵略所造成的后果还难以完全消除，日军遗留的毒气弹还不时地威胁着中国人民的生命安全。

日本侵略者的罪行，违背了起码的人类良知和国际公法，不仅是对人权和人道主义的践踏，而且是对人类文明的挑战。它决不是如某些日本右翼分子所说是解放亚洲和太平洋地区人民的行动，而是亚洲和太平洋地区历史上最黑暗的一幕，是人类文明史上的一场浩劫。第二次世界大战结束后，根据《波茨坦公告》的规定，远东国际军事法庭在东京对日本首要战犯进行了国际审判，确认侵略战争为国际法上的犯罪，策划、准备、发动或进行侵略战争者为甲级战犯。此外，盟军还在马尼拉、新加坡、仰光、西贡、伯力等地，对日本的乙、丙级战犯进行了审判。中国也先后对日本的有关战犯进行了审判。这些审判，与欧洲的纽伦堡审判一起，使发动侵略战争的罪犯受到了应有的惩处，代表了全世界一切爱好和平人民的共同愿望。这是正义的审判，历史的审判！这一审判的结果是不容挑战的！

策划和制造当年这场战争的，是一小撮日本军国主义和法西斯分子。而日本人民，从根本上来说，也是受害者。所以，日本人民也用不同方式对这场战争进行了抵制和反抗。不少参加侵华战争的士兵认识到战争的性质，幡然悔悟，积极参加了国际和日本国内的反战活动。战后，很多人勇敢面对历史事实，以见证人的身份揭露了日本军国主义的罪行。还有很多当年的士兵，真诚忏悔战争的罪行，以实际行动推动世界和平和中日友好，做了很多有益的工作。他们的良知和勇气，应该得到充分的肯定和赞赏。

相反，日本国内一些右翼势力，直到今天仍然否认侵略战争的性质和罪行，竭力推卸侵略战争的责任。对早已由当年远东国际军事法庭作出严正判决的南京大屠杀一案，始终企图翻案。历史不容改变，事实岂能抹杀！企图歪曲历史，掩盖罪行，这是中国人民绝对不能同意的！

中国人民在当年那场战争中的胜利，是正义战胜邪恶、光明战胜黑暗、进步战胜反动的伟大胜利！是正义的胜利、人民的胜利、和平的胜利！既是中华民族永远值得纪念的胜利，也是世界人民永远值得纪念的胜利！但是，在纪念胜利的同时，我们不要忘记，这一胜利是用极为惨重的代价换来的。在这一伟大胜利的背后，是中华民族遭受的巨大人员伤亡和财产损失！中华民族，既为这场战争的胜利作出了巨大的贡献，也在这场战争中付出了巨大的民族牺牲。

1995 年，江泽民同志在首都各界纪念抗日战争暨世界反法西斯战争胜利 50 周年大会上，对当年日本侵略中国造成巨大人口伤亡和财产损失的基本数据作出了重要表述。2005 年，胡锦涛同志在纪念中国人民抗日战争暨世界反法西斯战争胜利 60 周年大会的讲话中，再次郑重宣布，据不完全统计，在抗日战争期间，中国军民死伤 3500 多万人；按 1937 年的比值折算，中国直接经济损失 1000 多亿美元，间接经济损失 5000 多亿美元。中国领导人公开宣布的基本数据，从整体上揭示了中国人口伤亡和财产损失的规模，有力地揭露了日本军国主义侵略的罪行。

数据，是历史的抽象。数据的背后，是大量的事实、确凿的证据，是无数人们的惨痛记忆和血泪控诉。为了更直接、更具体、更全面、更系统、更立体地还原当年的历史，展示中国人民遭受的灾难和损失，揭露日本军国主义的罪行，驳斥日本右翼势力否认侵略罪行的种种言论，我们必须通过更多档案资料的展示、历史文书的挖掘、具体事实的考查、当事人的证词证言、各种各样的物证书证，等等，将侵略者的罪行昭告天下。因此，作为炎黄子孙，作为郑重的历史工作者，有必要、有责任、有义务、也有权利对战争期间中国的人口伤亡和财产损失进行更加系统、详尽、具体的调查研究，将当年中国人民的巨大牺牲和惨重损失永远地记载下来。

这项调查研究工作，本来在抗日战争结束之后，或者在新中国成立时，就应该进行。但由于种种历史原因，未能系统、全面地进行。由于年代久远，资料散失，在世的证人越来越少，现在进行这方面的调查和研究已经有很大困难。但是，无论早晚，这项工作总得有人来做。现在才做，已经晚了几十年。但如果现在再不做，将来就更晚，也更困难了。所以，无论再困难，做，都是必要的。做好这项调研，是对历史负责、对人民负责、对当年的牺牲殉难者负责、对我们的子孙后代负责。根本上，是对整个中华民族负责，也是对国际社会和人类文明负责。

因此，2004 年，中央党史研究室决定开展《抗日战争时期中国人口伤亡和财产损失》的课题调研。从 2005 年开始，组织全国党史部门围绕这一重大课题，开展了系统深入的调研工作。其基本任务，是按照实事求是的原则，调查更加详实、有力、具体、准确的档案、材料、事实，更加清楚准确地掌握日本军国主义的侵略罪行，更加清楚准确地掌握日本侵略在各个不同领域、地区和方面对中国造成的破坏和损失。其中包括：各个省、自治区、直辖市在抗战中的人口伤亡和财产损失情况；历次重大战役战斗中中国军队伤亡的情况；日本从中国掠走各种资源的情况；日本从中国掠走和破坏文物的情况；日军在中国制造的一系列重大惨案；中国劳工的损失情况；中国妇女遭受日军性侵犯的情况，包括"慰安妇"的情况；日军在中国使用细菌武器、化学武器及其造成伤害的情况；日本侵略在其他方面给中国造成破坏的情况；等等。

课题调研的整体布局，实行块块和条条的结合。每个省、自治区、直辖市党史研究室，主要负责把本区域内的情况调查清楚。也可根据实际情况，选择一些重点，进行专题性的调研，形成专题性的研究成果。一些重要专题，单靠某个省（自治区、直辖市）做不了，就采取条条的办法，组织专题性的调研。还有一些，则是条条与块块相结合。如毒气，日军在不同区域使用过，有关的省（自治区、直辖市）都调查。但作为一个专题，由相关的区域进行协调，配合开展调研工作，并形成专项的调研成果。如劳工、性侵犯等，就大致属于这种类型。

课题调研的方式方法，主要是查阅和搜集档案文献资料，包括不同历史时期的统计报表。同时查阅当时有关的报刊资料，查阅多年来涉及有关地方、有关课题的研究成果。对一些特殊的重大事件，特别是重大惨案等，也同时进行社会调查，对当事人、知情人、有关研究人员等进行走访，记录证词证言。对于特别重要的事件，有条件的，还进行必要的司法公证，如南京大屠杀、潘家峪惨案等，使这些调查都成为在法律上可以采信的证据。根据需要与可能，也到国外境外包括台湾地区查阅搜集档案资料。

中央党史研究室进行了大量组织和指导工作。在课题确定前，首先进行了必要的论证，得到了许多专家的支持。随后，制定了详细的工作方案，向各省、自治区、直辖市党史研究室发出正式通知和实施意见，明确了工作的指导思想、组织领导、调研项目、工作步骤、基本要求、注意事项等等。为了提高认识，振奋精神，交流经验，落实措施，专门召开了工作培训会议，就课题的总体规划、调研方法、需要把握的问题等，作了全面部署，特别是提出了把调研工作做成"基础工程、精品工程、警世工程、传世工程"的要求。多年来，一直分阶段、有步骤地把这项课题调研推向前进。有关领导和专家分别到各地参加会议，指导培训，提出要求，统一规格，解答疑难问题。在调研过程中，随时就有关问题进行具体指导。工作班子及时编发简报和简讯，交流情况和经验。

各级党委和政府高度重视。多数地方成立了由党史研究室领导负责的课题组。各地先后召开工作会议、电话会议等，培训人员，落实任务。许多地方形成了由党史研究室牵头，档案、民政、财政、司法、地方志、社科院以及高校等部门单位联合攻关的局面，保证了调研工作扎扎实实、有计划有步骤地向前推进。

《抗日战争时期中国人口伤亡和财产损失》课题调研先后经历了六个阶段。第一，酝酿启动。第二，全面调研。这是最重要的阶段。各地组织专门人员，查询档案，实地走访，搜集了大量资料。第三，起草报告。凡参加调研的县以上单位，都要在搜集整理、考证研究档案文献资料和进行实地调查的基础上，写出调研报告，全面、准确地反映调研成果。同时，将调研中搜集的档案文献资料进行分类整理，制作统计表、大事记和人员伤亡名录等。第四，分级验收。为保证调研成果的科学性、准确性、严肃性，各省、自治区、直辖市调研报告都要经过四级验收。首先由课题领导小组审查通过，然后聘请所在省份资深专家审读验收，合格后报送中央党史研究室课题组。中央党史研究室课题组审读各省、自治区、直辖市的调研报告及相关调研成果，认为合格后，再聘请有全国影响的专家审读，写出书面意见并亲笔署名。根据审读意见，各地都要反复认真进行修改，只有达到规定要求才能通过验收。第五，上报成果。完成调研工作的省、自治区、直辖市，都按统一要求，将调研中收集的档案文献资料等所有文件，精心整理，分类成册，向中央党史研究室提交调研成果。各市县也要逐级向省级报送。第六，反复审核。中央党史研究室召开审稿会，组织各省、自治区、直辖市按照标准自审，相互间互审，将各种材料进行比对，将有关数据核实，解决带有共性的问题，进一步统一标准、统一规范、统一格式。

这项课题调研，作为一项浩大的工程，到目前为止，进行了将近10年之久。前后共有60多万党史工作者、史学工作者和其他各类有关人员参加。将近10年来，各个地方都周密组织，采取有力措施推动工作开展，保证调研质量。如山东省，先在30个县（市、区）进行试点，然后在全省普遍推开，形成了纵向省市县乡村五级联动、步调一致，横向十几个部门优势互补、携手攻关的工作格局。课题调研期间，山东省参加工作的同志共查阅档案238742卷，复印档案资料406912页，查阅抗战期间及战后出版的书刊61301册（期），复制文献资料220177页。走访调查8万余个行政村、609万名70岁以上（即1937年全国性抗战爆发以前出生）老人中的507万余人，收集证言证词79万余份。拍摄照片资料7376幅、录像资料49678分钟，制作光盘2037张。全省1931个乡镇，每个乡镇都建立了包括证人证言证词、伤亡人员名录、财产损失清单、人员伤亡和财产损失数字统计、人员伤亡和财产损失大事记、重大惨案证据材料以及证人和知情人口述录音、录像、照片等内容的抗战时期人口伤亡和财产损失材料卷宗，共12892个。

这项课题调研，也得到了社会各界特别是档案图书部门、专家学者的普遍支持。许多档案馆、图书馆为这次调研提供各种方便。不少专家学者在教学科研任务繁重、经费困难的情况下，承担专题研究任务。有的外请专家利用学校假期全力以赴做课题，缺少交通工具，就以自行车代步或徒步，到档案馆和图书馆查阅文献资料。

为了扩大搜寻面，中央党史研究室还组织查档小组，分赴美国、俄罗斯、日本，搜集了许多抗战史料。很多地方的课题组都到台湾查档。在台北"国史馆"、中国国民党党史馆、"中央研究院"近代史研究所档案馆等，找到了数量巨大、整理比较细致的抗战档案。台北"国史馆"馆藏的国民党在大陆统治时期行政院赔偿委员会档案，涉及抗战时期中国人口伤亡和财产损失的有8924卷，内容十分翔实具体。既有中央机关、军队系统人口伤亡和财产损失情况，也有地方省、市，县、区和个人填报的资料，包括台湾地区和华侨的档案资料。新疆防空委员会也报送有财产损失材料，如修筑防空工事、疏散费等财产损失。重庆市报送有日机空袭慰恤重伤难胞姓名卡，上面有卡号、伤员姓名、性别、年龄、籍贯、受伤时间、受伤地点、犒金额、发犒金时期、所住医院名称、医院地址、入院时间等，受伤部位还配有图片加以说明。所有这些，为查明当时各方面的人口伤亡和财产损失，提供了重要证据。

这项重大课题调研的成果，均编成《抗日战争时期中国人口伤亡和财产损失调研丛书》公开出版，为国内外学者提供并为子孙后代留下一份关于抗战时期中国人口伤亡和财产损失的系统资料。经过验收、审核合格的调研报告和主要档案文献资料，都按统一体例，编辑成为丛书的A、B两个系列。A系列为各省、自治区、直辖市各一本调研成果，以及若干重要专题的调研成果，由中央党史研究室负责审核。B系列为各省、自治区、直辖市的其他大量调研成果，由各省、自治区、直辖市党史研究室负责审核。全部成果统一设计、统一规格、统一版式、统一编号，由中共党史出版社统一出版。全部出齐之后，将有300本左右。

为了集中反映日本侵略者在中国制造的各种重大惨案，我们专门编纂了一套《抗日战争时期全国重大惨案》，收录抗战时期死伤平民（或以平民为主）800人以上的重大惨案100多个，配以档案、文献、口述及照片等作为历史证据。日本一些右翼分子，常常攻击中国为什么不拿出伤亡人员名单。我们专门安排了一个省，即山东省，公布该省具体的伤亡人员名录（第一批先公布该省100个县＜市、区＞的死难人员名录），包括姓名、籍贯、年龄、性别、伤亡时间等多项要素。以此说明，中国的伤亡人员都是有根有据、铁证如山的。

历史的生命在于真实、客观、准确。《抗日战争时期中国人口伤亡和财产损失》这一课题调研的生命也在于真实、客观、准确。所以，在开展这一课题调研的过程中，我们始终把保证调研质量，保证所有材料、事实、成果的真实性、客观性和准确性放在第一位，并在五个重要环节上严格要求、严格把关。第一，严格要求。一开始就明确规定，课题调研工作坚持实事求是的原则和科学严谨的态度。整个调研工作必须尊重历史事实。档案怎么记录的，就怎么记载，不能随意改变。当事人、知情人怎么说的，就怎么记录，不能随意加工。所有的材料、事实都要经得起法律上和学术上的质证。在需要与可能的情况下，对当事人、知情人的证词证言要进行司法公证。各种数据，都要确有根据，不能随便编排、采信。不许追求任何高数字、高指标。第二，统一规范。对课题调研的项目、内容，都做了认真细致的研究，提出了统一要求和严格规范。对全部调研项目设计了统一的表格，对调研报告的内容和格式做了统一规定。每个数字的内涵外延，包括如何计算、如何换算等等，都有明确的规定。事前对调研人员进行了培训。调研过程中，对没有理解的问题、疑难的问题等，都由专家给予统一的解释、说明。第三，责任到人。对所有参与课题调研的人员，都实行责任制。查档的、笔录的、整理的、起草调研报告的、审读的……，每个环节的人员都要签名，以对这一环节自己的工作负责，对子孙后代负责。明确规定，今后凡遇到质疑，有关环节的调研人员都要能够站出来进行证明、解释和辩论。第四，客观撰写。在汇总情况、起草调研报告阶段，要求所有的数据统计都必须客观、真实、准确。一律用事实说话，材料要具体、实在。不允许像写文艺作品那样来写调研报告；不允许作任何想象、编造和煽情性的描写；不允许刻意追求语言的生动华美；不允许使用任何带有夸张性、主观推断性的文字；不允许用"不计其数"、"无恶不作"这类抽象的形容词来概括相关内容；经过调研，凡是能够说清的事实、数字都予采用，但仍然说不清的情况、数据，就客观地说明未查核清楚，在汇总和整理数据时充分考虑这些因素，绝对不得编造数字。第五，逐级验收。除了在调研过程中由特聘的专家随时给予指导外，对各地提交的调研报告和相关材料，都实行逐级验收制度。其中，对省级调研成果实行由地方到中央的四级验收，其他调研成果由有关省、自治区、直辖市党史研究室组织验收。每一验收环节都要有专家审读、签字。凡存在问题和不符合要求之处，都要退回重新核查和修改。

经过艰苦努力，到 2010 年底，我们在深入调研的基础上，初步编出了几十本成果，先行印制了少量样本作为内部工作用书，组织力量作进一步的研究、审读、复查、校核。从 2014 年初开始，我们又组织展开了新一轮较大规模的审核工作。第一，召开有关省、自治区、直辖市党史部门参加的审稿会，进一步提高认识，明确规范，听取相互评审以及从社会各方面听到的意见，对审核工作提出要求，进行部署。第二，开展自审、复核、修改，确保准确无误。同时在各省、自治区、直辖市党史部门之间交叉审读，相互间进行比较、核对、衔接。自审互审完成后，都要确认是否具备正式出版的质量水准，签署是否同意交付出版的意见。第三，由中央党史研究室组织专家，对所有拟第一批出版的成果（书稿）进行六个环节的审读、检查、修改、校对，不仅检查是否还有表述不够准确或不够清楚的地方，而且对各本书稿之间、每本书稿各个部分之间的内容、叙述、时间、数字等进行统筹检查，排除表述不一致的内容。第四，如实客观地说明我们工作尽最大努力后达到的程度。始终强调，凡是已经清楚的，就清楚表述。还没有搞清楚的，就如实说明还没有搞清楚。某些数据、结论与其他书籍资料不完全一致的，则说明我们是依据什么材料、从什么角度得出和叙述的，不强求一致。第五，组织各地党史部门继续参与审核。凡有疑问的，都与有关地方党史部门联系、查核。多数省、自治区、直辖市都派专人来京参与审核、修改、校对。审核完毕后，又组织各地党史部门对自己书稿的清样再次进行审核。然后再按出版流程交付印制。今年以来对这些成果再次进行如此繁密、细致的复核工作，都是为了进一步保证成果的质量，保证历史事实的真实性和准确性。

特别需要强调的是，开展这项调研，不是为了简单汇总、计算这样那样的数据，而是为了寻找、展示更多的档案、更多的材料、更多的人证物证、更多的历史事实，用具体的事实来反映当年中华民族遭受的巨大灾难，揭露日本侵略者反人类的罪行。时隔几十年，很多数据难以查清，很多数据可能不很吻合，而且数据的分类、统计、核算都极为复杂，远远不是简单做一做加法就能算出来的。所以，我们在数据上采取了十分谨慎的态度。能统计出来的就统计出来，难以统计的也不强求。统计的口径、结果相互有差别的，也注意说明。今后，我们将会对数据问题作进一步研究。因此，目前的研究还只是阶段性的，不能说已经包罗万象，更不是最终的结论。总体上，还是在为今后更加综合性的研究提供一个详尽、扎实的基础。

由于自始至终都高度重视和强调调研的质量，所以，对于这一项目的真实性、客观性、准确性，我们有充分的信心。当然，无论如何，历史已经过去了六七十年，很多当事人已经去世，很多档案资料已经散失。现在再对发生在六七十年前的灾难进行大规模的调查，其困难是可想而知的。所以，即使做了最大的努力，我们仍然充分预计在调研成果及有关材料中，还是会有不足和差错之处，出版之后，肯定会有不同意见。所以，我们真诚地欢迎所有看到这些调研成果的人们，对其中的内容、材料、数据等进行审查、讨论。如此，必将有更多的人们关心和参与对当年那场灾难的调查，必将会提供和发现更多的档案、更多的资料、更多的见证，必将对我们调研成果中的很多内容进行不断的推敲琢磨，从而使我们能够更加准确、系统地展示当年中国的人口伤亡和财产损失，使我们为子孙后代留下的资料更为完整、更为丰富。我们也欢迎日本和其他国家的人们对这些调研成果进行阅读、审查、讨论、质疑。如此，将会有更多的国家和人们关注中国当年所遭受的灾难，也将会有更多的存留于国外境外的档案资料出现在公众面前，也将会使对当年这段历史和灾难的记录、研究更加准确和科学。

《抗日战争时期中国人口伤亡和财产损失》课题调研，是一项学术性的工作。开展这项课题调研，是为了更加准确和详尽地记录这场战争和灾难的历史，更加充分和有力地揭露日本军国主义的侵略罪行、反击日本右翼势力否认侵略战争的言行，更加充分和有效地进行爱国主义教育，毋忘国耻、振兴中华，更加积极地促进两岸交流、推进祖国和平统一进程，同时，也是为了给全世界所有关注当年这场战争和灾难的国家、政府和人们一个更加负责任的交代，为子孙后代继续研究当年中国人民抗日战争和日本军国主义的侵略罪行留下一笔丰富翔实的历史遗产。因此，虽然是学术性调研，但具有重大的历史意义、现实意义、国际意义、政治意义。作为历史工作者，我们有责任、有义务，实事求是地把中华民族在那场战争中蒙受的巨大灾难和损失尽可能完整地记载下来。推动和开展这项课题调研，是良心所在，是责任所在！每每读到那些令人震颤的历史事实，每每想到那数千万死难者的冤魂亡灵，每每掂量我们今人特别是历史工作者的责任，我们都禁不住潸然泪下。将近10年来，所有调研人员本着对历史和民族负责的精神，殚精竭虑，无私奉献，千方百计寻找各种线索，逐字逐页翻阅档案资料。为了做好对当事人、知情人的调查取证工作，顶酷暑，冒严寒，深入村镇，一家一户进行走访。也许，随着时间的流逝，这样的调研工作，以后再也不可能如此全面深入大规模地进行了。所以，对于能够基本完成这一课题的调研，我们极为欣慰，对能够取得今天这样的成果，我们极为珍惜。将近10年来，调研工作遇到过重重困难，调研人员付出了巨大心血，但只要能够对国家、对民族、对人民有一个负责任的交代，我们所有的努力、辛劳甚至痛苦都是值得的！

现在，《抗日战争时期中国人口伤亡和财产损失调研丛书》A系列第一批成果就要正式出版了，随后我们还将根据工作进程陆续出版第二批、第三批……B系列丛书的编纂和出版工作也将同时推进。而且，这项课题调研工作远没有结束。截至目前课题调研取得的成果，都还是阶段性的、部分的、不完全的成果。很多专题性调研还要继续进行，对大量档案资料还要进行分析研究。所有这些，都还需要我们继续不懈地努力。我们将以对历史负责的精神，一如既往地将这项课题调研工作做好。

历史，是现实的基础，更是未来的起点。打开尘封的记忆，重温昔日的往事，我们可以得到很多的启示和教诲，增长很多的聪明和智慧。所以，研究历史，形式上是向后看，但根本目的是向前看。作为一种科学的研究，我们调查历史的真相，记录历史的灾难，不是为了延续旧时的仇恨，不是为了扩大中日之间的裂痕，不是为了煽动狭隘民族主义的情绪，而是为了以史为鉴，不让历史的悲剧重演；面向未来，书写更加友好合作的美好篇章。经历了太多的苦难和挫折之后，我们更加坚定地热爱和平，更加执着地追求正义，更加珍惜国家的主权与独立，也更加关注世界的文明发展和进步。我们真诚地希望，世界各国能够携手努力，平等协商，求同存异，友好相处，共同推进世界的发展，共享人类文明的成果；我们真诚地希望，中日两国人民能够更多地加强交流、理解和合作，共同开辟中日关系的新局面，使中日关系更加健康稳定地向前发展，使中日两国人民真正世世代代地友好下去；我们真诚地希望，中华民族能够始终以坚韧不拔的努力，坚定不移地走和平发展之路，在中国特色社会主义旗帜下全面建设小康社会，努力实现社会主义现代化，为推动建设一个和平发展、文明进步的世界作出自己的贡献！

2014 年 4 月 30 日

《抗日战争时期中国人口伤亡和财产损失》课题①调研工作规范和要求

2004 年，中共中央党史研究室决定开展《抗日战争时期中国人口伤亡和财产损失》课题调研。2005 年向全国各省、自治区、直辖市党史研究室发出开展此项工作的正式通知，进行相应部署，着重说明工作的指导思想、调查项目、实施步骤及规范和要求。以后又随着课题调研的深入开展，对规范和要求进行了补充和完善。

一、课题调研的基本任务

抗战损失课题调研的目的和任务是深化对抗日战争时期中国人口伤亡和财产损失的研究。1995 年，在首都各界纪念抗日战争暨世界反法西斯战争胜利 50 周年之际，江泽民同志曾经对 20 世纪三四十年代日本侵略中国造成巨大人口伤亡和财产损失的基本数据做出了重要表述。2005 年，在纪念中国人民抗日战争暨世界反法西斯战争胜利 60 周年大会的讲话中，胡锦涛同志再次郑重宣布，据不完全统计，在抗日战争期间，中国军民伤亡 3500 多万人；按 1937 年的比值折算，中国直接经济损失 1000 多亿美元、间接经济损失 5000 多亿美元。中共中央党史研究室组织开展的课题调研，旨在全面详尽调查有关抗日战争时期中国人口伤亡和财产损失的具体事实，为这组基本数据提供强有力的史实支撑，并不是简单地做数据统计。

---

① 本课题亦简称为抗战损失课题或抗损课题。因为抗日战争时期及抗战胜利后国民政府统计人口伤亡和财产损失多采用"抗战损失"等概括性提法，其中将人口伤亡也称作抗战损失之一种，与财产损失并提，故沿用这一表述。

课题调研的基本任务是：按照实事求是的原则，经过广泛、全面、深入细致的调查研究，包括查阅搜集档案资料、对统计数据进行分析等，获得更多的证据，以更加全面和准确地揭露日本帝国主义侵略中国的罪行及其对中国人民造成的伤害。

课题调研的主要内容包括：（1）各个省、自治区、直辖市在抗战中的人口伤亡和财产损失情况；（2）历次重大战役战斗中中国军队伤亡的情况；（3）日本从中国掠走各种资源的情况；（4）日本从中国掠走和破坏文物的情况；（5）日军在中国制造的一系列重大惨案；（6）中国劳工的损失情况；（7）中国妇女遭受日军性侵犯的情况，包括"慰安妇"的情况；（8）日军在中国使用细菌武器、化学武器及其造成伤害的情况；（9）日本侵略在其他方面给中国造成破坏的情况；等等。

二、课题调研的方式和方法

主要是组织有关人员查阅和搜集档案馆、图书馆和其他文博单位以及民间保存的有关中国抗战人口伤亡和财产损失的档案资料、报刊杂志、历年出版的专题资料集和发表的研究成果。对一些特殊、重大的事件如重大惨案，则走访当事人、知情人和有关研究人员，进行录音录像，整理和保存证人证言，有条件的还进行司法公证，努力使这些调查材料成为在法律上可以采信的证据。有些省份的课题组还到境外的有关机构查阅相关档案资料，作为对大陆保存的档案资料的丰富和补充。这次课题调研的整体布局，实行块块和条条相结合。每个省、自治区、直辖市党史研究室在负责开展地区性的广泛调研的同时，也从实际出发开展一些专题性调研。一些重要的、涉及多个地方的带有全局性的专题，则另组织专家进行调研。

三、对搜集档案资料的要求

1. 明确搜集档案资料的范围。搜集档案资料是本课题调研工作的基础，调研成果的质量也主要决定于档案资料是否翔实，是否尽可能完整和全面。所以，凡相关内容的档案资料，不论是直接反映人口伤亡和财产损失的，还是间接反映的（如关于人口状况、财产状况、生产能力、各类资源情况等资料），都尽量搜集，作为撰写调研报告的客观的历史依据。搜集的要件有：档案、报刊、史志、时人日记、专著专论、实地调查报告、图片、影像资料以及出版、发表的研究成果等。

2. 认真整理原始档案和资料。对于搜集到的档案资料，不论是来自原始的档案，还是来自报刊、史志、日记、图书、专题论文等，都认真整理，每份每件都注明保存的地点、单位，文件卷号、出版或发表处等，然后分类汇总，妥善保存。档案资料使用时一律保持原貌，必要时作注释说明，不允许对原件内容增改、涂抹。对搜集到的档案资料要在分门别类整理的基础上进行必要的考证、鉴别和研究。整理后的档案资料，不仅是有关课题承担者撰写课题调研报告的重要依据，其主要内容也作为附件收入有关的调研成果之中。

四、有关数据统计中的几个问题

1. 根据搜集、掌握资料的情况，抗日战争时期中国的人口伤亡分为直接伤亡和间接伤亡两大类。直接伤亡，一般是指日本侵略中国的战争直接导致的中国方面人员的死、伤、失踪等；间接伤亡，一般是指在日本侵略中国的战争包括特定战争环境中造成的中国方面被俘捕人员、灾民、难民、劳工等的伤亡。抗战期间，被俘捕人员、灾民、难民、劳工等伤亡很大，但由于其流动性大等复杂原因，很难形成具体数据资料，统计起来十分困难。因此，本课题调研中，将已确定属于死、伤或失踪的被俘捕人员、灾民、难民、劳工的数据归入有关地方间接伤亡统计数据；无法确定是否伤亡失踪的，可视情况单列相关数据并加以说明。需要补充说明的是，在战争中失踪者，按通常惯例归为死亡。

2. 抗日战争时期中国的财产损失分为直接损失和间接损失两大类。直接损失，一般是指在日军攻击、轰炸或掠夺中直接造成的社会财产损失。居民财产损失列为直接损失。间接损失，一般包括：（1）政府机关等因抗战需要而增加的费用，如迁移费、防空设备费、疏散费、救济费、抚恤费等；（2）各种营业活动可获利润额的减少及由于成本上升等增加的费用；（3）有关伤亡人员的医药、埋葬等费用；（4）为抗战捐献的物资和钱财；（5）有关人力资源的损失。总之，一切因战争造成的间接财产损失均包括在内。

3. 在财产损失中所列的人力资源类损失，包括了被俘捕人员、劳工等在财产方面的损失。中国各级政府所组织的劳役，例如为战争修筑公路、机场、军事工事等抽调民工，都算作人力资源损失。但中国方面征用民工和日本侵略军强征劳工有所区别。日军强征劳工的伤亡率很高，和中国方面征用民工民夫的情况区别很大，因此要分别统计和说明，不能混淆。

4. 中国军队在重大战役战斗中的人员伤亡，分别情况加以统计处理。此次课题调研以统计平民伤亡为主。有关省（自治区、直辖市）如发现有本地发生过军队人员伤亡的重要资料，可以搜集整理并在调研报告中说明，但不计入本地人口伤亡总数。若是本地籍军人的伤亡，则计入本地人口伤亡总数。

5. 海外华侨拥有中国国籍，因此在计算抗日战争时期中国人口伤亡和财产损失时，华侨人口伤亡和财产损失均计算在内。各有关地方在计算本地人口伤亡和财产损失时，视情况可以将本地籍华侨的伤亡、损失计入统计数据总数，亦可单列数据并加以说明。

6. 工厂、学校、机关团体等由于战争原因搬迁造成的损失，算作间接损失，原则上由工厂、学校、机关团体等原所在地方统计。如果原所在地方缺少相关资料，新迁移处具备资料条件，也可由后者统计。为避免交叉和重复，遇到这类情况须特别加以说明。

7. 政党、政府机构的财产损失，归入公用事业的社会团体类财产损失一并计算。

8. 被日军、日本占领当局无偿征用、占用的中国耕地，按农作物的产量及其价值计算财产损失。

9. 伪军、伪政府的人员伤亡和财产损失，一般计入中国人口伤亡和财产损失。

10. 由战争原因导致的如黄河花园口决堤一类重大事件所造成的人口伤亡和财产损失，计算在间接人口伤亡和财产损失中。

11. 重大的财产损失，均以相应数额的货币反映价值。反映财产损失的货币一般要注明币种。

12. 通常用于抗日战争时期财产损失统计的货币（主要是法币），币值问题非常复杂。本课题调研中，涉及财产损失统计的货币数据，有条件进行折算的，一般按1937年即全国抗战爆发当年通用货币法币的币值进行折算，并说明折算的方式方法。因条件不具备，保留原始数据未作折算的，则注明有关数据中用以反映财产损失的货币系何种货币、何年币值。

五、关于撰写课题调研报告的要求

本次课题调研，有关课题组和承担专门课题的专家均按要求撰写出调研报告。

1. 各省、自治区、直辖市课题组撰写调研报告，内容大致分为概述、主体、结论三部分。

概述部分主要包括：介绍课题调研工作的基本情况，如：投入多少力量，到过什么地方查阅搜集档案资料，搜集了多少档案资料等。反映本地的自然地理概况，抗战爆发前的经济社会发展和人口状况，以及在抗战时期是重灾区还是大后方，是沦陷区还是根据地等。叙述日本侵略者在本地的主要罪行。还可简略回顾以往相关课题的资料和研究情况。

主体部分主要包括：分析说明本地人口伤亡和财产损失情

况。根据现掌握资料，将本地抗战时期人口伤亡分为直接伤亡和间接伤亡，将本地财产损失分为直接损失和间接损失，并分别说明主要的史料依据和分析结果。

结论部分，汇总本地人口伤亡数据、财产损失数据。据实说明迄今所掌握资料的局限性、本地遭受人口伤亡和财产损失的特点、影响等。

撰写调研报告依据的主要资料以及调研中同步完成的专题研究报告等，作为调研报告的附件，纳入课题调研成果中。

2. 由一批专家承担的全局性专门课题，如抗日战争时期重大惨案、劳工问题、"慰安妇"问题、细菌战、化学战、文化损失、海外华侨人口伤亡和财产损失、中国军队伤亡、重要战役战斗伤亡等，其调研报告的撰写和附件的收录，参照以上要求进行。

六、对调研成果的验收

在各省、自治区、直辖市课题调研工作结束后，完成的包括课题调研报告在内的省级调研成果和市、县等调研成果，要装订成册，通过审阅和验收，逐级上报，送交各省、自治区、直辖市党史研究室和中共中央党史研究室分别保存。

为确保质量，在调研过程中形成的各省、自治区、直辖市A、B两个系列书稿（省级调研成果为A系列书稿，市、县等调研成果为B系列书稿），要分别通过验收。其中，省级调研成果要通过由地方到中央的四级验收，市、县等调研成果则在有关省、自治区、直辖市内验收。

省级调研成果上报验收前，课题组先认真进行自审，以保证内容的完整准确，特别是调研报告和有关专题研究报告、资料、大事记的内容和数据要互相补充、印证，不能互相矛盾。课题组完成自审后，省级调研成果首先报送省级抗战损失课题领导小组验收。省级课题领导小组审查通过后，送省级专家验收组验收。省级专家验收组参加验收的专家一般为3—5人，人选来自党史系统、社会科学院和社科联系统、档案史志部门、高等院校等方面，为较有影响力、权威性的专家。省级专家验收组在本省（自治区、直辖市）课题领导小组的指导下，按照学术规范的严格要求和有关规定审读、验收本省（自治区、直辖市）拟提交中共中央党史研究室的省级调研成果。验收的主要标准和目的是确保调研成果的准确性、可靠性。对于验收中指出的问题、提出的意见和建议，各省（自治区、直辖市）课题组须采取有效措施解决和落实。对一次验收不合格的，修改、完善之后进行第二次以至多次验收，直到合格为止。省级专家验收组验收合格后，填写《A系列书稿验收报告表》。填写的报告表和书稿同时报送中共中央党史研究室课题组。

中共中央党史研究室课题组收到经省级专家验收组验收合格的省级调研成果后，先进行验收。认为合格后，再聘请国内知名专家进行验收，并填写《A系列书稿验收报告表》。验收中所提修改意见，由有关省、自治区、直辖市课题组予以逐条落实，对调研成果做出相应修改或者说明相关情况。

由一批专家承担的全局性专题研究成果，最后形成的书稿也纳入A系列，其验收也参照上述程序和要求，由中共中央党史研究室课题组组织有关专家进行。对于验收中提出的意见，承担课题的专家要逐条落实，对调研成果进行修改完善直至合格为止。

最后，中共中央党史研究室课题组对经过反复修改形成的省级调研成果和全局性专门课题调研成果进行复核。完成各项程序并符合要求的调研成果，包括通过四级验收的A系列书稿和由有关省、自治区、直辖市党史研究室组织验收并合格的B系列书稿，分批次送交中共党史出版社付印出版。

中共中央党史研究室课题组

《江苏省抗日战争时期人口伤亡和财产损失》编审委员会

主　　任　冯敏刚

副 主 任　崔广怀　　俞胶东　　赵一心

委　　员　万建清　　吴雪晴　　陈鹤锦　　高维生

主　　编　赵一心

执行主编　高维生

编　　辑　储宴宴　　田艳丽　　魏新民

1937年11月13日至15日，侵华日军飞机三天内投弹千余颗，并投掷燃烧弹，古城苏州被轰炸成为一片火海。

1937年8月16日至11月15日的3个月内，苏州火车站遭日机多次轰炸，站房几乎全被炸光。

1937年11月，日军轰炸后的苏州石路地区成为一片瓦砾残垣。

1937年11月，日军由平门进入苏州古城(之一)。

1937年11月,日军由平门
进入苏州古城(之二)。

1937年11月,
日军行进在沦陷
后的苏州古城护
龙街上。

1937年11月20日《申
报》所载日军轰炸苏州
的报道(影印件)。

1937年11月13日，日军在常熟登陆。

1937年11月，日军经过梅李向常熟城区进犯。

1937年11月，被日军炸毁的常熟董浜镇。

1937年11月，日军进攻常熟虞山（之一）。

1937年11月,日军进攻常熟虞山(之二)。

被日军炸毁的无锡申新三厂织布车间。

被日军焚毁的无锡茂新面粉厂。

1937年11月,日军攻占无锡后纵火烧城。

1937年10月，被日军炸毁的常州大成三厂劳资协进社。

1937年10月，常州北大街钟楼及附近店面遭日军炸毁之景象。

1937年11月29日，日军军医小野正男随侵华日军进入常州时拍摄的被轰炸后的常州街道。

江阴西城门遭日军轰炸。

南京沦陷时南门大街的大火。

日军用刺刀准备刺杀南京郊区农民。

南京街头遍地是日军屠杀后中国人的尸体。

1937年12月15日,日军在南京中山路抢劫财物。

1938年3月17日,日军侵占南通城。

繁华的盐城西大街遭日机轰炸后,满目残垣断壁。

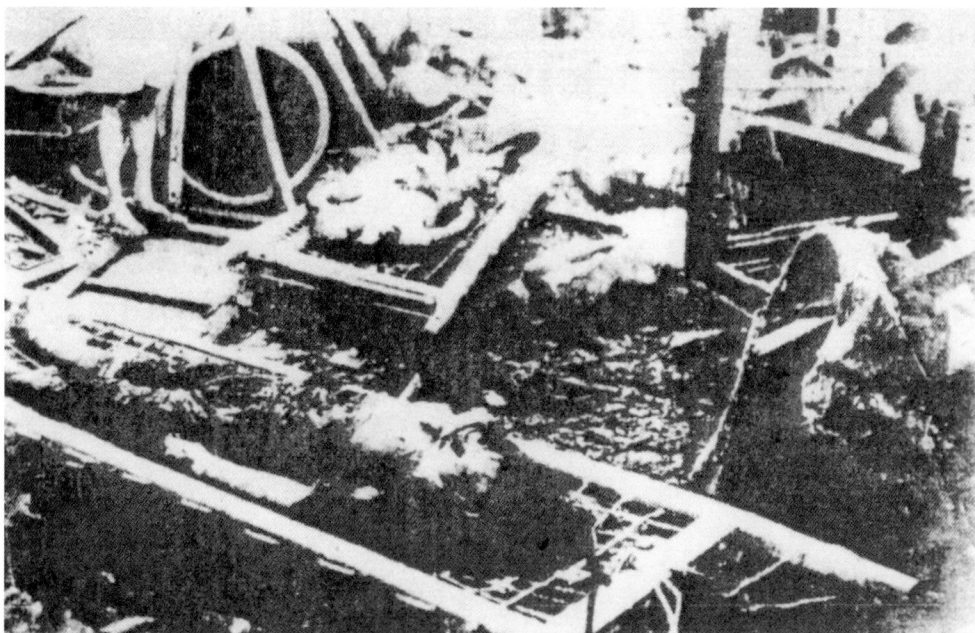

日机频频轰炸盐城,担架上所躺者系被清理出的死伤居民。

徐州遭日军轰炸后的街道。

日军攻占徐州。

1938年，日军攻占
徐州后大肆抢掠。

　　日军侵占连云港后,疯狂掠夺资源,强迫中国人为其做苦役,敲骨吸髓。图为一座集中住宿近5000名中国劳工的人间地狱"十三道房"中的第九道房。

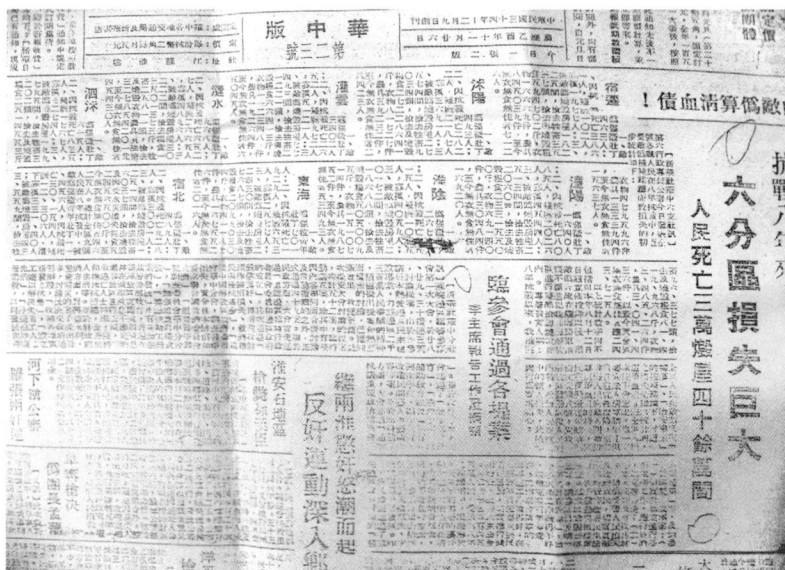

　　1945年12月30日,《新华日报》(华中版)第23号关于苏中解放区某地抗战损失的报道(影印件)。

盱眙第一山发现侵华日军大屠杀遇难同胞遗骨坑。

1942年2月21日至3月14日(农历正月初七至二十八日)短短20多天中,日军用刀劈、枪击、火烧、水溺等凶残手段,在周庄镇东坧渔池旁杀害中国民众200余人,制造了东坧惨案。周庄镇于1991年立碑纪念遇难同胞。

1942年2月22日（农历正月初八），日军将20多名被抓的百姓赶进吴江芦墟镇风水墩窑厂利字窑内，以火烧烟熏、机枪扫射、扔手榴弹等方式予以杀害，仅少数人得以逃生。图为利字窑旧址。

利字窑惨案幸存者张永泉。

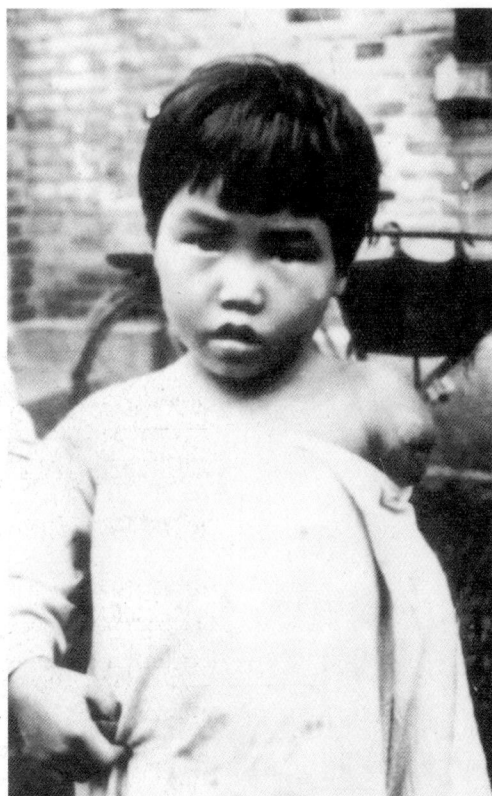

　　1937年8月，日军飞机轰炸苏州古城。图为时年仅五岁被炸掉左臂的幸存者刘璐兰，日军轰炸使她成为孤儿（照片由当时的记者刘良模摄于博习医院）。

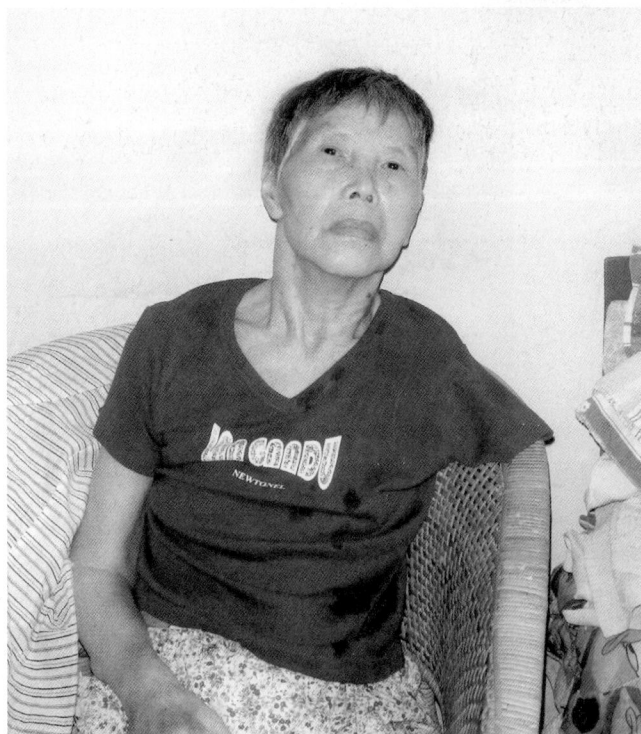

刘璐兰近照。

目　　录

一、江苏省抗日战争时期人口伤亡和财产损失调研报告

江苏省抗战损失调研课题组

江苏省的抗日战争期间人口伤亡和财产损失调研工作在江苏省委的重视和领导下，在中央党史研究室的直接指导和省课题调研工作领导小组成员单位的大力支持配合下，自2006年1月正式启动，经过全省各级党史系统和有关部门的艰苦努力，历时三年多时间，形成了抗战时期江苏省人口伤亡和财产损失调研报告、统计报表、大事记、专题报告（重大惨案）和档案、文献、口述资料等上报材料，基本完成了江苏省抗战时期人口伤亡和财产损失调研工作。相关的部分工作持续到2014年5月。

（一）调研工作概述

为高质量完成全省抗战课题调研任务，2006年4月，江苏省成立了由省委副书记冯敏刚任组长，由省委办公厅、宣传部、党史工办、省财政厅、档案局、民政厅、司法厅、统计局、地方志办公室、政协文史委和侵华日军南京大屠杀遇难同胞纪念馆等相关单位领导组成的省抗战课题调研工作领导小组［中共江苏省委苏委（2006）134号文件］。各市、县（区）都先后成立了由本级党委分管领导任组长、相关部门负责人参加的课题调研工作领导小组。各级领导小组注重人员、保障和工作的落实，组织有关部门配合、协作，为课题调研工作的顺利开展提供了有力的组织领导保证。

在抗战课题调研工作中，全省党史工作者是主要力量。各级党史部门把课题调研列为年度工作的重点，主要负责人亲自抓，同时明确分管领导负责，相关业务处（科）具体承办这项工作。省委党史工办明确由宣传联络处具体承担此项任务并组成课题组，各市党史部门还抽调5—10名业务骨干、每县（区）抽调

·1·

3—5 名业务骨干从事这项工作，全省党史系统共有 454 人参加课题调研，各级组织、宣传、司法、民政、关工委、老龄委等部门选派人员参加了调研，部分离退休老同志也参加了调研，全省共有 19164 人参与了课题调研工作，形成了运转顺畅、效率较高的工作网络。

为加强对调研工作的组织、指导，2006 年 1 月省委党史工办召开全省党史工作会议，对课题调研工作进行动员部署；制订印发了《抗战时期江苏人口伤亡和财产损失调研工作实施方案》和《抗战课题调研业务问题的说明》两个文件，明确了任务、要求，规范工作标准、方法；5 月举办了全省抗战课题调研工作培训班，对全省 145 名业务骨干进行培训指导；还通过编发简报、下发文件、运用电话、网络等形式对市县调研工作进行指导；针对调研工作中的新要求、新情况、新问题，省、市、县（区）党史部门及时到一线指导工作，解难释疑，现场解决问题。省委党史工办领导和省课题组三年间里下基层共 82 次，全省及各地共召开座谈会、交流会 3749 次，保证了调研工作的顺利开展。

各级参加抗损调研的单位、部门和人员，根据当地抗战时期遭受日军侵害的实际情况，深入乡村、街道，广泛走访民众，对人口伤亡和财产损失进行了全面排查，最大限度地收集关于抗损的各种信息，运用实证、互证、对比、统计等方法，尽可能证实已经掌握的各类抗损线索，形成了或有实证依据，或有档案文献资料支持的抗损史实及相关数据。

在调研中，各级课题组把查阅档案、文献资料作为基础工作来抓。在掌握 5000 余条抗损资料目录线索的基础上，全省各级课题组的同志分赴省内外的档案馆、图书馆、文史委、地方志、公安、民政等部门查阅档案、文献资料，还专门组织人员赴境外查找有关档案资料。全省共查阅档案文献资料 77868 卷、复印 255171 页，拍摄照片资料 2105 张。在对征集的档案、文献资料梳理后，我们发现，江苏作为抗战初期的主要战场，蒙受巨大人口伤亡和财产损失，但在国民政府统计时只有很少市县具报材料。针对这一实际情况，为弥补原始档案资料的不足，我们加大各地走访"三亲"（亲眼所见、亲身经历、亲耳所闻）人员和知情人员的工作力度。参与课题调研工作人员克服种种困难，走村入户，共采访"三亲"人员 155224 人，收集证言证词 99478 份，形成司法公证文件 357 份。上述工作，为调研成果的形成提供了翔实的证据，奠定了扎实基础。

江苏省抗日战争时期人口伤亡财产损失调研工作情况统计

类别 地区	参加人员 （人）	召开座谈 会（次）	查阅档案 （卷）	复印资料 （页）	走访"三 亲"（人）	取证材料 （份）	录像照片 （张）
省　级	37	45	686	3907			
南　京	821	264	6264	8551	12201	1791	1741
无　锡	203	71	8123	8393	2747	936	
徐　州	203	102	1452	3899	5908	5600	
常　州	1410	580	4300	5260	11609	300	
苏　州	3961	1532	9222	7675	14337	7372	355
南　通	2835	216	2050	197233	8589	13166	
淮　安	1285	90	1270	282	16424	41372	
连云港	2403	374	3088	10	6385	2242	
盐　城	2381	150	9872	7965	29151	5558	9
扬　州	250	60	12000	1000	2200	12553	
镇　江	875	119	11741	5716	30173	3208	
泰　州	2350	50	6300	5000	6800	4900	
宿　迁	150	96	1500	280	8700	480	
合　计	19164	3749	77868	255171	155224	99478	2105

在充分收集资料的基础上，课题组成员本着实事求是的原则和认真严谨的工作态度，按照中央党史研究室确定的史料采信要求和统计口径，对收集的档案、文献以及口述资料进行综合考证、分析、鉴别，确定取舍，从编写大事记、专题惨案入手，进行情况汇总，撰写调研报告，最大限度地做到史实来源和各类数据的完整准确。全省共形成上报中央党史研究室抗损材料863个卷宗（盒），2494件，124647页。

经过3年多时间、全省近2万人的辛勤努力，初步掌握了抗日战争时期江苏人口伤亡和财产损失情况。调研所形成的材料、统计数据，均为有确切资料记载和走访当事人、知情人并经过认真分析、甄别、研究的结果。但由于事隔60多年，档案资料大量缺失，许多当事人、受害人、知情人已不健在，在世的人中也有少数人因年事已高，记忆不全，有的无法联络，难以当面询证，还有些受日军侵害的妇女不愿回顾当年痛苦不堪的往事等，上述种种原因导致还有人口伤亡和财产损失情况和数据无法纳入统计和报告，少数具体数据也可能存在误差，有的史实和损害程度需要进一步挖掘和完善。

需要指出的是，对江苏抗战时期人口伤亡和财产损失的调查、研究和统计工作，自抗战胜利后一直在进行之中。国民政府当年的统计表报，在台北"国史馆"、国民党档案馆等地均有保存。中华人民共和国成立以后，各级史志、民政、档案等部门和一些文史机构、纪念场馆以及学校、社科机构中的许多专家学者，对抗战时期江苏及所辖各地人口伤亡和财产损失进行了深入调查，寻找了大量档案、文献资料和历史证据，形成了一系列调研成果。江苏省以及所辖市、县（市、区）的地方志，对抗损情况均有记载；20世纪80年代初，各级党史部门组建以后，结合中共党史和中国革命史的研究，对抗日战争及抗损情况陆续进行了多角度的资料征集和研究，并形成了一批文献资料；各级政协文史委员会，从文史工作的角度，收集、整理和出版了一些与抗损有关的资料；江苏各级档案部门，提别是在南京的中国第二历史档案馆，多年来致力于抗损档案的整理、研究和运用，为各方面的抗损调研提供了大量档案资料，并编撰出版了有关抗损的档案汇编专辑；侵华日军南京大屠杀遇难同胞纪念馆自1985年成立后，一直致力于对侵华日军南京大屠杀这段历史的研究，并开展了广泛深入的国内外协作和学术交流，形成了关于这一专题比较系统全面的研究成果；在江苏的许多著名史学界专家，长期从事抗日战争历史研究，形成了不少关于抗损的研究成果和重要的学术见解。上述各方面长期以来所做的工作，不失时机地记录了江苏抗战时期人口伤亡和财产损失的史实，并且在支持国际社会对日本军国主义的正义审判和帮助人们正确了解日本侵华这段历史，批驳日本右翼势力妄图否定侵略历史的斗争中发挥了重要作用，经受了时间和实践的考验。虽然这些工作及其成果因为种种原因，可能存在一些缺憾和不足，但它无疑是记录和研究抗战时期人口伤亡和财产损失极富意义、极有价值的重要实践。采信和运用前人关于抗损的史实记录、走访"三亲"人员、数字统计，理所当然应成为这次调研工作的重要基础。本次调研中的不少数据和史实，就运用了上述的结果。

（二）全国抗战爆发前江苏的社会经济状况

1. 历史沿革

江苏位于我国大陆东部沿海中心、长江下游，东濒黄海，东南与浙江和上海毗邻，西连安徽，北接山东。全省面积10.26万平方公里，占全国的1.06%，列全国第24位，人均国土面积在全国各省区中最少。江苏跨江滨海，平原辽阔，水网密布，湖泊众多，平原、水域面积分别占 69% 和 17%，低山丘陵面积占 14%。由于处于亚热带向暖温带的过渡区，常年气候温和，雨量适中，四季分明。

江苏是中国古代文明的发祥地之一。约 30 万年前，南京汤山一带就有猿人居住。公元前 11 世纪，泰伯、仲雍从中原来江南梅里建立吴国（也称勾吴国）。三国时期，孙吴、东晋、宋、齐、梁、陈先后 6 个朝代以南京为都。尔后南唐、明朝、太平天国都曾建都南京。1912 年，孙中山先生在南京就任临时大总统，建立中华民国，结束了几千年的封建统治。此后，民国政府在南京建立。1949 年 4 月 23 日，中国人民解放军解放南京。

江苏正式建省于 1667 年（清康熙六年），取江宁、苏州两府首字得省名。在历史进程中，其所辖地区几经变化。1914 年民国北洋政府将江苏设为金陵道、苏常道、沪海道、淮扬道、徐海道 5 道，全省有 60 个县级区划。1927 年国民政府成立后，设南京为特别市，直属中央政府管辖。对其他地区先是废道，实行省、县二级制，后于 1934 年陆续实行省、行政督察区、县三级制。截至全国抗战爆发时的 1937 年 7 月，全省设 10 个行政督察区。

1937 年 7 月江苏省所辖行政督察区辖县情况表

区　名	辖　县
第一区	6 县：溧阳、丹阳、金坛、镇江、宜兴、扬中
第二区	8 县：无锡、武进、江阴、常熟、太仓、昆山、吴县、吴江
第三区	9 县：松江、金山、奉贤、南汇、川沙、上海、宝山、嘉定、青浦
第四区	6 县：南通、崇明、启东、海门、如皋、靖江
第五区	7 县：江都、泰县、江浦、六合、仪征、高邮、泰兴
第六区	4 县：盐城、阜宁、兴化、东台
第七区	6 县：淮阴、淮安、泗阳、宿迁、宝应、涟水
第八区	1 市 4 县：连云市、东海、灌云、沭阳、赣榆
第九区	7 县：铜山、丰县、沛县、萧县、砀山、邳县、睢宁
第十区	4 县：江宁、句容、溧水、高淳

抗日战争时期，江苏人民在中国共产党的领导下，先后开辟了苏南、苏中、苏北、淮南、淮北等抗日根据地，此前的行政区划屡经置废、增损、离合。1938 年 3 月和 1940 年 3 月，伪中华民国维新政府和汪伪国民政府先后成立于南京。

国民政府因战争迁往汉口，后又迁至重庆，至抗日战争胜利，于 1945 年还都南京，同年江苏省政府由苏北迁返镇江。抗战胜利后，1947 年 4 月，国民政府管辖下的江苏省决定连云港、徐州两市由省直辖，并分全省为 9 个行政督察区、61 个县、1 个设治局。新中国成立初期，江苏设有苏南、苏北两个行政公署区①，南京市为中央直辖市。1953 年 1 月，经中央人民政府批准，苏南、苏北两个行政公署区与南京市合并成立江苏省，设 6 个省辖市、8 个专区②，省会南京。以后，省内行政区划进行过几次调整，至 1996 年，经国务院批准，江苏对辖区内的市行政区划调整为 13 个省辖市，即南京、无锡、徐州、常州、苏州、南通、连云港、淮安、盐城、扬州、镇江、泰州、宿迁，南京仍是省会所在地。至 2007 年末，13 个省辖市共下辖 106 个县（市、区），其中 27 个县级市，25 个县，54 个市辖区。全省户籍人口为 7354.08 万人，以汉族为主，占人口总数的 99.64%，有 26 万少数民族，其中回族约占少数民族总数的一半以上，另有苗族、蒙古族、满族、土家族。本次开展的抗日战争时期江苏省人口伤亡和财产损失课题调研即以现在江苏省区域为准。

江苏省行政区划表（2007 年）

市　名	市辖县（市）区
南　京	2 县（市）11 区：溧水县、高淳县、玄武区、白下区、秦淮区、建邺区、鼓楼区、下关区、浦口区、栖霞区、雨花台区、江宁区、六合区。
无　锡	2 县（市）6 区：江阴市、宜兴市、崇安区、南长区、北塘区、锡山区、惠山区、滨湖区。
徐　州	6 县（市）5 区：丰县、沛县、铜山县、睢宁县、新沂市、邳州市、鼓楼区、云龙区、九里区、贾汪区、泉山区。
常　州	2 县（市）5 区：溧阳市、金坛市、天宁区、钟楼区、戚墅堰区、新北区、武进区。
苏　州	5 县（市）6 区：常熟市、张家港市、昆山市、吴江市、太仓市、沧浪区、平江区、金阊区、虎丘区、吴中区、相城区。
南　通	6 县（市）2 区：海安县、如东县、启东市、如皋市、通州市、海门市、崇川区、港闸区。

---

① 苏南行政公署区辖无锡市和无锡县、苏州、松江、常州、镇江 4 个专区。苏北行政公署区辖淮北盐区、泰州、盐城、南通、淮阴 4 个专区。

② 6 个省辖市为南京、徐州、南通、常州、苏州、无锡。8 个专区为徐州、淮阴、盐城、扬州、南通、镇江、苏州、松江。

市　名	市辖县（市）区
连云港	4县（市）3区：赣榆县、东海县、灌云县、灌南县、连云区、新浦区、海州区。
淮　安	4县（市）4区：涟水县、洪泽县、盱眙县、金湖县、清河区、楚州区、淮阴区、清浦区。
盐　城	7县（市）2区：响水县、滨海县、阜宁县、射阳县、建湖县、东台市、大丰市、亭湖区、盐都区。
扬　州	4县（市）3区：宝应县、仪征市、高邮市、江都市、广陵区、邗江区、维扬区。
镇　江	3县（市）3区：丹阳市、扬中市、句容市、京口区、润州区、丹徒区。
泰　州	4县（市）2区：兴化市、靖江市、泰兴市、姜堰市、海陵区、高港区。
宿　迁	3县（市）2区：沭阳县、泗阳县、泗洪县、宿城区、宿豫区。

2. 全国抗战前的社会经济状况

自宋以来，江苏就属于中国经济发达地区，在全国居重要地位。至全国抗战前的1934—1936年，江苏工农业生产一直居全国前列。特别是1936年，是工农业发展最好的一年，江苏主要农作物产量占全国总产量10%以上。江苏也是中国近代工业的发祥地之一。但由于日本帝国主义的入侵，江苏社会经济遭受严重破坏。

（1）农业

1936年，江苏水稻种植面积2584.5万亩，总产量53亿公斤，占当时全国总产量的12%。旱粮作物高粱、大豆、玉米、山芋、小麦等，其中大豆年产量11.7亿公斤，占全国16.69%。花生种植面积2081.1万亩，总产量3.2亿公斤，占全国总产量12%。棉花主要分布在沿海沿江地区，面积1116.6万亩，总产皮棉1.82亿公斤，占全国总产量17.66%。饲养业也比较发达。据《江苏省乡土志》和《申报年鉴》，居全国第二位的有猪和海鱼，居全国第三位的有蚕桑和牛。江苏茶叶生产颇具盛名。宜兴、溧阳、句容、吴县、金坛、无锡等县，历史上种茶有一定规模，是中国的产茶区之一。

全国抗日战争爆发后，江苏农业生产遭到严重破坏，大量农田被毁，农业生产资料遭破坏，农民纷纷背井离乡[1]。战争使农业生产原有布局被打乱，到新中

---

[1] 据1939年国民政府中央研究院社会科学研究所关于中国抗战损失问题研究报告记载，截至1939年，江苏农产品损失就达18746246元（当时法币币值）。见中央党史研究室第一研究部、中国第二历史档案馆编，中共党史出版社2014年出版的《国民政府档案中有关抗日战争时期人口伤亡和财产损失资料选编》（1），第175页。

国成立前夕始终没有恢复到战前水平。

（2）工业

江苏为中国工业发祥地之一。据1932年调查，江苏近代工业企业共有4652家，总资本额7800万元，有产业工人10.8万人（不包括采矿、运输、建筑三个行业和上海市及松江地区）[1]。在资本总额中，民族资本占80.3%，官僚资本占16.2%，买办资本占1.2%，外国资本占2.3%[2]。其中，棉纺织企业103家，织机1万多台，纱锭49.7万枚，占全国的19.2%。江苏兴办的企业中，轻纺工业有纺纱、织布、缫丝、针织、味精、搪瓷、灯泡、造纸、皮革、卷烟、火柴、罐头食品、肥皂、干电池、自行车装配、缝纫机装配等。重工业主要有无锡工艺机械厂，生产柴油机、轧米机等产品；连云港锦屏公司，以开采磷矿为主兼采锰矿；徐州日产煤300吨的贾旺煤矿；南京中国水泥厂，是当时长江下游的水泥骨干企业；永利化学铔厂，是当时号称"远东第一"的中国第一家化肥厂。电力工业，当时江苏全省已有公用电厂94家，装机容量10万千瓦；自备电厂15家，装机容量2.7千瓦，其中，装机容量1万千瓦以上的有3家，即首都电厂（今南京下关电厂）、常州戚墅堰电厂、苏州电气公司，在全国都有很大规模和影响。

民族资本有10多个规模较大的企业集团。其中有无锡荣氏兄弟创办的茂新、福新、中新资本集团；南通张謇主办的大生资本集团；无锡薛氏父子为代表的缫丝集团；苏州刘鸿生创办的火柴集团；南京范旭东为代表的化工集团；常州刘国钧为首的纺织集团；无锡杨宗濂为首的纺织集团，唐宝谦、蔡缄三为首的纺织集团，周肇甫为首的缫丝集团；南京姚锡舟为首的水泥集团和许鼎霖为首的米粉、饼油、麻袋、革呢工业集团。其中，薛氏父子为代表的缫丝集团1937年流动资本达到法币450万元，成为全国首屈一指的"缫丝大王"，曾经冲破外国洋行的束缚，直接开展对外贸易。刘国钧的常州大成纺织印染公司，1930年拥有资本444万元，日产细纱40件、坯布2000匹，印染布3000－5000匹，成为当时国内规模最大的整理全套设备的纺织印染联合企业。根据1936年统计，江苏民族资本经营的机器厂88个，规模较大的有南通资生铁厂、无锡工艺机器厂、常州万盛铁厂和厚生机器厂等，分别制造柴油发动机、丝机、纺织机和机床等整机。

全国抗日战争时期，江苏工业遭受严重损失。日军的狂轰滥炸和焚烧，使得很多重要的工业设施被摧毁殆尽。常州大成一厂、二厂、无锡申新三厂全部被炸毁，民丰纱厂遭日机轰炸，戚墅堰机厂、戚墅堰发电厂、常州火车站、武进电气

① 江苏省地方志办公室编：《江苏省志·综合经济志》，江苏古籍出版社1999年版，第102页。
② 江苏省地方志办公室编：《江苏省志·地理志》，江苏古籍出版社1999年版，第428页。

公司也都成为一片瓦砾。无锡第一纱厂，即业勤纱厂被日军焚烧，其他工业也遭受破坏。

此外，大批工厂在迁往内地途中也遭到轰炸，损失严重。如江苏常州大成纺织印染公司四个工厂的机器设备与生产原料，除被日机炸毁外，运到内地的不过是3000纱锭和230台织布机，其余损失殆尽。日产硫酸铔250吨、硝酸40吨的南京永利铔厂，价值50万美元用于制造硝酸的设备被日军拆卸运往日本。自明清时期起就盛极的苏州丝绸业也遭受重创。

（3）商业

鸦片战争后，上海等地"五口通商"，中国贸易中心逐步由广州移往上海，江苏沿江深受影响，南京、镇江、苏州先后被开辟为商埠。镇江开埠后，沿江地带商业迅速发展，货栈林立，商店密布，形成商业中心城市。1927年国民政府建都南京，采取一系列措施促进商业发展。这段时期，无锡、南京、常州、南通等地出现一批经营工业品的新式商业，并形成了以近代工商业发达的江南商业区、依托运河交通的淮扬商业区以及徐海商业区。大宗商品主要有：粮食、棉花、蚕茧、棉纱、棉布、生丝、面粉、丝绸织品等。江苏的粮食贸易为南方诸省之冠。1936年，南京有各类商店1.3万多家，资本额1240万元。无锡被誉为"小上海"，是全国四大米市之一，由于纺织工业，丝绸工业发展迅速，被称为"布码头"、"丝都"。南通的棉花、纱、布极有实力，形成以花、纱、布为特色的三业交易市场。

日军侵华后，江苏交通受阻，城市遭毁坏，加之日伪对江苏沦陷区的贸易控制和垄断，商贩纷纷濒临破产，市场日趋缩小，商业处于萧条状态。

（4）金融

1936年，全省共有银行机构246家，其中总行14家，分行54家，支行51家，办事处和分理处或寄庄127个。全省银行机构中，国营和省、县营银行138家，占57%。国营、省营银行资金，经营规模占压倒优势。中央银行成立时资金2000万，江苏银行1936年存款额就达2000万，放款达到1200万。

抗战爆发后，因日军的侵占烧抢，曾经辉煌的江苏金融业不复存在。

（5）交通运输

江苏是交通比较发达的省份，水运有河运和海运，陆运有公路与铁路，还有航空运输。

江苏通江达海，其境内长江横亘东西，京杭大运河纵贯南北，为水网地区，水运资源丰富，水上运输业发达。据1934年统计，江苏全省共有内河航线227

条，通航里程 4629 公里，有轮船公司 307 家，拥有小火轮 368 艘，加上省外通航运行轮船共有 472 艘。连云港是中国东部沿海港口，1936 年完成扩建为近代式海港码头，有同时停靠 8000 吨级海轮 3 艘的码头一座，并建设了配套设施和港口至新浦的铁路。

至 1937 年，全省共修筑公路 5369.67 公里，多为晴通雨阻之土路。主要交通桥梁有 703 座；全省共有各类汽车 2600 余辆，实际营运里程 2643 公里。

江苏兴建铁路始于 1905 年。至 1936 年，境内津浦、沪宁、宁芜、陇海四条铁路彼此已相互沟通，形成南京、徐州南北两个铁路枢纽。1936 年苏嘉铁路的建成，把苏杭间最富庶地区连接起来，促进了苏沪杭地区经济的繁荣。

江苏民航业始于辛亥革命后，至 1936 年底经停南京的航线有沪平、沪汉、沪迪、沪蓉线，以南京明故宫机场为最大，其他机场规模小且不做民用。

抗战期间，全省交通运输遭到严重破坏。铁路为日军所占，为其战争军事和资源掠夺服务，1937 年 12 月日军侵占江苏主要城镇，大量公路遭到破坏。至 1945 年 8 月，日本宣布投降时，全省公路仅剩 34 条（段），约 876.64 公里可以通车①。日军侵占江苏导致许多船只和大部分港航设施遭炸毁，连云港扩建后开航一年，就因日军侵华遭破坏。一些社会运输工具大多数被征调，汽车公司绝大部分停业②。由于日军对长江实行"封锁"，沿江各港口航线全部停航，客、货轮被日军鱼雷炸毁，轮运公司倒闭。1937 年 12 月南京沦陷后，沿海航线被迫停航，航空运输业务锐减。在日伪轮运业垄断摧残下，江苏民营轮、木船运输经营惨淡，甚至破产歇业，江苏航运业濒临解体。

（6）邮电通信

20 世纪二三十年代江苏地区邮政业务分别由上海、江苏办理。邻近上海 14 个县由设在上海的邮务管理局办理，其他 47 个县和南京市由设在南京的邮务管理局办理，下辖一等邮局 4 所、二等邮局 69 所、三等邮局 54 所、支局 26 所、代办所 682 所，设邮箱 1151 处。邮局除送邮件外，还开办邮政汇总、邮政储蓄和包裹递送等业务。

1936 年江苏全省有江南、江北两大长途电话系统，共有线路 44 条，全长 3243 公里；省营长途 21 个县通话，共有长途电话线 6343 公里，通话县城 54 处；

① 江苏省地方志办公室编：《江苏省志·交通志·公路篇》，江苏古籍出版社 2001 年版，第 3 页。
② 据 1939 年国民政府中央研究院社会科学研究所关于中国抗战损失问题研究报告记载，截至 1939 年，江苏全省公路车辆损失达 1969 辆，南京市公路车辆损失达 4122 辆。见中央党史研究室第一研究部、中国第二历史档案馆编，中共党史出版社 2014 年出版的《国民政府档案中有关抗日战争时期人口伤亡和财产损失资料选编》（1），第 208 页。

共有有挂线植杆 7417 公里，1195 个乡村集镇能够通电话。

全国抗战爆发后，本已初具规模的江苏邮电通信业由于侵华日军的破坏与掠夺，全部陷于瘫痪，其设施大部被摧毁，损失惨重。

（7）文化教育

江苏人文荟萃，教育发达。近代以来，已逐步形成了幼儿园、小学、中学到大学的完整教育体系。1930 年，全省①有 108 所幼儿园，其中公办 92 所，私立 16 所，在园幼儿 4716 人。1937 年，除各县公立、私立小学外，尚有省立实验小学 5 所，省立师范附属小学 8 所，省立乡村师范附属小学 8 所，省立小学 5 所，省立义务教育实验区 6 处，实验区 1 处，合 33 所。1937 年全省共有省立中学 11 所，学生 9285 人；私立初级中学 49 所，完全中学 14 所（包括师范学校），在校学生 35609 人，南菁中学、东南大学附属中学、南通中学等皆闻名于全国。1936 年，江苏境内有中央大学等国立高校 5 所，教育学院等省立高校 5 所，东吴大学等私立高校 7 所，合计 17 所②。

1937 年抗日战争全面爆发后，各地校舍被毁或为日军占用，损失惨重。只有少数学校迁至上海租界或农村，还有部分迁往内地。日本侵华对中国文化教育事业，对社会发展、人才培养、国民素质等所带来的恶果，无法用数值来表述。

（三）侵华日军在江苏的暴行

日军在侵占江苏期间，恣意杀戮平民，残酷蹂躏妇女，疯狂掠夺财产，毁坏侵占文物，江苏地方和民众遭受的战争侵害是全面的、深重的。

1. 江苏沦陷

九一八事变后，日本帝国主义加紧实施全面侵占中国的计划。因华中地区③位于中国的中东部，在政治、经济、军事上都具有重要地位。日本视其为在中国掠夺人力、物力的主要地区，并作为连接华北、华南的枢纽和南进计划的后方基地之一。

江苏位于华中地区东部，沿江靠海，是华中地区的门户，战略地位十分重

---

① 当时南京为中央直辖市，不在江苏省范畴之内，此处数据不包含南京。
② 江苏省地方志办公室编：《江苏省志·教育志》，江苏古籍出版社 2000 年版，第 106、155、231、456 页。
③ 当时的华中地区北枕陇海路，南跨长江三角洲，西起汉水，东濒黄海，包括苏、皖两省的全部和鄂、豫、浙三省各一部，以及上海、南京、杭州、武汉、徐州等大城市和战略要点，面积约 50 万平方公里，人口约 1 亿。

要。1932年一二八淞沪抗战期间，3月1日，日军飞机大炮就曾对江苏省苏州市太仓县等地进行狂轰滥炸，日军第11师团5000余人在太仓七丫口南北江堤一线陆续登陆。1937年8月13日，日军发动了对上海的进攻，11月12日，日军占领上海。旋即，日军分兵两路扑向江苏，矛头直指国民政府所在地南京。日军以华中方面军所辖上海派遣军之第3、第9、第11、第13、第16、第101师团沿京沪铁路西进；以华中方面军所辖第十军之第6、第18、第114师团和第5师团之国崎支队沿太湖南侧西进。11月中旬，常熟、苏州失陷；下旬，无锡、常州失陷。日军在西进途中，日本大本营陆军部下达了"华中方面军司令官应与海军协同攻取敌国首都南京"的命令①。从12月2日起，日军华中方面军司令官松井石根统一指挥9个师团分两路会攻南京，宜兴、溧阳、句容相继失陷，13日，南京失陷。

1938年初，日本着手实施夺取徐州打通津浦铁路，连接华北与华中战场的计划。从1937年底开始，南线日军华中派遣军在羽源田之助将军的指挥下，逐渐向北推进。其第13师团从南京、镇江等地渡江北犯，先后占领六合、滁县、盱眙等地，截断津浦铁路；第11师团天谷支队在镇江北渡后，连陷扬州、江都、仪征等地；驻上海的第101师团佐滕支队，渡江长驱直入，相继攻陷南通、海门、如皋、海安、东台、盐城、阜宁等地；第6师团从安徽方向切断了陇海线。北线日军在台儿庄战役后，将板垣师团、矶谷师团重新集结，组成华北方面军，总兵力包括第5、第10、第16、第110、第103、第104、第105、第14等8个师团，以及山下、酒井兵团各一部，由第二军司令官西尾寿造指挥。1938年4月7日，日本大本营下令华北方面军与华中派遣军实施徐州作战。5月上旬，华中派遣军两个师团，华北方面军4个师团，从南北两个方面向徐州进攻。此外，华北方面军日军第16师团、第10师团、第5师团、第14师团从不同方面向徐州攻击②。5月19日，徐州失陷；20日，连云港失陷。

1939年初，日军又组织了"苏北会战"，参战的日军主要有华北方面军第21、第5、第114师团，以及第7飞行团，海军第四舰队航空队。2月下旬，日军发起攻击，至1940年，整个苏北地区，仅东台、兴化、泰县、盐城4县完整，其余或半陷或全陷③。此后，这些县城也相继失陷。这样，江苏境内大部分地区都在日军铁蹄的蹂躏之下。

① 日本防卫厅战史室：《日本军国主义侵华资料长编》（上），四川人民出版社1987年版，第387页。
② 《苏北摩擦真相》，新四军苏北指挥部政治部1940年11月，南京军区档案馆藏，军史资料汇编卷九。
③ 沈予著：《日本大陆政策史（1868—1945）》，社会科学文献出版社2005年版，第565页。

抗战时期江苏各地沦陷时间表

年份＼日期＼地区	苏州	无锡	常州	镇江	南京	扬州	南通	盐城	徐州	连云港	宿迁	淮安	泰州
1937 年	11 月 19 日	11 月 25 日	11 月 29 日	12 月 8 日	12 月 13 日	12 月 14 日 至 17 日							
1938 年							3 月 17 日	4 月 26 日	5 月 19 日				
1939 年										2 月 27 日 至 3 月 4 日	3 月 27 日	3 月 初	
1941 年													2 月 15 日
备注	1937 年 12 月 14 日至 17 日，扬州、仪征、十二圩、仙女庙、邵伯等城镇沦陷。1939 年 2 月 27 日至 3 月 4 日，连云港地区全部沦陷。1939 年 3 月初，淮阴、淮安（今楚州）、涟水等县城相继沦陷。1941 年 2 月 15 日，国民党鲁苏皖边区游击总指挥部副总指挥李长江率部 7000 人投降，泰州城沦陷。												

在日军大举进攻面前，江苏人民与全国人民一起，与敌人开展了殊死的斗争，用鲜血和生命保卫自己的家园。一些失去组织关系的共产党员爱国人士率先揭竿而起，各自为战，打击敌人；重建后的江苏省委也在京沪（今沪宁）铁路东段和南通地区，建立若干游击支点，开展局部游击战争；中国共产党领导的武装力量在国内纷繁复杂的形势下，坚决地向江苏进发，与侵略者开展了针锋相对地斗争。抗日军民为打击江苏境内的日本侵略军，夺取抗日战争的胜利，作出了重大的牺牲。当时，国民党军队在江苏地区进行了南京保卫战和徐州会战，在苏鲁边界陇海线取得了著名的台儿庄大捷，其余留在江苏敌后的部队，相当一部分也成为当地的抗日力量。

2. 日军的暴行

（1）狂轰滥炸

日军为了攻占江苏，使用飞机、军舰等对江苏各地实行狂轰滥炸，以此作为扩大侵略战争的先导，全省所有大中城市和重要集镇无一幸免。

上海沦陷后，日军用飞机沿苏南一线一路炸至南京；1938年5月，徐州失陷前后以及日军发动的"苏北战役"，对苏北实施狂轰滥炸；抗日战争进入相持阶段后，日军对抗日根据地和中国军队控制的重要集镇进行反复轰炸。日机轰炸，有的连续数日不断，有的是一日数次，有的是反复多次，造成了大量人员伤亡和财产损失。

1937年8月16日，日军开始全面空袭苏州。当天日机两批24架次首次轰炸了苏州城区，阊门外兵营以及城内道前街、西善长巷、学士街一带均遭轰炸，房屋损毁，死亡500余人。由此至11月15日的3个月内，苏州城受敌弹4200余枚，破坏的街道、房屋、医院、工厂、学校无法计数。在日军攻陷苏州前夕的11月13日至15日。3天内投弹千余枚，并投掷燃烧弹，全城着火面积达三分之一。阊门外繁华的石路商业区，大火烧毁商店、旅社、戏院、饭店、茶馆、浴室等二三百家，民宅六七百家，成为一片瓦砾残垣。苏州市民迁往四乡者约十之六七，店肆均停止营业。苏州周围各地，尤其是京（南京）沪（上海）铁路、苏嘉铁路沿线及长江沿岸的重要村镇，如当时吴县的唯亭、外跨塘、浒墅关、望亭等；昆山县城及正仪、青阳桥等；太仓县城及浏河、浮桥、岳王、归庄等；常熟县城及支塘、梅李、浒浦、古里、福山等；吴江县城及平望、盛泽等；张家港的杨舍、港口等普遍遭到日军轰炸。被炸之处，房屋毁坏，平民死伤，一片凄惨景象①。

据《常州市志》记载，1937年10月12日，日机首次轰炸常州戚墅堰，戚墅堰机厂、戚墅堰发电厂均中弹，戚墅堰机厂子弟小学全毁，铁路东扬旗桥梁被炸断、惠济桥被炸坏。13日，常州城区遭到日机第一次轰炸，新丰街、火车站等交通枢纽首当其冲，炸死炸伤百余人。此后至11月29日沦陷的40多天里，常州几乎每天都遭到日机轰炸。城区南部西瀛里、南大街一带常州经济最繁华的地区，被炸20多次，几成一片废墟。戚墅堰机厂、戚墅堰发电厂、大成一、二、三厂等重点工厂，成为日机轰炸的主要目标，其中大成二厂屡遭轰炸，一次竟落

---

① 中共苏州市委党史工作办公室编：《苏州抗日斗争史》，古吴轩出版社2005年版，第91、3页。

下 8 枚炸弹。在日机的狂轰滥炸下，许多人被炸死炸伤，大量房屋被炸毁或被烧掉，工厂停工、商店关门、全城断电、交通中断①。

无锡、镇江、南京等大中城市当时都遭到日军的狂轰滥炸。仅 1937 年 8 月 15 日、9 月 21 日，日机的两次轰炸就造成了南京城市平民的大量伤亡。现属江苏南京市的溧水县被炸死亡人数就达到 1200 人②。

全国抗战开始，徐州曾是中国军队第五战区司令部驻地和徐州会战的军事首脑指挥中心，是兵员集结和军用物资枪炮弹药运往前线的集散地，也是日军南北对进，会师武汉所夺取的首要战略目标，从而成为日军频繁轰炸最集中的地方。1937 年 9 月 19 日，日机对徐州城实施了第一次轰炸。12 架飞机集中轰炸津浦铁路徐州站。此后，日军飞机又多次从停靠在连云港海面上的航空母舰上起飞，于 9 月 20、28、29 日，10 月 18 日轰炸徐州城。与此同时，日军还轰炸了徐州城周围津浦线上的柳泉车站、三堡车站、利国驿（今利国）、茅村车站和陇海线上的运河车站（今邳州城）、新安车站（今新沂城）、炮车车站、大庙车站、台赵支线车辋山车站等。1938 年 3 月至 5 月，日军为夺取徐州会战的胜利，再次对徐州发动新一轮轰炸。3 月 26 日，4 月 28 日，5 月 3 日、10 日、11 日、12 日、13 日、14 日、15 日、18 日，日军飞机频繁轰炸徐州城。此外，还轰炸徐州周围的沛县敬安、邳县涝沟、运河车站、沛县城、铜山县汴塘（今贾汪区）和潘塘镇等。日本随军记者在 1938 年 5 月 13 日一篇题目为《我机七十余架轰炸徐州》的报导中，写道："为协同地面部队的猛烈攻势，我海军航空队 70 余架飞机和陆军飞行队的十几架飞机，是日，威风凛凛地组成大编队沿陇海线飞行，进行陆海军大规模空中协同轰炸，各处投下的巨弹如雨，彻底震撼了蒋介石防线。战况如下：海军航空队棚町少佐率领的 70 余架飞机以编队飞行，向停靠在徐州北站的 100 多节货车车厢以及堆放在那里的军用物资、车站设施和线路投掷了数百枚炸弹，实施彻底的轰炸，随着一阵阵轰鸣，被摧毁的货车、军用物资四处横飞，好不凄惨。轰炸引起了大火，烈焰冲天，许多目标被彻底摧毁。""我陆军航空队的高桥、坂本、铃木各队倾巢出动，其精锐战机于上午 10 时，对徐州进行了大规模空袭，我战机遮住了徐州上空，不间断地投下了密集的巨型炸弹，彻底摧毁了徐州北站以及附近停靠的货车、客车二三十辆。"③

盐城俗称瓢城，1941 年 1 月以后为新四军首脑机关所在地。从 1938 年 3 月

---

① 常州市地方志编委会编：《常州市志》第三册，中国社会科学出版社 1995 年版，第 1081、1089 页。
② 中共江苏省委党史工作办公室编：《侵华日军在江苏的暴行》，中共党史出版社 2001 年版，第 84 页。
③ 徐州市关工委编：《铭恨》，中国大百科全书出版社 1995 年版，第 53 页。

至 1941 年 7 月，日军对盐城先后进行了 10 次毁灭性轰炸，使曾拥有 13 万人口繁华富庶的市镇变成一片废墟①。

日军入侵泰州前后，曾多次派遣飞机对境内的军事和民用目标进行狂轰滥炸。据不完全统计，自 1937 年 11 月至 1945 年日军投降，日机先后出动 100 多架次飞机，对 4 个县城、20 多个乡镇（村）的民用目标和停泊于八圩港口的国民党军"宁海舰"进行了 41 次轰炸，炸死 475 人，炸伤 220 人，炸毁民房 996 间，炸毁、损坏古庙宇 6 处，"宁海舰"遭重创，其他财产损失无法统计。被炸死、炸伤的 695 人中，除"宁海舰"的 10 名官兵外，其余均为无辜平民。日机的狂轰滥炸所制造的悲惨血案，在泰州人民心理上造成极大的恐惧，当时流传着这样一首民谣："一声警报，心惊肉跳，大呼小叫；二声警报，家产不要，四处奔逃。"②

日军轰炸不仅针对城镇村庄和无辜平民，就连佛门寺院也不放过。省内多处古刹也被炸毁。例如：1938 年 5 月 20 日至 5 月 23 日，日机连续 4 天对连云港进行狂轰滥炸，始建于唐代的古刹三元宫以及周围的 13 处殿宇，除灵观殿尚存外，三元大帝（尧舜禹）、佛经千卷等珍贵文物和古建筑都化为灰烬③。1940 年 1 月 17 日上午 10 时左右，入侵泰州上空的 3 架日机，在对市内建筑狂轰滥炸后，又炸毁晋朝的光孝寺二殿、唐朝的北山寺二大殿、永宁寺大殿，其中北山寺内高五六丈、宽 3 丈金身大佛也被炸毁④。

（2）野蛮杀戮

日军侵占江苏的 8 年期间，用极其野蛮手段杀戮平民百姓和放下武器的中国士兵，制造了一起起惨绝人寰的惨案。日军杀人有以下特点：

一是集体屠杀。1937 年至 1945 年，日军在江苏制造了多起骇人听闻的集体屠杀事件。根据这次调研统计并有资料证明，造成伤亡人数在 800 人以上的惨案至少 17 起，即：日机轰炸南京惨案（1937 年 8 月 15 日—12 月 13 日）、苏州惨案（1937 年 8 月 16 日—11 月）、常熟惨案（1937 年 8 月 17 日—11 月 20 日）、无锡惨案（1937 年 9 月 28 日—12 月 28 日）、常州惨案（1937 年 10 月 12 日—

① 盐城市地方志办公室编：《盐城市志》，江苏科技出版社 1998 年版，第 7 页、第 33 页、第 3041 页、第 3052 页。盐城县地方志办公室编：《盐城县志》，江苏人民出版社 1993 年出版，第 21、26、71、396、97、517、518 页。中共盐城市委党史办公室编：《苏北有个盐城·盐城抗战史话》，中共党史出版社 2005 年版，第 6、11、16、17 页。盐城市政协文史委员会编：《盐城文史资料选辑》，1985 年印行，第 33、35 页。《新闻报》，1938 年 9 月 30 日。
② 泰州市抗战时期人口伤亡及财产损失课题调研汇总统计。资料现存泰州市史志档案办公室。
③ 中共连云港市委党史工作办公室编：《中共连云港市地方史》第一卷，江苏人民出版社 1998 年版，第 116 页。
④ 泰州市政协文史资料研究委员会编：《泰州文史资料第三辑》，1985 年印行，第 44 页。

12 月）、镇江惨案（1937 年 10 月—12 月）、江阴惨案（1937 年 11 月 12 日—12 月 31 日）、溧水惨案（1937 年 11 月 29 日）、南京大屠杀（1937 年 12 月 13 日—1938 年 2 月 6 日）、扬州惨案（1937 年 12 月 14 日—17 日）盱眙惨案（1938 年 1 月 2 日—14 日）、无锡马山惨案（1938 年 3 月 12 日—13 日）、铜山阁窝惨案（1938 年 5 月 20 日）、铜山汉王惨案（1938 年 5 月 20 日）、宿迁惨案（1938 年 11 月 22 日—1939 年 2 月）、高邮惨案（1939 年 10 月 2 日—12 月 31 日）、吴江惨案（1942 年 2 月 21 日—3 月 14 日）。

其中南京大屠杀震惊中外。日军侵占南京后，于 1937 年 12 月 13 日之后的 6 周内，对南京的 7 个城区、4 个郊区和 1 个中央隶属区共 12 个区内无辜百姓、放下武器的中国士兵野蛮屠杀。日军制造千人以上的集体屠杀就有 10 余起，如汉中门外，鱼雷营江边，中山码头，下关江边，煤炭港，草鞋峡，燕子矶、水西门外上新河等地。至于遍布全市城郊的分散屠杀，则更是面广量大。日军的屠杀手段残忍，骇人听闻。战后，中国国民政府对南京大屠杀进行了广泛的调查。设在东京的远东国际军事法庭和设在南京的中国审判战犯军事法庭均对南京大屠杀专案审理，对南京大屠杀案做了法的定论，分别判处松井石根、谷寿夫等有关的战犯绞刑和死刑。其中，中国审判战犯军事法庭经调查判定，日军集体屠杀有 28 案，屠杀人数有 19 万人；零散屠杀有 885 案，死亡人数有 15 万。死亡人数总计达 30 多万，制造了惨绝人寰的特大惨案。远东国际军事法庭判决书判定："日军仅于占领南京后最初的 6 个星期，不算大量抛江焚毁的尸体，即屠杀平民和俘虏 20 万人以上。"这也间接证明了"南京大屠杀遇难者 30 万以上"的数字的可靠性。

此外，据不完全统计，发生在全省各地的伤亡人数上百人的惨案有 40 多起，造成数十人伤亡的惨案则更多。

值得指出的是，日军的屠杀决不是偶然发生的，而是受侵华日军指挥部命令所为。淞沪会战，上海沦陷后，受到中国军队重创的日军，在向江苏境内进发中，一路屠杀手无寸铁的平民。指挥攻打南京的日本第十军司令官柳川平助，"在演讲中曾叫嚣'山川草木皆是敌人'"[1]。当年随军记者河野公辉"曾亲眼见到过送到各师团的命令文件。文件中写道：'农民、工人自不必说，女人、孩子都要全部杀光'"[2]。当年日军华中方面军第十六师团第二十联队第三步兵大

① 太平洋战争研究会：《最前沿出现异常——因屠杀而对立的南京攻击战的士兵们》，载［日］《朝日艺能》1971 年 1 月 28 日。
② 太平洋战争研究会：《最前沿出现异常——因屠杀而对立的南京攻击战的士兵们》，载［日］《朝日艺能》1971 年 1 月 28 日。

队军医保坂晃在日记中这样写着："我们的队伍开进常州城。我们接到命令，要求我们杀掉常州城里的居民。大约80名手无寸铁的平民，不分男女老幼，被赶到一块儿，黄昏时分通通被我们开枪打死"①。1936年应征进入姬路的野战炮兵第十联队的法城家安男（化名），在南京大屠杀期间担任伍长，他在回忆录中写着："我经常接到上司命令，再命令手下的四到五人去残杀敌人的士兵。现在回想起来仍是毛骨悚然。……有一次，我们接到命令，要烧死敌人的便衣队俘虏。为了不让他们逃跑，我们将俘虏的手反绑起来，将他们关进一家已经空了的民居里。等到他们全部关进去之后，我们将汽油浇在房子上，再点上火。俘虏的人数不是10人、20人，而是数百人。火焰窜起来之后我们听到了叫喊声。有人相聚要打开门往外跑，但门从外面锁上了。偶尔有逃出来的人也立刻被站岗的士兵开枪打死。……这样的事情以后还在不断地发生"②。

二是手段残忍，杀人取乐。

日军的杀人手段十分残忍，有枪杀、刀砍、火焚、水淹、活埋、狗咬、毒杀、凌迟，还有削皮割肉、开膛挖心、开水浇烫、锅煮活人、油锅炸人、挖眼抽血、灌腹淹溺、炒人心肝等。

1937年11月，日军侵占苏州之初，在盘门外炒米浜将张家5兄弟和其他5人投入油锅活活烫死。在葑门外安乐园，日军把老百姓抓去，叫他们自己挖潭，然后活埋；在高长桥附近的杨家花园里，日军把人抓去后，用刺刀挑、狼狗咬、锡水销等种种残暴手段杀害③。日军在"扫荡"吴江芦莘库周时，把所抓的人绑住大拇指作"飞机吊"（反绑手再吊起来），再用木棍打死；把人活埋在泥坑里后，再夯实坑周之土，然后往被埋的人头顶上一刺刀，鲜血向上喷出2米多高，称为"放火花"；把人活活推进刚化开的石灰坑里，人被高温的石灰灼烧而死，称为"面拖蟹"。在吴江芦墟洋沙坑，有1男11女被日军用铁镲活活坌死；在北库有一人被日军装进麻袋，活活掼死；在芦墟钱老汉被日军吊在树上毒打，再在其大腿上绑上手榴弹引爆，钱老汉被炸得粉身碎骨，树干上只留下一块屁股。日军占领太仓浮桥时，抓捕了11个无辜百姓，竟将其中10人残忍的杀害并肢解，割下他们的头颅装进麻袋，命另一个幸存者当挑夫，送到浏河日军大队部，

① 《环球时报》驻美特派记者唐勇著：《美解密史料揭露日军罪行》，载《环球时报》2007年2月。

② 创价学会青年部反战出版委员会：《鲜血染红中国大陆——加害者亲身经历的记录》，第三文明社（东京），1938年8月15日。

③ 中共苏州市委党史工作办公室编：《苏州抗日斗争史》，古吴轩出版社2005年版，第95页。

谎称是抗日官兵的头颅邀功请赏①。

1938 年 5 月，日军在阜宁县新沟毛湾抓住农民毛树来，用刀割开肛门四周皮肉，拖出大肠，用铁钉钉在地上，再用刺刀逼他往前爬，肠子一节节往外抽，毛树来被活活折磨致死；村民陈金干和不足 3 岁的孩子在被日军抓到后，强逼他睡在地上，将儿子当枕头枕在头下，一个日军操起军刀将陈金平人头砍下，他儿子同时被砍成两截，两人鲜血飞溅②。

1939 年 3 月，日军从淮安（楚州）溪河大车村抓了一个男村民，让其带路到周庄。这个村民将路带错了，日军将他绑起来，用刺刀挑开胸脯，用开水烫伤口，折磨到第二天清晨死去③。

1939 年 10 月 2 日，盱眙县农民罗华斋和儿子等 10 人被抓后，关在一张姓人家的房子里，被日军用硝镪水灌死。

1940 年初，日军在射阳通洋河西抓住村民周学东，用尖刀挖下两只眼睛，并用针筒抽干他身上的血，将其残害致死，又将尸体拖到马棚，用铡刀铡成碎块，与小麦一起煮熟作军马的饲料。

1942 年春，响水南房庄民兵何鸿勋被日军用铁丝从何的肛门穿过去，从口腔拔出来，将其心挖出来做菜饮酒。

1944 年 12 月 5 日阜宁县，陈集生意人曹加法被日军抓住，日军先后逼他在滚开的油锅里摸钱，再将他的手放入沸水锅里煮。接着又将曹加法吊在木架上，让他双脚站在开水锅里。最后把曹加法放进锅里煮烂④。

日军在杀人取乐的同时，还丧心病狂地开展杀人比赛。日军少尉向井敏明和野田毅在从上海往南京开拔途中，展开"百人斩"比赛，仅无锡至常州之间，向井敏明就杀 56 人，野田毅则杀 25 人。到南京紫金山时，野田毅杀 105 人，向井敏明杀 106 人之后，因无法判定谁先杀到 100 人，这一野蛮竞赛继续进行⑤。

三是滥杀无辜。

遭日军残杀的人员，绝大多数不是两军对垒的战争所致，而是手无寸铁的战俘和无辜的平民。

① 陆槐清：《朱恺俦与沪太公路》，载太仓市政协文史委编：《太仓文史资料辑存》，1988 年 11 月印行，太仓市档案馆藏，2—4—4—150 卷，第 14 页。吴江市芦墟镇：《关于芦墟、平望地区抗战时期伤亡调查证人证言材料》，2006 年 8 月，第 42、44、171 页，资料现存中共吴江市委党史办公室。
② 中共盐城市委党史工作办公室编：《日军在盐城的罪行录》，1995 年印行，第 9 页。
③ 口述人：房干和，调查人：徐霞、张霞。资料现存中共淮安市淮安区委党史工作委员会。
④ 中共阜宁县委党史办公室编：《阜宁人民革命史》，江苏古籍出版社 1993 年版，第 58 页。
⑤ 东京《日本报知者》（Japan Advertiser）1937 年 12 月 14 日。

1937 年 12 月，日军在燕子矶江边屠杀 5 万余人。事后经军事法庭调查确认："日军在燕子矶滩一处，杀毙我解除武装的青年在五万人以上，尸横遍野，惨不忍睹。"陆军第 88 师军人郭国强，当时藏匿于三台洞附近，亲见"当时日军用机关枪扫射一天一夜"①。

1937 年，日军在无锡县杀害 14150 余人。1937 年 12 月 25 日，日本随军记者本多胜一在《向南京进军》中记述：无锡县"街头乃是一片荒芜，道路两旁躺着一些被车轮轧过的烧焦的光身尸体，有的腹部已被狗掏空像半只西瓜，有的只剩骨头……市内大火后充满着各种焦味和尸体腐臭味。运河里浮着许多尸体……人口 20 万的无锡城，在大部队出发后，几乎找不到一个居民。"②为掩埋死尸，1938 年初，伪无锡县自治委员会曾组织卫生队，雇用敝船 20 艘，民夫百余人，负责收尸掩埋，每船装死尸 20 具，前后共计两个月。

日军侵入江阴城后，将躲避在杜康巷红十字江阴分会内的 52 人，先后分两批用机枪集体扫杀，只有一人幸存；在黄田港口的煤炭码头上，日军将 100 余人刺杀后，弃尸江中③。

日军占领宜兴城后，肆意杀害无辜百姓，后日军一度撤离县城，县长雇人以芦席裹埋，收尸 700 余具。

此后，日军由宜兴向西沿京杭国道推进，自徐舍至溧阳 15 公里公路沿线居民被敌射击而死于非命者达 1600 多人④。

1938 年 9 月 1 日傍晚，日军到句容市⑤茅山道院元符万宁宫，放火烧毁三清殿和西斋院的许多楼房，将守庙居士黎洪春（原全国道教协会会长黎遇航的父亲）和沿途抓来的群众杀死。是年 10 月 6 日，日军第二次到茅山道院烧杀，从乾元观开始，先烧松风阁和宰相堂，后烧殿宇和住房，最后把 13 名道士和 5 个打柴农民捆绑按倒在地上，用刺刀戳过后再用机枪扫杀。

1938 年 9 月 26 日深夜，日军驻南通如皋石庄镇的后藤中队 80 多人到大石家庄"扫荡"，船夫顾伯达和被日军抓来带路的潘生侯，在过河时把船弄翻，日军全部落入水中，淹死 4 人，伤 3 人。第二天，日军到大石家庄进行报复性的烧杀，将河两岸的农民住屋烧去 100 余间，将抓去的农民 89 人当场用刺刀戳死、

① ［美］史密斯著：《侵华日军南京大屠杀史料》，江苏古籍出版社 2005 年版，第 402 页。

② 无锡市地方志编委会编：《无锡市志》第三册，江苏人民出版社 1995 年版，第 2482 页。

③ 江阴市地方志编委会编：《江阴市志》卷三十，上海人民出版社 1992 年版，第 905 页。

④ 《江苏民政厅关于自治组织调查的训令及本县自治组织的调查表无锡事变损害状况》，1939 年 5 月，无锡市档案馆藏，档案号 ML1—1—830。

⑤ 句容市是县级市，今属镇江市管辖。

驱狼狗咬死。又抓去 30 多人，抬死伤的日军至石庄警备队；日军回到据点后，又屠杀抬送的群众 18 人。共 107 人遇难①。

1941 年 9 月 22 日，日、伪军"扫荡"盐阜区新四军主力时，在盐城建湖县庆丰镇高丰、刘庄、马庄等地杀害村民 205 人，致伤 67 人，致残 40 人②。

（3）纵火焚毁、劫掠

入侵之初，日军一路纵火，一烧就是数日甚至数十日，过火面积数里甚至数十里。许多建筑物被焚，财产成灰，焦土无垠，百姓无家可归。百姓的生活用品、金银细软、古董字画，商家的银两、货物，厂家的机器设备都成了日本强盗的囊中之物。

1）纵火

1937 年 12 月 13 日，日军攻入南京后，随即开始了连续数月的纵火焚毁、劫掠。沿中华门迄下关江边的主要街道中华路、朱雀路（今太平南路）、太平路、中正路（今中山南路）、国府路、珠江路等地带，所有高大建筑及商店房屋，均付一炬。事后，据美国史密斯博士"尽量保守"的调查统计，在所有遭到破坏的房屋中，有 24% 毁于纵火焚烧。城外有 62% 的房屋被烧毁，通济门外被烧房屋达 78%；城里有 13% 的房屋被烧。在商业财产损失中，有 69% 为火灾所致；而居民财产损失中火灾占 57%。4700 万元商业建筑及财产损失中，又有 65.2% 系纵火所致③。南京经日军连续数月的纵火，全城有三分之一的街道和建筑物被毁。

1937 年 11 月 26 日，日军开始在无锡县城区纵火，大火延烧近 20 天，全部被毁的街坊有 20 个，部分被毁的街坊有 36 个，许多工厂、商店、民宅被烧，城厢内外繁华地段一片灰烬。在农村，全部被焚毁的村庄有 102 个，部分被毁的村庄有 92 个；全县被烧房屋达 16 万多间，其中工厂厂房 28537 间，商店 54268 间，学校、机关、团体房屋 10240 间，居民住房 65600 余间，名胜祠堂 2105 间④。

1937 年 11 月底，日军沿京沪铁路向常州进犯途中，在横林、剑湖、戚墅堰一带大肆放火，连烧 3 天 3 夜。往日繁华的横林镇被烧毁房屋 1180 余间，上、

---

① 中共如皋县委党史办公室编：《如皋人民革命史》，中国文史出版社 1999 年版，第 126 页。
② 口述人：朱文才、陆应胜、吴宗信。资料现存中共建湖县委党史办公室。
③ ［美］史密斯：《侵华日军南京大屠杀史料》，江苏古籍出版社 2005 年版，第 286、291、342 页。
④ 无锡县政府编：《敌人在锡八年罪行调查录》，1946 年 3 月，无锡市档案馆藏，卷宗号 ML1—4—2443。无锡市地方志编委会编：《无锡市志》第三册，江苏人民出版社 1995 年版，第 2483 页。

下塘烧成一片瓦砾。在溧阳别桥，一次烧掉房屋 2000 余间①。

　　1937 年 11 月中旬，日军在侵占苏州市太仓县城时，纵火烧房 3 天 3 夜，从西门直到因果桥整条大街两侧 136 家商店 200 多个铺面全被烧毁；在侵占昆山后，竟烧房取暖，正仪镇有 518 间房屋被烧毁；常熟吴市是一个繁华小镇，境内被烧毁房屋 3800 多间，镇上房屋被毁十之七八，瞿家弄、陈家桥、包家湾等村几乎全被烧毁；吴江平望在日军入侵时大火连续烧了 3 天，事后统计被毁房屋有 3026 间②。

　　1938 年 5 月 4 日上午，10 多名日军在南通市海门唐闸河东渔稚港河北的育婴堂，使用燃烧弹，从育婴堂烧起，经三牌楼、十里坊一直烧到猫儿桥。300 多户人家，数千间房屋，不到一天即化为灰烬。育婴堂里 16 个婴儿被活活烧死③。

　　1938 年 4 月 26 日，日军占领盐城，焚城 7 天 7 夜，造成盐城历史上空前浩劫。城内 58700 间房屋被烧毁 80% 以上，西大街 275 家店铺，仅剩 3 间半，50 多处古建筑被全部烧光④。

　　1938 年 11 月 26 日，日军攻占宿迁市泗阳县洋河镇，进圩后到处纵火，大火整整烧了 3 天 3 夜，镇西门大街，南门米市等地一片焦土，经营几百年的老字号福泉等槽坊，锡制的酿酒甄锅被烧化，盛酒容器烧炸裂，几代人积累财富被毁，老字号胡家油坊也被烧成灰烬。经此浩劫，洋河镇经济萧条，元气大伤，槽坊、油坊大多失去生产能力，全镇商业、服务业十之存一⑤。

　　1939 年 8 月 22 日，日军在淮安（楚州）车桥南街华洋菜馆附近纵火焚烧民房，大火借着风势迅速蔓延开来，车桥街上东西约 500 米，南北约 800 米范围内一片火海，大火整整烧了 3 天，车桥街 1300 余间民房化为灰烬⑥。

---

① 常州市地方志编委会编：《常州市志》第三册，中国社会科学出版社 1995 年版，第 1081、1089 页。中共溧阳市委党史资料征集研究领导小组编：《溧阳革命斗争史》，江苏人民出版社 1995 年版，第 23 页。

② 太仓县史志办公室编：《太仓县志》，方志出版社 1998 年版，第 667 页。中共常熟市委党史办公室编：《常熟·1937》，上海社会科学院出版社 2002 年版，第 4 页。《民国吴江县政府关于抗战时期平望地区财产损失调查报告表》，1946 年 7 月，吴江市档案馆藏，档案号 0204—2—38，第 1 页。

③ 中共南通市委党史工作办公室：《江海风云录》，江苏人民出版社 1991 年版，第 122 页。

④ 盐城市政协文史委员会：《盐城文史资料选辑》第一辑，1985 年印行，第 33、35 页。中共盐城市委党史工作办公室编：《日军在盐城的罪行录》，1995 年印行，第 38、40 页。中共盐城市委党史工作办公室编：《盐城革命史料》第三辑，1987 年印行，第 3、4、6 页。盐城市地方志办公室编：《盐城市志》，江苏科技出版社 1998 年版，总述第 7 页。

⑤ 泗阳县地方志办公室编：《泗阳县志》，江苏人民出版社 1995 年版，第 25、609 页。中共泗阳县委党史办公室编：《泗阳人民革命斗争史》，1997 年印行，第 22 页。

⑥ 口述人：江寿红，调查人：黄善忠 、陈爱华。资料现存中共淮安市淮安区委党史工作委员会。

2）抢劫

日军在纵火的同时，还疯狂的抢劫。民宅、商店、工厂、学校、难民区等都是抢劫的目标。被抢物件有金银珠宝、文物古董、汽车、家具、器具、衣服、生产工具、粮食、牲畜、杂什等各种财物。人们冒着生命危险保护下来的财产和生产、生活用品，又被日军夺去，就连烧饭的铁锅、耕作的农具都被抢走，作为制造武器的原料运回日本。老百姓生活雪上加霜。

在苏州，最疯狂的抢劫发生在日军攻占初期，遭抢劫损失较大的是商铺和较富庶的市民。家中有人在，日军把刺刀架在主人脖上，强行劫取财物；家中无人，日军便破门而入，翻箱倒柜进行洗劫。苏州观前街的商家在沦陷之初的几年都被日军抢劫过。据吴县县商会事后不完全的统计，有485个行业的530户商家遭到抢劫①。一名侨居苏州的美国人在1938年3月19日上海密勒氏评论周报上撰文记述："从那一天（1937年11月21日）起，直到12月21日为止，我们差不多每天来往于苏州广福（光福）之间，我们看见每一家银行、每一家店铺和每一家民宅，都已门户洞开。日本兵进进出出，川流不息，好像是一群蚂蚁，背上驮着一捆捆的丝绸、鸭绒被、日用商品和各种家具。""老实说，关于苏州的大规模的抢劫行为，我们与其责罚个别的士兵，不如责罚整个的日本军队。为什么呢？因为赃物的数量绝非个别士兵所能随便带走，事实上我们看见许多赃物是以军用卡车装运的。有一辆军用卡车，满载中国红木家具，行至日军司令部门口"②。

在常熟何市镇，著名士绅徐翰青珍藏的名人字画全部被抢劫；日军图谋抢劫何市典当行，破墙而入，但无法砸开金银库房，便在库房外把衣服抢走。

在农村地区也同样如此，如1937年11月21日，日军经过张家港港口镇时，百姓的耕牛5头、猪85头、羊50余头及鸡鸭鹅无数均被抢走当作补给品③。

日军对社会财产的鲸吞到了穷凶极恶的地步。江苏苏南和南通地区轻纺工业比较发达，为避免损失，一些工厂在日军未到之前迁往他地。而一些未来得及搬迁的，均遭到洗劫，机器设备被卸走，生产原料被强占。

日伪还通过"占用、租用、统制"等手段，大肆抢掠搜括财物。

在无锡县，日军成立华中国策公司子公司，控制一些重要企业，掠夺生产资源。并组织中国合作社无锡支社，以合作社名义购入大量粮食，并推行军用票，

① 吴县市商会：《吴县商号损失登记表》，1938年，苏州档案馆藏，档案号I14—3—257。
② ［英］田伯烈：《外人目睹中之日军暴行录》，汉口国民出版社1938年版，第83页。
③ 常熟市委党史工作办公室编：《常熟·1937》，上海社会科学院出版社2002年版，第5页；张家港市档案馆编：《日军入侵沙洲地区（张家港市）暴行录》，1990年印行，第5页。

控制民众生产消费。还先后成立米统会、麦统会、油统会、棉统会及砂糖贩卖组等机构，以武力为后盾，统制重要物资，停止民间自由买卖。

在宜兴县，日军重点掠夺金属、粮食、竹木、薪炭、机器等物资，凡工厂之一轮一轴，均被掠夺而去①。

在南京，永利铔厂1937年2月刚刚建成投产，当时的生产设备在世界上也属一流。该厂在连续3次遭到日军轰炸后，又被占领该厂的日本海军破坏了硫酸池、水塔等设备；1938年1月，该厂被日本三井物产会社侵吞。之后，日方又将永利铔厂的全套硝酸生产设备，包括8座吸收塔、1座氧化塔、1座浓硝塔等共1482件，550吨物资，全部劫往日本，安装在大牟田东洋高压株式会社横须工厂，用于军事生产。日本还以"军事管制"名义，将日产500吨水泥的南京中国水泥厂，交给日本三菱所属磐城水泥会株式会社经营，并将许多机器设备拆卸劫走②。

在徐州和连云港，日军入侵以后，旋即将煤矿、铁矿、磷矿等据为己有，强征中国劳工为其开采。1938年10月，日军强行占领贾汪煤矿，并实行军事管理。为了增加产量和解决运输问题，新建发电站1座，将煤矿至柳泉的窄轨铁路改为宽轨，与津浦线连为一体；同时，还将掠来的500名中国劳工驱到井下去采煤。这样一来，煤炭年产量增长较快，至1941年已达到49万余吨③。8年中共开采2459035吨，售出2303186.12吨，未售出的155848.88吨煤为本地日军自用。日军通过强占原有私营工厂、改建私人工厂，或强占土地新建工厂等手段，在徐州城区设立各类工厂40处，包括粮食类工厂7处，嗜好类工厂3处，机械类工厂11处，化学工业类8处，织维工业类3处，土建资栈类5处，筹建3处。其中，强占徐州聚兴昌铁厂，将其改造为军工厂制造枪炮子弹，运往前线杀害中国军民④。日本侵占连云港期间，仅从连云港输出的煤就达4406385吨，铁砂201675吨，磷矿327720吨，盐56167吨⑤。

在南通，1939年3月，日军强行占领了大生公司，并将其改名为"江北兴业公司钟渊纺厂"，实行"军事管制"。从1939年3月到1943年7月，大生全部流动资产概被劫夺，约值当时"法币"300余万元，折合棉纱约5000箱。

① 无锡市地方志编委会编：《无锡市志》第三册，江苏人民出版社1995年版，第2483页。
② "南京大屠杀"史料编辑委员会著：《侵华日军南京大屠杀史稿》，江苏古籍出版社1987年版，第179页。
③ 余明侠著：《徐州煤矿史》，江苏古籍出版社1991年版，第387页。
④ 余明侠著：《徐州煤矿史》，江苏古籍出版社1991年版，第395页。
⑤ 中共连云港市委党史工作办公室编：《中共连云港市地方史》第一卷，江苏人民出版社1998年版，第120、122页。

（4）蹂躏妇女

沦陷后的江苏，俨如一座人间地狱。在这座地狱中，受难最深的要数妇女。她们除了随时可能遭到日军的屠杀之外，很多人还受到日军的性侵害。

江苏沦陷期间，大量妇女遭到日军的强奸、轮奸和非人凌辱。被强奸和被轮奸的妇女中，有白发苍苍的老妪、未成年的幼女，有新婚妇女，有女教师、女职员、女工人、女学生，有农妇、家庭主妇，有牧师的妻女、尼姑，即使是孕妇、残疾和痴呆女性，日军也不放过。

南京市调研报告中反映日军强奸行径时，描述道：日军在南京的奸淫暴行，涉及地域广泛，遍及安全区内外、城乡各处，被奸对象众多，每日案发率较高，最多时一日竟达千起以上，且同一妇女，一日或数日被连续轮奸者，也不在少数。据此，远东国际军事法庭认定："在占领后的一个月中，在南京市内发生了 2 万起左右强奸事件。"[1] 1938 年 1 月 29 日一名姓赖的中国同胞从英国伦敦写给湖南省宁乡县城边石桥赖文麟的信中写道："据昨天的报纸报道，日本兵在南京强奸妇女数万人，其中被强奸的竟有十二岁的少女，强奸后被杀掉的不计其数，实在是惨无人道。"[2]

无锡市在此次调研中发现了两份历史档案，据此可得出两个结论：其一，据统计，抗战期间无锡县遭日军强奸的妇女超出万人以上[3]；其二，据不完全统计，抗战期间江阴县被奸淫妇女达 1877 人[4]。

泰州市通过调研，得出这样的结论：据不完全统计，抗战期间全市共有 365 名妇女遭到过日军的强奸或轮奸，其中：泰县（含城区）124 人，女童 6 人；被强奸、轮奸致死的 9 人，女童 4 人，离家出走的 3 人。泰兴县 57 人；兴化县 111 名；靖江县 57 人。更为惨无人道的是，日军竟将一怀孕七个月的妇女剖腹取出胎儿做活体试验，致使母子双亡。泰州城西唐楼村（现属海陵区城西街道）的周老太太（现仍健在），当时只有 14 岁，在田里做农活时，遭到日本鬼子的强暴，被糟蹋得不能动弹，是家里人知道后从田里背回家的。实际上，遭到日军蹂躏的妇女远不止本次调研的这个数字，有很多妇女由于受传统观念的影响，在遭受凌辱后，为了自己的声誉而不愿声张[5]。

---

① 张效林译：《远东国际军事法庭判决书》，五十年代出版社 1953 年版，第 55 页。
② 庄严主编：《铁证如山——吉林省新发掘日本侵华档案研究》，吉林出版集团有限公司 2014 年版，第 105、108 页。
③ 无锡县政府编：《敌人在锡八年罪行调查录》，1946 年 3 月，无锡市档案馆藏，档案号 ML1—4—2443，第 106—118 页。
④ 江阴县史志办公室编：《江阴县抗战时期人口伤亡统计表》，2006 年。资料现存江阴市史志办公室。
⑤ 根据泰州市抗战时期人口伤亡及财产损失课题调研数据汇总统计。资料现存泰州市史志档案办公室。兴化市史志档案办公室：《不忘历史——兴化抗日战争期间史料汇编》，2004 年印行，第 69 页。

在宿迁市调研报告中，有这样一个事件：1938年12月2日，日军第二次侵占宿迁城。日军故意放纵士兵，胡作非为，发泄兽性，大肆屠杀。见妇女，先奸后杀，城南一个4岁幼女和城东南一位80多岁老太都未幸免[①]。

日军在奸淫摧残妇女的同时，还加以百般凌辱。禽兽般地迫使父奸女、子奸母、公奸媳、僧奸妇等，稍有不从，便以杀戮相加。

1937年12月17日，一伙日军闯入南京水西门一刘姓家中，见一少女，"强令脱去衣服，迫其父母各执一足，然后轮流强奸"；后又令其父脱去衣服，奸其女，父不从，日兵则以刺刀猛刺，父女立时毙命。

曾目睹日军暴行的机关职员李克痕，在逃出南京后著书《沦京五月记》。书中揭露：南京城外沙洲圩一户姓朱的人家，某日突闯进敌兵4名，将朱姓40岁的儿媳强行奸淫。日军还强逼其人公公、丈夫、儿子站在一旁看着他们奸淫。奸后，日兵又对其公公说："老头，你快活快活！"公公只好伏在儿媳身上，做个样子，可敌兵认为不对，逼其认真去做。其后，又逼着年仅17岁的儿子，去奸其母。

日军占领南京之初，某日，一位十八九岁的姑娘，装扮成男子，想从中华门出城，寻找其父母，在城门口为日军识破，当即被拖进卫兵室实施轮奸。后正好有一个和尚经过此处，日军遂令和尚续与行奸。和尚口念"阿弥陀佛"，而拒不从命。日军拍掌大笑，并说："你长的东西失去了作用。"当即将和尚的生殖器割去，和尚当场死去。

1938年4月底，日军在建湖县上冈等地，把抓来的30个妇女关在中德医院楼上，逼她们脱得一丝不挂，扔进冷水缸，然后逐一轮奸，七八天不给衣服穿。日军白天出去"扫荡"，晚上回来发泄兽欲，稍有反抗者，则用刺刀挑腹杀死。一鲍姓妇女被奸剖腹后仍未死，几个日军则踩住她的四肢，用汽油灌入她腹中，点火焚烧，并鼓掌大笑。

江苏是日军最早大规模建立"慰安所"的省份。1937年12月13日日军攻占南京后，日军方遂密令各部日军先自行设法设立各种临时性质的"慰安所"。此后由日军自己设立的"慰安所"、日侨娼业主们开设的"慰安所"和日军命令汉奸组织设立的"慰安所"在江苏各地先后出现。尤其在南京、无锡、苏州、徐州、南通、扬州等大中城市，各种名称的"慰安所"遍布市内，许多中国妇女被强征或诱骗充当"慰安妇"。"慰安妇"遭到非人的折磨，有的被虏杀而死，

---

① 宿迁市史志办公室编：《宿迁革命简史》，1999年印行，第49页。

有的不堪蹂躏自杀身亡，有的罹患各种疾病或精神失常。

在日本统治南京近 8 年时间，日方通过各种途径，在城内与城外郊区设立了多家"慰安所"。目前可以查实的南京日军"慰安所"的名称或地点有：皇军"慰安所"、日华"亲善馆"（夫子庙，有 4 处）、故乡楼"慰安所"、浪速"慰安所"、大华楼"慰安所"（白下路 213 号）、共乐馆"慰安所"（桃源鸿 3 号）、东云"慰安所"（利济巷普庆新村）、浪花楼"慰安所"（中山东路）、菊花水馆"慰安所"（湖北路楼子巷）、青南楼"慰安所"（太平南路白菜园）、满月"慰安所"（相府营）、鼓楼饭店中部"慰安所"（鼓楼饭店）、人民"慰安所"2 处（贡院街海同春旅馆和市府路永安里）、惠民桥升安里"慰安所"、傅厚岗"慰安所"、上军南部"慰安所"（铁管巷四达里）、上军北部"慰安所"（铁管巷山西路口）、龙潭"慰安所"、四条巷"慰安所"、下关"慰安营"，在科巷、水巷洋屋内及珠江路饭店等处均设有"慰安所"①。还有桃花宫、绮红阁、浪花楼、共乐馆、蕊香院、春楼阁、秦淮别墅等 25 家汉奸或中国妓业主经营的向日军开放的妓院。涉及的日军部队番号有第 16、15、14、116 师团等②。

1937 年 12 月 16 日，日军大尉宫本在给好友吉川的信中有这样一段描述：

军邮

吉川资君：

……

晚上，我们接到命令，让去军需部新建的慰安营，接受慰安。

慰安营是用木板搭的简易房子，离下关煤炭港不远；里面关押着近 300 名慰安妇，毫无疑问，她们是这次胜利的战利品，也是在当地征集的女人。

我们到达时，她们已经全部被强暴得温顺了，如同一群猫卧在地板上，守着炭火，一丝不挂，也不收费，只等待着我们上去。

有的饿的一点力气也没有了，也许是怕她们跑还是怕她们挣扎；每个士兵都发了一个饭团子，说是只给你干的女人，这是她们全天的口粮。

女人们见到饭团子，红了眼，夺过去就吃；全然不顾我们在她们身上干什么。

……

待我们集合离去时，又有 80 多名当地妇女被押进来，填补有些体力不支的

---

① "南京大屠杀"史料编辑委员会著：《侵华日军南京大屠杀史稿》，江苏古籍出版社 1987 年版，第 200、201 页。

② 苏智良著：《慰安妇研究》，上海书店出版社 1999 年版，第 118 页。

慰安妇位置。

宫本

昭和 12 年 12 月 16 日①

　　日军占据苏州期间，在观前街、石路、祥符寺巷、阊门内西中市等地还设有10 多处供日军淫乐的"慰安所"，不少中国妇女在所内遭到惨无人道的蹂躏。如西中市下塘五泾弄 6 号的阊门饭店，曾一度被日军设为比较高级的"慰安所"。当时这里戒备森严，日夜有日军把守，花园洋房内时时传出不堪入耳的淫叫声②。此外，有资料记载，日军还在苏州把掳掠来的 2000 多名中国妇女送往上海等地的"慰安所"充当"慰安妇"③。据调查，日军曾在吴江的松陵和盛泽设立多处"慰安所"，松陵的"慰安所"于 1941 年 8 月由当时的伪区政府维持，每月供给 2 担米，有"慰安妇"5 名，有时还要到苏州调换"慰安妇"④。在盛泽，日军设有 3 处"慰安所"，分别设在盛泽镇姚宏昌弄沈伯雄宅、后街王军凯宅和银行弄中国银行办事处旧址内⑤。

　　日军进入无锡后，进行了疯狂的烧杀抢掠，有 3000 多名"颇有身份"的中国妇女被掳掠到外地，然后分配到各部队的"慰安所"⑥。

　　日军侵占常州后，在多处设立"慰安所"，强迫中国妇女为日军提供"服务"。在 1938 年 2 月 19 日日军华中派遣宪兵队司令官大木繁《关于南京宪兵队辖区治安恢复状况的调查报告团（通牒）》中记载，从当年 2 月 1 日至 10 日，常州有 46 名"慰安妇"，每人要应对 140 名日军⑦。

　　1941 年秋，日军在盐城板桥北巷迎宾旅馆设一"慰安所"，将城内年轻妇女抓来蹂躏。十几名"慰安妇"总共要接 3000 日军士兵，一个"慰安妇"一天最多要接 300 多名日军，少的也要一天接 100 多名日军。一个"慰安妇"忍受不了如此折磨，拼死反抗，便被残忍的日军活活掐死了⑧。

　　当年被迫充当"慰安妇"的南京老人雷桂英和南通如皋市老人周粉英，生

---

① 江浩著：《中国慰安妇》，作家出版社 1993 年版，第 178、179 页。

② 周彤人著：《阊门饭店曾是日军慰安所》，原载《苏州杂志》2000 年第 4 期。

③ 中共苏州市委党史工作办公室：《苏州抗日斗争史》，古吴轩出版社 2005 年版，第 98 页。

④ 吴江县公安局：《日寇吴江警备队组织系统、人物资料》（第一册），1959 年，吴江公安局档案室藏，档案号 Y12—1—100（1）—206。

⑤ 吴江市政协文史资料委员会编：《吴江文史资料》内部版第 15 辑，第 85 页。

⑥ 苏智良著：《慰安妇研究》，上海书店出版 1999 年版，第 120 页。

⑦ 庄严主编：《铁证如山——吉林省新发掘日本侵华档案研究》，吉林出版集团有限责任公司 2014 年版，第 116、123 页。

⑧ 盐城市政协文史资料委员会编：《盐城文史资料选辑——纪念抗日战争胜利 50 周年专辑》，1996 年印行，第 45、50 页。

前回忆起这段尘封已久的往事时，仍痛不欲生。

雷桂英老人曾回忆说："我是被骗去当慰安妇的，说是给开慰安所的日本老板带小孩，有吃有喝，谁知一进去，就强迫接客。那是 1941 年八九月份，红薯熟的时候，我才 13 岁。……当时汤山镇上共有两家慰安所，她们这家在高台坡，规模小些，一个人字型屋梁、青砖民房改建的，10 多个慰安妇，大多是抢来的。另一家在汤泉东路 60 号，是日本军人俱乐部，规模大得多。她们平均每天被四五个鬼子糟蹋。要是星期六、星期天，一个鬼子班长能带 10 个人一起来，一下来了三四十号人，姊妹们就遭罪了。她进去不久，一个姊妹就折磨死了，床上一大摊血。日本老板见怪不怪，就招呼人拖出去埋了。有的姊妹接客太多，肚子肿得好高，日本老板就用脚踩平，命她继续接客。刚进去的时候有十三四个姊妹，期间鬼子还不断抢人来补充，但 1 年半后就剩 6 人了，其余全给摧残死了。"①

据周粉英老人介绍，自己"当年 22 岁，和小姑一起被抓到位于白蒲镇上日本军营里的'慰安所'，一同被抓进去的还有其他村的姑娘，共 20 多人，一起被关在简易的木屋内，成了固定的'慰安妇'。当时军营里大约有 50 多个日本官兵。'慰安妇'都被编了号，（周粉英）是'1 号'，每天都要遭受这些鬼子多次的奸淫蹂躏。鬼子来了，只喊编号，没有名字。一旦有人不愿意，就会遭到鬼子的毒打。'慰安所'昼夜都有日本士兵轮班看守，连女人们上厕所也有鬼子跟着。每晚都能听到姐妹们凄惨的哭泣声，自己（周粉英）的眼睛也一次次哭肿了，以后导致老年双目失明。"②

日军还置国际公约于不顾，将女战俘充当"慰安妇"。1938 年徐州会战中，日军华北方面军第二军独立混成第三旅团第六联队长小男一雄，将被俘的 22 名女战俘，从俘房营中带往位于沛县西北昭阳湖边树林深处的驻地，秘密成立随军妓院，供军官与士兵淫乱。有的女战俘一天要遭到百余名士兵的轮奸，她们稍有反抗，即被枪杀；有的被捆绑起来，脱光衣服，抽打下身，直到打得皮开肉绽。由于性病蔓延，小男一雄抓来两名中国医生，强迫他们秘密为女战俘"消毒治疗"。为了杀人灭口，日军将这些长期遭受摧残、已不能行动的女战俘，秘密抬到附近"北大窖"洼地里，用机枪扫射后，连同衣物、板床浇上汽油焚尸灭迹③。

必须指出，日军对妇女的凌辱和胡作非为，是日本军事当局纵容和鼓励的结

① 《新华日报》2006 年 4 月 11 日。
② 《日军在如皋地区设立"慰安所"情况概述》，第 2 页。资料现存中共如皋市委党史工作办公室。
③ 江浩著：《中国慰安妇》，青海人民出版社 1998 年版，第 42、72 页。

果。有日本士兵手记为证，手记中写道："上级号召士兵们首先要去'养精蓄锐'。没有接触过女人的人，就打不了仗。""所谓'养精蓄锐'，就是要去体验女人，我们上陆后，便结队成群地走向慰安所……为了满足性的欲望，不，为了培养一个像样的杀人部队，使之玩弄一个敌国的女人，那简直算不了什么。"①

（5）破坏文化教育

江苏人文荟萃，文化发达，名胜遍地，古迹众多。日本帝国主义的侵略，造成了江苏文化的浩劫。

1）摧残教育事业

全国抗战爆发后，江苏省境内的部分高校和中小学校内迁，遭受严重损失。没有撤迁的大、中、小学校普遍遭到轰炸、纵火、抢劫，校舍被毁，器物被劫。劫难后的校址，多数成了日军的军营、马厩、妓院，或成了关押抗日爱国人士的监狱。大多数教师失业，学生失学，学业荒废。这种状况一直持续了几年，后部分学校恢复教学，但无论是受教人数还是教学质量都大不如前。

1936 年，南京市有小学 231 所，其中市立学校 179 所，私立学校 52 所；在校学生 79372 人；有公立、私立中学 46 所，学生 24000 余人。日军侵占南京后，学校纷纷关闭，有的遭到严重损坏。直到 1940 年，南京才恢复 45 所小学，在校学生数大大减少；而中学在 1938 年暑假只有两所公立中学能够开学，学生总共 319 人。直到 1945 年日本投降，全市也只有 15 所中学，学生 5900 余人②。

常州在清末时文化教育有了很大的发展，各类学校、公共文化设施齐全。日军入侵，给这个地区的文化教育以极大的破坏，据不完全统计，仅常州城内严重损毁的学校有 20 所，占三分之一以上，其中中学超过一半。省立常州中学除科学馆和一幢教学楼外，其余校舍 200 多间、图书 2 万多册、教学仪器 4760 多件全部被日军毁掉；私立正衡中学的校舍大部分被损毁，校内的仪器设备图书被劫一空；局前街小学的图书校具都遭到日军洗劫，还在学校里开设"慰安所"。由于破坏严重，各中、小学校被迫停办，师生或失业失学在家，或向后方逃亡。至 1939 年 8 月，市区仅 5 所中学复课，学生人数也比沦陷前少了很多。

日军入侵盐城后，境内文化、教育、卫生设施不是被毁就是歇业停办。学校、公园等被强占建为据点，校舍被拆毁用来构筑瞭望台、碉堡群或圈成日军司令部，学校被迫停办。1938 年 3 月，日军进入东台城后大肆纵火，烧毁张謇为

---

① 巩长金译：《反战士兵手记》，解放军出版社 1985 年版，第 13、14 页。
② "南京大屠杀"史料编辑委员会著：《侵华日军南京大屠杀史稿》，江苏古籍出版社 1987 年版，第 189 页。

兴教救国和报答母恩而创办的母里师范学校的近百间校舍；1941 年 7 月，日军第二次占领大丰后，境内原有的 74 所中小学仅存 7 所，敌占区学校几乎停办，1 万多名适龄儿童失学；至 1945 年 10 月，盐城县城内已没有学校、医院等设施。其间，虽经抗日民主政府积极挽救和创办，抗战结束时也只有根据地 1 所中学和 23 所小学开课。从 1941 年至 1945 年日军占领盐城 4 年多的时间内，沦陷区 300 多所中小学全部停课。仅县城就有 36800 多名学龄儿童失去接受文化教育的机会。

日本帝国主义还在沦陷区强行推行"奴化教育"，在学校中专门设置日语课程，派日本教师任教，传授日本文化和礼仪；强迫中国老师向学生灌输"大东亚共荣"思想，进行"奴化"和"殖民"统治宣传；在管理上推行"亲日"、"反共"的政策，稍有违反者，则实行武力镇压。

2）劫掠图书

在这次调研中，据各地上报资料统计，江苏省共损失图书1071849 册，其中公共图书损失 948312 册，私人藏书损失 123537 册。需要指出的是由于图书数量众多，难以完全精确统计，实际损失数字大于上述统计数字。全省图书损失以南京损失最多，仅据日本松本刚氏当年的统计，国民政府、中央研究院等 25 个单位共被劫图书 64.69 万册①，私家被劫书 53118 册②。

日军攻占南京后，一场有组织、有计划的文化劫掠开始了。1937 年 12 月，在日军特务部的主持下，由满铁上海事务所、东亚同文书院、上海自然科学研究所 3 单位组成"军特务部占领地区文献接收委员会"。之后，又专设"图书整理委员会"。日军所到之处，在文化特务的指挥下，从政府机关、高等学校、科研院所、图书馆，或者是文化名人、大专院校教师的家中劫掠图书、文献、标本。在劫走的图书中，有的在中国都为孤本，有的文献涉及国家机密，有的标本与科学研究关系密切。日军将劫去的图书、文献等，经过分类、整理，大多数运回日本国内，有的被个别日军据为己有。当年曾参加南京文化劫掠的青木实披露："日军占领南京后，上海派遣军特务部就调集 9 名工作人员，以'检查'市内重要图书为名，乘坐 3 辆汽车在南京市内到处奔波。他们检查了可能有重要书籍和文献的地方共 77 处，……然后日军又调集特工人员 330 人、士兵 367 人，抓来苦力 830 人，运用了卡车 310 辆，从 3 月起花了 1 个多月时间，以'接收'的名

---

① 赵建民著：《南京大屠杀中的图书劫掠》，载《侵华日军南京大屠杀研究成果交流会论文集》，安徽大学出版社 1999 年版，第 36、37 页。

② 中共江苏省委党史工作办公室编：《侵华日军在江苏的暴行》，中共党史出版社 2000 年版，第 164 页。

义，大肆劫掠图书和文献"①。劫来的图书全部堆放在地质调查所的三层大楼里，"图书整理委员会"，抽调具有整理图书经验的工作人员作指挥，"动用1098名整理员、420名士兵和1902名苦力劳工，在7、8两月对集中于该处的图书进行整理"②。

3）掠夺文物

日军在大肆劫掠图书的同时，对文物也进行了疯狂的洗劫。如日军从国立中央博物院筹备处劫去古物1679种，其中有曾昭燏保藏的出自南京栖霞山齐塔寺内的南齐刻石佛1尊、山西赵城县佛寺壁画4块、乾隆五彩瓷笾豆等8件、同治五彩瓷盖碗20件及古墨砚、对联、字画等。从金陵女子文理学院宿舍抢去一批古玩、字画，其中有星云镜5面、蟠螭镜3面、菱花镜3面、宋镜4面、玉质璧1具、玉璜玉珩10个、铜质汉印3方、铜质六朝印5方、铜质唐印5方、石质虎符1个、夔凤纹尊1个、夔龙纹角兽1个、青铜剑1柄、青铜戈4具、青铜带钩2具、原为《老残游记》作者刘鹗收藏的殷墟龟甲兽骨文字183片、敦煌千佛洞唐人写且装成丈余长卷轴的四分戒经1卷、天女像壁画1幅、缂丝山水画1幅，以及大理石插屏、康熙瓷器、珍品山水画等。从国学图书馆劫去字画古玩472件，从中国农村建筑社劫去古物407件、银币等物1728种。从无锡县立博物馆劫去馆藏380种2346件文物珍品，其中有包括全套孔庙乐器、祭品及明代抗倭古炮等③。从镇江劫去的具有5000年历史的甲骨文片和具有2500年历史的贝叶2部等④。从苏州劫去著名的明代周顺昌的墨迹手卷、周顺昌选集以及上朝图原件等。

4）毁坏园林、寺庙

江苏的名胜园林遍及全省，在抗日战争中相继受到破坏，有的被炸毁，有的被焚烧，有的成为日军的办公场所，有的成了在华日本人的私家庭院。

苏州古典园林名闻天下，但在战乱中受到严重破坏。1937年的日机空袭中，名冠园林之首的拙政园主建筑远香堂受震破损，倚玉轩被焚毁。苏州沦陷后，伪省政府还将拙政园占为办事场所，恣意在园内建造日本式木屋、小阁楼，供其玩乐，搞得名园面目全非。被称为四大名园之一的留园，一度成为日军的养马所而荒废。著名的苏州宝带桥南端6孔遭日军炸塌。

---

① ［日］《赤旗报》1986年8月17日。
② ［日］军特务部占领地区图书文献接收委员会：《军特务部占领地区图书文献接收委员会报告》，昭和13年8月31日，南京油印本。
③ 无锡市地方志编委会编：《无锡市志》第三册，江苏人民出版社1995年版，第2677页。
④ 王玉国著：《镇江书话》，南京大学出版社1991年版，第183页。

在常熟，著名的清代两朝帝师翁同龢的归隐之处瓶庐，也毁于日军炮火之下，延烧数日，所有房屋、红木家具、所藏字画，均成灰烬。

太仓全县共有14座古寺、院、庙、殿、阁、宫及2座牌坊被毁，损失无法估量。

昆山的马鞍山山顶的华藏寺仅存立关和尚小屋两间，其余全部被毁，凌霄塔削去西半角半爿；老城隍庙门楼、两庑被毁，大殿则被劈去前半部；清真观山门大殿无存、桂花厅仅留北坛停枢平房；山前陈家祠堂新建西式二层楼、包笑雄园林宅舍两处，均被烧毁①。

镇江沦陷后，竹林寺、鹤林寺、招隐寺、甘露寺，焦山定慧寺、圌山楞俨禅寺、华山张王庙、大港东岳庙以及苗家巷清真寺等寺庙大部分房屋被毁，其中焦山定慧寺、圌山楞俨禅寺、华山张王庙、大港东岳庙被毁430多间，传世文物381件、古籍经卷21470卷被劫。另外，镇江城区的清朝康熙朝宰相张玉书老宅院351平方米，及文物被日军烧毁。

丹阳境内建于西晋太康二年（281年）江南四大名刹之一的昌国寺（寺内存有唐开元年间铸造的铜钟与宋书法家米芾手书的碑记），建于东晋咸康五年（339年）的普宁寺，建于东晋太元年间的广福寺，建于清乾隆二十年（1755年）的观音庵，建于南宋绍兴二年（1132年）凝真观，窦庄庙原为南宋著名理学家窦从周的书院，以及美国长老会1900年来县城传教在东门斜桥北端建的福音堂、吕城镇河南街建的福音堂、导墅大庄里村建的分堂、县城新民西路中段建的福音堂等，均毁于日军兵火。同时被毁的还有长老会福音堂。丹阳清真寺位于县城燕子巷，清咸丰五年（1855年）建，有房舍五间，辟有讲经堂屋。抗日战争期间，日军不顾穆斯林的强烈反对，强占清真寺，并将其辟为菊水军妓院②。

在连云港，三元宫是花果山上著名的千年古刹，计有南天门、武圣庙、九龙庙、茶庵、灵观殿、自在天、长生庵、乌云阁、大悲庵、屏竹社、团圆宫、海天洞、艺松堂、玉皇宫等13处殿宇，形成有175间房屋的建筑群，经日本侵略军三次放火焚烧，除了灵观殿尚未毁掉，其他都毁于大火。三元宫和各中供奉的精木雕塑的三元大帝（尧、舜、禹）、十八尊罗汉等上百尊佛像，以及珍藏的佛经千卷和供奉器皿等，都被烈火所吞噬。三元宫中有一尊从印度请回的玉佛也被日

---

① 钱怀林著：《抗日战争时期的苏州园林》，载《苏州日报》1995年5月11日、12日。
② 《焦山志》编委会编：《焦山志》，方志出版社1993年版。《日军侵占镇江县城区图书损失情况的调研》，2006年12月，口述人：鲍元顺，调查人：马金松、郑勇。《日军侵占镇江地区文物古迹损失调研》，2006年12月，调研人：张政权、杨瑞彬，资料现存丹阳市史志办公室。

军窃掠而去①。

日军占领清江（今淮安市）后，将市内清晏园改作马厩，致使大部分建筑被毁。日军为了建据点盖炮楼，还拆毁了淮城两座著名古寺庙。一座是建于明朝的净名寺，净名寺共有三进砖瓦结构房屋45间，设有前山门、中殿、后殿（藏经楼）；后进大楼5间，上下两层，菩萨有300多尊。另一座是建于宋朝的福慧院，福慧院共有砖瓦结构房屋11间，前山门3间，前殿5间、大殿3间、菩萨24尊②。

六朝古都南京的古建筑，更因日军入侵遭受轰炸、炮击和焚（拆）毁。中山陵园遭到日军炮火轰击和人为破坏，位于牛首山的幽栖寺、位于雨花台附近的普德寺等古寺名刹，以及夫子庙等名胜均遭火焚。还有一批古建筑被日军改作军用，损毁严重。

（6）毒品侵害与生化武器试验

1）毒品侵害

抗战前夕，江苏已基本禁烟，日军占领江苏后，有预谋、有计划地诱导各界人士吸食毒品。日本政府通过其毒品贩卖机构"华中宏济善堂"，大规模倾销鸦片、海洛因等各种毒品，烟毒迅速扩散，到江苏各大中城市。当时烟馆遍及街头巷尾，鸦片侵蚀到机关、企业、学校、家庭，甚至波及驻防伪军的官兵与监狱的犯人。

1938年底，仅在南京城区就有50家土膏行和150家烟馆，烟毒迅速而广泛地扩散，几乎波及每一条大街小巷，每一个企业、机关、学校、每一个家庭。据金陵大学美籍教授贝德士对南京毒品情况的调查：当时南京"约有5万人吸海洛因，相当于1/8的南京人口，有些估计高于此"③。到1939年底，南京的吸毒者人数已占南京人数总数的1/3至1/4。按当时人口约40万计，即有10万南京人成为吸毒者④。

日军侵占南通后，通过汉奸成立了"戒烟局"（在寺街梁宅），这实际上是一个承办征收鸦片税的机构，兼发"土膏店"、"售吸所"的执照，使贩卖毒品合法化。当时向"戒烟局"领取执照的共31家，这些鸦片烟馆遍设城内街头巷

① 中共连云港市委党史工作办公室编：《中共连云港市地方史》第一卷，江苏人民出版社1998年版，第116页。

② 口述人：蔡文生、包士量，调查人：桂兆春、徐宏。资料现存中共淮安市淮安区委党史工作委员会。

③ 经盛鸿著：《南京八年沦陷史》，社会科学文献出版社2005年版，第949页。

④ 章开沅编译：《天理难容》（关于南京毒品贸易的报告1938年11月22日），南京大学出版社1999年版，第46页。

尾，"安乐宫"、"新新"、"爵禄"是较大的鸦片烟馆。但实际上不止此数，有的不用领取执照，就在日本浪人、汉奸包庇下贩卖吗啡、海洛因等毒品。"宏济善堂"就是日军勾结汉奸开办的，它本身就是个土膏行，零批烟土给"土膏店"和"售吸所"。"宏济善堂"还直接在南街、西街开了两爿"土膏店"，挂牌"隆顺"、"隆大"。不久，奸商、烟贩纷纷在城内开设土膏店，到1940年城厢总共已有十多家，十字街附近就有好几家①。

吸毒是旧中国存在的社会弊疾。抗战时期，日本政府在中国贩卖毒品，掠夺了民间巨额财富，摧残了人民的身体，同样给中国及相关地方带来财产损失和人身伤害。

2）生化武器试验

用活人做生化武器试验，是日军在江苏的又一严重罪行。日军占领南京后，于1939年4月14日在南京城内中山东路原中央医院旧址成立了南京日军"荣字第1644部队"。它对外宣称是日军"华中防疫给水部"，实质上是一家大规模的细菌战与毒气战研究机构，直到1945年8月15日本战败，在6年多时间内，主要从事对致命细菌的研究与试验，对细菌战剂的大规模生产。为检验其成效，日军的细菌战专家就以活人为对象，分别进行各种致命细菌、病毒其他毒素的试验，他们将囚禁于笼中的试验者全身裸露，让鼠疫跳蚤侵袭，数日后，日军试验人员从已感染了鼠菌的受害者身上抽出血液去研究，然后杀死受试者。据美国哈里斯教授研究判断，日军荣字第1644部队在南京的6年时间中，以活体试验而杀害的中国人超过1000人。他说："在南京荣字1644部队有多少'材木'被牺牲于实验还没有准确的数字，如按最低估计一星期20名来推算，南京细菌部队存在6年间，因实验共杀害人数至少达1200名。"②

（7）强掳、迫害劳工

根据这次调研统计，抗战时期，江苏被日军强征劳工130690人③，其中有的在国内被迫为日军工作，有的则被送至境外为日军奴役。所有劳工都遭受到非人折磨，过着衣不遮体、食不果腹、朝不保夕的悲惨生活。

日军占领连云港后，迫使强征来的劳工日以继夜地修复港口和铁路、在码头上搬运各种物资、开挖矿藏。码头搬运工人每天作业长达13个小时，工作量每天高达10.5吨，所有货物装卸全靠人扛肩挑。劳工们挑着一两百斤重的货物，

---

① 南通地方志办公室编：《南通市志》，上海社会科学院出版社2000年版，第1931页。

② ［美］谢尔盖·哈里斯：《死亡工厂》，上海人民出版社2000年版，第406页。

③ 江苏省抗战损失统计表，课题调研综合卷第2卷。资料现存中共江苏省委党史工作办公室。

走在二三层楼高的摇摇晃晃的跳板上，稍微一慢，还要被监工鞭抽棒打。由于饥饿、劳累，经常失足掉进舱底或大海而丧生。工人稍有反抗，就会受到鞭抽、棒打、火烙、狼狗嘶咬、蹲水牢等惩罚。劳工生活苦不堪言，每5个人住在一个低矮的分成个格子的"号房"，没有澡洗，吃的是发霉的玉米面，生病了没药治，往"隔离间"一放便了事。有个河南逃荒到码头做工的劳工，关在"隔离间"实在饥渴难忍，爬到外边猪圈里喝水，被猪啃掉了半个头。在锦屏磷矿劳作的劳工，在毫无安全保障的矿井里开矿，经常一天要干十七八个小时。每两百人住一个工棚，身上的虱子大把大把的抓。吃的是发了霉的玉米面稀饭。日军常常往没开锅的粥里加生石灰，一冒泡就算是开了锅。劳工们喝了掺上石灰的生稀饭，直拉肚子，时间一长，个个变得骨瘦如柴。超负荷的劳动加上瘟疫流行，每天都有人悲惨死去，少则二三人，最多的一天死了七八十人。死后就被扔在废弃的矿塘里。就这样在矿区形成了一个万人坑。劳工中流传着这样一首歌谣："进了磷矿门，性命难保全；死了不用埋，老塘是棺材"。此外，日军为达到"以人换煤"、"要煤不要人"目的，还使用各种方式强抓诱骗当地百姓到中国东北或日本本土当劳工。据不完全统计，日军占领连云港的6年间，共骗卖盐民1300余人运送到东北，当时裕通公司盐工被骗到东北开窑的共399人，幸免一死回到盐场的只有58人[1]。

据《利国铁矿矿志》记载，日军于1939年从东北三省抓来900多名劳工，到徐州利国铁矿开采矿石，经过第一个冬天，就冻死400多人；后来日军又从河南、山东两省抓来劳工1100多名来此开采矿石，经过一个冬天又冻死几百人。两批剩下的劳工由于饥饿、工伤和活埋，也都先后全部死亡[2]。

1938年上半年，日军在南京的难民中招募了万余人做"军用苦力"。1942年日军在南京浦口"三井煤场"、"华北煤场"及其附属"三井码头"建立战俘营，将中国军队的5000余战俘押解于此，从事装卸煤炭，铁矿石及军用物资搬运的繁重劳动，到1945年初，其中4200余人死亡，仅有800余人幸存[3]。

在中国国内强掳、迫害劳工的同时，日军还将强征来的劳工强制送往境外奴役。日本人松泽哲成著《中国人强制连行资料》一书记载，无锡县共计有69名

---

① 中共连云港市委党史工作办公室编：《中共连云港市地方史》第一卷，江苏人民出版社1998年版，第122页。

② 徐州市关工委编：《铭根》，中国大百科全书出版社1995年版，第117、121页。

③ 经盛鸿著：《南京八年沦陷史》，社会科学文献出版社2005年版，第678页。浦口区地方志办公室编：《浦口区志》，方志出版社2005年7月版，第626页。

劳工被强制奴役到日本①，这 69 人分散在日本北海道、兵库县、福冈县等处，劳役环境艰难险恶，共有 19 名死于日本。在苏州吴县长桥、横泾、浦庄等地，日军将强征来的 28 名劳工，送到缅甸、巴布亚新几内亚等地，其中除 3 人抗战胜利后侥幸生还外，其余 25 人均客死他乡②。

（8）疯狂的"扫荡"、"清乡"

"扫荡"和"清乡"是日军为消灭和驱逐抗日力量，巩固其对占领区统治的军事行动。江苏地区是日军和汪伪政权组织的华中"清乡"运动的重灾区，日伪"扫荡"和"清乡"带来的人口伤亡和财产损失是十分严重的。

1940 年 9 月至 1943 年 8 月，日军熊谷师团、岩松师团、铃木部队各一部 7000 多人，加上伪江浙皖绥靖司令任援道部 3000 多人，对淮南津浦路东地区进行大规模的"扫荡"；1941 年 1 月至 11 月，日伪纠集 7000 余兵力开始对苏南抗日根据地进行"扫荡"；1941 年 7 月至 1943 年 2 月，日军独立第 12 混成旅、第 15 师团、第 17 师团各一部和驻扎在当地的伪军共近 2 万兵力，对苏北抗日根据地进行"扫荡"；1941 年 8 月至 1942 年 9 月，日伪军从苏北地区撤出 1 万余兵力，对苏中抗日根据地进行"扫荡"、"清剿"；1942 年 11 月至 12 月，日军第 17 师团、独立第 13 混成旅团各一部及伪军第 15 师、第 28 师 7000 余人，对淮北抗日根据地进行反复"扫荡"。

与"扫荡"交叉进行的还有日伪军对抗日根据地的"清乡"，主要在苏南和苏中四分区。1941 年 7 月至 1943 年 4 月，日军第十三军下辖的 10 个大队共 3500 余人，加上伪军 13594 人，先后在苏南地区进行了 7 期"清乡"；1943 年 4 月至 1944 年 10 月，日军第 60 师团团长小林信男从苏南调来有所谓"清乡"经验的日伪军和大批特工、行政人员共 1500 余人，对苏中四分区进行"军事清乡"、"政治清乡"、"延期清乡"、"高度清乡"。

各抗日根据地的军民在中国共产党人领导下，用生命和鲜血与敌人开展较量，取得反"扫荡"反"清乡"斗争的胜利。日伪在"扫荡"与"清乡"过程中，烧杀抢掠，无所不用其极，日、伪军虽未能实现消灭抗日力量的目的，但造成各抗日根据地重大的人员伤亡和财产损失。

① ［日］松沢哲成著：《中国人强制连行资料》，东京现代书馆出版社 1995 版，第 389、403、497、501、559、566、567、612、617 页。

② 中共苏州市吴中区委党史工作办公室：《吴中区抗损调查口述资料》，2006 年，口述人：成根水、莫金根、吴根男、郁龙水、吴水金、谈云生、谈根生、顾炳生、赵金华、许水火、汤林才。调查人：王志强、戈菊明、陆家福、陆寿根、郭根生、施金水、杨永康、金波、施爱民、赵建玉、严根福、陆招大、王金生。资料现在中共苏州市吴中区委党史工作办公室。

1941 年 9 月 30 日，日、伪军对盐阜区第一次大"扫荡"期间，在盐城市建湖县庆丰镇高丰、刘庄、马庄等村共杀害村民 205 人，致伤 67 人，致残 40 人，强奸妇女 300 人，烧毁民房 5000 间，抢劫和烧毁粮食 5500 担，猪 6500 头，拆毁风车 110 部，打坝、修筑碉堡占用土地 69 亩，砍伐树木 122500 棵，动用劳工 8500 人[①]。

1942 年 2 月 21 日至 3 月 14 日，苏州、吴江、青浦、嘉善、嘉兴诸据点千余日军（属长谷川师团）"扫荡"苏州市吴江县芦墟、莘塔、北厍、周庄（周庄时属吴江县，现为昆山市）等地，历时 20 多天，制造了十多起惨案，被杀害的中国民众不少于 1700 人，其中，伤残 85 人，失踪 5 人，财产损失无法估计，史称"芦莘厍周大屠杀"。

1942 年 9 月，南通通州谢家渡战斗中，抗日军民歼灭伪军 300 余人。谢家渡战斗后，日、伪军对二窎、三余、杨港等地进行报复性"扫荡"，群众数百人惨遭杀戮和活埋，二窎镇及周围村庄几乎化为灰烬，数千人无家可归[②]。

1943 年 9 月 30 日，日、伪军在盐城市建湖县庆丰镇宋楼、洪桥、张庄、古基等村"扫荡"，杀害群众 165 人，打伤 26 人，奸污妇女近百人，烧毁民房 3000 间，抢劫粮食 3000 担、耕牛 210 头、猪 3500 头、鸡鸭 11000 只，抢劫并烧毁 15 家商店，近万亩土地抛荒[③]。

1943 年 10 月 9 日至 21 日，日、伪军在南通县中部、西部地区进行"延期清乡"，仅在同乐（今属西亭镇）、华芦（今属骑岸镇）、严灶（今属四安镇）、沈家店（今属四安镇）、唐洪（今属东社镇）等地就捕捉群众 560 人，其中 480 余人惨遭杀害[④]。

1943 年，以徐继泰为首的日、伪军在盐阜地区大"扫荡"，仅盐城市响水县就有 1671 人被害，2607 人被抓壮丁，1721 妇女被强奸，8067 间民房被烧。同时，被抢走 16851730 斤粮食、319321 件家具、203109 件衣服、4720 支枪枝、5713 头羊、鸡 140883 只、草 2438639 石。被锯的树 377847 株[⑤]。

日、伪军的"扫荡"、"清乡"，对抗日武装部队人员造成了重大的伤亡，如苏南的"塘马战斗"、淮安的"刘老庄战斗"、盐阜区的"秦庄遭遇战"，等等。这些伤亡没有列入地方的人口伤亡数据统计。

---

① 口述人：朱文才、陆应胜、吴宗信；调查人：谷加州。资料现存中共建湖县委党史办公室。
② 中共通州市委党史办公室：《中共通州市历史大事记》，方志出版社 1997 年版，第 40 页。
③ 口述人：朱文才、陆应胜、吴宗信；调查人：谷加州。资料现存中共建湖县委党史办公室。
④ 中共通州市党史办公室编：《中共通州市历史大事记》，方志出版社 1997 年版，第 140 页。
⑤ 《滨海县春季群众运动初步总结》，1946 年 6 月 13 日，江苏省档案馆藏，全宗号 634，案卷 8。

（四）江苏人口伤亡情况

抗日战争时期人口伤亡包括直接人口伤亡、间接人口伤亡和单独统计的人口伤亡三部分。直接人口伤亡主要包括由于日、伪军直接炸、杀、奸、打等造成的人口死亡和受伤及同样原因造成的失踪者。间接人口伤亡主要包括被俘捕人员、灾民和劳工中的死亡、受伤、失踪者。对死伤不明者也作统计，但不直接纳入间接人口伤亡总数。与日军作战的中国军队的伤亡单列，不纳入此次人口伤亡统计中。

根据有关档案文献、研究资料和本次抗战损失课题调研各地的成果，从1932年的淞沪抗战开始到1945年抗战胜利，日军的侵略造成江苏民众巨大的伤亡。根据这次调研统计，江苏在此期间人口伤亡共计2005669人[①]，其中：直接伤亡659436人，占全省人口伤亡总数的32.88%，间接伤亡1346233人，占全省人口伤亡总数的67.12%。还有186万多灾民，其中不少因饥饿、伤疾而死，但因资料缺乏，无法统计出具体数字，有待今后进一步征集资料和研究。但其中有大量伤亡人口是肯定无疑的。所以，我们目前统计的人口伤亡总数要少于实际人口伤亡数字。

1. 关于人口伤亡的构成分析

（1）从伤亡人口的构成看

抗战时期，日军所造成的江苏人口直接伤亡659436人，占全省人口伤亡总数的32.88%，其中死464261人，伤39574人。这主要是因日军侵略时实施轰炸、烧、杀等各种残酷暴行直接造成的。战争年代，人们对人员死亡的记忆要远大于受伤，所以，对造成直接伤亡中死亡人口数字的资料相对明确。间接人口伤亡1346233人，占全省人口伤亡总数的67.12%。还有186万多灾民，因未收集到详细资料，无法区分确定死伤人数，所以没有纳入统计总数。

[①] 据1946年8月，国民政府行政院秘书处关于赔偿调查委员会报送军民人力以及公私财产损失总数的签呈及附件中的《抗战八年全国分省人民伤亡估计总表》统计，抗战8年，江苏人民伤亡共计594545人［见中央党史研究室第一研究部、中国第二历史档案馆，中共党史出版社2014年出版的《国民政府档案中有关抗日战争时期人口伤亡和财产损失资料选编》（1），第380页］。这一数据与本次调研形成的数据有所不同，其主要原因：一是统计口径不完全相同。二是当时的统计存在"省县命不能下，致使全面普查无从着手，故报告者为数甚少"的情况。而本次调研，全省各市县区都进行了逐村（社区）普查，对人口伤亡按统一要求进行了汇总。三是统计涵盖的时间不同。当时统计涵盖的时间为8年，而本次调研统计涵盖的时间为1932年至1945年共13年。

（2）从直接伤亡人员的性别构成等项看

分项　　性别	男性（人）	女性（人）	儿童（人）	不明（人）	合计（人）
死亡	285956	73441	7566	97298	464261
受伤	13559	13206	889	11920	39574
失踪	3389	58	76	12268	15791
合计	302904	86705	8531	121486	519626

注：另有139810人为不明身份、不明年代的人口伤亡。

男性平民伤亡明显多于女性。在直接伤亡659436人员中：死、伤、失踪的男性人员302904人，死、伤、失踪的女性人员86705人，死、伤、失踪的儿童8531人，由于资料不全，无法区分伤亡人员性别、年龄身份121486人。男性的伤亡是女性的3.5倍。日军的暴行还造成8531名儿童的伤亡。

2. 从造成人口伤亡的时间分析

为了便于分析研究，对这次全省各市调研得来的人口伤亡情况按年份作了如下统计。

抗日战争时期江苏省可查明人员伤亡年份情况表

年度	1937	1938	1939	1940	1941	1942	1943	1944	1945
伤亡人数	370988	59160	20140	10060	55511	37429	28534	15673	60211

总计657706人

注：该表为便于分析各年份人员伤亡情况，统计数据不含1931—1936年伤亡人员和无法查明伤亡年份人数。

为便于分析，将上述数据以图表形式加以表示。

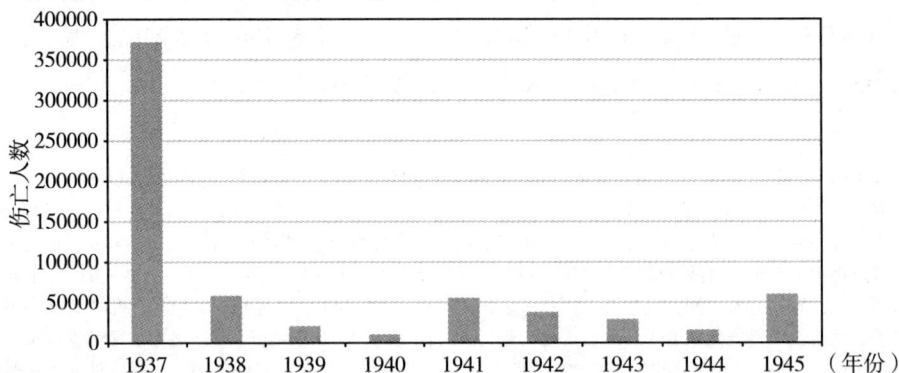

抗日战争时期江苏省逐年伤亡人数示意图

从图中可见，江苏人口伤亡数量较大的时间主要集中在：1937—1938 年、1941—1943 年和 1945 年三个阶段。

一是 1937 年 11 月至 1938 年底。这段时间日军向江苏境内侵犯，全省主要城市沦陷。日军为达到侵占目的，并震慑被占领地人民，对所经城市和乡村进行疯狂的轰炸，对手无寸铁的平民和放下武器的中国军人进行血腥屠杀，同时造成大量的人员伤亡。这一时期江苏各主要城市沦陷时有案可稽的人员伤亡情况是：南京地区，直接人口伤亡 321847 人，死亡 318687 人。震惊世界的南京大屠杀，从 1937 年 12 月 13 日之后的 6 个星期时间，中国被俘军民被害总数达 30 万以上[1]。仅 1937 年 12 月 15 日，日军在鱼雷营江边就屠杀 9000 人。日军"置机枪四挺，而被捆绑者一群约九千人以上。于行进间，予以扫射"。"只漏下九人没有被打死。"[2] 12 月 18 日，日军在草鞋峡屠杀 57000 人。"（农历）十六日夜间用铅丝两人一扎，排成四路，驱至下关草鞋峡用机枪悉予扫射后，复用刺刀乱戳，最后以汽油，纵火焚烧，残余骸骨悉投江中。"[3] 同月，日军在燕子矶江边屠杀 5 万人[4]，在宝塔桥、鱼雷营一带屠杀 3 万人[5]。据《审判战犯军事法庭谷寿夫战犯案件判决书》附件所载，除大规模的屠杀外，另有规模不等的屠杀事件 858 起，都发生在这一段时间。这一时期伤亡大的地方还有：无锡地区伤亡 22067 人；徐州地区伤亡 12601 人；苏州地区伤亡 18194 人，淞沪抗战，苏州地区大量平民逃难，成为全省灾民人数最多的地区；镇江地区伤亡 12245 人。这段时间，全省直接伤亡人数高达 430148 人，占抗战时期直接伤亡总数的 65.23%。

二是 1941—1943 年期间。在这期间，日军对江苏省各抗日根据地进行了大规模的"扫荡"和"清乡"。这在政治上是为了配合国内的反共高潮，摧毁根据地军民的抗日意志和力量；经济上是为了掠夺侵略战争需要的物力、财力，实现"以战养战"；战略上要铲除各抗日根据地，将江苏作为它扩大战争的大后方。为实现其目的，日军推行"烧光、杀光、抢光"的"三光"政策，十分凶残地杀戮根据地人民，造成严重伤亡。如 1941 年 1 月至 1943 年 4 月，日军先后对苏南抗日根据地"扫荡"、"清乡"，造成其中心区苏（州）常（熟）太（仓）抗

① 日籍谷寿夫战犯案（1946），中国第二历史档案馆藏，档案号五九三／870；日籍向井敏明、野田毅战犯案（1946）。中国第二历史档案馆藏，档案号五九三／845。

② 中国第二历史档案馆编：《侵华日军南京大屠杀档案》，江苏古籍出版社 1987 年版，第 562 页。

③ 《鲁甦结文》，1945 年 12 月 7 日，中国第二历史档案馆藏，档案号五九三／870。

④ 《军事法庭对战犯谷寿夫的判决书及附件》，1947 年 3 月 10 日，中国第二历史档案馆藏，档案号五九三／870。

⑤ 《陈万禄结文》，1945 年 10 月 1 日，中国第二历史档案馆藏，档案号五九三／24。

日军民人口伤亡重大，发生了吴江县芦荟厍周大屠杀等惨案。1941年8月至1944年10月，日军先后在苏中抗日根据地"扫荡"、"清乡"，其中心区通（南通）如（皋）①海（门）启（东）更是日军"清乡"的重点。这一阶段的人口伤亡也很多，日军"清乡"重点地区的启东市，抗战期间人口伤亡35074人，其中发生在1942年至1944年的伤亡为31040人，占总伤亡的88.5%。通州抗战期间人口伤亡24509人，其中发生在1942年至1944年的伤亡18377人，占总伤亡的75%。1941年7月至1943年2月，日军在苏北抗日根据地"扫荡"，其中心是盐（城）阜（宁）地区。1941年7月，日军经周密策划，以日军独立混成第12旅团全部和第15、第16师团各一部7000余人为主，连同伪军，共纠集17000人，对盐阜区实施大"扫荡"。1943年2月，日军以独立第12旅团主力、第15师团及第35师团各一部及伪军，配合第17师团共2万余人再次对盐阜区大举"扫荡"，在日机的狂轰滥炸、梳篦式"扫荡"下，许多居民和村民被害。日军这两次"扫荡"，造成盐城地区1941年至1943年人口直接伤亡12467人和大量人口间接伤亡。

三是1945年抗日战争胜利前夕，日军垂死挣扎，也造成江苏境内人大量民众伤亡。徐州、盐城、宿迁、南通等地的伤亡情况在这期间都比较明显。

3. 伤亡人员的区域分布特点

根据全省各市调研结果，从人员伤亡的区域看，主要有以下两个特点：

一是在政治、经济和军事上有重要地位和作用的铁路沿线大城市人员伤亡比较大，如苏州、无锡、常州、镇江、南京和徐州，这6座城市在抗战期间人员伤亡占全省人员伤亡总数的71.96%。

二是各抗日根据地中心区的人员伤亡比较大。抗日根据地中心区即是各抗日根据地的政治、军事力量较集中的区域，是日军打击的主要目标，如前所述也造成大量人员的伤亡。

4. 抗战前后人口状况比较

据档案记载，1931年江苏人口32137437人，南京人口653948人，两者合计

---

① 1940年新四军将如皋县分设如西县和如皋（东）县两个抗日民主政府，而如皋（东）县划分在四分区内。1945年如皋（东）县改名为如东县。所用数据系依据本次调查统计所作的综合分析，见启东、通州、如东人口伤亡统计表。

为32791385人①；至1936年，江苏人口36469321人，南京人口1019148人，两者合计37488469人②。五年间，江苏、南京净增加人口4697084人。而到1946年，江苏人口36160417人，南京人口808658人，两者合计36969075人③。1936年以后的10年，江苏和南京人口合计净减少519394人④。

南京在1937年6月时人口在100万左右，1937年11月底，南京市居民人口50万左右，加上沦陷前有9万左右国民党军人困在南京，和数万外地难民流落到南京，当时南京城区人口应在60万以上⑤。经过南京大屠杀，到1938年8月，南京人口仅剩30万左右。直到1945年南京人口才逐渐恢复到65万左右，远没达到战前100万人口的水平⑥。

镇江地区在抗战期间人口总数下降。其中，镇江县1937年全县216803人，1945年仅有153613人，人口净减达63190人；丹阳县1937年人口493441人，至1947年，只有人口464897人，净减28544人；句容县1936年人口为315671人，1947年只有299869人，净减15802人。扬中县1943年人口为181391人，1946人口为176934人，净减4457人⑦。

无锡地区情况类似。其中，无锡县1937年共有1124022人，至1946年为1093988人。除自然出生和自然死亡相抵外，1937年至1946年无锡县总人口不但没有增加反而明显下降，净减达30034人。江阴县1936年总人口为798343人，1945年总人口数为782981人，净减人口15362人。宜兴县1936年总人口为590146人，1945年总人口为570923人，战后比战前人口减少19223人⑧。

抗战后人口总数不增长反而下降的主要原因是被日军轰炸、纵火、屠杀等暴行造成的人口直接伤亡和日军侵害而引起的生存条件恶化，被疾病、饥饿夺去生命，还有一大批人员为躲避战争被迫迁徙、流浪他乡，也有一批被日军强迫征为

---

① 国民政府内政部统计司编辑：《全国各县市土地人口调查》，1935年出版。
② 国民政府内政部统计处：《全国各选举区户口统计》，1936年。
③ 国民政府内政部统计处：《各省市户口统计》之《各省市户口统计表》，1946年3月。
④ 这个人口净减少数据中是否包含了抗战期间人口自然增长和人员流动这两个因素，情况不详，有待进一步考证。
⑤ 孙宅巍：《澄清历史》，江苏人民出版社2005年版，第177页。
⑥ 南京市公安局编：《南京公安志》，海天出版社1994年版，第48页。
⑦ 镇江市地方志编委会编：《镇江市志》，上海社会科学院出版社1993年版，第193、204页；丹阳县地方志办公室编：《丹阳县志》江苏人民出版社1992年版，第1153页；句容县地方志编委会编：《句容县志》，江苏人民出版社1994年版，第128页；扬中县地方志编委会编：《扬中县志》，文物出版社1991年版，第580页。
⑧ 无锡县志编委会编：《无锡县志》，上海社会科学院出版社1994年版，第174页。江阴市地方志编委会编：《江阴市志》卷四（人口），上海人民出版社1992年版，第165页。宜兴市地方志编委会编：《宜兴县志》，上海人民出版社1990年版，第91、92页。

民工，造成人口间接伤亡所致。

（五）江苏财产损失情况

1. 财产损失统计方法

根据课题调研的统一要求，财产损失统计分为社会财产和居民财产两部分，社会财产损失又分为直接损失和间接损失。直接与间接的区分，主要在于该财产损失是因日军侵略直接造成的还是因日军侵略间接造成的损失。居民财产算直接损失。

在财产损失折算方法上分为财产折算和财产估算两个方面。财产折算有三种形式：指数折算、实物折算和货币换算。

（1）指数折算。即将财产损失当年的原始物价，通过年度物价指数，折算成相当于 1937 年度的币值。按这次调研要求，须将财产损失价值折合为 1937 年7 月的法币值（法币亦称为国币，下同）。以下为折算依据的抗战期间各年度零售物价指数增涨倍数表。

（1937 年七七事变前购置者适用）

基期：1937 年上半年 = 100

年　份	指　数	倍　数
1937	103	1. 03
1938	130	1. 30
1939	213	2. 13
1940	503	5. 03
1941	1294	12. 94
1942	4027	40. 27
1943	14041	140. 41
1944	48781	487. 81
1945	190723	1907. 23

（1937 年七七事变以后购置者适用）

	1937 年	1938 年	1939 年	1940 年	1941 年	1942 年	1943 年	1944 年
1938 年	1.26							
1939 年	2.06	1.63						
1940 年	1.88	3.86	2.31					
1941 年	12.36	9.95	6.10	2.75				
1942 年	39.09	30.97	18.90	8.00	3.11			
1943 年	136.32	108.00	65.92	27.91	19.85	3.48		
1944 年	473.60	37520	229.01	96.90	37.60	12.11	3.48	
1945 年	7851.68	1467.10	895.40	379.10	147.39	37.36	13.58	3.90

（2）实物折算。即将以实物形态表现的财产损失换算成当时的货币形态，再折算成 1937 年 7 月的法币值。

（3）币值换算。是将不同货币形式表现的财产损失转换成法币。抗战时期，江苏境内的流通币种有法币、金圆券、银元、中储币、美元等。根据有关资料，编制当年江苏的币值换算如下：

法币与外币换算关系

法币 1 元 = 英镑 1 先令 2 便士半　　　　（1935 年 11 月 4 日起）

美元 1 元 = 法币 100/30 元　　　　（1936 年 5 月起）

法币与解放区发行的抗币[①]换算关系

江淮抗币 1 元 = 法币 5 元　　　　（1942 年 11 月 6 日–1944 年 9 月 15 日）

江淮抗币 1 元 = 法币 12 元　　　　（1944 年 9 月 15 日起）

江淮新抗币 1 元 = 法币 50 元　　　　（1944 年 9 月 15 日起）

江南商业货币券 1 元 = 法币 1 元　　　　（1941 年 4 月起）

盐阜抗币 1 元 = 法币 100/15 元　　　　（1944 年 3 月，后调整为法币 10 元）

淮海抗币 1 元 = 法币 1 元　　　　（1942 年 8 月 10 日–1943 年 3 月）

惠农流通券 1 元 = 法币 1 元　　　　（1942 年 10 月–1943 年 10 月）

惠农钞 1 元 = 法币 5 元　　　　（1942 年 10 月–1943 年 5 月）

淮南抗币 1 元 = 法币 2 元　　　　（1942 年–1944 年 9 月 8 日）

淮南新抗币 1 元 = 法币 50 元　　　　（1944 年 9 月 8 日）

淮北抗币 1 元 = 法币 3 元　　　　（1946 年 8 月）

---

① "抗币"也叫"边票"、"边币"，是指在抗日战争时期，中国共产党领导的抗日根据地所发行的货币。

法币与伪币换算关系

华兴券 1 元 = 法币 1 元　　　　　　　（1938 年 5 月 16 日 – 1940 年 12 月 19
　　　　　　　　　　　　　　　　　　　日）

华兴券 1 元 = 法币 1.4 元后减至 1.25 元（在苏州）

中储券 1 元 = 法币 100/77 元　　　　　（1942 年 3 月 – 1942 年 5 月 26 日）

中储券 1 元 = 法币 2 元　　　　　　　　（1942 年 5 月 26 日）

中储券 1 元 = 法币 3 元　　　　　　　　（1942 年 6 月后）

其他币种（包括解放区发行的货币以及日伪币）之间换算关系

人民币 1 元 = 华中币 100 元　　　　　　（1949 年 6 月 1 日）

人民币 1 元 = 冀南币 100 元　　　　　　（1948 年 12 月 1 日）

　　　　　 = 北海币 100 元

　　　　　 = 晋察冀边币 1000 元

　　　　　 = 西北农民币 1000 元

淮海币 5 元 = 银币（孙头币）1 元　　　（1942 年 7 月）

金圆券 1 元 = 法币 300 万元　　　　　　（1948 年 8 月 19 日）

中储券 1 元 = 华兴券 240/100 元　　　　（1941 年 1 月 6 日）

中储券 1 元 = 军用票 18/100 元　　　　　（1943 年 1 月）

2. 财产损失情况

根据这次江苏省调研统计，自 1932 年淞沪抗战到 1945 年抗战胜利，日军侵略期间，采取轰炸、焚烧、抢劫、掠夺等行径，造成江苏省社会财产和居民财产巨大损失，据不完全统计，可计算的财产损失总数为 74597439249 元（1937 年法币，1937 年 1 元法币相当于 1 个银元）[1]，其中社会财产损失 43506472390 元，居民财产损失 31090966859 元。另有不明社会财产和居民财产损失 12644323857 元，因缺少细分依据，有待今后进一步征集资料和研究分类，故未纳入这次财产损失总数计算。所以，调研统计总数要小于实际财产损失数。

---

[1]　据 1944 年 1 月国民政府主计处编《抗战中人口与财产所受损失统计》记载，至 1943 年 12 月，江苏地区抗战财产损失计 21794651.07 元（当年的法币币值）〔见中央党史研究室第一研究部、中国第二历史档案馆编，中共党史出版社 2014 年出版的《国民政府档案中有关抗日战争时期人口伤亡和财产损失资料选编》(1)，第 369 页〕。这一数据与本次调研形成的数据有所不同，其主要原因：一是计算口径不完全相同。二是当时统计存在"省县命不能下，致使全面普查无从着手，故报告者为数甚少"的情况。而本次调研，全省各市县区都进行了逐村（社区）普查，对财产损失按统一要求进行了汇总。三是统计涵盖的时间不同。当时统计涵盖的时间为 8 年，而本次调研统计涵盖的时间为 1932 年至 1945 年共 13 年。

抗日战争时期江苏省各年度财产损失统计表（法币，元）

年度 \ 类别	社会财产损失	居民财产损失	合　计	备　注
1931	600		600	
1932	434720	353922	788642	
1933	20000		20000	
1934	0	9000	9000	
1935	0		0	
1936	35419	3600	39018.56	
1937	5277269126	26471818968	31749088094	
1938	1418227242	507009592	1925236834	
1939	81300319	65785511	147085830	
1940	12133722	3012631	15146353	
1941	41477420	137582320	179059740	
1942	9569973	37928359	47498332	
1943	36391033	1246137574	1282528607	
1944	12139041	4788901	16927942	
1945	7068646036	108419352	7177065388	
不明年份	29548827739	2508117129	32056944868	
小计	43506472390	31090966859	74597439249	
合计	74597439249			

注：表中 1937 年之外的损失数，均按 1937 年法币币值折算。

（1）社会财产损失

全省社会财产损失总数 43506472390 元（按 1937 年币值折算的法币，下同）。按照这次调研的数字分类统计如下。

1）工业

工业 5840896470 元

矿业 37698080 元

其他 2541056 元

2）农业

农业 94368473 元

林业 1778872 元

牧业 6038979 元

渔业 6521952 元

其他 696659535 元

3）交通

铁路 382987035 元

公路 346444637 元

航空 301800 元

水运 3731174 元

其他 7975550 元

4）邮政

邮政 30411880 元

电讯 8250 元

其他 7293331 元

5）商业

商业 2820672845 元

外贸 136194660 元

其他 2465388 元

6）财政

税收 297341714 元

其他 113521 元

7）金融

银行 2487006458 元

钱庄 3777100 元

其他 1766297 元

8）文化

图书 269378484 元

文物 9545768 元

古迹 756895600 元

其他 230571849 元

9）教育

小学 168886239 元

中学 17680688 元

中专 200239988 元

大学 14763500 元

其他 215979224 元

10）公共事业

机关 3888334985 元

团体 21679888 元

11）人力资源 31813418 元

12）其他 24394330140 元（调研中尚难进行精细分类，有待进一步深入研究，精确分类）

（2）居民财产损失

全省居民财产损失总数为 31090966859 元（按 1937 年币值折算的法币）。

抗日战争时期江苏省居民财产损失统计表（法币，元）

类　别	数　量	单　价	合　计	备　注
土　　地		50694092	50694092	
房　　屋		5191591756	5191591756	
树　　木		439175159	439175159	
禽　　畜		63197986	63197986	
粮　　食		310245455	310245455	
服　　饰		890689285	890689285	
生产工具		1554387783	1554387783	
生活用品		8229140806	8229140806	
其　　他		14361844537	14361844537	
总　　计			31090966859	

注：表中损失数均按 1937 年法币币值折算。

3. 财产损失分析

（1）社会财产损失大于居民财产损失

从财产损失统计数据看，全省可统计的社会财产损失数 43506472390 元（按 1937 年币值折算的法币，下同），占全省财产损失总数 74597439249 元的 58.32%。全省可统计的居民财产损失数 31090966859 元，占全省财产总损失的 41.68%。其中，无锡、徐州、常州、苏州和南通 5 个市的社会财产损失占本市总财产损失的百分比分别为 98.98%、99.45%、74.73%、85.65% 和 91.34%。

原因是这些城市当时经济、工业比较发达，居民财产损失数字相对就小了。同时，也与居民损失的资料比较缺乏，居民财产的统计数字远小于实际损失数有关。

（2）全省铁路沿线城市的损失所占比重很大

经统计，铁路沿线6个城（南京、无锡、徐州、常州、苏州、镇江）的社会财产损失合计数为40442400087元，占全省社会财产的92.96%。其原因一是铁路沿线城市的经济、工业相对比其他城市发达，二是铁路沿线城市的工业设备、财产日军掠夺后便于运输。三是前面所述没有纳入统计总数的12644323857元的财产损失是这6个城市以外的，计算比重时就加大了这6个城市的比重。

（3）不可估算的财产损失难计其数

不可估算的财产损失包括主要的生产资料和生活资料，商业、文化、医疗卫生设施，大量的图书古籍、文物古董、寺庙等。

如据苏皖边区政府1946年2月的统计，全边区损失粮食62079248担，棉花1291500担，牲畜3020486头，农具11208867件，树木8677670株，房屋2966368间，衣被40879162件①。又如无锡市，这部分损失中仅是被毁农田4679亩，粮食1996200公斤；被毁林业1605亩，树木494728株；桑田170000余亩。此外，损失生产机器1314台，发电机组（11150千瓦）6台，商船1220艘；生活用品12548件，服饰21800件。另外还有大量的商业文化医疗卫生实施均被破坏②。其中农田、机器、发电机组、商船、生活用品、服饰等很大一部分财产是无法估算价值，难以计数的损失。

同时，日军破坏的江苏境内名胜园林、古迹、寺庙，以及全省很多文化设施、文物等被毁，而无法估算其价值。如板浦的崇庆院、盐义仓、"二许"故居等古建筑群遭日机轰炸最后成了一片废墟。被誉为"淮北第一名园"的"秋园"，也因日军侵略而被当时的国民政府实行焦土抗战而遍浇汽油后点燃炸药，使这座由国民党财政大员、两淮盐运使兼淮北盐务稽核所经理缪秋杰多年苦心构建的名园胜地毁于一旦。中国第一个博物馆——南通博物苑，收藏古今珍物、石刻文物，遭日军洗劫后，只剩一尊大铁佛和少数石马，其余都不见踪迹。仅历史古城扬州就有14座庙宇遭严重破坏，加上文物损失无法估算③。仅苏州地区的

① 中共江苏省委党史工作办公室编：《侵华日军在江苏的暴行》，中共党史出版社2000年版，第135、136页。
② 无锡市史志办公室《无锡市抗战时期财产损失统计表》，2006年。资料现存无锡市史志办公室。
③ 《仪征抗战时期财产损失明细表》，仪征档案馆藏，档案号w2.4—1—950。

不完全统计，被日军焚毁的有案可稽的寺庙、尼庵、道观、祠堂、教堂大小 63 座①；无锡市宜兴被毁寺庙的房屋有 1500 余间②。

很多损失的图书也难以计算价值。无锡图书馆 3 万册图书损毁③。淮安中山图书馆和全部馆藏图书（含"万省丛书"一套)④、丹阳相伯图书馆馆舍和 15000 余册图书（其中有马相伯出使高丽日记 1 册及未刊行的康有为的著作，价值连城）被日军一把大火化为灰烬⑤。藏于江阴征存中学的清雍正年间用铜活字刊印祝丹卿所赠《古今图书集成》被日军抢走。藏于江阴南菁中学的木刻板片《皇清经解续读》等 4 万余册图书被焚毁⑥。省立苏州图书馆损失图书 3038 种，12798 册；杂志期刊 927 种，15136 册；报纸合订本 26 种，1747 册；版本损失 22 种，18179 片⑦。还有各地影剧院均遭损毁、关门歇业。这些损失也难以估价计算。

（4）江苏地区的财产损失，相对集中在沦陷前日军的轰炸、占领初期日军的焚烧抢夺和日伪统治时期的大肆掠夺三个阶段

一是淞沪会战爆发后至日军占领南京，以及徐州失守前后，日军多次轰炸苏南地区和南京、苏北等地的机关、工厂、学校、医院以及道路、桥梁、名胜古迹等重要目标和民用设施。由于日军飞机的狂轰滥炸，江苏的大小企业大部毁于战火。民族工业遭到严重摧残。苏南、苏中一些民族工业发展较快的城市工业损失较大。仅无锡县的企业就有 28537 间厂房毁于战火，业勤、广勤、豫康三家棉纺厂损毁布机 3304 台⑧；苏州工业损失 218150300.00 元，仅苏纶纱厂直接损失就

① 《民国吴江县政府关于抗战期间吴江城区、县商会、盛泽区、平望区、震泽区财产直接损失、社会情形调查表》，1946 年，吴江市档案馆藏，档案号：0204—1—1048—82、84、85、166、172，0204—380—230；申家齐、陶昌华：《财产损失报告表》，1945 年，吴江市档案馆藏，档案号 0204—2—1273—23、26；《民国吴江县政府关于抗战期间日寇侵占城区、黎里、平望、震泽区造成人员伤亡调查统计表》，1945 年、1946 年，吴江市档案馆藏，档案号 0204—2—1344；震泽区震泽镇：《财产损失报告单》，1945 年 12 月，吴江市档案馆藏，档案号 0204—3—80—139、140、141、195、196、201、230；震泽区公所：《吴江县震泽区人民受灾情形调查表》，1946 年 5 月，吴江市档案馆藏，档案号 0204—2—412—15、17、30；国民党吴江县党部：《抗战时期罗星洲、同里渡般庵、严墓志和乡章兴村庙财产损失状况表》，1945 年 10 月，吴江市档案馆藏，档案号 0201—1—126—34、35、60；《太仓县政府调查文化机关民众房屋、用具毁损报告表》，1945 年 12 月 17 日，太仓市档案馆藏，档案号 605—1—205。
② 宜兴市地方志编委会编：《宜兴县志》，上海人民出版社 1990 年版，第 611 页。
③ 江阴市地方志编委会编：《江阴市志》卷三十，上海人民出版社 1992 年版，第 910 页。
④ 淮阴市地方志编委会编：《淮阴市志》，上海社会科学院出版社 1995 年版，第 1898、1899 页。
⑤ 丹阳县地方志办公室编：《丹阳县志》，江苏人民出版社 1992 年版，第 772 页。
⑥ 江阴市政协学习文史委编：《江阴文史资料集萃》，2004 年印行，第 524 页。江阴市地方志编委会编：《江阴市志》，上海人民出版社 1992 年版，第 1055 页。
⑦ 《江苏省立图书馆财产损失报告单》，1947 年，江苏省档案馆藏，档案号 1006—乙—33。
⑧ 无锡市地方志编委会编：《无锡市志》第二册，江苏人民出版社 1995 年版，第 869 页。

达 2398300.00 元①，常州市工业损失 218921000.00 元，据武进商会调查仅 20 家染织厂就损失 12426300.00 元，有档案记载的大成纺织公司直接损失就达 5139800.00 元②。南京、镇江、苏州、无锡、常州等繁华商埠均受日军侵略，商业街普遍遭到狂轰滥炸，商铺货物大量被毁。

二是占领初期日军的焚烧掠夺。日军侵占江苏后，除纵火焚烧造成财产严重损失外，日军还大肆掠夺，仅南京市临时参议会在 1946 年公布过的一个文件中引用的第 13 次《南京抗战损失调查》表明，损失财物估计国币 2300 多亿元，其中高大华丽房屋 784 幢又 31000 间，器具 2400 多套又 309000 件，衣服 5900 多箱又 5900000 多件，金银首饰 14200 多两又 6300 多件，书籍 1800 多箱又 148600 万册，古字画 28400 件，古玩 7300 多件，牲畜 11277 头，粮食 6208795 石。实际上，还有许多家庭、村庄、街道遭受的灾难远比这一统计所反映的还要严重得多③。

三是日伪统治时期的大肆掠夺。日伪通过多种手段大肆掠夺战略军用物资。在南京，被日伪商业统制总会定为统制物资的物品达 37 项，包括主要生活资料、工业原料、燃料、运输工具、通讯器材等。据统计，仅设在南京的日伪"中储行"，通过滥发纸币造成物价上涨、通货膨胀的手法，搜刮黄金 55 万余两、白银 763 万余两、银元 37 万余枚、美元 55 万元，以及大批日元、日本公债、贴现票券等。另据不完全统计，南京因战争致使金融机构破产、倒闭、外迁、放款难以收回等，造成金融损失 246912.4439 元④。南通市工业较发达，损失亦较大，日军侵占南通后，强占南通大生公司各厂，全公司流动资产 300 万余元"法币"被掠夺，并改名为"江北兴业公司钟渊纺厂"，至 1946 年抗战结束只有 13.3% 的设备恢复使用，净损失 407 万元⑤。

（六）结论

根据截至目前所掌握的资料和进行的相关研究，我们得出了江苏省抗日战争时期人口伤亡和财产损失的以上若干数据。由于年代久远、搜集资料困难等客观

① 《苏纶纱厂战时损失统计表》，1947 年，苏州市档案馆藏，档案号 I33—1—100。
② 中国第二历史档案馆藏，档案号：八二五—839—032。
③ "南京大屠杀"史料编委会编：《侵华日军南京大屠杀史稿》，江苏古籍出版社 1987 年版，第 183 页。
④ 课题调研统计数据：南京市人口伤亡和财产损失统计表。资料现存中共南京市委党史工作办公室。
⑤ 南通市地方志办公室编：《南通市志》，上海社会科学院出版社 2000 年版，第 738 页。

原因，应该说，我们得出的这些数据还只是初步的和尚不完整的数据，并不是研究的最终结果。今后，我们将继续推进本课题调研工作，以期在掌握更多资料和取得研究新成果的基础上对有关数据再做出修订和补充。

从 1937 年 11 月至 1945 年 8 月，日本侵略者在江苏境内横行肆虐长达 8 年之久，造成了江苏历史上遭受外侮时间最长、程度最重的灾难。抗日战争时期人口伤亡和财产损失调研，进一步以大量史料和事实证明：日本帝国主义对中国的侵略，造成了江苏重大人口伤亡和财产损失，严重影响了江苏经济和社会的发展，其侵略罪行不容抹杀。

1. 课题调研充分表明，日本侵略给江苏的社会、经济、文化和人民造成的损失重大。

江苏省在抗日战争时期的人口伤亡和财产损失情况，自全国抗战爆发，特别是 1945 年以后，各级政权和社会各界都有过一些调查统计，民间也有一些记录。新中国成立后，江苏省对抗战损失调研从未间断，对一些重大抗损事件如南京大屠杀，侵华日军南京大屠杀遇难同胞纪念馆 2000 年曾组织过一次较大规模的调研。结合抗日战争有关纪念活动和学术研究，省和各市都先后编撰出版了一批反映当地抗损情况的文献、资料和书籍。一些专家学者也纷纷著书立说，反映抗损研究的重要成果。这些调研都对深刻揭露日本帝国主义侵华暴行，深入研究抗损情况产生积极的影响和重大的作用。以往调研以专题的、局部的为多，在此次调研前，省和各地还没有涉及全省（市），涵盖各个方面的抗损情况和数据；一些重大的抗损事件还没有完全见底；现有的一些文献记载和数据统计，也需要进一步得到史料和事实的佐证。

这次课题调研中，全省调动和组织了省和 13 个市 106 个县（市、区）的力量，最大限度地查阅了存放在国内各地的档案资料，详细阅读了大量国内外有关抗日战争的文献资料，走访了一大批经历过抗日战争的老人，在此基础上，基本弄清了抗日战争时期全省和各市、县（市、区）各个层面人口伤亡和财产损失的综合情况，和各主要领域损失的总体情况。

调研表明，抗日战争时期，江苏的人口伤亡和财产损失是巨大的。从地域上看是全方位的，全省各市县区都遭到了破坏和损失，特别是苏州、无锡、南京、徐州等沦陷地区，遭受破坏时间达 8 年之久；从领域看，日本侵略在江苏造成的损失涉及工业、农业、交通、邮政、商业、财政金融、文化教育、公共事业、人力资源等领域，其中财政金融的损失尤为严重；从程度看，江苏作为抗战初期的主战场，大部地区为抗战时期的沦陷区，抗日根据地又是敌人"扫荡"、"清乡"

重点地区，因此也是抗损的重灾区。据此次调研统计，在江苏大地上，日本侵略者动用了几乎所有的屠杀和毁损手段，造成了2005669人伤亡，占有资料记载的1936年江苏人口3748.8万的5.35%，在全国处于领先地位的丝绸、棉纺织等近代工业和民族工商业几乎破坏殆尽，盐、煤、磷等重要物资被大量掠夺，文化损失更是难以估算。

2. 课题调研有力证实，日本侵略者在江苏制造的暴行不容歪曲抵赖。

此次抗损课题调研坚持以历史档案为依据，以重要文献资料为辅助，以证人证言为佐证，最大限度地形成符合历史事实的数字统计和结论。通过调研，一些以往公开的抗损数字如南京大屠杀死难同胞数字，进一步得到档案、文献资料和证人证言的支持。一些重大事件、惨案的损失情况，通过查阅档案和走访幸存者、知情者、亲历者得以进一步弄清，如发生在1937年死亡400多人的扬州万福寺惨案；发生在1938年4月18日死亡79人的盐城市大丰丁溪惨案；发生在1938年4月20日死亡40人的盐城市大丰草堰惨案；发生在1938年4月24日死亡30多人的盐城市大丰西团惨案；发生在1938年4月25日死亡10人的盐城大丰市刘庄惨案；发生在1938年4月26日死亡17人的盐城市大丰大团惨案等。一些重要的抗损事件有了新的发现和资料补充，如南京建邺区新发现一处南京大屠杀丛葬地；在南京新发现655名南京大屠杀遇难同胞名单；盐城市建湖县找到了日军在该县境内施放芥子气的证据；盐城市弄清了1945年3月21日七灶河伏击战中牺牲的新四军18名指战员的全部姓名等等。各地共有155224名"三亲"人员提供当地或个人家庭的损失情况，事例不胜枚举。所有一切都有力地证实，日军在江苏犯下的罪行证据确凿，不容否认。

3. 课题调研鲜明昭示，深入弄清抗损情况意义重大影响深远。

对这次在全国范围内进行的抗日战争时期人口伤亡和财产损失调研，江苏省各级党史部门和各地干部群众给予了充分肯定和积极支持。大家普遍认为，这是一件对历史、对民族、对未来高度负责的大事、好事。通过调研，不仅更好地弄清抗损情况、完善史料记载，填补一些研究空白，也让我们更加充分地认识到由日本帝国主义挑起的侵华战争对中国人民带来的深重灾难；更加透彻地了解了日本帝国主义反动、贪婪、野蛮的本性和侵略战争对人性的扭曲；更加深刻地感悟到中华民族伟大复兴道路的艰难曲折和国家富强、人民幸福的来之不易。

从历史研究的角度看，这一次课题调研成果是阶段性的。由于历史的原因和条件的限制，还没有充分的条件，更多地寻找分散在国内特别是国外的档案和文献资料，还有许多史实因为当事人的去世和记载的缺失可能永远被历史尘封，还有大量的线索需要用更多的时间在更大的范围内查证，现存的资料也需要进一步深入的研究、挖掘和整合。这些，都是我们今后继续推进本课题调研的重要努力方向。

二、专　　题

（一）日军在南京的大屠杀

孙宅巍

抗战期间，由于侵华日军的血腥屠杀，使南京人口遭受到历史上罕见的巨大损失。这一损失，集中地反映在抗战初期南京沦陷后发生的南京大屠杀暴行之中。有 30 万以上的平民和放下武器的军人，在暴行中惨遭屠杀。

对于南京大屠杀遇难人数，历来为国内外社会所瞩目，成为人们关注的焦点。为弄清这一问题，首先碰到的一个问题，便是南京沦陷时的实际人口数。

一、沦陷时南京人口有 60 万人以上

资料证明，在经历了南京大屠杀的巨大劫难之后，南京并未成为一座空城，安全区内外，还生活着 20 万左右人口。正因为如此，弄清南京沦陷前夕的人口数，便成了一个无法回避、不可逾越的问题。南京城陷时，其城郊实有人口，由三部分组成，即：常住人口、剩余守军、流动人口。

1. 常住人口 50 余万人

民国时期的南京市政府，对于本市的常住人口，一直保存着完整的统计资料，包括人口总数、新增人数、死亡人数，以及出生率、死亡率等。根据档案资料记载：1927 年南京国民政府成立时，南京市人口为 360500 人；嗣后逐年增加，至 1934 年为 795955 人；自 1935 年，开始突破百万大关，达 1013320 人；自此直至 1937 年上半年，一直保持在 100 万人左右，多数月份在 100 万以上，最高的 1936 年 4 月达 1019148 人。

全面抗战爆发前的 1937 年五六月份，南京市政府曾编制一份本市人口及生死状况的统计表。统计表明，此时南京的常住人口为 101 万余人。值得关注的是，八一三淞沪战事爆发后，随着国民党、国民政府党政机关以及大批工人和市民的西迁，到南京沦陷前夕，这里到底还剩下多少常住人口？

南京市政府 1937 年 11 月 23 日，曾就难民遣送问题，致军事委员会后方勤务部函称："查本市现有人口约五十余万。除一部能自动离京，一部事实上不能离京者外，估计将来需要遣送难民约二十万人左右。"①

由于南京市政府当时要安排难民的遣送，居民粮食、食盐、燃料的供应，所以他们关于到 11 月下旬本地仍有 50 余万人的估计，应当是比较准确、可信的。

从现存的户口呈报档案资料中，亦可以认定南京市政府上述估算的正确。

南京市政府为答复国民政府内政部对南京市当时实有人口的查询，于 1937 年 10 月 18 日命各区呈报实有人口数。各区在接到这一指令后，有 7 个区于 10 月 27 日至 11 月 3 日之间，申报了本区实有户数、人数。该 7 区当时共有 86800 户、373092 人②。鉴于当时南京市各区居民，面临着相同的逃避战争灾害的背景，以及大致相同的逃避条件和手段，故对于所缺 5 区人口数，可以从现存有关档案资料中，推算其大概。若依上述已申报 7 区人口的迁移率推算，则所缺 5 区，应约有 22.2 万余人，全市共实有人口约为 59.5 万余人。

2. 滞留南京的守城官兵约 9 万人

以唐生智为司令长官的南京卫戍军，共有 13 个建制师又 15 个建制团。

据现在可能寻获的有关档案、回忆资料，部分守城部队人数如下：第 160 师，9000 人；第 78 军（即第 36 师），11968 人；第 103 师，2000 人；宪兵部队（4 个团），5490 人；第 88 师，6000 人；第 2 军团（含第 41、48 师），16929 人；第 71 军（即第 87 师），约 10000 人；第 74 军（含第 51、58 师），17000 人；教导总队

① 南京市政府关于难民遣送致军事委员会后方勤务部公函，1937 年 11 月 23 日，见中国第二历史档案馆等编：《侵华日军南京大屠杀档案》，江苏古籍出版社 1987 年版，第 702 页。

② 转引自钟庆安：《关于一九三七年南京沦陷前夕人口的考证——用档案材料驳〈南京大屠杀之虚构〉一书》，载《文献和研究》1985 年第 5 期。

（11个团），35000人①。此9个单位共9个师又15个团，计为113387人，相当于同等师、团满员数的86.4%。若以此百分比去推算南京守军中其余4个师的人数，则可约知该4个师应为37000余人。再以已知9师、15团人数与推知其余4师人数相加，便可见，当时南京守军较为准确的数字为15万人左右。

这支守军在交战过程中，究竟战死了多少？中国军事当局没有正式公布过这个数字。日本作家古屋奎二在《蒋总统秘录》一书中，运用中国官方提供的资料称"在南京保卫战中，中国军伤亡超过了六千人"②。考虑到中国军方可能会适当缩小自己的伤亡数字，估计中国守军因战斗伤亡而不再构成南京人口的数字，顶多不会超过1万人。

关于安全撤离的情况，这与守军人数一样，迄无完整的统计。据现在所能寻获的有关档案、回忆资料，推算守军安全撤离南京的人数为：第159师，约1000人；第160师，3400人；第78军，4937人；第88师，500人；宪兵部队，2456人；第2军团（含第41、48师），11851人；第74军（含第51、58师），5000人；教导总队（11个团），4000人③。该8个单位共8个师又15个团，计有33144名（含约数）官兵撤离南京。这一数字占同样资料所反映这些单位守城官兵总数101387人的31.7%。其余6个师部队原有守军应为46000余名，若以31.7%的撤离概率推算，则应有15400余名安全撤离。是则，将这两部分安全撤离的人数相加，全部守军安全撤离的人数应为5万人左右。

---

① 国防部史政局和战史编纂委员会档案：《陆军第一百六十师锡澄南京两役战斗详报》，1938年4月，中国第二历史档案馆藏，档案号七八七/7582；国防部史政局和战史编纂委员会档案：《陆军第七十八师战斗详报》，1938年1月，中国第二历史档案馆藏，档案号七八七/7590；国防部史政局和战史编纂委员会档案：《澄、镇、宁各区作战经过及心得概要》（1937.11—1937.12），中国第二历史档案馆藏，档案号七八七/7587；国防部史政局和战史编纂委员会档案：《宪兵司令部在京抗战部队之战斗详报》，1937年12月，中国第二历史档案馆藏，档案号七八七/7595；国防部史政局和战史编纂委员会档案：《陆军第八十八师京沪抗战纪要》，1946年12月，易瑾编述，中国第二历史档案馆藏，档案号七八七/7517；《徐源泉致蒋介石密电》，1937年12月23日，中国第二历史档案馆藏，档案号七八七/7517。仇广汉：《淞沪抗战暨南京失守纪实》，载《江苏文史资料》第17辑。王耀武：《南京保卫战的回忆》，周振强：《蒋介石的铁卫队——教导总队》，载全国政协文史资料研究委员会编：《南京保卫战》，中国文史出版社1987年版。

② ［日］古屋奎二：《蒋总统秘录》第11册，台北中央日报社1987年版，第66页。

③ 《陆军第一五九师简史》，中国第二历史档案馆藏；国防部史政局战史编纂委员会档案：《陆军第一百六十师锡澄南京两役战斗详报》，1938年4月，中国第二历史档案馆藏，档案号七八七/7582；国防部史政局和战史编纂委员会档案：《陆军第七十八军战斗详报》，1938年1月，中国第二历史档案馆藏，档案号七八七/7590；国防部史政局和战史编纂委员会档案：《宪兵司令部在京抗战部队之战斗详报》，1937年12月，中国第二历史档案馆藏，档案号七八七/7595；国防部史政局和战史编纂委员会档案：《陆军第八十八师京沪抗战纪要》，1946年12月，易瑾编述，中国第二历史档案馆藏，档案号七八七/7517；《徐源泉致蒋介石密电》，1937年12月23日，中国第二历史档案馆藏，档案号七八七/7517。王耀武：《南京保卫战的回忆》，周振强：《蒋介石的铁卫队——教导总队》，载全国政协文史资料研究委员会编：《南京保卫战》，中国文史出版社1987年版。

据此，在 15 万守城官兵中，约有 1 万人战死或因负伤而安全转移，约有 5 万人左右于城陷时撤离南京，因而滞留在南京的守军应还有 9 万人左右。

3. 流动人口 4 万人以上

自八一三淞沪战役开始后，上海及其附近有大量难民流向内地。这些难民，多需从南京中转，而至山东、安徽，或至西南大后方，也有即以南京及其附近为避难地点的。负责管理金陵女子文理学院难民的工作人员程瑞芳女士在 12 月 9 日的日记中，也提到了关于外地难民流入南京的事实。她写道：

> 下关有四千多难民，多般（半）由无锡那边来的，有的由句容来的，日军已到句容。这些难民本预备他们进安全区，今日解散，他们过江由铁路再往上走。有的未走脱，逃进难民区了，连被都没有，幸而我们有被。五百号、一百号都住满了。①

这些难民，有的有一定的目标和方向，由南京迅速流向别处；有的并无固定的目标和方向，也无必需的路费，便只得在南京附近安身。

外地难民，除进入难民区者而外，尚有大量避难于八卦洲及对岸六合沿江一带。世界红卍字会中华东南各会上海总办事处职员李世原在南京办事后所写的一份报告中称：

除南京难民区外，尚有六合过塘集、八卦洲一带聚有浙江、上海、昆山、苏州、无锡、江阴、常州一带避难人员，男女老幼不下 4 万人，流落异乡，生活无着②。

至于伤兵，在南京沦陷前，则更是每日络绎不断地由各地运来。据军医蒋公毅记载：12 月 12 日，由苏州红十字会救护队护送千余伤兵过江，方输送数百名，江边情形即已混乱，后情不得其详；13 日，300 余名伤兵进入难民区，由圣公会美侨马吉牧师负责接收维护③。众多的外地难民、伤员，有的本来即以南京为目的地而住下；有的本应转往别地，因战局恶化和交通限制，而被迫滞留南京。对于这部分流动人口，我们虽然暂时还无法用具体的数字表示，但至少应在 4 万人以上。

综上所述，南京市在沦陷前夕，实有常住市民 50 万人以上，滞留守城官兵

① 《程瑞芳日记》（一），载《民国档案》2004 年第 3 期。
② 《世界红卍字会关于南京大屠杀后掩埋救济工作的报告》，载《档案与史学》1997 年 8 月第 4 期。
③ 蒋公毅：《陷京三月记》，1938 年 7 月。"南京大屠杀"史料编辑委员会等编：《侵华日军南京大屠杀史料》，江苏古籍出版社 1985 年版，第 71、72 页。

约 9 万人，聚集外地难民、伤员 4 万人以上，总数在 60 万人以上。这使日本侵略军完全有可能在南京这片土地上，进行屠杀 30 万无辜人民的罪恶表演。

二、日军对平民和被俘军人的凶残屠杀

日军侵入南京后，对无辜的居民和放下武器的士兵，进行了长达 6 个星期以上野蛮、血腥的大屠杀。古城内外，尸横遍野，江水为之赤。其规模与残酷的程度，在世界现代史上，登峰造极。侵华日军在南京进行的大屠杀，基本可分集体屠杀与分散屠杀两类。当然，"集体"与"分散"的概念，不易区分，但这并不影响对南京大屠杀罪行的揭露。

1. 集体屠杀

据历史档案资料的记载，千人以上的集体屠杀主要案例如下：

汉中门、汉西门屠杀

12 月 15 日，在汉中门、汉西门外屠杀 2000 余人。后经中国审判战犯军事法庭认定："十二月十五日下午一时，我军警二千余名，为日军俘获后，解赴汉中门外，用机枪密集扫射，饮弹齐殒，其负伤未死者悉遭活焚。"① 这次屠杀的幸存者、后来出席远东国际军事法庭作证的伍长德说："下午一点到达汉中门，要我们这两千多人都在城门里停下来，并命令坐下。接着，两个日本兵拿来一根绳子，一人手持一头，从人群中圈出一百多人，周围由大批日本兵押着，带往汉中门外，用机枪扫死。就这样，我眼看着这些被抓来的人们，每批一、二百人，被用绳子圈起来，又一批一批带到汉中门外枪杀掉。"②

中山码头屠杀

12 月 16 日，在中山码头屠杀 5000 余人。后经中国审判战犯军事法庭判定："十六日下午六时，麋集华侨招待所之难民五千余人，被日兵押往中山码头，用机枪射杀后，弃尸江中"③。在这次屠杀中的幸存者刘永兴，于当天在安全区家中，与弟弟一道被日军抓押至下关江边，他说："到了下关中山码头江边，发现

---

① 《军事法庭对战犯谷寿夫的判决书及附件》，1947 年 3 月 10 日，中国第二历史档案馆藏，档案号五九三/870。

② 《伍长德证言》，见"南京大屠杀"史料编辑委员会等编：《侵华日军南京大屠杀史料》，江苏古籍出版社 1985 年版，第 399 页。

③ 《军事法庭对战犯谷寿夫的判决书及附件》，1947 年 3 月 10 日，中国第二历史档案馆藏，档案号五九三/870。

日军共抓了好几千人。""日军在后边绑人以后，就用机枪开始扫射。""机枪扫射以后，日军又向尸体上浇上汽油，纵火焚烧，企图毁尸灭迹。"① 他因跳入江中，离岸较远，方免于一死。

煤炭港屠杀

12月14—17日间，在煤炭港屠杀3000余人。战后下关警察局经过缜密调查确认："煤炭港——此处被机枪扫射三二八一名。"② 20岁的青年难民陈德贵，于12月14日晨与2800多名青年一道，被日军关押于煤炭港的一间大仓库中。15日，他们被押往煤炭港江边集体屠杀，陈德贵寻机跳进江水，趁天黑逃出屠场。事后，他追记这一段恐怖的经历说："第三天（即12月15日）早晨，日军打开仓库的门，说：'现在到工地去干活，每10个人一组出去。'站在门口附近的十个人马上被推了出去，不久，听到一阵枪响。不一会，门又打开了，再推出十个人，又是一阵枪响。""从早晨杀到傍晚，还有六七百人未被枪杀，日本兵就把他们一起赶到河口，用机枪向他们狂射。"③

下关江边屠杀

12月18日，在下关江边屠杀4000余人。经中国审判战犯军事法庭确认：该日日军"在大方巷难民区内，将青年单耀庭等四千余人押送下关，用机枪射杀，无一人生还。"④ 遇难者单耀庭之妻单张氏在一份结文中，详细叙述了此次屠杀前后的情况：

> 十六日（即12月18日）晨十时许，开始沿户搜集青年男子，不问何故一并拉出广场，聚有四千余人整队开往下关，拒绝亲属观看……据红十字会调查及各捕去之户属到各处去认尸骨不少，故上述所捕去者，死于机枪下所遗留下的尸骨数具，血染红了江水，给我们被屠杀之遗族作了难忘的纪念物品。⑤

① 《刘永兴证言》，见"南京大屠杀"史料编辑委员会等编：《侵华日军南京大屠杀史料》，江苏古籍出版社1985年版，第409、410页。

② 下关警察局致首都地方法院检查处公函，1946年1月8日，南京市档案馆藏。

③ 《陈德贵证言》，见"南京大屠杀"史料编辑委员会等编：《侵华日军南京大屠杀史料》，江苏古籍出版社1985年版，第406页。

④ 《军事法庭对战犯谷寿夫的判决书及附件》，1947年3月10日，中国第二历史档案馆藏，档案号五九三/870。

⑤ 《单张民结文》，1946年4月2日，见胡菊蓉编：《南京审判》，江苏人民出版社2006年版，第208页。

草鞋峡屠杀

12月18日，在草鞋峡屠杀57000余人。中国审判战犯军事法庭后来判定：在该日夜间，日军将57000余人，"以铅丝捆扎，驱集下关草鞋峡，亦用机枪射杀，其倒卧血泊中尚能挣扎者，均遭乱刀戳毙，并将全部尸骸，浇以煤油焚化。"① 一位负伤的公务员鲁甦，当时藏于附近的大茅洞内，曾目睹屠杀惨状，他后来在一份证词中说，日军将57000余名军民圈禁于幕府山下的四所村、五所村中，"十六日（即12月18日）夜间用铅丝两人一扎，排成四路驱至下关草鞋峡，用机枪悉予扫射后，复用刺刀乱戳，最后浇以煤油纵火焚烧，残余骸骨悉投入江中。"②

最新发现的日军第13师团第65联队上等兵高桥光夫，于12月18日的日记中记载："下午，清理联队所枪杀的近25000名俘虏的尸体。"19日写道："今天也是在中队的所在地进入分队，第一小队的第二分队上午来到昨天的地方，继续清理尸体。"③

鱼雷营、宝塔桥屠杀

12月间，在鱼雷营、宝塔桥一带屠杀3万余人。中国审判战犯军事法庭经查证认定："民国二十六年十二月间，在城外宝塔桥及鱼雷营一带，屠杀军民三万人以上……尸横遍野，惨不忍睹。"④ 据国民党中央调查统计局职员陈万禄于1945年10月1日，在重庆就"亲见敌人罪行之事实"具结称："在宝塔桥谋杀我无辜青年约三万余人。"⑤ 1946年10月1日，南京大屠杀罪行调查委员会经特派李龙飞作详细调查后，作出结论："日军在鱼雷营、宝塔桥一带，共残杀军民三万人以上。"⑥ 其中，12月15日，日军在鱼雷营江边将2000余名被俘军民集体射杀，仅殷有余等9人因伏于尸堆中，得以幸免于难。据战后南京市临时参议会关于南京大屠杀案的调查报告记载，其"殷有余案"为："民国二十六年十一月十一日（即1937年12月13日），被害人在上元门被敌捆绑，随同我被俘官兵

---

① 《军事法庭对战犯谷寿夫的判决书及附件》，1947年3月10日，中国第二历史档案馆藏，档案号五九三/870。

② 《鲁甦结文》，1945年12月7日，见胡菊蓉编：《南京审判》，江苏人民出版社2006年版，第193页。

③ 《高桥光夫阵中日记》，见王卫星编：《南京大屠杀史料集》第9册《日军官兵日记与书信》，江苏人民出版社2006年版，第320页。

④ 《军事法庭对战犯谷寿夫的判决书及附件》，1947年3月10日，中国第二历史档案馆藏，档案号五九三/870。

⑤ 《陈万禄结文》，1945年10月1日，见胡菊蓉编：《南京审判》，江苏人民出版社2006年版，第180页。

⑥ 《军事法庭对战犯谷寿夫的判决书及附件》，1947年3月10日，中国第二历史档案馆藏，档案号五九三/870。

及民众约三百余人，拘押胡姓瓦屋内。至十三日（即 12 月 15 日）夜，又迫驱至上元门外沿马路至鱼雷营江边地方时，敌人已置有机枪四挺，而被捆绑者一群约共九千人以上，于行进期间敌人即发动机枪予以扫射。殷君在此集体屠杀中幸得逃生。"①

燕子矶屠杀

12 月间，在燕子矶屠杀 5 万余人。中国审判战犯军事法庭判定："民国二十六年十二月间……在燕子矶滩，屠杀我解除武装青年在五万人以上。"② 国民党中央调查统计局职员陈万禄，在一份结文中陈述："敌人有计划之恐怖行动，敌占南京时任意杀戮。在燕子矶滩我解除武装被其杀害者五万人以上。"③ 南京大屠杀敌人罪行调查委员会负责调查燕子矶屠杀案的工作人员李龙飞，在调查表中填明："民国二十六年十二月间，在燕子矶滩一处，杀毙我解除武装青年在五万人以上，尸横遍野，惨不忍睹。"④

上新河地区屠杀

12 月间，在上新河地区屠杀 28730 人。中国军事法庭判定："民国二十六年十二月间，在上新河地区，屠杀军民二万八千七百三十人，所有尸体，均由湖南木商盛世征、昌开运等掩埋。"⑤ 战后盛世征、昌开运以"为日寇残害我国军民二万八千七百三十人于上新河附近"为由，向南京市抗战损失调查委员呈文：

> 民等在死尸丛中躲出，耳闻目视日寇杀害我国军民。以最恶毒之手段于凤凰街将国军数千人推下塘水中，掷下稻草，倒下煤油，抛去烈火烧死者不计其数，用铅丝缚脚手、盖柴草烧死者亦多……可怜死者抛尸露骨，民等不忍，助款雇工将尸掩埋。每具尸体以法币四角，共费法币一万余元，此系安慰死者聊（聊）表衷心。⑥

① 《南京市临时参议会关于南京大屠杀案调查的报告》，1946 年，见中国第二历史档案馆等编：《侵华日军南京大屠杀档案》，江苏古籍出版社 1987 年版，第 562 页。

② 《军事法庭对战犯谷寿夫的判决书及附件》，1947 年 3 月 10 日，中国第二历史档案馆藏，档案号五九三/870。

③ 《陈万禄结文》，1945 年 10 月 1 日，见胡菊蓉编：《南京审判》，江苏人民出版社 2006 年版，第 180 页。

④ 日军在燕子矶集体屠杀的调查表节录，1945 年 10 月 1 日，见中国第二历史档案馆等编：《侵华日军南京大屠杀档案》，江苏古籍出版社 1987 年版，第 102 页。

⑤ 《军事法庭对战犯谷寿夫的判决书及附件》，1947 年 3 月 10 日，中国第二历史档案馆藏，档案号五九三/870。

⑥ 孙宅巍编：《南京大屠杀史料集·遇难者的尸体掩埋》，江苏人民出版社 2005 年版，第 201、202 页。

凤台乡、花神庙屠杀

12 月间，在城南凤台乡、花神庙一带屠杀 7000 余人。中国审判战犯军事法庭认定："民国二十六年十二月间（即农历十一月间），难民五千余名，士兵二千余名，在南门外附近凤台乡、花神庙一带被屠杀，所有尸体，由芮方（芳）缘、张鸿儒、杨广才等，会同红卍字会分别掩埋于雨花台山下及望江矶、花神庙等处。"① 1945 年 12 月，花匠芮芳缘、农民张鸿儒和商人杨广才，联名具结，陈述在 1938 年初掩埋遇难军民尸体的情况结文称：

> 民二十六年古历十一月十三日，日寇中岛部队入城后，民等由沙洲圩避难回归，眼见沿途尸横遍野，惨不忍睹，乃于初四日由芮芳缘至中国红卍字会接洽，拟办理掩埋工作。当由红卍字会负责人介绍至第一区公所救济组领得红卍字旗帜及符号等件，后即集合避难归来之热心人士三十余人，组织义务掩埋工作。由南门外附廓至花神庙一带，经四十余日之积极工作，计掩埋难民尸体五千余具，又在兵工厂内宿舍二楼、三楼上［经］掩埋国军兵士尸体约二千余具，分别埋葬雨花台山下及望江矶、花神庙等处，现有骨堆为证。②

其他地点的屠杀

除以上所列各地点较大规模的集体屠杀案例外，被中国审判战犯军事法庭判定的集体屠杀事件还有：12 月 15 日，在挹江门姜家园南首，有居民 300 余人被用机枪射杀，或纵火烧毙；12 月 17 日，在三汊河放生寺及慈幼院难民所等处，有四五百名平民被枪杀；12 月 18 日，在下关南通路之北麦地内，有军人及难民 300 余人被用机枪射杀；12 月 19 日，在龙江桥口马路空地旁，有 500 多名军人被绑扎以机枪射杀后纵火烧毙；12 月间，在下关九甲圩江边等处，有军民 500 余名被枪杀等③。

另据台湾学者李恩涵教授根据日军"战斗详报"、"战斗日志"、"阵中日志"及回忆资料，还发现有许多集体屠杀俘虏与"散兵"的记载，如：第 16 师团第 30 旅团在太平门外"处刑"数千，"处死败残兵，全日枪声不断"，其中一

---

① 《军事法庭对战犯谷寿夫的判决书及附件》，1947 年 3 月 10 日，中国第二历史档案馆藏，档案号五九三/870。

② 《市民芮芳缘、张鸿儒、杨广才关于义务掩埋被难军民尸体的结文》，1945 年 12 月 8 日，南京市档案馆藏。

③ 《军事法庭对战犯谷寿夫的判决书及附件》，1947 年 3 月 10 日，中国第二历史档案馆藏，档案号五九三/870。

中队"生埋"1300人；第16师团第38联队在马群将中国军人200名"处刑"；第16师团第20联队，在玄武门枪杀"散兵"328人等①。

2. 分散屠杀和杀人比赛

在面广量大的分散屠杀中，日军凶残野蛮地以杀人取乐。他们屠杀的方法五花八门，无所不用其极。其经常使用的方法有枪击、刺杀、砍头、刀劈、破腹、挖心、水溺、火烧、锥刺，以至割生殖器、刺穿阴户和肛门等。

日军曾将一批难民，集中在一个广场上，分排立定，先在他们身上浇上汽油，然后用机枪扫射，枪弹一着人身，火光随之而起，被弹击火烧的难民，浑身颤动，挣扎翻滚，全场是一片摇曳的火光。日军则在一旁鼓掌狂笑，引以为乐②。

将活人作靶，供日军士兵练习刺杀的情况，随处可见。在江东门附近一个用铁丝围着的操场内，日军令9名难民全部跪下，再由9名日军士兵各持上刺刀的枪，朝他们身上刺去。幸存者张从贵介绍自己被害的情况说："第一刀正刺在我的腰部，因天气很冷，我穿着棉衣，这一刀没有刺着我的肉。第二刀正刺到我的颈部，顿时鲜血直流。没一会儿功夫，由于流血过多，我昏倒在地，就什么也不知道了。"待他醒来时，借着月光，"看到其他八个人都横七竖八的躺在地下，周围一片血迹。"③

活埋，是日军用来杀害南京军民的一种残忍手法。军医蒋公穀在《陷京三月记》中生动地描述："最残酷的莫过于活埋了。悲惨的哀号，那是人类生命中最后挣扎出来的一种尖锐无望的呼声，抖散在波动的空气里，远在数里以外，我们就可隐隐的听得。"记者林娜从由南京逃出的三位难民那里得悉：日军"抓到我们的俘虏，就命令他们自己挖坑，叫第二批人去埋第一批的，又迫第三批人去埋第二批"④。

甚至挖眼睛、割鼻等酷刑，也被日军当作"游戏"的一种。日军第114师团重机枪部队的一等兵田所耕造对人说："为了让俘虏们看，也曾用过割耳朵、

---

① 李恩涵：《日本军战争暴行之研究》，台湾商务印书馆1994年版，第31页。

② 孙良工编：抗战史料丛稿《沦陷区惨状记》第5册（1938.2—1938.4），中国第二历史档案馆藏，档案号七八七/789。

③ 《张从贵证言》，见"南京大屠杀"史料编辑委员会等编：《侵华日军南京大屠杀史料》，江苏古籍出版社1985年版，第429、430页。

④ 蒋公穀：《陷京三月记》；林娜：《血泪话金陵》。见"南京大屠杀"史料编辑委员会等编：《侵华日军南京大屠杀史料》，江苏古籍出版社1985年版，第77、142页。

削下鼻子，或者用佩刀捅进嘴里豁开等方法。要是把刀横着刺进眼睛下面，立刻就有像鱼眼一样黏糊的白色的东西拉下来。如果不这样干，就没有别的乐趣啦！这是登陆以来好久没玩的游戏了。"①

许多妇女，则是在被日军强奸、轮奸后，再遭惨杀；对于拒奸的妇女，必遭更为凶残的虐杀。日军以种种酷刑，来处死拒绝受辱或被凌辱以后的妇女，有用枪射击击毙的，有用刺刀戳死的，有用木棍、尖刀、花瓶、破布等物从下部直捣、硬塞胀痛致死的，有推下水溺死的，有用被褥闷死的，有用刺刀剜心剖腹、剜眼割鼻、肢解人体凌辱而死的。南京城内外，城墙根、大街小巷口、民宅中、沟渠边、池塘里都躺着许多女尸。

日本侵略军在南京城郊进行的"杀人竞赛"暴行，更令人发指。日军第16师团的少尉炮兵小队长向井敏明和少尉副官野田毅，在攻击南京的途中相约，开展"杀人竞赛"，谁先杀满100人，谁就是胜者。他们从常州杀到汤山，向井杀了89人，野田杀了78人，都未满百人，所以"竞赛"继续进行。12月10日，两人又相遇在紫金山下，《东京日日新闻》的战地记者从紫金山坡发出电讯称："向井少尉野田少尉举行杀死100个中国人的竞赛，其锦标现尚未能决定，向井少尉已杀死106人，野田少尉已杀死105人，但不能决定谁先杀死100人。现两人同意不以100人为标准，而以150人为标准。在此次竞赛中，向井少尉的刀锋，已略受挫损，因为他把一个中国人，连钢盔及身体劈成两半个。"② 这两个恶魔的"杀人竞赛"，便从12月11日起，又按照新的约定目标进行起来。后来野田毅回国后向鹿儿岛县立师范学校附属小学六年级学生作报告说："实际说来，在冲锋突击的白刃战中，只不过砍杀了四五人而已。我们是在占领了敌军堑壕时，对着里面呼叫：'你，来，来！'那些支那兵……就一个跟着一个出来，走到我的面前，我把他们排列好了，然后一刀一个地砍下去。"③ 野田的这段话，实际供认了他们凶残杀害放下武器军人的暴行。

3. 在安全区内捕杀青壮年

在南京沦陷前夕，为了保护南京人民生命、财产的安全，一批有正义感、责任心的中外人士共同倡议设立了占地3.86平方公里的"安全区"，成立了以德国商人拉贝为主席的南京安全区国际委员会，以及以美国牧师马吉为主席的国际

---

① ［日］森山康平：《南京大屠杀与三光作战》，四川教育出版社1984年版，第11页。

② 东京《日本报知者》（Japan Advertiser）1937年12月14日。

③ 陈在俊：《岂止南京大屠杀》，载台湾《中外杂志》第45卷第1期。

红十字会南京委员会。这批以牧师、教授、医生、商人为主的国际友好人士，为制止日本侵略军的暴行，保护南京市民和放下武器的军人的生命安全，保证难民粮食的供应，奋不顾身、夜以继日地做了大量的工作。他们的努力，给苦难中的南京市民，带来了一份福音，避免了许多悲惨事件的发生。

但是，日本侵略军乃是一支野蛮成性、言而无信的军国主义军队，在他们眼中，根本没有什么安全区与非安全区的界限。他们在安全区内，仍是无所顾忌地屠杀无辜。

日军自12月13日攻陷南京后的当天，便开始了在安全区的屠杀。安全区国际委员会总干事菲奇在这一天的日记中写道：

> 上午11点，安全区首次得到有关他们（进城）的报告。我与委员会两位同事开车去会见他们，正好在安全区南面进口遇见一个小分队。他们未显露敌意，尽管稍候片刻就杀了20个由于害怕他们而慌忙逃走的难民。[①]

接着，凶残的日军便在安全区内的难民收容所中，将大批难民、警察和放下武器的军人集体屠杀。12月16日这一天，发生在安全区内的集体屠杀事件就有：鼓楼四条巷市民张义魁等50余人，被集体枪杀；鼓楼五条巷4号内军民石岩、陈肇委、胡瑞卿、王克村等数百人，被驱集至大方巷广场，以机枪射杀；傅佐路12号平民谢来福、李小二等200余人，被押至大方巷塘边枪杀；中山北路前法官训练所旧址中平民吕发林、吕启云等100余人，被拖至四条巷塘边，以机枪射杀[②]。鼓楼二条巷市民周永春等近百人，被射杀于阴阳营塘边[③]。

拉贝主席也在日记中记下了12月16日发生的惨剧："我们刚刚听说，又有数百名已经解除武装的中国士兵被拖出安全区枪毙了。其中有50名安全区的警察也照军法执行处决，据说是因为他们放进了中国士兵。"[④]

安全区中的分散屠杀，更是面广量大，遍及工人、农民、医生、学生、商人等各种不同身份的对象。如工人周宝相、周得胜，于12月13日在难民区内遇害；农民王怀祥，于12月14日在城北难民区被用刺刀戳死；学生於得明，于

---

① 章开沅编译：《天理难容——美国传教士眼中的南京大屠杀（1937—1938）》，南京大学出版社1999年版，第100页。

② 《军事法庭对战犯谷寿夫的判决书及附件》，1947年3月10日，中国第二历史档案馆藏，档案号五九三/870。

③ 《周凤英证言》，见"南京大屠杀"史料编辑委员会等编：《侵华日军南京大屠杀史料》，江苏古籍出版社1985年版，第416页。

④ ［德］拉贝：《拉贝日记》，江苏人民出版社等1997年版，第189页。

12 月 15 日在金陵中学被枪杀；商人萧作梅，于 12 月 15 日在金陵神学院内被乱刀戳死。

12 月下旬，日军复利用"良民登记"的办法，胁迫、欺骗一些青壮年承认自己是"中国兵"，然后将他们予以屠杀。26 日，在金陵大学登记点，有二三百名承认"当过兵"的难民，其中一部分"被缚成几队，五个十个不等，从某巨厦的第一室内鱼贯送入第二室（也许是一个院子），那里正火光熊熊。每一队走进去后，外面人就可以听到呻吟和惨喊"；另一部分则被"解到汉西门外秦淮河旁，一架机关枪向他们扫射"，"致尸体横陈，满身是刺刀的伤痕，恐怖万分"①。

应当说，在国际友人监督与干预下的安全区，日军的暴行已经受到了某些遏制。但是，这里仍然发生了大量、野蛮的屠杀事件。安全区的塘边、街口，躺满了遇难者的尸体。从这一特定地区发生的屠杀事件，更可见日本军国主义残忍、疯狂的本性，以及整个南京城内外进行屠杀的规模与程度。

三、30 万军民惨遭屠杀

1. 两个法庭的历史性判决

随着 1945 年抗日战争的胜利，对日本战犯的审判提到了中国政府和国际社会的议事日程上。南京大屠杀暴行，作为日本战犯的重要罪行，被中国政府列为重点调查的日本战犯案件。在调查期间，对于南京大屠杀遇难人数，曾出现过一些过程性的数字。南京市抗战损失调查委员会迄至 1946 年 4 月 10 日，统计此项人数为 295525 人②；同年 7 月 1 日，南京大屠杀案敌人罪行调查委员会举行第二次会议时公布，在前统计有 29.5 万余人遇难的基础上，又加上救济总署在救济死难者家属过程中统计出的 96260 人，称"共计已有三十九万余人"③。

远东国际军事法庭判定遇难者超过 20 万人

远东国际军事法庭于 1946 年 2 月在东京成立，由中国、美国、英国、苏联、法国、加拿大、新西兰、澳大利亚、荷兰、印度、菲律宾共 11 国的代表担任审判官。澳大利亚法官韦勃为审判长。

---

① ［英］田伯烈：《外人目睹中之日军暴行录》，汉口国民出版社 1938 年版，第 50—52 页。
② 《南京市遭受敌寇暴行人口伤亡统计》，见中国第二历史档案馆等编：《侵华日军南京大屠杀档案》，江苏古籍出版社 1987 年版，第 524 页。
③ 《南京大屠杀案敌人罪行调查委员会第二次会议节录》，见中国第二历史档案馆等编：《侵华日军南京大屠杀档案》，江苏古籍出版社 1987 年版，第 538 页。

中国委派了著名法学家梅汝璈博士参加。军事法庭自 4 月 29 日起，正式对东条英机等 28 名甲级战犯起诉，前后共历时 2 年零 6 个月。在对南京大屠杀案的审理过程中，南京大屠杀幸存者、见证人伍长德、尚德义、陈福宝、梁廷芳、许传音、贝德士、马吉、威尔逊等出庭作证；此外，法庭还确认了证人程瑞芳、孙远震、斯迈思、菲奇、麦卡伦等人的书面证词。在起诉方对证据的总结文件中包括了如下对"南京陷落后死亡的总人数"估计：世界红卍字会南京分会副会长许传音提供，"这个组织自南京陷落后在南京城里外共埋葬了 43071 具男女老少的尸体"；崇善堂"从 1937 年 12 月 26 日到 1938 年 4 月 20 日"，"在（南京）附近埋葬的受害者人数共计 112266"；南京地方法庭的总检察长认定，"在南京至少 30 万人被南京的日军集体杀戮或分散杀害"①。

1948 年 11 月 4 日，远东国际军事法庭庭长韦勃庄严地宣读了判决书。《判决书》中，对南京大屠杀特列专章，判定遇难者总数超过了 20 万人。判词称：

> 后来的估计显示，在日军占领后的最初六个星期内，南京城内和附近地区被屠杀的平民和俘虏的总数超过 20 万。这一估计并不夸大其词，而是可以通过埋尸团体和其他组织提供的证据加以证实的。这些组织掩埋的人数多达 155000 人。他们还报告说，大多数死难者都是双手反捆着的。而且，这一统计数字还不包括那些被焚烧的、被扔进长江的以及被日军以其他方式处理的尸体。②

军事法庭并将南京大屠杀主犯松井石根与南京大屠杀共犯之一的武藤章判处绞刑。

中国审判战犯军事法庭判定遇难者达 30 万人以上

1945 年 12 月 6 日，中国政府在重庆成立了战犯处理委员会。根据战犯处理委员会关于战犯审理与执法的规定，在 12 月中旬以后，相继在南京、上海等 10 个城市，在当地最高军事机关的管辖下，成立了审判战犯军事法庭。1946 年 2 月 15 日，南京审判战犯军事法庭成立，该军事法庭原隶属于中国陆军总司令部，6 月国防部成立后，改隶于国防部。该庭庭长由石美瑜担任，主任检察官为王家楣。南京军事法庭先后将南京大屠杀主犯之一谷寿夫，以及其他南京大屠杀中罪

---

① 《起诉方对其证据的总结》，见杨夏鸣编：《南京大屠杀史料集》第 7 册《东京审判》，江苏人民出版社 2005 年版，第 402、403 页。
② 远东国际军事法庭《判决书》，见杨夏鸣编：《南京大屠杀史料集》第 7 册《东京审判》，江苏人民出版社 2005 年版，第 607、608 页。

大恶极的刽子手向井敏明、野田毅等引渡来中国，并进行了缜密的调查、庭审。世界红卍字会南京分会副会长许传音与南京安全区国际委员会委员贝德士、斯迈思等人均出庭作证。

1947 年 3 月 10 日，南京军事法庭对战犯谷寿夫作出了庄严的判决。判决书指出：

> 查屠杀最惨厉之时期，厥为二十六年十二月十二日至同月二十一日，亦即在谷寿夫部队驻京之期间内，计于中华门外花神庙、宝塔桥、石观音、下关草鞋峡等处，我被俘军民被日军用机枪集体射杀并焚尸灭迹者，有单耀亭等十九万余人。此外，零星屠杀，其尸体经慈善机关收埋者十五万余具。被害总数达三十万人以上。①

南京军事法庭并根据日军南京大屠杀的罪恶事实，依法判处南京大屠杀主犯之一谷寿夫与凶残进行"杀人比赛"、以军刀砍杀中国军民的刽子手向井敏明、野田毅、田中军吉死刑。

2. 对尸体的掩埋实证 30 万人以上被屠杀

在研究南京大屠杀的规模及遇难者人数的时候，碰到的最大问题是缺乏足够的统计资料。在屠杀现场上，被屠杀同胞是受害者，即使有人侥幸存活下来，也因恐怖地挣扎在死亡线上，而无法说清较为准确的数字；日本侵略军是血腥屠杀的执行者，他们当然不愿意也不会给历史留下什么可靠的凭据。如将当年审判战犯军事法庭判定的各起集体屠杀的人数相加，也只是整个南京大屠杀中屠杀规模较大的那一部分的总和，但面广量大的分散、零星屠杀中，遇难者的人数则很难求证。后来，人们逐渐将目光移向尸体的掩埋和处理上，并且取得了一定的成果。因为人死了，总有尸体；有尸体，就需要掩埋和处理。而在掩埋和处理尸体的过程中，又必然要涉及人力、时间、经费、工具等多方面的因素，这就会自然地形成一批档案和口碑资料。近来，由于大量新鲜档案资料的发现与中日双方口述资料的出现，已经大大丰富了对埋尸统计的层面，从而改变与完善了研究尸体掩埋与处理的架构。

从大的方面来说，对尸体的掩埋和处理，主要有慈善团体、市民群体、伪政权与日军部队这四条渠道。

---

① 《军事法庭对战犯谷寿夫的判决书及附件》，1947 年 3 月 10 日，中国第二历史档案馆藏，档案号五九三/870。

（1）慈善机构收埋尸体 19.8 万具

世界红卍字会南京分会收尸 43123 具

世界红卍字会总会 1922 年设立于北京，最早的领导人是前清道台杜秉寅，后为徐世光、熊希龄、王正廷等人。它是一个由士绅阶层领导的慈善救济组织。全国各省市共设分会、支会 300 余个，互为平行关系，均直属总会领导。南京及其近郊即有南京分会、南京下关分会、八卦洲分会、上新河分会等数家。南京分会成立于 1923 年，会址设在小火瓦巷 24 号，会长由陶锡三担任。

南京分会在难民区成立了掩埋组，自 1937 年 12 月 22 日起，开始从事收埋尸体工作。凡参加该会收埋尸体者，皆着深蓝色褂或背心，其前胸后背都印有白底红卍字；后来埋尸队员多了，来不及制作衣服，便以袖章为记。掩埋队工作时，执红卍字旗帜为标识，以保证掩埋工作的顺利进行。

由于红卍字会的埋尸活动，可以帮助日伪当局整理市容、清扫卫生，从而也使得日军大屠杀的罪证不再继续公开暴露于市井，因而得到了日军的同意和批准。

该会于 1945 年呈报之《民国二十六年至三十四年慈善工作报告书》称：

> 自二十六年十二月十三日南京沦陷以后，城内外被敌日残戮之军民，遗尸遍地，臭气熏天，既碍卫生，又违人道，得敌日之商许，及沪会援助，扩充掩埋组，增派员伕达六百名，分配城郊各处，逐日从事掩埋。惟原存棺木千具已罄，改用芦席包裹，洒以石灰漂粉消毒，分区丛葬，共计义冢七十丘，掩埋尸体四万三千一百二十一具，历四阅月之久工作完竣。斯为世界红卍字会有史以来掩埋工作之最大记录。①

崇善堂收尸 112266 具

南京市崇善堂是收埋尸体最多的一个慈善机构。它历史较久，到抗战爆发时，已有 140 年历史。最初由金襄等人于清嘉庆二年（1797 年）劝募，设立恤嫠局，专司救济贫苦无依的寡妇，是为该堂之初创阶段。清同治四年（1865 年），由甘炳等人损资续办，改名崇善堂，宗旨不变。1929 年 5 月，向南京市政府社会局办理了注册手续，领取了执照，其地址在城南金沙井 32 号。据其申报，该堂"系地方私人共同设立，办理一切社会慈善事业"②。1935 年时，主持人为

---

① 《世界红卍字会南京分会民国 26 年至 34 年慈善工作报告书》，1945 年，南京市档案馆藏。掩埋尸体总数相加有误，应为 43123 具。
② 《南京市慈善团体调查表》，1938 年 8 月，南京市档案馆藏。

陆晋轩。

南京沦陷前夕，崇善堂迁入难民区。自 12 月 11 日起，开始救济难民食米。不久，由于大批同胞惨遭日军屠杀，尸横遍野，便组织了"崇字掩埋队"。堂长周一渔兼任掩埋队队长，下设 4 个分队，每队设主任 1 名，供伙食，无薪给；队员 1 名，日给米 8 合；夫役 10 名，每人日给米 6 合。

崇字掩埋队持有特殊通行证，且每人均着特制背心，前后均印有白底黑字"崇"字。该队活动地域以中华门—新街口—鼓楼—挹江门以东为主，南至中华门外花神庙、通济门外高桥门，北至挹江门城墙根，东至中山门外马群；有时也活动至水西门外上新河一带。

崇善堂掩埋队的工作时间，自 1937 年 12 月 26 日至 1938 年 5 月 1 日，共历时 4 个多月。其中，自 1937 年 12 月下旬至 1938 年 4 月上旬，系于城区收埋零散尸体，3 个月中共收埋尸体 7000 余具；1938 年 4 月 7 日，开始于乡区收埋尸体，由于日军对南京同胞的集体屠杀，大多在城郊江河沟塘边进行，尸体集中，随处均可就近掩埋，又兼气候转热，亟须加快收尸速度，故在 20 多天时间里，共收埋 10 万具以上的尸体。其收埋方法，亦多草率，除少数棺葬、席裹外，多数只能于就近的战壕、沟渠、洼塘中填埋。崇善堂在 4 个多月中，共收埋男尸 109362 具、女尸 2091 具、孩尸 813 具，计 112266 具[①]。

中国红十字会南京分会收尸 22691 具

该会全称为"中国红十字会南京分会"。中国红十字会初创于清光绪三十年（1904 年），旋于光绪三十三年（1907 年）与国际红十字会缔结同盟，1932 年 12 月，国民政府公布《中华民国红十字会管理条例》。1933 年 6 月，经国民政府行政院明定，其依军政、海军两部之指定，辅助陆海空战时后方卫生勤务，并依内政、外交两部之指定，分任国内外赈灾、施疗及其他救护事宜。南京原有两处分会，一于 1912 年设于下关，一于 1927 年设于城内。后因一地不能有两个分会，故下关分会遂于 1937 年秋改称为"中国红十字会南京分会办事处"。城内分会于南京沦陷前迁往重庆。下关之分会办事处于南京沦陷后，则以中国红十字会南京分会的名义，从事施粥、掩埋、施材、施医送药等项慈善救济工作。其时该机构共有员工 80 余人，由施医送药所所长郭子章任理事，义务小学校长陆伯衡任干事。会址设于下关绥远路乐善堂内，另于城内难民区宁海路 25 号设立办事处。

---

① 崇善堂收尸情况出自战争罪犯处理委员会档案：《南京市崇善堂掩埋队工作一览表》（1937—1938），中国第二历史档案馆藏，档案号五三七/37。有学者曾对此档案提出不同意见。

关于红十字会的掩埋工作，该会在 1938 年 7 月的一份工作报告中写道：

> 本分会掩埋队自二十六年十二月间起，即在下关沿江及和平门外附近一带从事掩埋工作，综计在此六月内，共掩埋军民尸体二万二千三百七十一具①。此项尸体多数系掘土掩埋，用棺木者只有数百具，现仍在下关沿江岸一带捞取上游飘（漂）来浮尸，随时加以掩埋。此项掩埋伕役系由本分会所收容难民充任，仅供食宿，不付工金，故本分会在此六月内，仅付出伙食、杂支费数百元而已。②

该会的收埋尸体工作，开始于 1937 年 12 月 24 日，分两队进行。据现今完好保存的该会埋尸统计原始资料记载：在 1938 年 1 月 5 日以前，掩埋一队已在和平门外联合乡人，共埋军民尸体 5704 具；掩埋二队已在下关一带掩埋军民尸体 3245 具。两队合计收埋尸体 8949 具。后因得到日军正式许可，遂自 1938 年 1 月 6 日起，有了按日、按月并载明发现地点的精确记录。其收埋尸体的地域，以下关为主，有时也展延到外围地区，东至迈皋桥，西至水西门，南至鼓楼、新街口一带。掩埋一队的按日记录，自 1938 年 1 月 6 日起，至 5 月 31 日毕，共计埋尸 7007 具；掩埋二队的按日记录，自 1938 年 1 月 6 日起，至 3 月 31 日毕，共计埋尸 6735 具。两队总计收埋军民尸体 22691 具③。

世界红卐字会八卦洲分会收尸 1559 具

最近首次从档案资料中，发现了世界红卐字会八卦洲分会（又称八卦洲支会）曾在南京大屠杀期间收埋尸体的记录。

按世界红卐字会的组织系统，各分、支会均独立存在，在国民政府有关部门的统计表中，各分会亦分别填表列项。

世界红卐字会八卦洲分会，正式成立于 1941 年 3 月 3 日，会长刘蓝田，责任副会长赵静仁，副会长董嘉珊，会址设于燕子矶八卦洲乡，以施药、施棺、办学为常年慈务，每年冬临时施放馍馍、大米、玉秫秫及法币等物，办有八卦洲第一、第二小学。该会筹备时期较长，在未正式成立前，实际早已打出红卐字会八卦洲分会的旗号。早在 1937 年南京沦陷前，南京城内成立安全区、红卐字会南京分会成立救济队时，遂由柯秀山（1941 年病故）、易都权筹备现款、米麦，发起组织红卐字会八卦洲分会，邀请董嘉珊（1942 年病故）、赵静仁、殷半农、张

---

① 按该会提供的掩埋工作统计表计算，总数应为 22691 具。
② 《中国红十字会南京分会关于难民救济工作概况》，1938 年 7 月 14 日，南京市档案馆藏。
③ 《中国红十字会南京分会掩埋队埋尸统计表》，1938 年 1—5 月，南京市档案馆藏。

熙平、刘歧峰、朱捷三等人，成立收容所、赈济队、运送队、掩埋队，曾于城陷前夕，组织船只，经七日夜，运送撤守官兵 3.7 万余人过江至江北，并收容、治疗、资遣伤兵 23 人，掩埋沿江尸体 1500 余具，设立粥厂 10 余处。旋由刘蓝田赴红卍字会东南主会请训，置地址 18 亩土地，由老祖在东南主院坛指定地址并开工日期，兴工建造，历 2 年始告完成。

1945 年 12 月 20 日，由会长刘良修（即刘蓝田）、责任副会长赵静仁等向中华总会呈报南京沦陷前后，护送官兵渡江情形的函件中，提及："沿洲江岸，被敌舰机枪射死者一百八十四名，沿江两岸浮尸一千二百十八具，在江中打捞者一百五十七具，分别掩埋。"① 上述掩埋尸体数字总计为 1559 具。

南京同善堂收埋军民尸体 7000 余具

该堂成立于清光绪二年（1876 年），由缎业同仁集资组成。堂址设于中华门外雨花路，负责人黄月轩，以埋葬、施药、施材为主要活动内容。南京沦陷前专收死殇婴孩，为之匣殓埋葬，有房产 50 余间，专为停棺之用。

南京沦陷后，同善堂为埋葬被日军屠杀同胞尸体，专门组织了掩埋组，组长刘德才，副组长戈长根，在城南一带从事掩埋遇难军民尸体工作。该堂至战后还完好保存着刘德才当年收埋尸体时使用的白粗布臂章。臂章上印有醒目的红十字符号，加盖了"南京雨花台同善堂图记"长戳，并写有"南京市同善堂掩埋组组长刘德才"字样。该堂共掩埋军民尸体 7000 余具。

1947 年 1 月，该堂掩埋组长刘德才曾在审判战犯谷寿夫的军事法庭上出庭作证。他说：

> 我同戈长根两个人所经手掩埋的尸首就有七千多了。区公所后面所埋的二千多人都是老百姓，东干长巷二千多有军人有老百姓，兵工厂三百多，水台二百多，还有多少人衣服被脱光了，关在制造局的楼上用火烧死的。杨［羊］巷两个地洞内的人是被日本人用木头和草将洞口堵塞在内边烧死了的，还有个学堂内也烧死了几十个人。②

---

① 《世界红卍字会八卦洲分会就运送军民过江与掩埋尸体呈报中华总会函》，1945 年 12 月 20 日，中国第二历史档案馆藏。
② 《国防部审判战犯军事法庭关于同善堂掩埋尸体的调查笔录》，1947 年 1 月 25 日，中国第二历史档案馆藏。

南京代葬局收尸 1 万余具

南京代葬局成立于清光绪二十九年（1903年），由地方士绅创办，主要慈善业务为施材、代葬、掩埋、停枢等。1935年时主持人为刘友伯；1936年重新立案，主持人为艾善潊，有财产9100元。局址设保泰街十庙口。南京沦陷后，该局曾自行收埋被惨杀军民尸体，后随其掩埋队长夏元芝供职于伪南京市自治委员会救济科及伪督办南京市政公署卫生处（局），其掩埋队亦受雇于伪政权相关机构，继续从事掩埋工作。

1946年10月，夏元芝因汉奸嫌疑被拘押时，于辩护状中提及，自己曾率代葬局员工，收埋被惨杀军民尸体万余具，他写道：

> 迨首都沦陷后，本京军民为敌军惨杀者为数甚众，因之尸体遍地，伤心惨目。被告悫焉忧之，遂即派员率领代葬局全体掩埋佚役，终日收埋被惨杀之军民尸体约万余具……①

夏元芝还在8月5日的一份辩护状中，为自己没有在收尸过程中搜取尸身财物进行辩解，其内容也涉及埋尸1万余具的数字。他写道："七，谓民人掩埋尸体万余具，曾搜取尸体财物一节。按民人系掩埋队长，并非实地工作之人，仅负监督之责，而当时掩埋之佚役殷昌和、董广福等十人，均仍在本市保泰街代葬局（慈善机关）服务，随时均可到庭质证。"② 此处关于夏是否搜取尸身财物的怀疑与辩护，已无实际意义；其文字适可证明，由夏率领的员佚确实收埋了万余具尸体，并这些员佚至1946年8月，仍在代葬局工作。

顺安善堂收尸约 1500 具

顺安善堂于清同治年间由绅民筹办，堂址设燕子矶区燕子矶镇，民国以来，先后由缪鲁南、萧石楼主持，慈业内容有送诊、施药、施材、施茶、冬赈等。最新发现的由周其芳、区长萧石楼二人对该堂情况所作的调查登记表，中有："迨至南京事变后，对于掩埋沿江野岸遗尸露骨，人工费用，约去陆佰元。施材一项，以本年计算，约有柒佰贰拾元。"③ 按照当时在南京城内外收尸的费用、支付方法，收一具尸体给0.4元，如此，则600元应收埋1500具尸体。

---

① 《伪卫生局职员夏元芝关于代葬局掩埋尸体万具的辩护状》，1946年10月7日，南京市档案馆藏。
② 《伪卫生局职员夏元芝关于代葬局掩埋尸体万具的辩护状》，1946年8月5日，南京市档案馆藏。
③ 《顺安善堂关于掩埋尸骨等项事务调查表》，1940年12月7日，南京市档案馆藏。

明德慈善堂收尸 700 余具

明德慈善堂于清同治初年（1862 年）始设于长沙，民国 15 年（1926 年）设分堂于南京，1932 年起以南京堂为总堂，堂址洪武路洪武新村，堂长陈家伟，主要慈业为施药、送诊、施材、掩埋、散米、施医、设学校工厂等。最近发现的两份档案资料可以证明，该堂在南京大屠杀期间，曾雇工掩埋尸体达 700 余具。堂长陈家伟于 1940 年 12 月 26 日致函伪社会局暨伪南京市长，报告慈务情况，内称：

> 事变后，家伟由难民区回堂，力谋整理，竭志恢复。是时房屋破坏，器物损失，人力、财力均感困难，借钱、借米，勉强支持。一面雇用伕子十余人，掩埋尸首，一面修理房屋，筹办平民小学、平民医院、平民工厂、平民图书馆，以期聊尽棉薄。①

此件呈文中，已说明该堂曾雇工 10 余人收尸，但究竟收埋了多少具尸体？呈文中并未说明。不过，在同一天，堂长陈家伟填报的表格中，清楚写明，"二十七年春，掩埋七百余具"②。在南京大屠杀期间，收埋 700 多具尸体，数量并不算多，与红卍字会、崇善堂、红十字会等单位相比，几乎可以忽略不计。但明德慈善堂，却因收埋此 700 具尸体之数，而成为参与埋尸的又一个新发现的慈善机构。它参与的意义比收埋数量的意义更大。

综上所述，在南京大屠杀期间，共有 8 家慈善机构参加收埋遇难同胞尸体工作，计收埋尸体 19.8 万余具。

（2）市民群体共收埋尸体 4.2 万余具

活跃在南京城乡的掩埋队，除由各慈善机构组织者外，尚有由市民群体自发组织起来的临时掩埋队，其中较大者有城西、城南、回民与北家边 4 支。

城西市民掩埋队，由旅居上新河之湖南木商盛世征、昌开运二人为首组织。盛世征，男 47 岁，籍贯湖南；昌开运，男，53 岁，籍贯湖南。他们从家乡湖南来到南京西郊上新河从事木材生意，已经历有年所，因家务、财产尽在，为财产计，在南京沦陷前后，没有离开。在日军的屠刀下，上新河一带，"尸横遍野，人血染地，凄惨万状"。盛、昌等从尸丛中躲出，组织掩埋队，共埋尸 28730 具。此后，已居住在钓鱼台 91 号的盛世征、昌开运等人，于 1946 年 1 月 9 日，"为日寇残害我国军民二万八千七百三十人于上新河附近，被俘毙命由"，呈文南京

---

① 《明德慈善堂堂长陈家伟关于掩埋尸骨等项事务报告》1940 年 12 月 26 日，南京市档案馆藏。

② 《明德慈善堂关于掩埋七百余具尸体的报表》，1940 年 12 月 26 日，南京市档案馆藏。

市抗战损失调查委员会，内称：

> 民等被拉扛掳物，心惊胆跳，可怜死者抛尸露骨，民等不忍，助款雇工
> 将尸掩埋。每具尸体以法币四角，共费法币一万余元，此系安慰死者瞭
> [聊] 表衷心。①

事实非常清楚，盛、昌二人，由于出钱雇工收尸，对于所费金额、所埋尸体数字，当然有精确的了解。

城南市民掩埋队，由市民芮芳缘、张鸿儒、杨广才为首组织。芮芳缘，男，38 岁，南京人，花匠，住高莘柏村 14 号；张鸿儒，男，36 岁，南京人，农民，住雨花台 32 号；杨广才，男，35 岁，南京人，商人，住雨花路 102 号。他们因见南门外尸横遍野，惨不忍睹，遂组织义务掩埋队，取得红卍字旗帜与符号，自 1938 年 1 月 7 日起，至 2 月中下旬止，共工作 40 余日，埋尸 7000 余具。芮、张、杨三人于 1945 年 12 月 8 日具结，陈述了组织掩埋队及其活动的经过②。

回民掩埋队，组织于 1938 年 2 月前后，由鸡鹅巷清真寺的伊玛目王寿仁等负责，主要成员有阿訇张子惠、沈德成、麻子和、沈锡恩等人，队址设在豆菜桥 28 号。

回民掩埋队以收埋回民尸体为主，持有"南京回教公会掩埋队"和"南京市红卍字会掩埋队"两面旗帜，主要在五台山、东瓜市、峨嵋岭一带埋葬。前后共活动 3 个多月，收埋尸体 400 具左右③。

回民掩埋队收埋的尸体数量虽然有限，但仅在五台山周围地区，即收埋回民尸体 400 具，可见当时全城各族同胞被屠杀收埋尸体的规模之大。

另一支活跃在东北郊区北家边的村民掩埋队，以当年日军制造北家边"万人坑"唯一的幸存者严兆江为首。北家边位于太平门外尧化门附近的乌龙村。日军曾在这里一次屠杀了 6000 名军民，然后将尸体推入两个上千平方米的大水塘中。严兆江说：

> 当初，我和 20 多位乡亲在塘里捞死尸埋，捞了半个多月，足足有 6000
> 多具尸体在这两口塘里。那时，我们是等日军走后，村民们自发组织起来
> 的，带上木棍、布条做的简易用具，去塘里收尸。先收有头有身子的整尸，

---

① 《市民盛世征等关于助款雇工掩埋尸体致南京抗战损失委员会的呈文》，1946 年 1 月 9 日，南京市档案馆藏。

② 《市民芮芳缘、张鸿儒、杨广才关于义务掩埋被难军民尸体的结文》，1945 年 12 月 8 日，南京市档案馆藏。

③ 《沈锡恩证言》，见"南京大屠杀"史料编辑委员会等编：《侵华日军南京大屠杀史料》，江苏古籍出版社 1985 年版，第 476 页。

后收光有身子的无头尸，最后用网捞头、胳膊、腿的分尸。有一次，我用网捞，一下子就捞上来 7 个人头。这些尸体全埋在乌龙山、黄毛山和"万人坑"附近了。①

在现存的档案资料中，还有许多反映市民自行收埋尸体的案例。例如：市民胡春庭联合难民收埋了 300 余具同胞的尸体。他在一份结文中写道："于民国二十六年十一月十六日（按指 1937 年 12 月 18 日）亲见日本军人将我国军人及难民等约三百余名，集合在南通路之北麦地内，用机枪射杀，无一生还，将死尸抛弃麦地内。余联合有力难民、就地屈［掘］土埋葬。后有日本人挑土填垫海运［军］码头，致将所埋尸骨痕迹毁灭无余。"②

国际红十字会南京委员会主席马吉牧师在一封信函中说："还有一些尸体是由亲友自行掩埋。例如城门以外约 1 英里处，我们教会公墓的守墓人告诉我，在城外被杀的 2000 至 3000 平民，是由当地老百姓自行掩埋的。"③ 战后在搜集日军屠杀罪证的过程中，现据不完全统计，有姓名、住址、职业等详细记录的市民自行收埋亲友尸体案例，即有 119 例。其中，仅第十一区（即中华门外安德门区）之第 36、37、38 三保中，即有程玉书、吴启福、韩德有、姜寿贞、姜大平、姜大荣、尹荣源、周永兴、尹大章、尹徐氏、徐品贵、徐胡氏、周业氏、贺长发、尹广生、尹广江、吴马氏、赵桂启、郑富生、娄广宝、郑韩氏等 21 名被屠杀者的尸体，系由亲友自行零星收埋。由此可见，除了有组织、有记录的市民集体收埋活动之外，个别、零星的收埋，面广量大，其数字亦不可小视。

综计上述，即使不计算大量存在的市民个别、零星之收埋数字，市民群体自行收埋尸体，仍有城西盛世征等收埋 28730 具、城南芮芳缘等收埋 7000 余具、回民王寿仁等收埋 400 余具、北家边严兆江等收埋 6000 余具，合计 4.2 万余具。

（3）伪政权共收埋尸体 1.6 万余具

为卫生和市容计，南京区、市两级伪政权，也努力组织伕役，收埋尸体。据现在可查得的资料，其所掩埋尸体共达 1.6 万余具。

在城郊各地遍陈尸体的情况下，南京市各伪区公所都受命组织员工掩埋尸

---

① 江苏省政协文史资料委员会等编：《腥风血雨——侵华日军江苏暴行录》，江苏政协文史资料、南京政协文史资料委员会出版，1995 年印行，第 127 页。

② 《市民胡春庭关于联合难民收埋 300 余名难胞尸体的结文》，1945 年 12 月 1 日，中国第二历史档案馆藏。

③ 章开沅编译：《天理难容——美国传教士眼中的南京大屠杀（1937—1938）》，南京大学出版社 1999 年版，第 220—221 页。

体。可惜这类档案，多为日军销毁，或经战乱损失，现在还查不到各区掩埋尸体的完整数字，而只有伪第一区、第二区、第三区和下关区的部分工作报告。

日伪统治时期的第一区，位于南京城东南部。在其向伪南京市自治委员会的一份工作报告中，称该区于1938年2月，"派员率带伕役掩埋路途尸体，以其减少疫病"，"本月分掩埋尸体计一千二百三十三具"①。

伪第二区位于南京城西南部。在1938年1月28日该区的一份工作报告中，写有"函请崇善堂掩埋本区境内遗尸9具"的内容②；在其1938年2月份的工作报告中写有："掩埋尸体：先后查得评事街等处，尚有遗尸十八具，暴露未埋，即经随时备函，通知崇善堂掩埋，以维人道，而重卫生。"③

伪第三区位于南京城东北部。在该区1938年一、二月份的工作日报表中，载有请崇善堂、红卍字会与警察厅等机构，将湖南路、大石桥、珠江路、百子亭、南仓巷、杨将军巷、上乘庵、塘坊桥等处10余具尸体收埋的记录④。

下关地区，是日军进行南京大屠杀中的重要屠场。该伪区公所区长刘连祥在向伪南京市自治委员会呈报"各组长工作之前后经过情形"的报告中，叙述了该区宣传组长郑宝和、救济组长王科第和户籍组长毕正清得日军允许，先后率领夫役百余名，于1937年12月下半月，在下关、三汊河一带掩埋尸体3240余具的过程⑤。

仅以上四区，埋尸数字已达4512具，可以肯定，这仅是各区埋尸统计之"冰山一角"，因为统计十分零散，即使是有较多埋尸记录的第一区、下关区，也仅分别统计了其1938年2月和1937年12月的埋尸数字。既然一个区在一个月中，能埋尸多达1000余具或3000余具，则其他各区、各月处在相同的日军暴行环境之中，亦必有相当数字。

1938年秋冬至1939年初，由伪南京市政公署督办高冠吾经办，在中山门外灵谷寺至马群一带，收埋遗骸3000余具。

高冠吾于1938年10月就任伪南京市政公署督办。此时虽已距南京失陷10个月之久，但其仍于城边草丛、山巅、水旁屡见被日军残杀之遗骸，遂共收埋26具。后又经村民报告，在中山门外灵谷寺至马群一带，有遗骸3000余具，遂复令卫生局派掩埋队前往埋葬，计工作40余日，开支909元，于灵谷寺东以青

---

① 伪第一区区公所二月份工作报告，1938年2月，南京市档案馆藏。
② 伪第二区区公所工作报告，1938年1月28日，南京市档案馆藏。
③ 伪第二区区公所1938年2月份工作报告，1938年3月5日，南京市档案馆藏。
④ 伪第三区区公所1938年1、2月份工作报表，1938年1月至2月，南京市档案馆藏。
⑤ 伪下关区区公所区长刘连祥组织收埋尸体的呈文，1938年1月30日，南京市档案馆藏。

砖砌成遍圆形坟墓一座，外粉水泥，坚固而壮丽。高冠吾派员于 1939 年 5 月 28 日前往致祭，并亲立"无主孤魂之碑"一方，其碑文云：

> 越二月（按指 1938 年 12 月），村民来告茆山、马群、马鞍、灵谷寺诸地遗尸尤多，乞尽瘗之，乃下其事于卫生局，选夫治具悉收残骨得三千余具，葬于灵谷寺之东，深埋以远狐兔，厚封以识其处。立无主孤魂之碑，且使执事夏元芝以豚蹄只鸡酒饭奠之。[①]

近年发现的一份由日本南京特务机关调制之掩埋队工作统计表，较为完整地揭示了从伪南京市自治委员会到伪南京特别市政府卫生机构，直接掩埋的尸体数字。该资料称[②]：

昭和 13 年（按即 1938 年）南京自治委员会成立了在当地的公共卫生组织，即作为维持社会慈善事业的市卫生局（时称卫生组），下面有掩埋队（死尸埋葬队），队员（男性）16 名；每月经费（总人件费）288 元，用于南京市的尸体和露棺的埋葬、火葬，以及墓地的修理、施棺。其自创立以来迄今的工作状况与现在状况，如下表：

尸棺 / 年别	男尸	女尸	孩尸	修坟	寻棺	尸骨	火葬	施材
二十七年（一月至四月）	8795	136	185		248			
二十七年（五月至十二月）	171	10	20	4238	188	24	8	
二十八年	152	45	526	3901	101	6774		263
二十九年	306	94	359	1025	151		5	502
共　计	9424	285	1090	9164	688	6798	13	765

该统计表，既由日本南京特务机关调制，其内容当属可信。在其各项统计内容中，就研究南京大屠杀尸体掩埋来说，以 1938 年 1—12 月对尸体、尸骨的掩埋为最有实际意义。即在 1938 年中，经由伪南京市卫生机构，共掩埋男尸 8966 具、女尸 146 具、孩尸 205 具、尸骨 24 具，合计 9341 具。其 1939 年与 1940 年

---

① 伪南京市政督办高冠吾书写的无主孤魂之碑碑文，1939 年 1 月，中国第二历史档案馆藏。
② 伪南京特别市政府秘书处：《南京市政概况》，1942 年 4 月，中国第二历史档案馆藏。

所收埋尸体，已很难证明属日军南京大屠杀所产生的尸体；其收埋之尸骨，恐亦多属对前已埋葬尸体之重复收殓。

综计伪政权埋尸一项，计有各区收尸 4510 具，伪南京市政公署督办高冠吾主持收埋尸骨 3000 余具，伪南京市卫生机构掩埋队收尸 9341 具，合计 16851 具（内含约数相加）。

（4）日军动用部队毁尸灭迹若干万具

日本侵略军为了掩盖血腥屠杀的罪证，除了支持慈善团体和雇用当地难民掩埋尸体外，还动用部队，专门从事焚尸灭迹的工作。他们将尸体大量地、布置周密地抛入长江中，或运往指定地点加以焚埋。

日军战俘太田寿男的供词，供述日军曾于下关地区动用部队、卡车、船只进行焚尸灭迹活动。太田寿男，1896 年生，日本爱媛县松山市人。日军攻陷上海后，太田服务于第二碇泊场司令部，任少佐部员，驻江苏常熟，负责输送攻击南京的部队及弹药、粮秣。南京失陷后，第二碇泊场司令部移驻南京下关码头附近，又称南京碇泊场司令部。该司令部隶属于华中碇泊场司令部，司令为铃木义三郎中佐。太田于 1937 年 12 月 15 日由常熟附近的浒浦镇来到南京，并奉命在 16 至 18 日间，与安达少佐各率 400 名运输兵，动用 30 只小船与 10 辆卡车，专门进行输送和处理尸体。经太田寿男直接处理的尸体有 1.9 万具；经安达少佐处理的尸体有 8.1 万具；估计由其他部队投江的尸体有 5 万具[①]。太田供词中由日军处理尸体的数字，因属孤证，又系在关押情况下所供，当不宜与其他渠道掩埋尸体的数字直接联用，但在综合考察日军动用部队毁尸灭迹时，仍具有佐证作用。

关于日军部队直接或利用中国人埋尸及毁尸灭迹的资料，多不胜数。

在某些被杀害人数不是太多的情况下，日军有时将尸体就地草草掩埋。原日军第 16 师团步兵第 20 联队上等兵增田六助保存的一份《阵中日志》中，内载："一、根据西作命第一七〇号，从午前 10 时实施扫荡区域的扫荡，枪杀并埋葬 328 名'败残兵'。"[②] 原日军第 16 师团步兵第 33 联队士兵下村宇一郎曾参加在太平门附近掩埋大批尸体的行动。他说：

> 我们挖了壕沟，把土盖在尸体上面埋了。我们的车辆部队在那上面通过。只有车辆通过的地方才盖上土，其他地方还是老样子留着，所以可以看到尸体。在不长草的山背处，尸体就埋在那儿，还可以看到脚露在外面。尸

---

① 《太田寿男笔供》，1954 年，中央档案馆藏。

② ［日］下里正树：《被隐瞒的联队史——20 联队下级士兵所看到的南京事件真相》，日本青木书店 1987 年版，第 49 页。

体当然是中国人的，日本人的早已全部挖出来，火葬后成遗骨。①

美国《时代周刊》也曾披露了日军在对 1 万名左右中国男子进行屠杀后，抛尸入江和焚烧的做法。报道说："一名十七岁的（中国）男孩来医院，他说有一万名十五到三十岁的中国男子于（一月）十四日被押出城到轮渡旁的江岸上。在那儿，日军用野战炮、手榴弹、机关枪向他们开火。大多数尸体被推入长江，有的尸体被高高架起焚烧，只有三个人逃了出来。男孩推测，一万人中，大约有六千是军人，四千为平民。他的胸脯中了一弹，伤势不重。"②

抛尸入江，是日军处理尸体、毁灭罪证最常用的手段。日军攻陷南京后的数日内，曾在下关煤炭港和中山码头分别屠杀平民数千人，其中一名负伤逃回的青年证实："敌于是日（按指 12 月 16 日）晚，将彼等押至下关煤炭港地方，用绳绑赴，即以机枪惨杀后，抛入扬子江中，彼当时应声而倒，故仅足下负伤。"③ 原日军第 16 师团步兵第 33 联队士兵山冈敏一曾亲历屠杀与抛尸入江反复交替进行的行为。他说："有的被枪当场打死，也有的只是被打倒。士兵们就把这些人统统扔到江里去。我就曾经拖着活人的手脚把他们扔进了江里头。然后又是将中国人排成排给我们枪毙。然后又是咚咚往长江里扔。"④ 原日军军官黑濑市夫于 1954 年作证："在南京下关扬子江岸有 500 具弃尸（中国人），由日本军汽艇将其拖入江心。"⑤

纵观日军动用部队或由部队直接指挥，对被屠杀者尸体的掩埋及毁尸灭迹的行为，其数量当甚为庞大。认定日军部队掩埋及处理了若干万具被屠杀者的尸体，应当是一种较为可靠和保守的选择。

如上所述，对于南京大屠杀遇难同胞尸体的处理，其有据可查者计有：慈善团体收尸 19.8 万具，市民群体收尸 4.2 万具，伪政权收尸 1.6 万具，共为 25.6 万具，扣除伪卫生机构与慈善团体代葬局因同由夏元芝所率掩埋队收埋，而重复统计的 1 万具，总计已达 24.6 万具。另有日军部队直接掩埋和处理的尸体若干万具。

此外，还应充分估计到，有相当数量的尸体，没有被统计到任何一种处理尸

① ［日］松冈环编著、新内如等译：《南京战·寻找被封闭的记忆》，上海辞书出版社 2002 年版，第153—154页。

② ［美］《时代周刊》1984 年 4 月 18 日报道，见陆束屏汇辑编译：《南京大屠杀——英美人士的目击报道》，红旗出版社 1999 年版，第 149 页。

③ 市民徐嘉禄结文，1945 年 12 月 5 日，南京市档案馆藏。

④ ［日］松冈环编著、新内如等译：《南京战·寻找被封闭的记忆》，上海辞书出版社 2002 年版，第 354页。

⑤ 《日本军官黑濑市夫关于南京大屠杀的证言》，见中央档案馆等编：《日本帝国主义侵华档案资料选编·南京大屠杀》，中华书局 1995 年版，第 891 页。

体的数字之中。例如：已被死者亲友个别、零散收埋者；已被日军个别焚毁，而为档案资料所不记者；已被有组织地收埋，但由于档案资料的散失，现已无从查考者；少数因位置荒僻、隐蔽，一直未被收埋者；等等。这类数字，面广量大，不可忽视。

当然，在被收埋的数字中，也包含了部分在南京保卫战中阵亡的将士。纵然各支掩埋队的统计数字中，包含了部分在战斗中牺牲的军人，也无妨其收埋尸体的数字，成为证明大屠杀规模的有力依据。

综合以上各点，在南京大屠杀事件中，共有24.6万余尸体分别为慈善团体、私人和伪政权收埋；另有数万具尸体被日军动用部队就地掩埋或毁尸灭迹。应当说，1947年中国审判战犯军事法庭对谷寿夫战犯案件判决书中，认定南京同胞"被害总数达三十万人以上"是有充分依据的。

3. 人口伤亡对城市发展的影响

由于侵华日军南京大屠杀的暴行，使得南京这样一个经济发达的文化古都，成了尸山血海、万户萧疏、满是断垣残壁的血城、破城。

在南京所遭受的所有损失与破坏中，最大的损失与破坏是30万以上同胞被屠杀。人是社会生活各种要素中第一宝贵的要素。在南京城陷时，总人口在60万人以上，被屠杀率达到了1/2左右。一个城市，在短短数月中，竟有1/2人口被杀，这在中外历史上实属罕见。

在南京沦陷期间，安全区国际委员会秘书、金陵大学教授路易斯·S.C.斯迈思及其助手，曾受国际委员会委托，对当时南京的社会、经济情况进行了调查。由于受到时间、人力和条件的限制，这种调查很不完整。正如斯迈思先生在调查报告的"序言"中所说："在三月份（按指1938年），有许多大门还是封着的，要确定哪座房子有人住，多少有一些困难。所以有一些也许就漏掉了。"斯迈思在报告中还指出，"还有一些居民住在调查人员无法查到的地区"[1]。还应当指出，在南京大屠杀当中，有近9万名中国军人在放下武器后被成批屠杀，他们的存亡并不反映在南京市民的人口要素之中；部分家庭家破人亡，或全部被杀，或一部被杀、一部逃亡，根本无法被调查，其人口变迁当然也无法得到准确的反映。所有这些，都使得在现有调查结果中，所反映的畸形与变态状况的严重程度，事实上打了一个很大的折扣。他们的调查，采用了抽样调查。斯迈思说：

---

[1] ［美］斯迈思：《南京战祸写真》，载"南京大屠杀"史料编辑委员会等编：《侵华日军南京大屠杀史料》，江苏古籍出版社1985年版，第262—360页。本节中所有斯迈思的调查资料，均同此。

"在农村调查和家庭调查中，基本上以抽样代替了完全而周详的统计，因而总数和总平均的数原则上是根据调查实情所得的结果来估计的。"

血腥的大屠杀，改变了南京市民正常的性别、年龄与家庭结构，从而已直接影响到南京社会经济与生产、生活的各个方面。

首先是市民性别、年龄比例的变化。由于青壮年男子大量被杀害，市民中男性所占比例大为下降，尤其是代表了人口中有生产能力的15—49岁的男性所占比例，降幅更大。具体情况如下表：

各阶段年龄所占比率（%）

年龄分段	1938 年			1932 年		
	男	女	合计	男	女	合计
0—14 岁	33	32	32	30	32	31
15—49 岁	49	46	48	57	52	54
50 岁以上	18	22	20	13	16	15

相对于 100 个女性的男性人数

年龄分段	1938 年	1932 年
0—14 岁	105	109
15—49 岁	111	124
50 岁以上	85	94
总　计	103	114

1932 年所有男性中 15—49 岁的占 57%，而到 1938 年 3 月这个数字只占了 49%，下降率为 14%；与此相应，全部男性中 50 岁以上的人，却从 1932 年的 13%，上升到 18%，上升率达 38%。这无疑造成了严重的社会经济问题。

其次，市民家庭成员结构的变化。一般由夫妻两人或夫妻两人带着孩子生活在一起的，可以称作"正常型"或叫"完整"的家庭；若是夫妻中死亡了一方，就成了"不完全型"家庭，甚至是"无家型"（夫妻中死亡一方又无老人、孩子）的家庭。据调查统计，1938 年"正常"户在所有家庭中所占的比例，比

1932 年时要少 10%，即由原先占 72.4% 下降到占 62.9%；相反，"不完全"户却由原先的占 27.5% 上升到占 37.1%。斯迈思教授称："……有四千四百个妻子，或者说有百分之八点九的妻子，她们的丈夫不是被杀害就是受了伤，或者被抓走了，在这些丈夫中，有三分之二是被杀害或被抓走的，占总数的百分之六点五。更使人心酸的是，有三千二百五十个孩子（占孩子总数的百分之五）的父亲被杀害、受伤或者被抓走。"

最后，南京市民的就业状况和收入，也与战前有了较大的变化。据对 22.1 万人口进行的抽样调查，1938 年 3 月就业人数仅为 2 万人左右，占调查人口的 9%，其平均工资为每日 0.32 元；而在这部分被调查者中，原先却有近 5.8 万人就业，其平均日收入也达 1.01 元。也就是说，就业人数下降了 65%，平均日工资下降了 69%。

浩劫之后，南京附近农村，劳动力缺乏，加之越冬作物被毁，粮食短缺，生产工具不足，给农村生产的正常进行，造成了灾难性的后果。

造成南京附近农村人口减少、劳动力缺乏的一个重要原因，当然是日军的屠杀。日本侵略军一手制造的南京大屠杀，其主要地区在城内及城墙附廓一带近郊。受其波及，江宁、六合、江浦、句容、溧水各县，也有大量农民惨遭杀害。斯迈思教授在《南京战祸写真》一书中写道："据报告，在调查涉及的一百天里，死亡者总数三万一千人，居民平均一千人中死亡二十九人，这样算来，年死亡率是千分之一百零六。中国正常情况下年死亡率是千分之二十七……百分之八十七的死亡是暴力造成的，其中绝大多数是士兵故意施加的暴行。"为了引起人们的注意，斯迈思教授特别指出："每七户就有一人被杀害，如果以同样的比例用于美国农村的话，相当于有一百七十万人被杀害了；如果用于全中国范围的话，就相当有八百万人被杀害。"被屠杀的比例，占到所有农户中的 1/7，这确是一个惨痛而又惊人的比例。不过，需要指出的是，由于斯迈思先生使用的方法是抽样调查，而且时间仅限于日军占领南京后的 100 天时间内，因此，他所统计的被屠杀的人数，比农村实际遇难的人数要低得多。

事实证明，侵华日军在南京的血腥屠杀，不仅夺去了 30 万以上中国同胞的生命，而且也因此根本毁坏了南京的社会经济生活和工农业生产。南京城的面貌和发展，因此而严重倒退。这是日本侵略者对南京人民和中国人民欠下的无法偿还的孽债。这也是南京人民和中国人民在抗战中付出的巨大牺牲和沉重代价。

（二）抗战时期南京的文化损失

孟国祥

南京为东南文化名城，以"六朝古都"闻名于世。在此后漫长的历史中，先后又有南唐、明朝、太平天国、中华民国在此建都。南京历史古迹、文化遗存，比比皆是。南京文化底蕴深厚，文教昌盛，成贤街的国子监，夫子庙的江南贡院，使之成为当时全国的文化中心。近代以来，南京的大学教育成为继北平、上海之后高校最多的城市。南京的图书事业也十分兴旺，南京书业形成以夫子庙为中心的古籍市场和以花牌楼为中心的新书市场。此外，20世纪30年代初，南京还新建了中央研究院、中央博物馆、地质矿产陈列馆、中央美术馆、中央党史陈列馆等多家科研与文化机构，收藏丰富的文化典籍和珍贵古物。可以说，战前南京的文化建设达到前所未有的高度。然而，蓬勃发展的南京文化，却遭到侵华日军的摧残和破坏，造成南京文化历史上的空前浩劫。本篇就战时南京的图书损失、古建筑损失、文化古物损失，以及教育事业损失等方面，作一简要的叙述。

一、南京图书之损失

据统计，1937年南京有公私图书馆53家，藏书200多万册。有规模的图书馆有江苏省立国学图书馆、南京市立图书馆、中央图书馆，以及政府机关图书馆，南京8所高校图书馆。中小学及民间藏书也颇为丰富。现对战时南京的图书损失分述如下。

（一）南京公共图书馆损失

南京市立图书馆损失

1932年6月，南京特别市立民众图书馆为求进一步发展，遂与市立图书馆筹备处、民众科学馆合并为一。馆址迁至南京夫子庙泮宫。1933年9月，改称"南京市立图书馆"。

到1937年5月底，该馆归存图书20万册，报纸杂志2000余种、5万余册，装订成册之报纸有 600 余册①。南京沦陷时，夫子庙大成殿两厢全数被焚，仅余明德堂及尊关房屋数间，馆舍与图书因之遭日军焚毁殆尽②。虽然图书多为普通书籍，但该馆搜购齐全自原始至晚清革命的所有缙绅录，这类书对于考证历代官制的变迁与人物经历等很有参考价值。

江苏省立国学图书馆损失

该馆历史较为悠久，是为我国废止科举制度后的第三所现代图书馆。该馆以收藏国学典籍见长，诚如柳诒徵所言，"本馆国学图书具有专门性质，在抗战前印行之分类目录计 30 册，图书总数约在 25 万本以上，其中善本以钱塘丁氏八千卷楼所珍藏者列入甲库，本馆历年续置者列入乙库，率皆宋元明版及海内孤本，或学者之稿本及唯一之钞本，除国立北平图书馆外，实无可与本馆雁行者。"③

1937 年 8 月 15 日，日机轰炸南京，政府各机构匆忙西迁，该馆仓促移善本 110 箱寄存朝天宫故宫博物院分院地库。11 月 28 日，该馆雇民船运出藏书 57 箱共 3 万余册。南京龙蟠里尚有普通本、印行本藏书 15 万余册。大宗书籍被日伪劫夺至伪中央图书馆、伪文物保管委员会，及陈群之泽存书库。

1940 年 5 月，兴化县经敌军攻陷，寄存兴化北门观音阁图书与该庙俱烬，损失书籍多系木刻丛书及各省方志，计 6803 册。1943 年 4 月，汪伪和平军副师长马幼铭劫去罗汉寺和乾明寺所藏，"总共劫取馆书 14500 册，各种地图 4 册 39 幅，又卡片书目计 11 万片"④，其大部分损失。当时保管员曾另分寄 6825 册于盛庄民间，由于战乱，全部散失。

该馆积存前清咸丰同治光绪宣统间江南各公署档案 6486 宗，尚有未及清理存储书楼者 60 余大篓。该项档案均有历史价值，如操江轮船档案，吴淞炮台档案等。敌伪劫迁馆中文物，将上项各种档案，悉数运去。该馆逐年印布及存售各局印刻各家所刻之书，截至 1937 年底，尚存数万册。又自清季淮南书局、江楚书局归并该馆后印售书等，被敌伪劫掠一空。1927 年以来，所购置各种日报，

① 马超俊：《十年来之南京》，南京市政府秘书处编印，1937 年 6 月，第 39 页，南京市档案馆藏，档案号 1001—1—1737。
② 《南京市立民众图书馆近况》，南京档案馆藏，档案号 1009—1—1489。
③ 《江苏省各县市立图书馆实施概况调查表及有关文书》，中国第二历史档案馆藏，档案号全五，卷 11628。
④ 江苏省立国学图书馆：《伪军马幼铭劫取馆书清册》，1946 年 4 月，江苏省档案馆藏，档案号 1006—乙—925。

经敌伪劫去焚毁变卖。

至1946年7月，该馆从南京伪组织各机构及沪苏汉等埠公私各处共收回18万册。但"其中文物之损失计藏书约7万册，印行秘籍约9万册"①。如此，战前战后相较，该馆损失图书约16万册。1946年中国政府向远东委员会递交《中国抗战期间文物损失数量及估价目录》，列有该馆甲库善本（宋明元版）141种计542册。此外，《陶风楼藏名人手札目》计缺少283人的全部或部分手札1042函，共3417页②。

国立中央图书馆损失

1933年在南京设立中央图书馆筹备处。1937年收藏中外文书刊已达18万册。战事发生后，该馆择重要图书装存263箱，移存故宫博物院的朝天宫密库。11月18日，因战事吃紧，奉命西迁，仅择要运出130箱图书。所遗存图书被日军掠走或焚毁，存于朝天宫的原国学书局精雕木刻版片150种、7万余片，全部遗失。

关于中央图书馆所在南京的图书损失，有研究认为，"中央图书馆西迁时仅带走1万多册，有8万多册留在南京，其中存放在朝天宫库房的就有4万册，但封存时只有3万册。"③ 也有研究认为，中央图书馆战后"收回南京旧存书26000余册"④。汪伪档案显示，1941年5月，在日军"移管"汪伪政权的图书中，有"旧国立中央图书馆筹备处藏书约32700册"⑤。战后，中央图书馆从竺桥原伪图书专门委员会领回旧藏10428册4056函1札。截至1946年7月，封存伪中央图书馆处共发还各机关图书60173册，其中有国学图书馆6513册。目前，我们尚不清楚当时发还其他单位图书的具体数量，即便伪中央图书馆封存图书尽为中央图书馆筹备处在南京的旧藏，那么，中央图书馆战后所追回总数也只有6万多册。事实上，伪中央图书馆收罗了许多单位和个人藏书。可以确定的是，1941年日军移交汪伪政权的该馆图书仅为32700册。可以推算，战前该馆有藏书18万册，西迁时带走130箱，战后收回约6万册（包括1941年日军

① 江苏省立国学图书馆：《江苏省各县市立图书馆实施概况调查表及有关文书》，1946的11月13日，中国第二历史档案馆藏，档案号全五，卷11628。

② 江苏省立国学图书馆：《陶风楼藏名人手札目》，1946年5月，江苏省档案馆藏，档案号1006—乙—926。

③ 王长喜：《战后金陵文物的封存与清理》，载《南京档案》1994年第2期。

④ 陈思丰：《沧海桑田 宝藏在兹——南京图书馆古籍藏书小志》，载《书品》1992年第2期。

⑤ 汪伪政府档案：《文物保管委员会接收文物保管卷》（1941—1945），中国第二历史档案馆藏，档案号全二〇三三，卷100。

移交汪伪政权 32700 册在内），如此，中央图书馆在南京的图书损失约近 10 万册。

（二）南京学校图书馆损失

1. 南京高等院校图书损失

私立金陵大学图书损失

金陵大学战前图书已达 317839 册[①]。该校藏书以富有地方史志、丛书、类书、古代农书、动植物类图书以及元明以来古刊本和国外社团赠书为其特色，中文书收藏，以地方志及丛书为大宗，尤以全国方志农业小册最为珍贵。

该馆于 11 月 12 日匆忙西迁，因运输困难，其运出者 103 箱，仅占该馆所有总数十分之一。留在南京的各类书籍共计 216337 册，内有中文书籍 106769 册，西文书籍 21969 册，中西文小册 87603 册；由南京携出者仅 17805 册[②]。1942 年 1 月南京校舍被日军接收，当年秋，该校被伪中央大学接收，图书杂志落入敌伪之手，丛书杂志及农业小册子有三分之二被劫掠而去。抗战胜利后，学校船载图书东归，途中被水浸毁者 3 箱。1946 年 5 月 28 日，从竺桥伪图书专门委员会收回该校西文图书 77 册，图 2 册；6 月 24 日，又收回中西刊物 1892 册[③]。在陈群"泽存书库"发现金陵大学方志 269 册。1946 年 12 月 16 日统计，金陵大学图书馆损失书籍损失共计 73928 册，内有中文书 21353 册，西文 4373 册，中文小册 10508 册，西文小册 16469 册，中文杂志 10492 册，西文杂志 10733 册[④]。

金陵大学重要图书成为日本掠夺的对象。如，1948 年中国政府驻日代表团在日本发现金陵大学的图书 426 册，于是责令日本政府将被劫图书装箱送往名古屋，交由海辽轮于 1948 年 11 月 6 日运往上海[⑤]。金陵大学又委托中国基督教大

① 国民政府教育部档案：《金大 1926—1937 学年度学校概况统计表》，中国第二历史档案馆藏，档案号全六四九，卷 68。

② 《金陵大学图书馆近况》，载《中华图书馆协会会报》第 17 卷，第 1、2 期合刊，1942 年 10 月，第 14 页。

③ 《教育部南京区清点接收封存文物委员会办事细则及清点图书分类目录有关文件》（1944.11—1947.10），中国第二历史档案馆藏，档案号全五，卷 11566（1）。

④ 《私立金陵大学战时文物损失调查表》(1938—1947)，中国第二历史档案馆藏，档案号全六四九，卷 13。

⑤ 《海辽轮所运书籍计分三批电》，中国第二历史档案馆藏，档案号全五，卷 583。

学美国联合会托事部驻沪办事处职员 Allen P. Lovejoy 先生代表学校接洽运回，计运回 4 包 425 册。

国立中央大学图书损失

抗战爆发时，中央大学馆藏图书杂志已达 407203 册。内有中文书刊 204514 册，外文书刊 202689 册。中文书中有很多善本，其中尤为可贵的是，从 1932 年以来，五年间购齐补足西文杂志 30 多种，少则补齐三五年前的，多至补齐百余年的，其中最贵的时价每套六七千元。在全国高校中屈指可数①。图书抢装随校西迁途中，惟舟行川江不慎，沉没 10 余箱。图书馆迁川后，在重庆沙坪坝、柏溪建馆。1940 年 8 月，该校图书馆连续 3 次遭到轰炸，损失图书不少②。沦陷期间，南京校舍被日军改作军医院，图书被伪中央大学所取用。抗战胜利后，校方派卢孝侯、冯泽芬于 1945 年 10 月间往南京接收原馆及部分图书。此外，在鸡鸣寺原伪博物专门委员会发现该校图书 15 册，从竺桥伪图书专门委员会收回书籍 943 册。战后统计仅存中文图书 12 万余册，西文图书 6 万余册。该馆原有图书 40 余万册，仅存 18 万余册③。

不仅校图书馆损失巨大，各院系的图书杂志也有不同程度的损失。如文学院在南京损失图书 20 部，杂志 56 册；地理系损失图书杂志 500 册；理学院西迁运输途中，遗失西文书籍 2 箱；地质系在迁校中因"搬运潮湿"而损失图书 50 件；教育系原有 3 家书局历年全套中小学教科书全部损失，战前有中西文书籍 7450 册，战后仅剩 76 册；艺术系战前有图书 2 万册，战后只有 400 册；体育系战前有中西文书刊 523 册，战后仅有 79 册；地理系战前有图书杂志 1500 册，战后共有 1200 册④。上述几个院系，就损失图书 28344 册。

金陵女子文理学院图书损失

金陵女子文理学院图书馆，战前收藏中文书 11.8 万册，外文书 1 万册。太平洋战争爆发，日军对所在地的英美等国西方教会的学校予以接管，学院图书等因此劫难而遭受损失。当时留守该校的美籍女教授、首任校长德本康（Mrs Laurence Thurston）夫人回忆："在日本袭击珍珠港的那一天，20 多个搜索队的日本

---

① 朱斐主编：《东南大学史》第一册，东南大学出版社 1991 年版，第 233 页。
② 国立中央大学校长顾孟余：《国立中央大学电呈该校被炸情形》，1941 年 10 月 24 日，中国第二历史档案馆藏，档案号全五，卷 849。
③ 《抗战损失与胜利后之清理与接收》，见《第二次中国教育年鉴》，商务印书馆 1948 年版，第 1115 页。
④ 《中央大学战时损失及往来文件》，中国第二历史档案馆藏，档案号全六四九，卷 5868。

士兵来到金陵女子文理学院校园。他们花了大约 4 个小时检查了所有的楼房，从图书馆里抢走了一批中文书籍。"①

战后，蔡路德（Ruth M. Cheser）博士回校调查时发现，"图书馆的藏书已经被全部搬出，卖给了二手书贩子。有一部分书被朋友们找到了，并成功地达成要回这些书的协议。找回的书，一捆一捆的堆放在图书馆的地板上，有英文书，有中文书，各种书完全混杂在一起，没有人知道究竟找回了多少书，不过粗略估计，英文书的数量大概相当于过去馆藏英文书的一半，中文书则只占馆藏中文书的一小部分。……一些系的书丢失比另一些系更为严重。窃书人的选择完全是偶然的，一些成套的书丢失了一部分，而其他部分则依然存在，最后仅剩一些零乱的旧书，而新书则由学校在战后重新购买。"② 除被日军劫走部分外，该校图书大部分损失是战后敌伪蓄意盗卖所为。"金陵女子文理学院图书馆，原有藏书 10 万册，经日军出售甚多，后仅收回 5 万册。"③

因资料所限，药学专科学校的损失尚不清楚。虽然中央政治学校 1946 年 6 月 5 日从竺桥珠江路 942 号领回图书 12394 本，但仍无法知道该校图书损失确切数量④。

一些民间设办的非学历教育院校，图书资料也有损失。如，邵力子战后填报，位于广州路 56 号陆家巷的文化学院，1937 年被日军炸烧损失图书 2000 部。吕民魂申报，位于国府路的民族学院因日机轰炸，也损失图书不少。

2. 中学、小学图书损失

1936 年，南京已有公私立普通中学 26 校，小学 231 所。这些学校都有自己的藏书，一些学校不仅有阅览室，还有图书馆，有些学校甚至还拥有珍贵典籍。战后，南京安徽公学、南京安徽中学、汇文女子中学、钟英中学、正始中学、新菜市小学、小西湖小学等就从"译存书库"收回各自散失的少量善本⑤。

我们很难再现南京中小学图书损失的实况，但南京市档案馆现存的档案保

---

① ［美］德本康夫人、蔡路德：《金陵女子大学》，中译本，珠海出版社 1999 年版，第 110 页。
② ［美］德本康夫人、蔡路德：《金陵女子大学》，中译本，珠海出版社 1999 年版，第 112 页。
③ 严文郁：《中国图书馆发展史——自清末至抗战胜利》，（台湾）枫城出版社 1983 年版，第 144 页。
④ 《领取教育部南京区清点接收封存文物委员会发还封存文物收据》，中国第二历史档案馆藏，档案号全五，卷 11691。
⑤ 《国立中央图书馆接收译存书库有关文件》（1945—1948），中国第二历史档案馆藏，档案号全六二四，卷 78。

存部分学校的损失申报材料。其中，位于小王府巷的私立务本小学，损失图书 760 册；大全福巷崇淑代用小学，因敌机轰炸损失图书 1500 册，沦陷后被敌抢劫 16000 册；位于下关天保路的俭德小学，损失图书标本 500 件；在安品街的私立冶城中学因敌焚烧损失图书 900 种；第一区香铺营国民学校损失图书 2792 册；私立中华女子中学损失图书 12000 册；励志中学损失中西文书籍 325 册[①]。私立安徽中学战后接收南京原校时，发现原图书已荡然无存。位于国府路的私立东方中学损失严重，1937 年西迁，南京图书大部损失。1941 年 8 月 8 日，重庆新校又遭敌机狂炸，图书又遭重创。1947 年 3 月 18 日，该校填报，在南京损失学生参考书 10000 册，中文图书 5000 册，西文书 5000 册，线装大板书 3000 册；在重庆南岸海棠溪戴家院损失西文图书 800 册，中文书 5000 册[②]。

（三）国民政府及部会机关图书损失

国民政府院部委机构有数十个之多。"抗战以前，政府机关差不多都有一个图书馆，都肯花一笔钱来买书，用几个专门的人来管理，可见我国的政治是进步了。不幸全面抗战发动，首都就受到相当的威胁，先是因疏散公务人员，而图书馆员大都名列前茅，有的是整个的疏散，把图书馆关门大吉，至多也不过留一二人维持局面。后来因为上海的战事，变化得太快，政府机关在仓促中离开南京，时间太匆促，交通工具又缺乏，笨重的图书，哪有余力、余时、余人来搬运。遗留在南京的，真是不在少数，有的竟连一本书都没有运出，可谓机关图书馆之浩劫。"[③] 据日本档案记载，1938 年 3 月 14 日起，日军便将南京各处的图书文献劫运到珠江路原实业部地质调查所内。其中包括中央政府主要部会在内的南京 25 机关的图书文献[④]。

除日军有组织的掠夺外，伪政权要员也收罗不少。如战后从陈群的"译存书库"中，就发现中央 43 个部委机关（地质调查所、南京市政府除外）

---

① 南京市档案馆藏，档案号 1003—17—8。
② 《教育部南京区清点接收封存文物委员会人员名单及调派人员清点文物的文书》（1946.1—1946.4），中国第二历史档案馆藏，档案号全五，卷 11690。
③ 金敏甫：《抗战建国时期一个政府机关图书馆的实例——交通部图书馆概述》，见《中华图书馆协会会报》第 14 卷第 4 期，1939 年 11 月 30 日，第 8 页。
④ 具体见本节《日军在南京各地接收的文献》。

的图书 3858 册①。如果从东京出版的《掠夺来的文化——战争与图书》一书的附表《日军在南京各地接收的文献》中扣除国学图书馆、南京市政府、中央大学、中央政治学校 4 单位的图书，那么，政府机关图书被掠夺至珠江路地质所的还有 462650 册。因资料所限，现在尚无法确定政府部会机关图书的全部损失，但我们可以从战后图书封存和清理的最终结果，以窥政府部会损失之一斑。

日军在南京各地接收的文献

接收处所	概数	接收处所	概数
国民政府	82700	教育部	13500
外交部	52200	中央党部	23500
军政部	1300	中央研究院	43700
司法部	54600	内政部	5900
南京市政府	2100	实业部	41750
省立国学图书馆	167000	财政部	1900
参谋本部	6500	全国经济委员会	10600
建设委员会	1200	最高法院	13200
地质调查所	11000	铁道部	5650
地质学会	5200	中央政治学校	13300
中央大学	1850	紫金山天文台	400
考试院	28150	国立编译馆	27600
行政院	32100	合　计	646900

注：上述数字是当时收集的，后来收集统计数在 80 万册以上。（转译自松本刚：《掠夺来的文化——战争与图书》，东京岩波书店 1993 年版，第 80 页。）

1946 年 6 月底，考试院 5 次从伪图书专门委员收回图书、书报杂志 36975 册（其中书报杂志 33068 册），从"译存书库"收回 254 册。然而，这仅为考试院藏书的小部分。11 月 1 日该院函致教育部："查本院图书馆抗战前收藏图书总数在 10 万册以上，二十六年政府西迁，因交通关系所有图书并未迁移，迨本年复员曾由南京区清点文物委员会发回图书若干，但截至最近综计仍不及原数五分之

---

① 《国立中央图书馆接收译存书库藏书有原主者》，中国第二历史档案馆藏，档案号全六二四，卷78。

一，即收回各图书亦多残缺不完，损失之巨概可想见。"①

国立编译馆西迁时，曾携带部分必要图书。1946 年 5 月，复员乘怡康轮东下，不幸轮船失慎，37 箱图书全部焚毁，此次复员计装公物 14 吨（内计档案类卷宗 271 宗，表册及簿集 494 件，其他 13 件；著作文稿类书稿 62 件，卡片 15件；图书类，中文书籍 18320 册，西文书籍 172 册，以及文具用品等件）。另有私人押运人员衣物书籍行李共 34 件②。1946 年，该馆从竺桥地质调查所收回在南京被劫图书 14276 册，从"译存书库"收回 485 本，从原中央研究院收回图书 8 册，计 15362 册。据日本方面记载，1938 年 4 月编译馆被劫运到地质调查所的图书有 27600 册，这样，编译馆在南京至少损失图书 12200 余册。加之怡康轮失事，共损失图书 31000 余册。

交通部和铁道部图书馆是政府部委机关中损失最小的。抗战爆发时，交通部图书馆有藏书约 3 万册；铁道部图书馆藏书 23400 余册。但"两部所运出的图书，总共是 25400 余册，约占原数的半数"③。如此，陷留南京的图书约有 26000册。战后，交通部 5 次从竺桥地质所领回图书杂志 5359 册，铁道部从中央研究院旧址、"译存书库"领回图书 2 册。这样，交通部、铁道部在南京的图书损失当在 2 万册以上。

研究国民政府各部会机关的图书损失，应该将战前各机关的图书统计、日军掠夺至珠江路 942 号的统计（劫夺至日本的图书是不会留下记录的）、战时的损失申报，以及战后清理发还的统计相比较。由于诸多原因，一个部委要同时具备这几方面的数据，是很困难的。例如，战后在发还封存的图书时要求各单位立下收据，笔者在中国第二历史档案馆发现机关单位收据第 048—086 号，以及未编号的国府文官处、财政部盐政总局、中央宣传部、市社会局的领书收据，缺少第 01—047 号单位的收据。一般来说，1 个序号代表 1 个单位。这样，至少缺少 47 个单位的领书收据。尽管如此，我们还是可以根据 1938 年《日军在南京各地接收的文献》、战时部委的填报的损失统计、战后《领取教育部南京区清点接收封存文物委员会发还封存文物收据》，对若干部委机关的图书损失作一分析。现列表如下：

---

① 国民政府教育部档案：《教育部南京区无主文物分配委员会第一次会议记录及委员会名单》，1946 年 9月 10 日，中国第二历史档案馆藏，档案号全五，卷 11687。

② 国立编译馆：《遵令呈报怡康轮失事本馆损失详情》、《国立编译馆图书室怡康轮拖驳焚毁沉没图书目录》（1946—1947），中国第二历史档案馆藏，档案号全一〇七，卷 335、337。

③ 金敏甫：《抗战建国时期一个政府机关图书馆的实例——交通部图书馆概述》，见《中华图书馆协会会报》第 14 卷第 4 期，1939 年 11 月 30 日，第 8 页。

图书损失单位	日军劫存珠江路单位：（册）	战时、战后填报损失（时间）	战后收回图书单位：（册）	战后接收地点
教育部	13500		20765 31 333	竺桥 伪博物委员会 译存书库
外交部			47384	竺桥 译存书库
	52200		576 7	伪博物委员会、中央图书馆
司法部（院）	54600	24460 （1945.12）	25009 169	竺桥 伪博物院
考试院	28150	100000 （1946.11）	36675 254 181	竺桥 译存书库 伪博物委员会
地质调查所	11000		30734 3 23	竺桥 译存书库 伪中央图书馆
最高法院	13200	11791 （1945.12）	8154 20 174	竺桥 译存书库 伪博物委员会
铁道部	5650	约26000 （1939.11）	5359 2	竺桥 伪博物委员会（战时交通、铁道部合并）
国立编译馆	27600		14276 485 8	竺桥 译存书库 伪博物委员会

图书损失单位	日军劫存珠江路单位：（册）	战时、战后填报损失（时间）	战后收回图书单位：（册）	战后接收地点
内政部	5900	94084（图书）112476（公报）	12310 273 12 17	竺桥 译存书库 伪博物委员会 伪中央图书馆
中央党部	23500		6854 3159 76 26 1	竺桥（图书） 竺桥（报纸） 未注明接收机关 伪中央图书馆 伪博物委员会
行政院	32100		1126（盒） 6172 14 273 12	竺桥 竺桥 未注明接收机关 译存书库 伪博物委员会
中央政治学校	13300		12394	竺桥

由上可见，教育部、地质调查所、内政部战后收回的图书远高于1938年4月日军统计的数据，这说明当时日军统计是不完全的。即便是地质调查所战后收回的图书较多，也不等于说没有图书损失。事实上，战时日军对中国的经济、地质资料十分重视，这成为日军文化掠夺的重要内容。从1942年汪伪政府的两次"分让"复本图书可见，地质调查所的图书和出版物就有部分被强索至日本。南京被"分让"上海日本各机关、日本国内机关、伪满洲国、广东、湖北、安徽的图书就有78000册之多，其中必定有政府机关的图书。

从上表可见，外交部损失4000册；司法部至少损失24460册；考试院损失在6万—8万册；最高法院损失4900册；铁道部、交通部损失约2万册；编译馆南京损失12200册，怡康轮返京损失18000册，合计损失31000册以上；中央党部损失13384册；行政院损失25000册；内政部统计数据差异较大，1940年12月统计图书损失94084册（不含公报112476册）[1]，战后收回12612册，损失

---

[1] 《内政部财产损失报告单（表式3）》，1937年10月，中国第二历史档案馆藏，档案号全十二（6），卷4149。

81472 册。以上 9 个机关损失图书就达 276000 册之多。

多数政府机关的图书损失申报，由于缺少战后收回图书的资料而无法确证。如蒙藏委员会 1940 年 1 月填报损失图书 755 种，文卷 29052 册。1945 年 12 月 24 日，司法院根据 1941 年 2 月 5 日的统计，上报图书损失 24460 册；1945 年 12 月 26 日，最高法院根据 1941 年 2 月 5 日的统计，上报图书损失 11791 册[①]。战后国民政府教育部编印的《第二次教育年鉴》记述，日军从国民政府部会机关及学校运走图书不下 60 万册。

（四）民间藏书及个人图书损失

南京历史文化悠久，图书典籍丰富，民间收藏素有传统，收藏颇丰。抗战期间，南京藏书家的损失十分严重。现举数例：

大石坝街 50 号的石承熙，平生喜爱收藏图书典籍，宋元精椠、明清孤本时有所得，先后藏至数千卷，内有数十箱珍贵的中医药类典籍，仅珍贵的宋版医书就有十几部。"石家藏书，闻名当代"。军阀孙传芳曾出价 7 万银元购买石家藏书，被石家拒绝。南京沦陷之前仅有少量珍本在逃难时携出。其余藏本或被日军掠夺，或和旧宅一起毁于战火。石家共计损失宋元以来精刊本、佳抄本和孤本四大箱、千余册[②]。

卢冀野先生，其老宅位于南京城南望鹤岗，"所藏书籍不下数十万卷，多有旧籍，自其祖云谷太史所遗留者，悉为倭寇焚劫。"

中央大学教授黄侃，抗战前已收藏图书达 3 万册，南京沦陷致使精华散尽。1947 年，其夫人黄菊英将其遗存之书 4296 册由南京运至武昌，发现其中已无珍贵之本。

金陵大学教授汪辟疆，他的小奢摩馆藏有大量善本精椠和初刻原版古籍，仅《水经注》各种版本、注疏本就有 50 余种。抗战时随校迁西迁入川时藏书尽失，仅携经史书数种和清儒别集，遂改书斋名为"损之又损斋"。

陈中凡，金陵大学教授，清晖山馆藏书多达 10 万卷，收藏字画 300 帧，也因南京陷落而沦丧。至 1942 年秋，其藏书流入位于南京太平南路的庆福书局而散出。

杨家骆在南京成立了"中国辞典馆"和"中国学术百科全书编辑馆"两个编辑出版机构，其附设的图书馆藏书量曾达到 12 万册，在西撤时却没有能够将

---

① 台北"国史馆"档案，档案号 301—905、906。
② 傅璇琮等：《中国藏书通史》（下），宁波出版社 2001 年版，第 1274 页。

它们抢救出来。

中央研究院历史语言所的吴宗济，南京沦陷前个人藏书 40 余箱，最后只剩下"一册半农先生译的《茶花女》，是 1926 年北京北新书局的初印本"①。

南京私人图书损失可以在档案中得到见证。金陵大学仓促西迁，因交通等诸种因素，教员在南京留有大量藏书一时无法带出，在南京沦陷初期以及太平洋战争爆发后，为日伪劫夺、损毁或散失，致使损失不少。中国文化研究所教授李小缘在南京小陶园存书损失就有：中文书 4000 册，西文书 300 册，杂志（成套）者 10 套，编制卡片目录 30 万张，尤其是"西文论华书目编者（本人）致力于此，已 20 余年，搜集卡片不下 20 余万张"；倪青原战前从美国携归图书 24 大木箱，战时损失西书共约 5000 余册，损失中文图书约 3000 余册；农学院教授崔毓俊，南京寓所损失书籍皆系 20 余年血力集成，主要有：英文原版农业及农业经济书籍 65 册，中国农业丛书 3 套，自撰《到云南去》500 册，中文农业杂志装订本 20 册，英文农业杂志装订本 6 册，中文农业书籍 20 册②。1946 年 2 月下旬至 3 月 5 日，该校开展的财产损失登记，共有校长陈裕光等 77 人申报，其中有 68 人同时登记了文物损失，计有：中外文图书、杂志等 87323 册、1189 部、122 箱、14 套、1 万卷。

虽然中央大学迁校之准备好于南京其他内迁学校，但由于交通等多种因素，个人图书文物损失也为数不少。1945 年 11 月起，在重庆的各高校开展文物损失调查，当时中央大学有中文系教授胡小石等 19 人申报。损失登记载入《抗战时期南京市公私文物损失数量及估价目录》。由于 1946 年 2 月又开展全面的教育人员财产损失登记，因此，这 19 人损失并不能代表中央大学个人损失的全部。胡小石等 19 人申报损失，计中西文图书 55 箱，38 部，909 种，另 19973 册。其实，上述个人申报不完全，如缪凤林此次申报在南京被劫书籍 2728 册，而 1946 年 6 月他从竺桥原伪图书专门委员会就收回 14403 册③。

由于档案资料的散失，加之战后 60 年来没有对南京文化损失作系统而深入的研究，现在要求得南京个人图书损失的总数已不可能。为提供对南京个人和民间图书损失情况的认识，笔者将目前所能见到的南京市档案馆、台湾"国史馆"中有关个人申报图书损失档案，以及张宪文教授主编的《南京大屠杀史料集》中个人

① 吴宗济：《记谊兼师友的刘半农先生》，见《补听集》，新世界出版社 2003 年版，第 166 页。
② 《为查报抗战损失金大与教育部的来往文书》，中国第二历史档案馆藏，档案号全六四九，卷 13。
③ 国民政府教育部档案：《教育部南京区清点接收封存文物委员会办事细则及清点分类目录有关文件》，1946 年 7 月 10 日，中国第二历史档案馆藏，档案号全五，卷 11566（1）。

所申报的图书损失资料，整理列表为《私人财产直接损失汇报表》、《南京市民财产损失调查登记表》、《财产损失报告单》。《私人财产直接损失汇报表》登记了131户所申报的损失，计约图书23柜架、560箱、6248种、19693部、191815册，另有刻书28600册净木版、字画金石章刻等54209件。《南京市民财产损失调查登记表之一》中载有30人申报的图书损失，计约7部、195套、323箱、18554册。《财产损失报告单》录入15人的图书损失，计约25箱、184部、6998册。上述部分私人图书损失就在20万册以上。当然，8年后统计战时的图书毁散，其中肯定有相当的估算成分，但毕竟为我们保留了了解私人文化损失的资料。

日本在南京民间究竟掠夺了多少藏书，这已成历史之谜，但掠夺却是不争的事实。如战后，南京清理被敌伪掠夺的图书文物，截至1946年7月2日，发还私人图书26504册，未发还的无主图书计有123375册又49捆2木箱。此外，尚有私人及各机关未领书籍10442册48函[1]。无主图书中也必定会有私人图书。

书局损失方面，商务印书馆南京太平路分馆，其房屋、图书、原版西文书、仪器文具等，于南京沦陷时全部被焚。印书损失最多的是拔提书局，该书局成立于1928年，以刊行党政军学图书、运销纸张文具及经营印刷为业务。1947年4月15日，该局总经理陈友生申报损失为：南京太平路门市部书籍5万余册；南京邀贵井栈房书籍35万余册[2]。开明图书教育用品社，景文斋纸号，进文印刷所，金记实业印刷所，以坐落在河北路的正中书局总局和南京印刷厂，及其在杨公井的南京发行所，在户部街的杂志推广所，在升平路的分印所，在芦席营的临时办事处，在黄泥冈的时事月报社，不是被占领，就是被破坏[3]。潘伯奎老板与他人合作经营的仁德印刷所，被日军随军"新报社"看中而劫掠一空，印刷机、铅字、纸张等，一共装走了17卡车。

综上可见，南京市立图书馆损失图书20万册，报刊杂志5万余册；国学图书馆损失典籍7万册，印行秘籍9万册；中央图书馆损失约10万册。金陵女子文理学院损失5万册，金陵大学损失73000余册，中央大学及院系损失约25万册。8所中小学校申报损失就达63576册。9个政府部会机关图书损失就有276000册之多。私人损失难以计算，中央大学、金陵大学两校个人申报就达10万册，散见于档案的其他个人图书损失申报就达20万册。扣除国学图书馆印行

---

① 国民政府教育部：《为呈报无主图书分类目录及统计表请鉴核办理由》，1946年7月，中国第二历史档案馆藏，档案号全五，卷11688。

② 《拔提书局抗战财产损失报告单》，台北"国史馆"藏，赔偿委员会档案301/802—2。

③ 王聿钧：《战时日军对中国文化的破坏》，见台北《近代史研究集刊》第14期，第331页。

秘籍 9 万册、拔提书局 40 万册新版图书外，南京部分学校、图书馆和私人藏书损失就达 97 万册。其损失的原因及去向，还应继续研究。

二、南京文化古物的厄运

南京文化古物收藏和经营历史久远，唐宋以前出售古董的文玩店，民国时期在南京还能找到渊源。明代南京有一条街叫珠宝廊，即现在白下路自中山南路至内桥的一段。南京历史上虽多次遭受战乱，但南京人收藏文物、经营古玩的传统却一直绵延不绝。民国年间，金陵古玩店主要集中在夫子庙周围，尤以贡院西街与瞻园路两处著名。战前，北平故宫博物院等处的大批文物为避战祸，也迁至当时国民政府首都南京。在日军侵占期间，南京公私文化古物就横遭劫难。

（一）南京公私文物损失之见证

当时在南京的外国记者，使馆人员，传教士、外国侨民有日军摧毁和掠夺南京文物的见证。1938 年 2 月，国际救济委员会委托金陵大学社会学系教授史迈士（S. C. Smythe）主持历时 3 个月的对南京灾情的调查，其结果表明，南京住户损失：52% 由于纵火，33% 为日军抢劫所致，而市区损失 63% 由于抢劫，"值得注意的是，城内大部分房屋，甚至在烧毁之前，已经被彻底地、有组织地搜掠了里面财物，而实际幸存下来未毁的 11%，也毫无例外地闯进士兵，遭到同样的洗劫"，"字画及稍有价值的东西都成了他们掠劫的对象"。

日军还到英国、美国、德国等国使馆区的"安全区"抢。安全区内一位美国侨民诉说，12 月 16 日，日本兵闯进英国使馆抢劫，连中国外交官王正廷博士所赠的雕刻精美的麻栗树屏风架也抢走了。12 月 22 日，特劳特曼博士的房屋遭到抢劫，一些中国画被抢走。

1938 年 1 月 13 日，德国大使馆秘书罗森博士的报告记录，"在大使先生的屋子里，有几幅中国画卷被日本兵偷走了。以后来了一个日本领事馆警察，给了这屋子里的苦力 50 元钱，要他作证说是中国人作的案"①。

使馆内外交官所有关日军在国际安全区的暴行记录，1939 年由燕京大学教授徐淑希编印成《南京安全区档案》，其中也有日军抢劫南京文物的记录：

"第 87 件，12 月 20 日，北阴阳营 47 号，一天内被日本兵洗劫 7 次，很多

---

① ［德］约翰·拉贝：《拉贝日记》，江苏人民出版社 1997 年版，第 435 页。

文物全被抢走。"

"第 166 件，12 月 27 日下午，3 名日本兵闯入宁海路 33 号，他们砸开 6 只箱子，抢走了贵重文物多件。"

1938 年 1 月 11 日，美国传教士、金陵大学医院管理人员麦卡伦（James Henry MaCallum）在日记中写道，"今天最值得一提的消息是有关一个领事馆警官田中。他曾带我们一起去看遭到抢劫的财产。有好几回有人看见他从这儿或那儿拿走一些小东西。昨天施佩林先生碰见他正从一间精致的德国房屋里出来，带走两车珍奇古玩。他无疑对此已觊觎多日"①。

当时日军官兵、记者的日记，也从加害者方面确证了日军对南京文物的洗劫。时任日军上海派遣军参谋长、陆军少将饭沼守，在 1937 年 12 月 19 日的日记中写道："据宪兵报告，18 日中山陵内的建筑被放火，至今仍在燃烧。"上海派遣军参谋副长上村利道大佐 12 月 27 日日记："南京城内有学术价值的贵重物品，被愚昧的士兵们搜寻掠夺，一件件地被毁坏。"② 原日军第 16 师团步兵第 38 联队第 3 大队伍长山田仁回忆道，"去过难民区，那里有很多中国人。我们出去征发，盯上了城里的'石狮子'，把偷来后捆包起来送往日本。是送给哪个大人物的"③。

据日本《东京日日新闻》的随军记者浅海一男揭露道，某报记者白天出去采访，晚上回来时就怀抱着各式各样的中国传统工艺品。《读卖新闻》特派员小俣行男写道，一位联络员告诉他，"走进蒋介石的家里，我也从寝室里拿了一双宋美龄穿过的鞋留作纪念"，"据说在南京还有人从博物馆盗走了贵重的文献和古董"④。

小俣行男还以自己的亲历亲闻揭露了日军将唐玄奘顶骨舍利盗回日本的事件。1941 年 11 月，日军在南京中华门外修建神社时发现了唐玄奘的"佛骨"，当时为欺骗中国民众，制造对日本的好感，表示要将唐玄奘的"佛骨"全部移交该汪伪政权，并举行了移交逢迎仪式。事实上，日军暗中将部分顶骨盗往了日本。小俣行男写道：

---

① 章开沅编译：《天理难容——美国传教士眼中的南京大屠杀（1937—1938）》，南京大学出版社 1999 年版，第 265 页。

② 程兆奇：《日本现存南京大屠杀史料概论及其注释》，《社会科学》（沪）2006 年第 9 期，第 5—44 页。

③ ［日］松冈环编著：《南京战·寻找被封闭的记忆——侵华日军原士兵 102 人的证言》，中译本，上海辞书出版社 2002 年版，第 397 页。

④ ［日］小俣行男：《侵略——中国战线从军记者的证言》，转引自张宪文主编：《南京大屠杀史料集》第 10 集，江苏人民出版社 2006 年版，第 501 页。

"琦玉县岩槻市有座慈恩寺。因它同西安那座与三藏法师缘由颇深的慈恩寺同名，就把舍利收藏到那里去了。由于舍利是擅自拿走的，战后中国方面有权予以索还，后由佛教界有关人士将它送往台湾了。送归台湾时，分下一部分舍利，供在为它建造的石塔中，以此来祭祀分骨的三藏法师。

"因神话传说中的孙悟空而扬名于世的三藏法师的舍利，在藏入慈恩寺以前，一部分被失敬装入瓶中悄悄地带走了。拿走的人是在北京和南京有名的被称为'大陆浪人'的水野梅晓。他把这些舍利和中国的文献带回到三番町自己的家中。后来由于空袭紧张，他把这些东西疏散到位于琦玉县饭能市西北名栗河上游，名栗村字鸟居的平沼弥太郎府中。平沼那时是饭能银行的总经理。

"水野梅晓死后，舍利和文献都收藏在平沼府上的一间屋中。战后，我陪五岛庆太去平沼府，他请我们看了舍利和文献。10 张榻榻米大小的室内展开了满满一屋的贵重书籍。据说这一件件都是宋、唐的书。这些文献收藏在模仿正仓院建造的校仓型建筑屋内，玄奘三藏法师的舍利祭祀在白云山中的祠堂里。"①

当时陷于南京的军人和难民也目睹了日军对古物掠夺破坏所造成的损失。当时任国民党军营长的郭歧在《陷都血泪录》中写道：仇英的山水画，赵子昂的马，董仲舒、陆润庠的字画，岳飞的亲笔题字，八大山人的字画，古版《西厢》，古官宦的瓷器及历代的各种瓷瓶古物等，平常人不容易看到的传世之宝，如今散乱于市，遭日军搜罗劫掠。陶秀夫在《倭寇祸京始末记》中揭露日军掠夺僧寺之大钟铁鼎及典籍珍本情形。

在汪伪"献金献铁"运动中，古物"飞来剪"几沦为废铁。"飞来剪"相传为明代刘伯温所铸成，重 2000 余斤，置于皇宫后山以镇风水。抗战爆发前，曾一度迁放第一公园（即秀山公园）内公开展览，并立碑志其事迹。1943 年 10 月间，南京警察总署查办后送交伪文物保管委员会。然而，在伪博物专门委员会任事业科长的日本人泷庸却称，该物和 1941 年 8 月由南京市府所送大炮一尊，均非原有古物，提议"作为献铁之用"。伪文物保管委员会委员长褚民谊也上书汪精卫，同意将废铁"贡献友军"。汪精卫批示"所请应予照准"。某些职员"嗣以大炮及飞来剪 2 件颇有历史价值，拟仍应继续保存"。为了"献金"日军，最后只得将中央研究院的铁架，并另将铁门 4 扇、铁浴盆 1 只及铁机件 1 座一并

① ［日］小俣行男：《侵略——中国战线从军记者的证言》，转引自张宪文主编：《南京大屠杀史料集》第 10 集，江苏人民出版社 2006 年版，第 524 页。

献去①。

（二） 南京公私文物损失概要

战时南京公私文物损失巨大，其准确数量无法统计，但我们可以从以下几例中窥见一斑。

"同文同种"的日本人对中国的字画古物、经像法器有着特别浓厚的兴趣，入侵中国后他们就疯狂地掠夺中国文物。南京普德寺的 500 铁罗汉，在日军侵华期间，3 尊被盗运往日本，后只能以泥塑代之。

当时陷留南京的蒋公谷在 1938 年 2 月 21 日的日记中记述，"朝天宫在莫愁路旁，原为明朝的太学，今见屋脊的吻鸥，也被敌人拆去了，他们是当作古物观的"②。吻鸥，也称鸥尾，是安装在屋脊两端，用来"禁压火灾"的。此种装饰起源于六朝东晋时，后传入日本。唐代鉴真和尚传到日本的那对鸥尾，至今奈良唐招提寺的正殿金堂屋脊两端的一件还是原物，在日本被视为国宝。

国立中央博物院筹备处也损失古物 1679 种。如由曾昭燏在南京傅厚岗 34 号所藏者，计古物类 86 件又一箱，书籍类 55 件又 2 柜，及古服饰衣物等被日军搜掠一空。其中书籍以湖北官书局和金陵官书局刻本及碑帖、法帖和各种拓本为多，古物有南齐刻石佛一尊（栖霞山齐塔内出），山西赵城县佛寺壁画四块，乾隆五采瓷笾豆等八件，同治五采瓷盖碗 20 件，及古墨砚、对联、字画等。另有书籍两箱，运至越南海防，因滇越路炸断，1941 年日军侵据越南时，也被抢走。

日军还闯进宁海路 8 号金陵女子文理学院宿舍，抢去书籍、古物、字画甚多。被抢的重要图书就有 1700 册，包括湖北官书局版之十三经注疏毛边纸本王应脒玉海、古香斋本史记、汲古阁本汉书、竹简斋本三国志、扫叶山房本资治通鉴正续编、扫叶山房本子书 33 种，汉碑 30 种；其中古物玉器金石，约 50 余种。包括星云镜 5 面、蟠螭镜 3 面、菱花镜 3 面、宋镜 4 面、玉质素壁一具、玉璜玉珩 10 个、铜质汉印 3 方、铜质六朝印 5 方、铜质唐印 5 方、石质虎符 1 个。铜器部分有夔凤纹尊 1 个、夔龙纹角尊 1 个、青铜剑一柄、青铜戈 4 具、青铜带钩 2 具。该校另存于南京阴阳营 23 号的古文字、经典、器物等，计有殷墟龟甲兽骨文字 183 片，原为刘铁云藏物，极为珍贵。另有敦煌千佛洞唐人写四分戒经一卷（长丈余，装成卷轴）、壁画天女像一幅、缂丝山水画一幅、大理石插屏、康

① 汪伪政府档案：《文物保管委员会接收文物保管卷》（1941—1945），中国第二历史档案馆藏，档案号全二〇三三，卷 100。

② 蒋公谷：《陷京三月记》，南京出版社 2006 年版，第 38 页。

熙瓷器及不少山水画，以及周伯矩郎、唐狮子、宣德炉等著名文物，尽为日军劫走①。

《抗战期间南京公私文物损失数量及估价目录》初步统计载有，"中央研究院历史语言所共损失标本 1052 箱，内有考古组之人兽骨、陶片等标本 954 箱，因价值卓特无法估列"。研究发现，沦陷时留在南京的标本并没有全部损失。因为 1941 年 5 月日军将劫物"移管"给汪伪政权时，其中有考古学标本 925 箱、人类学标本 24 箱。如以 1941 年"移管"的标本数计算，还缺少 103 箱。然而，"移管"的劫物不全是来自中央研究院历史语言所，据日本当事人回忆，战时掠夺到鸡鸣寺伪博物专门委员会的标本有来自南京高校、南京古物保存所等处的，总数在 1500 箱以上。如此，损失就会更大。

中央研究院移迁庐山的图书化石标本也有损失。1945 年 12 月 10 日，庐山森林植物园负责人秦仁昌函报，"以庐山植物园植物标本图书 79 大箱，及中央研究院奇珍图书及岩石标本一批约 200 箱，均为日军运走，拟恳查明当日驻牯日军长官"②。地质所战后报告，该所在抗战期间原存庐山之物品 140 余箱（内有一部分属私人所有），被日军运往北平，现已查得 102 箱。这样，地质所一所就损失 38 箱。而据《抗战时期中国公私文物损失数量及估价目录》记载，国立中央研究院地质研究所在庐山损失图书标本 82 箱，"北平方面日本人于 31 年 9 月派盐濑薰、森山博及片冈克，已在九江向日本军事联络部笠原平幸雄接洽运往北平再转运日本"。

原存南京的故宫博物院、南京古物保存所的未及西迁的古物 2953 箱，也有损失。中央博物院的档案显示，战后从敌伪手中收回 2776 箱，缺少 177 箱。日军将掠夺的古物存放鸡鸣寺原中央研究院，战后接收时，校对日方目录和故宫博物院卡片，"已能获返古物十之八九"，但仍有遗失③。

日军进攻和占领南京期间，南京紫金山天文台陈列的明清天文仪器也遭到破坏，其中明制三件、清制二件。明制三件为浑天仪、简仪和圭表，均系明正统四年（公元 1439 年）所造。日军占领南京后，"仪器受损严重，许多零部件损失殆尽，浑仪、简仪龙角、龙爪多处破损"④。

---

① 王聿均：《战时日军对中国文化的破坏》，载台湾《近代史百年集刊》第 14 辑，1985 年 6 月。

② 国民政府教育部档案：《庐山森林植物园所存文物损失》，1946 年，中国第二历史档案馆藏，档案号全五，卷 11682。

③ 《南京区清理接收封存文物委员会会议记录》(1946)，中国第二历史档案馆藏，档案号全六二四，卷 73。

④ 季士家、韩品峥主编：《金陵胜迹大全》，南京出版社 1993 年版，第 224 页。

民间私家收藏被劫不可胜计。如陆禹云先生"半生喜著古钱，精鉴别，所藏不下万金之价值。此钱在仓促间未携出，悉被贼劫"①。居南京大石坝街50号的石承熙，为近代南京名医、词人，以收藏中医药类图书而闻名。他平生喜爱收藏图书典籍、古物，仅珍贵的宋版医书就有十几部。南京沦陷，被日军劫焚名贵书籍4大箱、字画古玩2000余件，旧宅和其他物品一起毁于战火②。

1946年1月3日，时任党政工作考核委员会副主任的李基鸿致函教育部文化损失调查接收管理委员会，请予查找发还其大光路110号住宅被日军大森毅掠夺文物，所列损失佛像类古物4种：居正所赠龙门石佛一尊（有座），德化磁白观音一尊（长1尺余，为珍品），古铜佛一尊，银塔一座（内藏舍利子5粒）；古名字画：清初名家古松中堂1幅，清初名家刘镛书中堂1幅；碑帖类：马蹄本淳化阁帖全部（10本最珍本，2函），三希堂法帖（全部）1箱③。国民政府考试院院长戴传贤在汤山古物损失，计有民国纪元前200年至千余年间所造印度西藏之佛造像百余尊、印度西藏之画像百余轴，有1917年后陆续收集的有关历史文献未装订者16轴，及有关历史文献50余册④。

《南京市抗战期间公私文物损失数量及估价目录》统计损失，字画公方464件、私人7256件零6箱，碑帖私人3851件，古物公方24491件、私人2093件。尚不包括中央研究院殷墟发掘所的古物、陶片等和该院历史语言研究所的考古标本1052箱⑤。以上是1946年3月以前的初步统计，统计是极不完整的。就个人而言，仅登记了68人的损失。上述个人损失部分，大多是在四川申报的，并不是在南京确证的结果，但确实是因为日本侵略而造成了损失。战后南京对抗战期间损失有过多次调查统计，南京市临时参议会在1946年公布过一个文件，其中第13次《南京抗战损失调查》表明，书籍损失：1815箱又2859套、148619册；字画28482件；古玩7321件⑥。

① 白芜：《今日之南京》，南京晚报社出版部1938年版。
② "南京大屠杀"史料编辑委员会著：《侵华日军南京大屠杀史稿》，江苏古籍出版社1987年版，第195页。
③ 国民政府教育部档案：《李基鸿文物损失清单》，1946年1月4日，中国第二历史档案馆藏，档案号全五，卷11682。
④ ［日］外务省特殊财产局：《从中华民国掠夺之文化财产总目录》，东京不二出版社1991年版，第274页。
⑤ 国民政府教育部档案：《南京市抗战期间公私文物损失数量及估价目录》，中国第二历史档案馆藏，档案号全五，卷11710。
⑥ 孙宅巍：《南京大屠杀》，北京出版社1997年版，第452页。

三、南京古建筑之损毁

古建筑作为人类历史的见证，是研究人类社会历史的实物资料，也是人类文明的重要标志。根据海牙陆战法规惯例第 27 条规定，一切有关文化方面，如宗教、美术、学术及古物的机关与财产，如不作为军事用途，交战国必须尽力保全，不得施以破坏。然而，在日本发动的那场侵华战争中，六朝古都南京的古建筑或因轰炸、焚烧所致，或为日军抢劫、肆意捣毁，或被改作军用等，而遭到空前的劫难。

（一）轰炸和炮击所造成的损失

1937 年 12 月，日军飞机对南京城区实施狂轰滥炸，并对南京建筑物施以猛烈的炮击，南京古城墙遭受的破坏十分惨烈。明朝初年修建的砖石城墙堪称世界第一，因日军炮火摧残，中华门城堡箭楼被炮火横空抹去，光华门城墙、中华门城墙大部分被毁，中山门三孔拱门被轰塌两孔，所剩古城墙约 20 公里，大多也伤痕累累。位于下关城墙端的挹江门（原名海陵门），虽是 1915 年新辟，但 1930 年建造其上的城楼双檐翘角庑殿式敌楼九间，颇有气势，1937 年 12 月被日军焚毁。光华门的箭楼也被摧毁了，对此，日本士兵回忆到，光华门比武定门、通济门规模都要大，"城门上原来有一座像庙一般的瞭望塔楼，但在空袭和炮击下被摧毁了"①。

位于南京南郊南朝陈武帝万安陵前的石麒麟，是公元 6 世纪的石刻艺术瑰宝，也被日军炮火摧毁。具有历史蕴含的重要桥梁如文德桥、利涉桥、淮清桥、大中桥、九龙桥、毛公渡桥等或被炸，或被焚。1940 年 5 月，伪内政部所作的调查也承认，九龙桥为明代所建，位于通济门外，桥凡五拱甚大，事变时被毁坏②。白鹭洲公园被炸毁，著名园林愚园之清远堂、春晖堂、水石居、无隐精舍、分荫轩、松颜馆、渡鹤桥、栖云阁等 36 景被毁灭。

中山陵园遭到日军炮火的摧残和日军的人为破坏。南京陷落的第三天，日本上海派遣军参谋副长上村利道大佐在日记中记述，"中山陵处于行将被毁的状

① 《日军官兵与随军记者回忆》，见张宪文主编：《南京大屠杀史料集》第 10 集，江苏人民出版社 2006 年版，第 47 页。
② 《南京名胜古迹调查表及历代陵墓调查表》，南京市档案馆：1002—7—24。

态。鲁莽的士兵真是该揍，干部们真的对他们进行了彻底并明确的指导吗"①？日军第九师团步兵第七联队第一步兵炮小队一等兵 N.Y 在中山陵石阶上看到"被踢倒的大理石香炉碎块洒落一地"。海军军医大佐泰山弘道也看到，"置于殿前的一鼎大理石香炉，被炮弹击碎，现在已面目全非"。12 月 25 日，日军第六师团步兵大尉折小野末太郎日记，"中山陵气势磅礴、周围环境宏伟，为天下第一，但没有庄严而神圣的感觉。遗憾的是遭到一些不良士兵的破坏"。更为恶毒者，日军竟在墓前孙中山塑像的大理石背后用木炭写上"亡国之父"几个字②。

拉贝先生 1938 年 1 月 13 日的日记显示，施梅林在国民革命军遗族学校附近的住宅和埃克特博士在中山陵园地区的住宅，在 12 月 28 日虽遭到抢劫，"可现在证实，两栋建筑在此间被烧毁了"。

战后，中山陵园管理处在报告中称："昔日荫毓葱茏，斗艳争妍之景色已不复于今日。"纪念建筑全部毁坏的有：位于灵谷寺南的中山文化教育馆（国内著名的编译文化教育机构）；国父奉安纪念馆（由万福寺改造）；永慕庐（为孙中山先生家属守灵之所）。永慕庐被炸后，仅剩下一段残垣断壁和国民政府行政院长谭延闿题写的"永慕庐"石楣一块。桂林石屋被完全炸毁，仅剩回廊六根青石雕琢的栏杆柱头。大部分被毁坏的纪念建筑有国民革命军阵亡将士纪念馆（今松风阁）与纪念塔（今灵谷塔）、藏经楼。碑廊东西对称，各长 125 米，共50 间，碑廊镶嵌刻有孙中山《三民主义》全文的嵩山青石碑 138 块，碑文出至民国元老名家手笔，是难得的近代文物。战火中，仅残存 9 间碑廊，碑刻也多有损坏③。中山陵东侧的灵谷寺宝塔，也遭到了毁坏。1940 年 3 月 23 日，美国传教士、金陵大学教授史德蔚（Albert Newton Steward）以沉痛的心情在日记中记述了当时的感受："今天我去了紫金山和灵谷，看到山脉南坡那么多风景优美僻静的地方都被毁坏了，心情十分沉重。这是 1937 年城市被占领之前一场激烈战斗的产物。连花 100 多万元新造的式样美观的宝塔外表也被毁坏了，屋顶许多装饰性的肖像也被折断了。"④

在中山陵墓花岗岩台阶的第六层平台左右两侧，陈列刻有"奉安大典"篆

① 《日军官兵日记》，见张宪文主编：《南京大屠杀史料集》第 8 集，江苏人民出版社 2005 年版，第 243页。

② ［日］伊藤勇：《日中战争实战记》，转引自张宪文主编：《南京大屠杀史料集》第 10 集，江苏人民出版社 2006 年版，第 97 页。

③ 卢立菊、刘东华：《抗战时期的中山陵园》，载《纵横》2005 年第 9 期。

④ 章开沅编译：《天理难容——美国传教士眼中的南京大屠杀（1937—1938）》，南京大学出版社 1999 年版，第 362 页。

书的巨大仿古铜鼎，西侧一尊铜鼎被日军故意用钢弹击穿。在第七层平台，布置一对豆绿色石狮子，为福建著名雕刻铺蒋源成的第三代传人蒋子文所制，雕刻奇妙，栩栩如生，而在日伪时期，西侧雄狮牙齿损坏，圆球失落，雌狮脚下的小狮子被盗走。

日军蓄意破坏古迹之事时有发生。上村利道大佐在 1937 年 12 月 21 日日记中承认，"根据 N 大佐反映，山天支队错误地将□□□击毁，大集团□□□与新来的部队一起，用机枪将□□击毁。对他这种无知与鲁莽行为感到万分遗憾"①。

（二）焚毁所造成的古建筑损失

城西虎踞关一带的古建筑，因日军纵火而化为废墟。1938 年 1 月 26 日，金陵女子文理学院魏特琳女士记述了她所看到的古建筑废墟，"我去了龚家——明朝第一代皇帝赐予的府第（引者注：疑为龚贤故居，龚贤为清代著名画家），这里已经成一堆烧焦的木头和焦黑的瓦砾。年老的看房人出来招呼我，并讲述了他对房屋被烧毁原因的看法。日本兵偷了一头牛，牵到屋子里来烧，在一间屋子里生起火。他们离开时没有将火熄灭。烧焦的木头和牛骨架证实了他的说法。从此，又一座有趣且具有历史意义的遗迹消失了。"②

南京历史上是宗教名城，"南朝四百八十寺"绝非虚传。1935 年南京僧舍寺院尚有 350 余所，宗教古迹遗存比比皆是。南京南郊的牛首山，在梁武帝时期建立寺庙。1000 多年来梵宫琳宇，佛寺相连。抗战前，古寺仍有不少蔚为壮观的建筑。如公元 459 年始建的幽栖寺，天王殿高 2 层，回廊与大雄殿相通。天王殿后再拾级而上，为大雄殿、三世佛、观音、十八罗汉，金身巨刹，殿宇轩敞。山中有文殊洞、观音洞，寺依山岩悬空而筑，飞阁逶迤，下临无地。牛首山翠谷丹崖，古柏掩映，"牛首烟岚"被誉为金陵四十八景之一。1937 年 12 月 10 日，日军一把大火将牛首山历代佛寺和满山古树烧得一干二净。

普德寺是南京一大名刹，建于明代，位于雨花台西北数百米。该寺亭台殿阁，层迭错落，寺内松柏掩翠，天王殿内的铁罗汉形态各异。12 月 13 日，普德寺在日军的大火中损失惨重。位于南京城北的祖灯庵也创自明代，日军冈村部队纵火将该寺大殿诸佛、菩萨、神像、南图契据、文约经典等全部焚毁。建于明永乐九年（1411 年）的静海寺，也因战火而焚坏。

南京地区完全被焚毁的有璇子巷清真寺、中华门外西街清真寺、下关二板桥

---

① 张宪文主编：《南京大屠杀史料集》第 8 集，江苏人民出版社 2005 年版，第 248 页。
② ［美］明妮·魏特琳：《魏特琳日记》，江苏人民出版社 2000 年版，第 259 页。

清真寺、浦镇东葛乡西葛清真寺，以及溧水县小西门街清真寺。地处望江矶附近的花神庙，有数百年历史，1937年12月10日，日军第六师团纵火把花神庙夷成平地。1937年12月14日，太平南路的圣保罗教堂被轰炸，圣殿成了一个空壳，连牧师的红木椅也被日军烤火烧掉①。下关古财神庙被日军焚毁。

位于南京秦淮河畔的夫子庙，千百年来为人文荟萃之区，名闻中外。夫子庙包括三大建筑群：孔庙、学宫、贡院。据《上江两县志》记载，夫子庙始建于东晋成帝司马衍咸康3年（公元337年），设学宫。宋仁宗景佑元年（公元1034年）扩建而成孔庙。经历代兴修扩建，重楼叠阁，富丽堂皇。至清末民初，其殿宇结构和布局，仍为东南各省之冠。庙前辟广场，向前就秦淮河开凿"月牙池"。沿岸有石栏。庙前有"天下文枢"柏木牌坊一座，高两丈有奇。牌坊后面为棂星门，系高丈余石牌坊。路西有六角聚星亭、思乐亭。街东西两头各有木结构的牌坊，有曾国藩所书"德配天地"、"道贯古今"的匾额。东牌坊外有奎星阁。东西牌坊内是驻马碑。棂星门内为内院。中分三门，拾级而上，中为大成门。正殿是大成殿。大成殿后街北是学宫，门前牌坊上书"东南第一学"，院内有院圃、四书斋、明德堂、尊经阁、崇圣祠。孔庙院墙和学宫之间的宽畅甬道，几百棵松柏，古木参天。大成殿的门窗朱红金色泡钉，飞檐起翘，上覆黄琉璃筒瓦，宏伟壮观。日本学界也公认孔子对日本文化有深远之影响，可是日军占领南京后，立即纵火烧毁了作为古代南京文教中心的夫子庙，所有配殿、楼阁等，均荡然无存。

1938年夏，避乱回到南京故里的陆咏黄目睹了劫后的南京，以及夫子庙一带古建筑损失的惨状，"一泓淮水依然绿，两岸烧痕不断红，此余戊寅夏返里后第一次到夫子庙，所得之印象，自东牌楼起，迄大中桥止，巡视一周，其间屋宇之被毁者，约十之六七，有名建筑物，如大成殿、魁星亭、得月台、奇芳阁等，均付之一炬，同行友人（曾居危城中者）语余云，城陷日，夫子庙一带大火，以大成殿为中心，东至龙门街，西至瞻园路，南至秦淮河，更延至河之对岸石坝街，沿河房屋成为大火焰场，现在所有房屋，多系陆续兴建者，且十之七八，尚系白铁芦席搭成，大成殿前后左右，建有三四百所木棚，开设各类荒货小铺，沿路边，复有多数货摊，奎光阁就原址重建，仅有沿街一进，奇芳阁则移于贡院西街，卫巷口之一平房内"，"经桃叶渡口北行，至淮清桥及建康路东段，即奇望

① 章开沅编：《天理难容——美国传教士眼中的大屠杀（1937—1938）》，南京大学出版社1999年版，第140、163页。

街至大中桥一段，则颓垣断壁，触目皆是，又呈一片凄凉景象矣"①。抗战期间南京地区古建筑至少有数百处被日军破坏②。

（三）拆毁或改作军用所致损失

日军在焚烧、轰炸中国建筑的同时，常常将一些较大型的古建筑物拆毁或改作军用。位于南京汉中门内蛇山的古灵应观、诸葛武侯祠也被日军拆毁。战后住持李德圆致函抗战损失调查委员会："窃古灵应观自唐宋建修以来，历有千余年历史。皆赖历代住持经营有司，保护香火未尝中断，士庶官宦咸称显应威灵，道德重深，由是香火日胜，祈祷渐繁。有志书碑文可考，战前全部为市地政局土地权利登记，本观确为京都善名之古迹文化之区也。讵料于民国二十六年日寇陷京，德圆随政府西迁，而敌寇顽横无法无天，惨无人道，随便杀人，至今人民及先师均在难民区不能归家。敌人丧心病狂，竟于次年之春夏间将本观观宇大殿房屋全部拆毁，以能用之件改建鸽房，驻扎鸽子通讯大队；不能用之件任令人民自由拆毁，以便就基建筑。观中所有古迹、神像、神器及法物、道藏经典、乐器等尽行毁灭，损失之价不可计数，千余年之香火随兹中断、道为之残，是令人痛心。"③

日军占据和平门（神策门）后，将其瓮城改为汽油库。中山门内的中央博物院被占领后，日军在院内设有防空总机构，对一些院厦任意改造，并破坏多处。

日军大规模破坏南京古建筑和古迹，显然是处心积虑摧毁中国的历史传统，及根植于人心的信仰和伦理观念。

四、南京教育事业所遭受之损失

（一）学校内迁及遭受轰炸所受损失

战前南京有高校近10所，中学26校，小学231所。1937年8月起日本飞机轰炸南京，11月中旬起向南京进逼，南京教育文化机关被迫纷纷内迁四川等地。在学校内迁中，南京有6所国立大学（中央大学、中央政治学校、药学专科学

---

① 陆咏黄：《丁丑劫后里门闻见录》，见《南京文献》1947年第3号，第4页。
② 季士家、韩品峥：《金陵胜迹大全》，南京出版社1993年版，第274页。
③ 南京市档案馆藏，档案号1003—17—4。

校、戏剧学校、牙医专科学校、中央国术体育专科学校）和 2 所私立大学（金陵大学、金陵女子文理学院），以及 9 所中学西迁内地。内迁学校既有迁徙之劳顿，又因遭轰炸蒙受严重损失。

1. 南京八所高等院校内迁

国立中央大学前身为两江师范学堂，建于 1902 年。抗战全面爆发前，该校已发展为有文、法、教育、理、工、农、医 7 个学院，34 个系科的多科性综合大学。1937 年 8 月 15 日，日机轰炸南京，学校图书馆和实验中学被炸。19 日，再次被炸，学校礼堂和牙医专科学校均遭到破坏，7 名校工遇难。敌机的频繁轰炸，10 月上旬，中央大学 7 个学院的 1500 余名学生、1000 名教职工及家属，总共 4000 人，随携图书、仪器共 1900 余箱，开始西迁重庆①。新校址设于重庆沙坪坝松林坡，后因学生骤增，又在离沙坪坝 25 公里的柏溪建立分校。中央大学的医学院和农学院的畜牧兽医系，以及附属牙医专科学校迁至成都华西坝。

国立牙医专科学校内迁。1935 年 6 月，该校附设于丁家桥中央大学医学院内，是我国第一所国家兴办的牙医专科学校，挂靠中央大学。1937 年 10 月迁到成都。

国立药学专科学校于 1936 年获准筹建。该校最初创办租用南京白下路一所银行旧址招生。1937 年 3 月，以丁家桥中央大学农学院园艺场为筹建新校。9 月，学校开始西迁汉口。1938 年 2 月又迁抵重庆，借用四川省立教育学院部分校舍开学。

私立金陵大学是一所历史悠久、国内著名的教会学校。1937 年时，已设有文、理、农三学院，史学、化学、农业经济学三学部及中国文化研究所。因局势恶化，学校遂于 11 月 25 日匆忙分三批西迁，历三阅月，经汉口、宜昌、万县、重庆而抵成都华西坝②。

私立金陵女子文理学院内迁。抗日战争爆发后，全院分设武昌、上海、成都三个办学中心，分区施教。9 月中旬起，社会学、生物学等系科师生去武昌的华中大学办学。10 月初起，部分学生前往上海分校临时总部求学。后因学校人力、财力的限制，武昌教区和上海分校分别结束教务，统一集中至四川成都华西坝办学。

---

① 中国人民政协西南地区文史资料协作会议：《抗战时期内迁西南的高等院校》，贵州民族出版社 1988 年版，第 243—255 页。

② 国民政府教育部档案，《私立金陵大学要览》，1941 年，中国第二历史档案馆藏，档案号全五，卷 2145。

中央政治学校乃为国民党培养"新政治人才"的专门学校，由蒋介石亲兼校长。1937 年时共设大学、研究二部，地政、计政、合作三学院，以及蒙藏、边疆二学校。蒙藏、边疆学校为中等教育。七七事变后，该校在中山门外的地政学院校舍之一部，毁于日军炮火。该校遂于 9 月首迁江西庐山传习所，蒙藏学校之一部转皖南九华山。12 月奉迁湖南，经南浔湘赣诸路抵长沙，复乘船西行至常德。1938 年 1 月由常德经沅陵迁芷江。1938 年 7 月，校址奉令再迁重庆，勘巴县小温泉建校①。

南京国立戏剧专科学校于 1935 年 10 月创建，是中国当时的戏剧最高学府，校址设在南京鼓楼东南角双龙巷的原古妙相庵所在地的曾国荃祠堂。1938 年 2 月迁重庆，于 1938 年底再迁四川江安县城，选定江安南城垣的文庙为校址，因陋就简办学。1940 年夏更名国立戏剧专科学校。

中央国术体育专科学校在西华门，分设国术、体育、军事三部，为中等以上学校及公共体育场馆培养体育教员和教练员。抗战爆发后，中央国术馆屡遭日机轰炸。该校由南京迁往长沙，旋迁桂林，再迁龙州，又迁昆明，1940 年迁至重庆北碚。

国立中央国医馆附设中国医学专修科，1934 年为焦易堂所创办，校址在南京中华门东长生祠一号中央医馆内，可称我国最早的一所现代高等中医院校。抗战爆发后，迁往四川巴县歇马场。南京长生祠馆址，遭日军侵占南京城的浩劫而被抢劫一空，许多珍贵中医典籍，被当作废纸变卖。南京沦陷期间，馆址一直荒芜，无人问津②。

高校内迁，途中交通不便，除中央大学、金陵大学外，其他学校一迁再迁，颠沛不堪。师生在随校内迁过程中，辗转迁移，历经磨难。西迁之途十分遥远，而且当时条件简陋，金陵大学师生经历了精神与肉体的严峻考验。第一批师生出发时，曾在轮船上 4 天 4 夜只吃两顿饭，15 天才走到重庆。12 月南京被日军重重包围后，师生行动更加艰难。到了重庆，要么依靠少数烧木炭的汽车，走 3 天或更长时间；要么用马或滑竿，一般要走 10 天。1938 年 1 月，金大师生才抵达成都。

特别值得一提的是中央大学农学院一批家禽、家畜的内迁。农学院实习农场职工认为畜牧场的这些马、牛、羊等都是饲养多年的良种家畜，决定把这些家

① 黄光焘：《中国国民党》《中央政治学校大事记》，1940 年 5 月，中国第二历史档案馆藏，档案号全一一二，卷 2。
② 南京市志丛书：《南京教育志》，方志出版社 1998 年版，第 2019 页。

畜、家禽搬迁到大后方去，并推举王西京为负责人。他们用学校发放的安置费雇用民船，将牲畜运过长江，然后，徒步从江浦，过安徽，经河南边境，转入湖北，到宜昌后，再水运到重庆。沿途交通阻滞，雇不到运输工具，只有自行设法将鸡、鸭、兔类小动物装进笼子，驮在荷兰牛、澳洲羊、美国猪的身上，犹如沙漠中的骆驼队一样，有时一天只能走十几里。入冬后，大雪纷飞，天寒地冻，人、畜均已疲惫不堪，继续前行是不可能的了。搬迁队伍便在河南商城休整过冬，待到第二年春重登征程，到宜昌后，乘上学校准备好的船只驶向重庆。在行程中，加上有的道路野狼成群，有的地区因雨季来了只得绕路，有时走乡间小道，有时还会碰上溃散军队的骚扰。经过千辛万苦，历时一年，终于 1938 年 11 月上旬到重庆到达沙坪坝。此时，仅剩有荷兰种乳牛 20 余头及少量家禽。校长罗家伦晚年回忆，当他看到这群中央大学畜牧场的家畜、家禽时，"就像看到久别重逢的老朋友一样。当我和这些南京的'故人'异地重逢时，心中一面喜悦，一面引起了国难家仇的无限感慨，不禁热泪夺眶而出了"①。

除远道迁徙之苦，内迁的高校师生还面临艰苦的生活条件，以及教学设备的简陋。初入川，多数学校只能借用旧庙宇、祠堂作校舍。中央大学虽建临时校舍，却因条件所限，一间宿舍住百人以上，闹嚷拥挤，空气混浊，很难安歇。中央大学在沙坪坝松林坡的新校舍，是围绕着松林坡小山丘而修建的低矮的一排排竹筋泥墙教室和宿舍。

2. 南京中小学的内迁

与高校内迁的同时，南京 26 所中学中的 9 所学校也实行了内迁。

高校附中随主管大学一道内迁。中央大学实验学校因两次遭敌机轰炸，先迁出南京，10 月 10 日在安徽屯溪开学。后又经南昌迁至长沙岳麓山，借用长沙高农的新校舍上课。1938 年初秋又再迁至贵阳南门，以观音洞与水口寺间的马鞍山为校址。1941 年 3 月实验学校划归贵阳市属，中央大学另觅重庆市青木关国立第 14 中学为附属中学。金陵大学附中大部西迁四川，办起万县金陵中学和在成都开办驻蓉分班。留在南京的一小部分师生，先后办起金陵补习学校、鼓楼中学。

部分普通中学也辗转内迁。南京市立第一中学位于白下区中山南路，抗战爆发后奉命解散，退出南京。然而，师生数百人经汉口入四川，与苏浙皖流亡师生组成国立四川临时中学，后改名为国立第二中学。私立东方中学于 1937 年冬经苏皖

① 罗家伦：《逝者如斯夫集》，台北传记文学出版社 1967 年版，第 28 页。

豫鄂辗转迁至重庆。南京市私立安徽中学，1937 年迁转皖南屯溪。私立钟英中学西迁安徽歙县，后又分迁长沙、贵州、广西。私立钟南中学也内迁到四川。

私立青年中学为教会学校，也内迁重庆，在江北悦来场附近租了一座大庭院，继续办学。位于秦淮区长乐路与中华路交叉路口东北部的育群中学，是由原基督中学与明育女中合并而成，战时该校先迁至江宁县湖熟镇办学。1938 年，育群中学与汇文女子中学、中华女子中学迁往上海，与其他教会学校组成华东基督教会联合中学。1939 年联合中学解散，育群中学再迁至江西赣县办学。此外，中央政治学校之成全小学也内迁四川。

3. 学校遭轰炸惨状及其损失

日本在全面侵华战争期间，对我国文化教育事业摧残至为酷烈。战时南京部分高校遭受空袭、轰炸，遭受了严重损失。

自 1937 年 8 月 15 日日机首次轰炸南京，到同年 10 月 13 日的两个月中，日机对中国 61 座城市实施了轰炸，"大部分空袭都以无防备的城市为对象，特别是有意识地以大学等文化教育设施为破坏目标"[1]。其中首都南京罹祸尤巨。日本军方曾公布如下数字，从战争开始到南京攻陷，日本海军飞机袭击南京 50 多次，出动飞机超过 800 架，投弹 160 多吨。1937 年 8 月 15 日至 26 日，中央大学遭日机三次袭击。第一次为 8 月 15 日下午，敌机的机关枪扫射图书馆及实验学校各一次；第二次为 19 日下午，在大学本部投 250 公斤炸弹 7 枚；第三次为 26 日深夜。对此，中央大学校长罗家伦报告指出：

"窃查 8 月 19 日下午 6 时许，敌机进袭首都投掷炸弹。本校计共落弹 7 枚：一在图书馆后身距离建筑仅丈许，一在牙医学校后身；二在大礼堂后身，一在建造中之牙医院与科学院馆之间，一在女生宿舍中部，一在无机化学教室东边。26 日夜，本校附属实验学校又着一弹。事后检查计损失：（一）牙科学校（原昆虫局平房）全部震塌；（二）女生健身房局部震毁；（三）无机化学教室着火被焚；（四）女生宿舍旧平房大部分炸毁；（五）大礼堂后墙炸穿数处，礼台部分全毁；（六）实验学校办公用平房炸毁两边。女生宿舍亦毁；（七）此外如图书馆、大礼堂、科学馆南高院、生物馆以及实验学校各处教室之门窗玻璃、隔间木壁多被震毁；（八）本校校工死 1 人，建筑牙医院之厂方工人死 5 人。至于内部设备除化学教室内尚有一部分普通仪器药品，临时不及抢救外，因事前早有准备，所有

---

① ［澳］哈罗德·约翰·廷伯利著，马庆平等译，《侵华日军暴行录》，新华出版社 1986 年版，第 111 页。

重要图书仪器文卷成绩等项，均已转运，故损失甚微。"① "9 月 25 日下午本校中山院又中敌弹 1 枚，该建筑之西北角被其炸毁墙壁，完全震塌，损毁较重，将来修复颇为困难。所幸原在内办公人员已先一日转移三牌楼农学院内办公。"②

位于南京东郊的国民革命军遗族学校，在日机对南京的轰炸中也没能幸免于难。在 1937 年 8 月的一次空袭中，宋美龄在遗族学校亲眼目睹了该校遭日机轰炸的惨烈景象。她在《战时妇女动员问题》一书中写道，遗族学校"在一道黄光与一缕灰烟之中烧毁了"，一些学生则"变成了满身染了鲜血和污泥的小尸体，四肢扭曲地躺在路中"，教师们也受了伤。她因身边没有止痛药可以减轻受伤者的痛苦而负疚③。

1939 年至 1942 年间，日军发动了对以重庆为重点的西南地区的大规模、长时间的轰炸，又称"疲劳轰炸"。南京内迁学校又遭了巨大损失。现择数例介绍如下：

金陵大学理学院损失。1940 年 8 月 9 日及 9 月 13 日，敌机空袭时两次轰炸校舍，全部重建修理及补购器材设备等共需国币 120730 元。8 月 9 日的轰炸，第一院房屋、饭厅、宿舍、储藏室、教职员住宅全毁 18 间，倒塌 7 间；教学大楼门窗、屋瓦天花板等震毁多处；电池厂及汽车修理厂震毁多处；汽车测验器、照相机损坏各一部；电池材料、变压器制造材料毁坏若干；全毁两层木床 25 张、木桌 30 张、椅子 50 张；教室桌椅 24 张，饭厅设备 10 席。9 月 13 日的轰炸，除房屋遭到破坏外，各种桌椅损失 62 张，电灯 60 盏，以及电影部暗室冲洗设备、照片放大机、电器制造材料等，也遭受不同程度的损失④。

国立中央大学损失。1939 年 5 月 4 日下午，在重庆中营街 56 号一带的中央大学教员住所被炸；5 月 3 日、4 日，重庆都邮街 54 号一带被炸，中大 15 人的私人物品（包括罗家伦交存箱子）损失 33823 元；8 月 22 日被炸损失极大，此次共投燃烧弹 5 个，炸弹 16 个，申报登记被炸损失在册学生 165 人。1939 年 6 月 11 日，中央大学医学院在华西坝的明德宿舍被炸。1939 年 9 月 4 日校舍又再次被炸。1940 年 5 月 29 日、6 月 27 日、6 月 29 日，7 月 4 日，中央大学连续被炸。在 6 月 27 日、29 日的轰炸中，中央大学机器厂两次分别损失 5664000 元、

① 国民政府教育部档案：《中央大学校长呈报该校 8 月 19 日、26 日先后被炸损失情形》，中国第二历史档案馆藏，档案号全五，卷 5287。
② 同上。
③ 王春南：《侵华日军蓄意摧毁中国的教育》，载《人民论坛》2005 年第 6 期。
④ 《为查报抗战损失金大与教育部的来往文书》（1938—1947），中国第二历史档案馆藏，档案号全六四九，卷 13。

32800 元。此间，松林坡第四宿舍被炸，师范学院在沙坪坝的第二教室被炸、沙坪坝第六教室被炸①。

1941 年 8 月 28 日、30 日国立中央大学又连续遭两次轰炸。当年 10 月 29 日，国立中央大学校长顾孟余呈文教育部，并附损失清册七本，统计了两次被炸所受损失："关于全校两次被炸之损失，当即分别从事调查，兹将已调查完竣者，先行开列于后，计房屋 675800 元，图书 268331 元，材料 62690 元，车辆 10 万元，用具 220510.76 元。物品 52077 元，以上共计 1218008.76 元。"

其中，1941 年 8 月 28 日，第一次被炸情形及损失为：

"兹查是日（28 日）校区以内，共中炸弹 23 枚，计总办公处前着重磅炸弹一枚，屋顶全部震坏。化学馆航空系教室各着弹 3 枚，房屋全部炸毁。法学院理学院林学院办公室教室及建筑系教室均被波及，塌毁一部分；艺术系教室着弹 2，屋顶门窗全部震坏。学生第四宿舍第六宿舍教职员饭厅及教职员第三宿舍各着 1 弹，屋顶门窗全部或一部被炸毁。开水房以及学生第二厨房各着弹 2，房屋全部被炸毁。学生饭厅着 1 弹，屋顶门窗墙壁被炸一部分。第二教室、第十四教室各着 1 弹起火，全部焚毁。校门口着 1 弹，校传达室电灯房警卫室及材料室震坏。第二防空洞顶上及第二球场各着 1 弹，尚无损失。惟并屋瓦被震落者计算在内，则全校房屋已无一完整，多被震坏，当时估计约 75 万，现值 1200 万元，以上各项损失，合计现值约 4000 万元。"②

药学专科学校损失。1941 年 8 月 23 日，药学专科学校呈报该校磁器口附设实验药厂被炸损失："查是日敌机 27 架，于午后滥炸磁器口，投弹约 100 枚，本校附设药厂四周，落弹数十枚，房屋全部震毁，所有一切原料成品玻璃仪器及各项生产器具等，共计损失约 8 万余元。"③

中央政治学校损失。1940 年 9 月 15 日、16 日，中央政治学校连续遭敌机轰炸，学校总机室被炸起火，房屋焚毁，损失线路、器材、服装等物。学生大厨房被炸弹击中，损失严重。位于花朝门的学校消防器材 8 类，被炸受损。1941 年 6 月 28 日，该校第二办公厅被炸，7 月 1 日起将所有被炸地点择要兴建，业于 8 月 8 日竣工，花费工料 16989.68 元④。

---

① 《中央大学损失及有关文书》，中国第二历史档案馆藏，档案号全六四九，卷 13。
② 国民政府教育部档案：《国立中央大学电呈该校八二八被炸情形》，中国第二历史档案藏，档案号全五，卷 847。
③ 国民政府教育部档案：《国立药学专科学校校长陈思义为呈报附设实验药厂被炸损失情形》，中国第二历史档案馆藏，档案号全五，卷 849。
④ 《中央政治学校关于飞机轰炸情形》，中国第二历史档案馆藏，档案号全一一二，卷 3423。

其他学校损失。1940 年以后，日机先后数次空袭重庆，包括南京私立东方中学在内的 10 余所中学被毁坏。南京私立东方中学在 1941 年 8 月的轰炸中损失惨重。9 月 6 日，校长陆自衡报告，该校"到渝后择地于重庆南岸之间自建楼层 4 座，平层 8 所为校舍，并重新购置教具添置设备，于岩石下开凿防空隧道数十米以策安全，所费尤属不赀，方拟力图改进积极充实，不期于 8 月 8 日经敌机狂炸南岸市郊之际，学校新建饭厅礼堂全部被焚，教室宿舍计有楼房 3 座平房 2 所共计十余间均被震毁。学校设备及师生所有损失全部计十余万元"①。1941 年 11 月 25 日，南京钟南中学校长乔一凡呈报校舍被炸情形，恳请在行政院补助战区迁川高中以上学校 100 万专款中拨给 2 万元予以救济。中央政治学校成全小学校校务主任查绍龙也于 1941 年 7 月 5 日报告，"窃本校在小温泉成全洞地区，系中央政治学校教职员子弟暨战区迁川人民之子弟求学所设，不幸于 6 月 28 日午后一时许，南温泉一带惨遭敌机轰炸，本校中烧夷弹及重磅炸弹各一枚，校舍教具损毁殆尽，以时值估计损失至少在 5 万余以上"。

（二）沦陷时期南京的教育及其损害

占领南京后，日本又加强了对南京的教育侵略。伪政权为配合日本对沦陷区的军事、政治侵略和经济掠夺，在南京大肆推行汉奸文化，对民众实施思想控制和奴化教育。这是比军事侵略更深层次的侵略，此种损害更是不可忽视。

1. 奴化伪化教育概况

南京沦陷期间，南京原有教育行政机关被彻底出线。除迁出南京的部分学校外，留存南京的各级各类学校，或为日军焚毁，或为日军占用。同时，对南京沦陷期间恢复和举办的少数学校大肆推行奴化教育。

强制实行日语教学。1938 年底，南京就有日语专修班和小学附设班 6 所，有学生 445 人。而 1938 年 9 月新学期开始时，南京全市仅有初级小学 12 所，学生 1698 人，完全小学 13 所，学生 3295 人。汪精卫上台后，日语学校有了更大的发展，日语教育渗透到基础教育和社会教育之中。1940 年 7 月，经汪伪行政院批准，伪教育部规定"初中以上学校将日语列为必修科"。伪政权和日本人开办的日语学校，成为"谋中日亲善之有效办法"。体育活动、社会教育中，日伪政权也想方设法推行奴化教育。

为培养训练奴化人才，日伪政权建立后，也创办和恢复了一些高等院校，但

① 《教育部所属各机关学校遭敌机空袭损害发给救济款的来往文书》，中国第二历史档案馆藏，档案号全五，卷 849。

严密控制师生。在南京，特种训练有中央青年干部学校、中国青年工读团、集训营、日语学校等。特殊机构有中日文化学协会、东亚联盟会（大民会改组）、晶社（教育文化方面特工）、新国民运动促进委员会等①。

2. 破败凋零的南京高等院校

原中央大学本部成为日军的陆军医院，学校大门口悬挂日文招牌，大礼堂顶部被涂抹上巨大的白底红十字，教室内放满了日式榻榻米病床，成为侵略者的疗伤休养之所。中央大学南京三牌楼农学院被日军占领后，改为木工厂、制药厂和货物仓库。战后接收时校舍内的办公教学用具损失殆尽。

太平洋战争爆发后，金陵女子文理学院校舍成为日军南京防卫司令部。位于中山陵园风景区的"国民革命军遗族学校"，成为日军兵营，并在里面开设"慰安所"，后又将该校男生校园改作军犬训练场，而女生校园（今南京农业大学内）成为日军临时伤兵医院。

伪教育行政机构建立后，利用中国原有的大、中、小学校，建立伪教育体系。1939 年 1 月，维新政府在南京中央大学旧址筹备设立"中华大学"，日本方面认为"中华大学"校名民族意识强烈，1939 年 10 月，遂改名为"国立南京大学"。由于日军不愿交还占用校舍，所谓"国立南京大学"也就不了了之。汪伪统治下的南京，设有国立中央大学、私立南方大学、私立中国公学及私立建村农学院。

1940 年 4 月，汪伪伪行政院通过在南京设立中央大学案，着手成立"复校筹备委员会"，接收国立中央大学原有校址、校产及附属机关，租赁及修理校舍。7 月，分别在沦陷区的南京等城市招生 674 人。校址初设于南京建邺路红纸廊（原中央政治学校内），校舍简陋，图书、仪器设备奇缺，1942 年 8 月，迁至天津路金陵大学原址，复利用金陵大学未及搬走的图书、仪器设备等。此外，私立南方大学原由中国社会党党魁江亢虎于 1922 年创办在上海，1927 年停办。1940 年 6 月，汪伪要员、社会党党魁江亢虎在白下路租赁房屋，恢复南方大学，开办文学院及国学专修科，后迁至石鼓路 129 号。1942 年，在日本驻南京特务机关长源田及日本人西井的支持下，原国民政府立法院院址（今白下路斜斗巷）恢复中国公学。在绣花巷设立私立建村农学院。

由于广大爱国青年不愿接受奴化教育，一些无法离开沦陷区的师生也拒绝到敌伪学校任教或上学，致使日伪在各地开办的各种学校都门庭冷落，师生稀少，

---

① 国民政府教育部档案：《1940—1943 年南京市敌伪教育工作调查报告》，1944 年 2 月，中国第二历史档案馆藏，档案号全五，卷733。

规模可怜。1942 年，私立南方大学共有教职员 25 人，学生 248 人；私立建村农学院有教职员 26 人，学生 63 人；私立中国公学有教职员 40 多人，首届招生 100 多人①。1943 年，南方大学全校两个年级有学生 202 人；中国公学大学部 1944 年上半年共有学生 201 人。中国公学因创办较晚，抗战结束时大学部尚无毕业生，中央大学开始有学生毕业，5 个学院共毕业 190 人。1945 年，中央大学和南方大学共有毕业生 347 人。这样，南京沦陷期间高校共毕业学生 537 人。由此可见，南京沦陷区高等教育之零落破败。

3. 南京中小学教育之损失

1936 年，南京已有公私立普通中学 26 校，其中公立中学有市立一中、市立二中（中央大学实验中学、国民革命军遗族学校尚未统计在内）；私立中等学校有 24 所。由于南京大屠杀，市内所有的学校全部停课，师生四处逃散，校舍实施毁坏严重，有的几成一片瓦砾。中学或毁于战火，或遭占用、解散，连伪市教育局也不讳言："校馆为墟，九仞之山，功亏一篑。" 1938 年南京只有 2 所中学开学，学生总共才 319 人。这 2 所中学是，原位于大香炉街的成美中学改为南京市立第一初级中学，鼓楼渊声巷原华南中学旧址开办市立第二中学。1940 年 1 月，择原督粮厅小学校址新建女子中学。3 所中学有学生 920 人，而此时南京学龄儿童已达 10.1 万人，其中 13—15 周岁者有 2 万余人，中学在校生占适龄儿童比例不足 5%。私立中学有了恢复，如私立钟英中学 1939 年 3 月复校开课，私立安徽学校也开始复课。汉奸陈群创办私立正始中学。1940 年开办私立利济女子中学；1941 年开办私立冶城中学②。而这 3 所私立中学 1941 年底只有教师 78 人，学生 1127 人。市立 4 所中学学生 2035 名③。1943 年中学 9 所，学生 4018 人。到日本投降时，全市也仅有国立中学 2 所、市立中学 3 所、私立中学 14 所，共计 19 所，学生不足 6000 人。

战前，南京小学教育已初具规模，据《南京教育志》记载，1936 年，南京市小学已有市立 179 所，私立 52 所，学级 1742 级、学生 79372（市立小学 70365 人，私立小学 9007 人），教职员 2190 人（市立小学 1739 人，私立小学 451 人）。入学儿童约占学龄儿童的 86%④。南京沦陷时，学校被迫停办，校舍被占或被毁，无辜儿童全部失学。沦陷 2 个多月后，才恢复琅琊路、五台山 2 所

① 汪伪政府教育部统计室：《全国教育统计》（1942 年），汪伪政府教育部档案，中国第二历史档案馆藏。
② 南京市档案馆藏，档案号 1002—7—232。
③ 伪南京市教育局编：《南京市中等教育概况统计》，南京市档案馆藏，档案号 1002—7—34。
④ 南京市地方志编纂委员会：《南京教育志》，方志出版社 1998 年版，第 181 页。

小学。1938 年 9 月，南京全市小学开学有初级小学 12 所，学生 1698 人，完全小学 13 所，学生 3295 人。私立小学发展缓慢，到 1939 年 10 月才有私立龙江小学、私立定淮小学、私立崇实小学和私立安徽小学 4 所。由于小学数量不能满足学龄儿童的需求，且奴化性质强烈，私塾这一古老的教育形式得到畸形发展，1938 年底登记的即有 146 所之多。据 1940 年 6 月统计，南京市共有完全小学 20 所（市立第一模范小学、市立第 1—19 小学），12714 人；初级小学 25 所，7379 人；短期小学 5 所，1644 人；全市共 21737 人①。1941 年底，南京市初等学校学生仅 3 万余人。

1945 年抗战胜利时，社会局接收南京教育机关时，"市立中等学校虽仍为 5 所，均以战前小学为校舍，极不合用。中学生仅 2900 余人。各级小学 67 所，小学 2 万余人。民众教育馆 3 所，民众图书馆 1 所，中心民众学校 2 所。教学设备，一无所有。房屋无处不破。教师素质极差。学生水平低落。又战前自建校舍，被毁者 40 所，被军警宪等机关占用者 15 所。京市教育遭受敌伪长期蹂躏，基础已失，恢复特难。"②

对于南京中小学损失，战后南京市社会局长陈剑如呈文："市立中小学校舍被毁者甚多而学生人数又众，以致若干学级学额呈过度膨胀现象"，"战前本市小学原有之设备荡然无存，目前自应就必需之用品教具设法置备以利教学"，"本市各校住校教职员甚少，亦有散学后只留一二校工看守，精神不免涣散确系实情。惟本市复员以来小学校舍极不敷用，原有中小学校舍被毁者达 40 处之多，幸存者被中央军政机关接受，占用至今尚有逸仙桥、汉西门、游府西街……等小学之舍。"③

1946 年 12 月统计汇编，南京中等学校直接损失共计 1270 万元（国币，下同），其中：建筑物 180 万元，图书 125 万元，仪器 100 万元，器具 595 万元，医药用品 20 万元，其他 250 万元。南京小学直接损失共计 191700 元，其中：建筑物 116000 元，图书 19600 元，仪器 23400 元，器具 17400 元，其他 15300 元。以上损失折合成 1945 年 8 月价位为 26685819000 元，1945 年 8 月中央银行外汇牌价国币 2070 元折合 1 美元④。

---

① 南京市档案馆藏，档案号 1002—7—155。
② 国民政府教育部档案：《南京市教育复员工作报告》，中国第二历史档案馆藏，档案号全五，卷 1613。
③ 《南京市社会局关于改进市政府工作的呈文》，中国第二历史档案馆藏，档案号全五，卷 733。
④ 国民政府教育部档案：《各省市公私立各级学校及教育机关损失统计》，1946 年，中国第二历史档案馆藏，档案号全五（2），卷 584。

（三）抗战时期无锡县民族工商业损失专题调查

唐丽娟

无锡①，素有"小上海"之称，是中国近代民族工业的发祥地之一。抗战前无锡已拥有工厂 315 家，产业工人 6.3 万人，居全国第二位；工业产值占全国工业总产值的 4.3%，仅次于上海、广州，居全国第三位；资本总额占全国第五位②。抗战前无锡的商业繁盛，为内地驰名的商埠。1937 年至 1945 年日本的全面侵华战争和殖民统治，使无锡近代民族工商业遭受空前的浩劫，据不完全统计③，被烧毁工厂厂房 28537 间，商店店堂 54268 间，损失额达 527210.53 万元，其中工业 515180.31 万元，包括直接损失 6860.55 万元，间接损失 508319.76 万元；商业直接损失达 12030.22 万元，间接损失无法估量。

一、抗战前无锡工商业的基本情况

无锡地处太湖之滨、长江之南，人口稠密，文化发达，资源丰富，素有鱼米之乡的美称；无锡交通便利，沪宁铁路、京杭大运河横贯全境，江河湖海相通。优越的地理位置、便利的交通为无锡的经济发展提供了有利条件。

无锡的民族工业于抗战前夕，已在全国占有重要地位。甲午战争后，民族资本主义开始在无锡建立，且发展很快。和国内其他城市的工业开始时大多是官办（包括"官督商办"和"官商合办"）不同，无锡的工业一开始便是民族资本兴办的。1895 年，杨宗濂（字艺芳）、杨宗瀚（字藕芳）兄弟创办业勤纱厂，成为无锡近代工业企业的滥觞，也是中国近代最早的民族工业企业之一。1902 年，荣宗敬、荣德生兄弟与朱仲甫合伙创办保兴面粉厂，1905 年与荣瑞馨等创办振新纱厂。1904 年，周舜卿开办裕昌丝厂，是无锡最早的机器缫丝厂。此后，以棉纺织业、缫丝业、面粉加工业为三大支柱的近代工业如雨后春笋在无锡兴起。

---

① 抗战时期的无锡县包括无锡城区和无锡农村，地域范围基本上相当于现在的无锡市区。现无锡市管辖无锡市区、江阴、宜兴二市（县），相当于抗战时期的无锡县、江阴县、宜兴县范围。本文所述的无锡即为抗战时期的无锡县。

② 无锡市地方志编纂委员会编：《无锡市志》第二册，江苏人民出版社 1995 年版，第 840 页。

③ 统计数字中的货币数为 1937 年 7 月的法币价值。

自 1895 年至第一次世界大战，无锡已有纺织、面粉、缫丝等工厂 19 家，成为中国近代民族工业的发祥地之一。从 1914 年至 1926 年 13 年间，无锡的民族资本家又在无锡创办了 98 家工厂①。申新三厂、庆丰、丽新等纺织厂和茂新第二面粉厂等一些大中型工厂，都是这一期间开办出来的。至此，无锡形成以纺织、缫丝、面粉三大工业为主的工业城市雏形。并且无锡民族工商业在发展过程中逐步形成杨、周、薛、荣、唐程、唐蔡六大产业资本集团②。至抗日战争爆发前，无锡已发展有纺织、缫丝、染织、针织、面粉、碾米、榨油、铁工、砖瓦、石粉、化学、造纸、化妆品、糖果等 20 个工业门类，大小工厂 315 家，产业工人 6.3 万人，年总产值 7726 万元。在各工业门类中，纺织、缫丝、面粉三业占绝对优势，1934 年无锡的工业资本，纺织厂为 1237 万元，占无锡工业资本的 66%；缫丝为 290 万元，占 15.5%；面粉厂为 238 万元，占 12.7%；而其他工业只占 5.8%③。缫丝厂和缫丝车数量，分别占全省的 94% 和 95%，居全国城市首位。拥有纱锭 261435 枚，拥有织机 3719 台，分别占全省的 42% 和 51%④。面粉工业的生产能力，居全省第一位。工业产品的产量，棉纱占全国 0.8%，面粉占 12%，蚕丝占 40%⑤。

　　无锡位居水陆要冲，商贾荟集，抗战前为国内驰名的内地商埠。无锡在历史上为全国四大米市之一，还有"丝市"、"布码头"之称。至清代，无锡商业繁荣，粮食经营尤盛，被誉为"锡邑百业之冠"。抗战爆发前夕，无锡米市达到鼎盛期，从 1928 年至 1937 年，无锡粮市年成交数常在 1200 万石左右，居全国四大米市之首。与此同时，无锡金融业也得到进一步发展。抗战前夕，全县共有公私银行 10 家，典当 33 家，钱庄 7 家，保险机构 23 家。交通运输由于轮运业的开创，沪宁铁路的通车，锡澄、锡宜、锡沪公路的相继建成，全县"交通之便，不愧为邻县之冠，且为江苏省内各县之冠"。金融、交通的发达为工商业的发展奠定基础，粮油、证券、丝茧、纱布等交易所的成立促进了各专业市场的形成。其时，全县乡村集镇密布，已形成商业网络。城区商业中心集中在北塘、三里

---

① 无锡市史志办公室、无锡市图书馆编：《民国时期无锡年鉴资料选编》，广陵书社 2009 年版，第 505 页。

② 六大资本集团分别是以业勤、广勤两大棉纺厂为主的杨氏集团（杨宗濂、杨宗瀚）、以裕昌丝厂为主的周氏集团（周舜卿），以茂新面粉厂和申新、振新两大棉纺厂为主的荣氏集团（荣宗敬、荣德生兄弟），以永泰丝厂为主的薛氏集团（薛南溟、薛寿萱父子），以九丰面粉厂和庆丰纺织厂为主的唐蔡集团（唐保谦、蔡缄三），以丽新纺织厂为主的唐程集团（唐骧庭、程敬堂）。

③ 无锡市政协文史资料研究委员会编：《无锡文史资料》第十二辑，1985 年 11 月印行，第 86 页。

④ 无锡市地方志编纂委员会编：《无锡市志》第二册，江苏人民出版社 1995 年版，第 873 页。

⑤ 无锡市地方志编纂委员会编：《无锡市志》第二册，江苏人民出版社 1995 年版，第 840 页。

桥、北大街一带，粮油、纱布、丝绸、山地货等行业的 400 多家行号汇聚于此，占无锡商行号总数的 60%。据统计，至 1936 年，无锡城乡已有 100 多个商业行业，有商户 8800 多户。城区有米行粮店 242 家，绸布店 29 家，肉店 180 家，百货店 118 家，鞋帽店 87 家，钟表眼镜店 31 家，五金店 10 多家，玻璃店 21 家，电料店 19 家，西药店 12 家，中药店 76 家，茶食糖果店 90 家。乡区前后形成 112 个行业，主要分布在洛社、荡口、张泾、安镇四个地区性大镇和 113 个中小集镇，有私营商店 4832 家，从业人员 10364 人。

抗战前，无锡工商业的空前发展，使无锡成为中国六大工业都市（上海、天津、武汉、广州、青岛、无锡）之一，工商业繁荣仅次于上海，有"小上海"之称。

二、抗战时期无锡民族工业损失情况

抗日战争全面爆发以后，日本帝国主义为了削弱中国的抗战力量，摧毁中国抗战的物质基础，对中国的工业肆意摧残，中国工业损失极为惨重。无锡是中国现代工业起步最早的地方之一，民族资本较为集中，因此，抗战初期无锡的城市工商经济首当其冲地遭到了日本帝国主义的严重破坏。

（一）战争初期，大量工厂及设备毁于战火

1. 纺织业

纺织业是中国工业的主干行业。抗战前，占无锡主要经济地位的无锡纺织工业已具相当规模，初步形成以棉纺织业支柱，色织、针织、印染和毛纺相应发展的门类较为齐全、功能大体配套的产业体系，在全国纺织城市中跃占第三位，而且全部是民族资本开设的。有纺织厂 7 家，毛纺织厂 1 家，漂染厂 4 家，染织厂 14 家，袜厂 53 家，为纺织业服务的机器厂达 20 余家。

抗战初期，业勤、广勤、豫康三厂全部焚毁。庆丰、申新三厂、丽新、振新等厂也遭极大损失，全部纱锭被毁 166614 枚，占 63.7%，布机被毁 3304 台，占 88.8%[①]；毛纺织厂沦为日军驻地，机器大部损失，被迫停产；印染行业财产损失达 70% 以上；据不完全统计纺织业损失 512806.62 万元，其中直接经济损失 4486.86 万元，及 1314 部机器，6 台发电机组；间接经济损失 508319.76 万元，及

① 无锡市地方志编纂委员会编：《无锡市志》第二册，江苏人民出版社 1995 年版，第 873 页。

纱 449568 件，棉布 7741440 匹（仅为申三、庆丰、丽新、广勤等部分厂的情况）。

棉纺织业。淞沪会战爆发后不久，随着战事的扩大，无锡的车站、工厂、桥梁、公路等成为日军轰炸目标。8 月 16 日，无锡首次遭到轰炸。此后，日机频繁来锡侦察、轰炸。10 月 8 日以后日机更是不分昼夜对无锡进行疲劳轰炸，光复门外周山浜、西门外惠山等工商业集中地区受空袭之难。庆丰、丽新等大纺织厂多次中弹。位于西门太保墩的振新纺织股份有限公司一部分遭日军轰炸，一部分被日军纵火焚毁，直接损失 345.29 万元。其中被日焚毁车间、宿舍、仓库等建筑物价值 56.56 万元，焚毁各种纱 205 件，布 7940 匹，价值 12.86 万元；焚毁原棉 1478240 担，损失价值 81.30 万元；纱锭 1200 锭及一切附属零件，价值 168.12 万元，各项生财物料等 26.45 万元①。无锡沦陷后，无锡第一家近代纺织厂——业勤纱厂被焚毁，损失约 100 万元②。同月，位于北门外广勤路长源桥的广勤纺织股份有限公司被炸毁，总计直接损失 630.2 万元，间接损失 5723 万元。其中损失全部厂房、仓库、办公室、宿舍 206757 平方英尺，价值 48.09 万元；棉纱 86 件、细布 5069 匹，平布 2471 匹，绒布 6742 匹，价值 14.68 万元；棉花 14117 担，价值 70.58 万元；全部纺纱机 29040 锭（包括电动马达与传动机并附属机器等），织布机 272 台（包括全部附属机器设备），轧花机 36 部及全部设备，引擎锅炉原动输电间全副设备，修理工厂全副设备，价值 483.51 万元，煤 824 吨，各种物料约 500 种价值 13.34 万元③。同时，豫康纱厂厂屋全部烧毁、机器大部分损坏，损失约 400 万元④。11 月 26 日，位于无锡西门外太保墩的无锡申新第三纺织厂被日军炸毁，该厂是江苏省和无锡县最大的棉纺织厂。申新三厂仓库里来不及运走的棉花、籽花、棉布、棉纱，被日寇全部浇上柴油，点火烧光。在车间的通道和机器上也铺上棉花、洒上柴油，再放上硫磺炸药，点火燃烧，全厂霎时成为一片火海。除了纺纱工场因系钢筋水泥建筑未曾全毁外，其余织布工场和 571 间厂房都被夷为平地。从沦陷到 1943 年 7 月发还为止，共计：损失厂房及建筑物 1341 间；损坏各种机器 2042 台，发电机 2 部，马达被毁、搬走 475 只；烧毁棉花 41901 包，计 48895 担，籽花 4378 包，计 4495 担，各种布

---

① 机器棉纺织业同业公会全国联合会档案，中国第二历史档案馆藏，档案全宗号 825，卷宗号 839。
② 《无锡各工厂战时损失及最近开工情形调查》第二卷第二、第三期合刊，经济部资源委员会月刊，1940 年版，第 102—104 页。
③ 机器棉纺织业同业公会全国联合会：《机器棉纺织业公会联合会报有关会员工厂在抗日战争时期遭受损失的各项资料》，1947 年 12 月，中国第二历史档案馆藏，档案全宗号 825，卷宗号 839。
④ 《无锡各工厂战时损失及最近开工情形调查》第二卷第二、第三期合刊，经济部资源委员会月刊，1940 年版，第 102—104 页。

64223 匹，棉纱 3413 件，布袋 30900 只，煤 4000 吨。按战前原价估算，申新三厂在抗战中的直接经济损失总计 1034.74 万元①。半损毁需修整费达 496770 万元②。同月，无锡庆丰纺织漂染整理厂被炸毁。炸毁建筑物包括织厂平房、织厂楼房、漂染厂、仓库、男工宿舍等 48483775 平方尺；损失纱锭 28448 枚，布机 377 台，漂染机及附件全套，原动部及机修间附件全套；损失花衣 23269 担，棉线 3060 件，棉纱 83613 件，各类布 66973 匹，脚花 883055 担，还有物料、煤屑等。总计庆丰纺织漂染整理厂损失 1514813 万元（折合 1937 年 7 月价值 794.25 万元）③。

1937 年，位于无锡丽新路的丽新纺织印染整理股份有限公司于 11 月厂房一部被炸毁，12 月厂被日军占领，纺织印染原动各部机械被日军故意用铁锤敲击每一件机器，无一幸免，并搬走了全部所存花纱布，马达物料等在被占期间陆续运走，至 1941 年 2 月已是破损不堪。共计损失厂房 22.74 万元；现款 15.32 万元；制成品 188.38 万元；原料 101.86 万元；机械及工具 450.21 万元；其他 79.39 万元，总计损失价值 857.90 万元④。间接损失（补充及修理损失机器房屋连同货物物料等）值美金 680 余万元⑤。

印染业。日军侵华期间，无锡印染工业遭严重破坏，全行业损失财产达 70% 以上。被焚毁布机 2200 台，布 50000 匹，折合当时大米 14 万石⑥。无锡丽新纺织厂漂染部和庆丰纺织厂漂染部均遭日机轰炸和日军焚烧，损失惨重而停产和关闭，无锡美恒漂染厂设备转卖上海，维新漂染厂设备也被迫出售和转移⑦。整个抗战期间没有一家印染厂开工。丽新纺织厂漂染部直到 1947 年才恢复生产。

染织业。抗战前，无锡有染织厂 14 家，织机 874 台，其中动力机 600 台左右，当时年产量约计 22 万匹，合计 600 万米。无锡沦陷后，美恒、三新厂被日军烧毁，其余各厂均停产或被抢劫。

① 陈文源：《申新三厂在抗战中的经济损失》，引自无锡市政协文史资料委员会编：《无锡文史资料》第 31 辑，1995 年 10 月印行，第 157 页。
② 机器棉纺织业同业公会全国联合会：《机器棉纺织业公会联合会查报有关会员工厂在抗日战争时期遭受损失的各项资料》，1947 年 12 月，中国第二历史档案馆藏，档案全宗号 825，卷宗号 839。
③ 机器棉纺织业同业公会全国联合会：《机器棉纺织业公会联合会查报有关会员工厂在抗日战争时期遭受损失的各项资料》，1947 年 12 月，中国第二历史档案馆藏，档案全宗号 825，卷宗号 839。
④ 机器棉纺织业同业公会全国联合会：《机器棉纺织业公会联合会查报有关会员工厂在抗日战争时期遭受损失的各项资料》，1947 年 12 月，中国第二历史档案馆藏，档案全宗号 825，卷宗号 839。
⑤ 上海市档案馆编：《日本在华中经济掠夺史料（1937—1945）》，上海书店出版社 2005 年版，第 146 页。
⑥ 无锡市地方志编纂委员会编：《无锡市志》第三册，江苏人民出版社 1995 年版，第 2481—2484 页。
⑦ 江苏省地方志编纂委员会编：《江苏省志·纺织工业志》，江苏古籍出版社 1997 年版，第 127 页。

毛纺织厂。1937年10月，无锡的第一家毛纺织厂——协新毛纺织染厂，也是全国最早的粗、精纺齐全，纺、织、染的全能的毛纺织染厂（拥有毛精纺锭1800枚，粗纺锭204枚，毛织机40台）被投炸弹12枚，厂房和机器大部损失。城中办事处被烧毁成品价值约1.9万余元，厂内库存成品、原料等物资又遭土匪抢劫，估计损失20万元以上[1]。1938年该厂为日军驻地之后，2号锅炉被炸，机器设备遭到严重破坏，被迫停产[2]。1943年，协新才恢复低档粗毛织品的生产，1946年才全面恢复。

纺织机械工业。抗战前无锡的纺织机械工业已有一定的规模，主营纺织机械修配制造的工厂已达20余家，其中工艺、合众铁工厂、公益机器厂为30年代我国为数不多的专业纺织机械厂之一。无锡沦陷后，工艺厂被查封，设备和库材被盗运，共计损失车床、马达、引擎等各类机器价值38.33万元[3]；申新三厂所属的公益铁工厂在1936年已有制造母机百余部，储存钢铁材料数十吨，已能代申新制造自动布机及纺机，全国抗战爆发后，奉命制造手榴弹及地雷。上海沦陷后，为保存抗战的物质基础，该厂一部分轻型机器西迁，由于沿途屡遭轰炸，运达重庆者仅占1/4，一部分重型机器有的分装到镇江，后散落在苏北各地，一部分留在无锡的重型设备，无锡沦陷后全被日军劫走。一些中小型纺织机械厂被迫关闭停产。

2. 缫丝业

无锡的缫丝工业在抗战前占全国首位，在国际上享有盛誉，成为日本缫丝工业的劲敌。因此，日军占领无锡后，目标之一就是要摧毁无锡的缫丝业。他们除了将当时仓库内堆存的丝茧掠夺一空外，还对所有工厂进行了大规模破坏。抗战期间，无锡的缫丝工业在战火中损失惨重。无锡丝厂半数被毁，其中被严重焚毁的17家，仅剩嘉泰、润康等少数几家，其他丝厂或烧或拆毁，房屋设备及生丝原料被劫被毁，估计直接损失折合当时大米100万石，价值1000万元[4]。仅对天来、嘉泰等8家丝厂统计，间接损失达1661.94万元[5]。

全城原有51家缫丝厂，丝车15832部，常年开工丝厂40家，丝车12544台，生产白厂丝27734担。其中无锡创办最早的裕昌丝厂、生产设备和生产技术

---

① 唐君远口述，吴继良整理：《无锡新毛纺厂的创建与发展》经济（二），现藏无锡市政协学习文史委员会。

② 江苏省地方志编纂委员会编：《江苏省志·纺织工业志》，江苏古籍出版社1997年版，第155页。

③ 《无锡县工艺机器厂财产损失报表》，台北"国史馆"藏，档案号302—214。

④ 无锡市地方志编纂委员会编：《无锡市志》第三册，江苏人民出版社1995年版，第2481—2484页。

⑤ 《苏浙皖丝厂财产损失》（二），台北"国史馆"藏，档案号301—163—2。

在国内领先的永泰丝厂及华新丝厂被完全毁坏，无法恢复。11月，无锡沦陷前后，无锡永泰系统各厂都有不同程度的损失，有的机器散失，有的机器设备被火毁，有的厂房、宿舍被炸毁，人员四散，在整个抗期间被迫停歇；永泰第一制种场、永泰第二制种场、永泰和茧行、公泰昌茧行、公泰隆茧行等机器设备也都被毁；永泰系统各厂积存干茧2万余包，生丝600余担，有的被烧，有的被抢，生丝被抢走100余担，干茧被抢1000余担，被烧5000余担[①]。1938年1月，日军在无锡玉祁先占据玉祁瑞纶丝厂，撤退时竟架起柴火将所有机器设备以及原料制成品全部焚毁，损失价值38.7万元。

1937年上半年度无锡曾开工的丝厂被毁坏半数以上。据中国科学院经济研究所藏日文档案——《江浙制丝工厂被害状况调查书》（1938年4月调查），1937年上半年度无锡曾开工的41家丝厂，11300余台丝车，被毁坏66%；其中日军炮火全部烧毁的达16家，有裕昌、锦记、永昌、民丰、永昌合记、荣记、宝昶、玉祁、锦丰、新纶、福昌、九馀、纶昶、瑞昌二厂、裕生、福兴等，计被毁丝车6502台；丝车设备等部分遭毁坏的是乾牲、振艺、永吉、万源、恒益等11家丝厂。又据日本兴亚院昭和16年2月版《无锡及太湖南岸地带制丝调查报告》供认，调查了20家丝厂，全毁的16家，毁丝车4396台[②]。抗战期间，根据原中国蚕丝公司无锡分公司工程师邵焕祥调查记述，无锡沦陷后，日军为攫取钢铁，对所有工厂进行了大规模破坏。据不完全统计，当时开工的42家丝厂，丝车12656台，破坏较轻的中只有12家，3280台。城乡丝车设备被日军损坏数量达72%以上[③]。

3. 以面粉业为代表的粮食加工业

无锡被誉为全国四大米市之一。至抗战前夕，无锡粮食业工商业继续发展，碾米、制粉、榨油的加工能力能消化近千万石粮食。无锡的茂新一厂、茂新二厂、九丰三大面粉厂日产面粉24000包以上，居全国第三位。面粉工业不论是工厂数量还是生产能力，均居全省第一位。

面粉业。战前无锡有4家面粉厂，1936年，茂新一厂生产面粉685060包，茂新二厂生产面粉848092包，两厂盈利35.62万元。无锡沦陷后，茂新一厂被日军放火烧毁，未被烧毁的物料间、马达间，大部分机器零件亦被拆被偷。茂新

① 王同楼、吕焕泰等编：《无锡沦陷时期永泰系统各厂所受损失》，工商史料（三），由无锡市政协文史委员会整理，现藏无锡市政协学习文史委员会。
② 钱耀兴主编：《无锡市丝绸工业志》，上海人民出版社1990年版，第428页。
③ 同上。

二厂被作为日军病马院，机器等被拆毁，留下的小麦、面粉、麸皮各约数万包，悉被抢劫一空。九丰面粉厂于1938年为日商华友制烨公司霸占，改名大丰面粉厂，仍用山鹿牌商标，生产面粉大部充作日军军用。仅有广丰面粉厂获得日军庇护，独家经营，其他面粉厂存货被劫一空。面粉工业估计损失为250万元①。

碾米业。抗战前无锡碾米工业被称为全国五大碾米中心之一。无锡沦陷前后，无锡11家碾米工厂受到不同程度的损害，厂内存粮大部分被日军先封后抢，共损失7.07万元②。

榨油业。油厂共损失49.5万元③。全国闻名的恒德油厂，被誉为全国关内第一大油厂，因处交通要道，办公楼、房屋被毁，仓库、厂房倒塌，所存豆油被日军打开闸门冲泻成瀑，仅恒德一家就损失30万元。

4. 其他行业

抗战期间，无锡机械行业集中在工运桥、火车站一带，遭到日军连续的轰炸，日军侵占后，又遭洗劫，30多家机械厂毁于兵燹（其中震旦机器厂在内迁中损失殆尽），价值达大米20万石以上④。

1937年，日本侵华战争全面爆发，刚兴起的民族化工企业遭到扼杀。无锡有30余家小化工厂被日军焚毁⑤。

（二）沦陷后，许多工厂及设备被日本侵略者以"代管、占用、统制"等手段大肆掠夺，甚至蓄意破坏

日本侵略者在占领无锡期间，一方面破坏无锡的民族工业，另一方面为达到以战养战的目的，用"占用"、"租用"、"统制"和"专卖"等手段加以掠夺，企图利用留存的工业设备为其侵略战争服务。

1. 日军以"统制、专卖、军管理"等手段大肆掠夺无锡工厂。

日军占领城市后，采取"军管理"、以合营为名成立垄断公司、控制原料动力等手段进行经济掠夺。1938年，无锡丽新、庆丰、申新、协新等厂先后被日本"大康株式会社"代管。无锡茂新二厂被日军作为"敌产"，实行"军管理"；对于丝厂，日军占领无锡后，日本强占残存丝厂，诱逼丝厂业主与其"共同经营"，

---

① 无锡市地方志编纂委员会编：《无锡市志》第二册，江苏人民出版社1995年版，第840页。
② 李行：《一年来之新无锡》，维新文化研究社1938年版，第151—152页，无锡市图书馆藏。
③ 《无锡各工厂战时损失及最近开工情形调查》第二卷第二、第三期合刊，经济部资源委员会月刊1940年版，第107—108页。
④ 无锡市地方志编纂委员会编：《无锡市志》第二册，江苏人民出版社1995年版，第1024页。
⑤ 江苏省地方志编纂委员会编：《江苏省志·化学工业志》，方志出版社1999年版，第2页。

1938 年日军以与华商合作为名，在无锡成立缫丝业惠民公司（后扩大为华中蚕丝股份有限公司，即华中蚕丝株式会社），该公司从收购蚕茧、开业、输许可证、出售生丝、运输等实行全面管制，全面统制苏浙皖三省制种、茧行、缫丝的蚕丝生产和贸易。无锡有 18 家丝厂（5858 台丝车）被无锡华中蚕丝公司圈入经营。日本通过该公司不仅掠夺大量财物（到 1943 年 9 月，日本从华中蚕丝公司获得外汇 1740 万余美元①），而且使无锡丝业的产销、经营完全丧失自主权。1943 年 11 月 5 日，日本华中蚕丝公司宣布解散。至翌年 4 月，18 家丝厂正式发还，工厂大部分已支离破碎，一时难以修复自营，其中协丰、中兴等丝厂已成白地。

2. 日军不仅强占工厂，就地生产，而且将沦陷区内许多重要的机器设备劫运往他处。

1943 年 7 月 17 日，申新三厂被日本军部批准发还。此前，该厂按照日本大使馆所出的低廉价格将厂内两座 1600 千瓦的发电机分别卖给淮南煤矿及繁昌煤矿，并补偿《上海纺织株式会社》巨额代管费②。12 月，战前庆丰厂有1600kW、1000kW、4000kW 三座发电机，庆丰接收后，日商无理要求庆丰以这三座发电机来偿还日方占领庆丰时的复旧费、管理费，庆丰多方交涉未果。1943年 12 月，日商以借贷为名将 1600KW 发电机拆迁蚌埠日商华中水电公司，此后又将 4000kW、1000kW 发电机拆迁山东日商华北水电公司③。抗战时期，无锡地区各纱厂的自备发电机组共损失 6 台 11150kW，占当时装机容量的 60.9%，其余残留的发电设备绝大部分被迫停止发电④。

1943 年，日军还将无锡 62 家机器厂、27 家翻砂厂等留存未搬之车、钳、刨、钻床等母机，共计 1314 部全部运至东北，计钢铁之量约为 5500 余吨。此外，贵重物具、器皿、衣饰等之被掠夺者，不可胜计⑤。

3. 日本侵略者蓄意破坏工厂。

1943 年 9 月，华中蚕丝公司宣布解散前夕，曾派人到无锡各丝厂，擅将各厂机器、锅炉等强行敲拆，作为废铁"捐献"，其中永裕、振艺、振元、大生、

---

① 高景岳：《1937 至 1945 年蚕丝业受侵事略》，无锡市政协文史资料研究委员会编：《无锡文史资料》第六辑，1983 年 11 月印行，第 54 页。
② 《无锡第一棉纺织厂厂史》（原申新三厂），第 27 页，无锡第一棉纺织厂 1990 年 5 月印行，现藏无锡长江精密纺织有限公司。
③ 《无锡第二棉纺织厂厂史》（原庆丰纺织厂），第 47—48 页，无锡第二棉纺织厂 1984 年印行，现藏无锡方志馆。
④ 江苏省地方志编纂委员会编：《江苏省志·电力工业志》，江苏科学技术出版社 1994 年版，第 45 页。
⑤ 薛明剑：《全国救济总署调查：无锡被敌破坏灾情》，载《大锡报》1945 年 11 月 5 日、7 日。

泰孚、森明 6 家丝厂，都遭到严重破坏，损失计"中储券" 2 亿元之巨[①]。

（三）沦陷期间，无锡民族工业的发展遭到日本侵略者千方百计的压制和摧残

无锡沦陷后，日本侵略者对无锡民族工业实行统制政策，以全面建立殖民地经济体系。1938 年 5 月至 1939 年 5 月，日军华中国策公司纷纷在无锡成立子公司，有华中水电公司、华中电讯公司、华中蚕丝公司、内河轮船公司、纺织株式会社、大新华友诸面粉公司等，控制无锡一些重要企业，掠夺生产资源，致使无锡工业生产的经济基础基本丧失。

此外，为了阻止无锡民族工业的发展，日商还制定了种种措施加以限制。日本人占领无锡后，限定纺织厂规模。规定每家纺织厂不能超过 3000 纱锭，使棉纺织工业不得不化整为零，设备分散，出现厂多而机器少、生产技术倒退状况。当时开设的新毅、益民等 16 家小型纱厂设备都很简陋，生产极不正常。又比如当时，无锡工厂的发电设备遭到日本侵略军破坏或被拆走，发电用煤供应紧张，日伪华中水电公司无锡支店采取限制用电办法，按原供电量减少 30%—60% 供应，并规定供电时间，停止新用户接电；还对大用户实行以煤易电办法，每吨煤炭换电 800 千瓦时[②]。

第二次世界大战全面爆发后，日本人对物资需求增大，大肆抢劫纱布，用"纱布收购"办法使无锡各厂将存货削价销售，造成大部分厂家损失惨重，破产停工。1943 年，迫于形势，日本人不得不在年初发还了工厂，但同时列出了巨额的赔偿款。如 1943 年 5 月，日商将庆丰厂移交给汪伪实业部，列出了名目繁多的包括流动资产增加金额等合计 29.16 万元的"庆丰厂偿还帐目"。还要庆丰厂偿还大康纱厂管理期间的复旧费 112.31 万日金，折合中储券 623 万元[③]。并且仍用各种方法控制和利用这些工厂，一是成立棉花统购委员会，统一收购、统一分配棉花；二是成立棉纱、棉布收买办事处，颁发《收买棉纱、棉布实施纲要》，不准纱布自由买卖，利用这些规定来限制华商的生产，造成无锡本地的工厂原料不足、电力不足，生产出的纱布又被伪政府以分期付款，三年还清的办法加以征购，无锡的纱厂实质上成了日军的代纺厂。申新三厂和茂新二厂发还后，

---

① 钱耀兴主编：《无锡市丝绸工业志》，上海人民出版社 1990 年版，第 428 页。

② 江苏省地方志编纂委员会编：《江苏省志·电力工业志》，江苏科学技术出版社 1994 年版，第 170 页。

③ 《无锡第二棉纺织厂厂史》（原庆丰纺织厂），第 44 页，无锡市第二棉纺织厂 1984 年印行，现藏无锡方志馆。

荣氏修复申新三厂的几万纱锭开工生产，但原料和动力都在日军控制之下，生产纱布的90%被日伪收购。日军军部要求各纺织厂接受"代纺"，不然封锁其用电用棉。如1943年强制庆丰厂以一万锭代纺，并限定代纺10s、20s各250件制成品，限于6月底交货。面粉厂亦是如此，1944年后，粉麦统制后，日方规定华商面粉厂只能代其加工，不能自营。

同时，由于第二次世界大战全面爆发后，战争用丝量猛增，这时，无锡的家庭制丝厂迅速发展起来。据《华中蚕丝股份有限公司沿革史》记载：1939年末，无锡有小丝厂430家，丝车6353台。1939年7月，由于江苏家庭小丝厂已成为日本华中蚕丝公司的重要竞争对手，因此，为了遏制无锡家庭小丝厂的迅速发展，在日军的授意下，伪维新政府于是日发布了《实业部管理手工制丝业暂行办法》。1940年6月21日，汪伪政府又秉其主子之意，发布《工商部管理小型制丝工场暂行规划》。用无证不得营业、产品不准出口、不得擅自收茧等的规定来限制江浙两省特别是无锡的家庭小型丝厂，从而使这些丝厂无法生产，被迫停业。

以上所有事实证明，日军对无锡民族工业的破坏是蓄谋已久的，是有计划的。抗战前无锡的纺织、缫丝在全国有较大影响，在国际上也有较强的竞争力。丽新于1931年成为全国第一家纺、织、染的全能工厂，产品盛销国内外。1933年日本《朝日新闻》称丽新产品为日本棉纺织业之劲敌。此外，当时庆丰的"双鱼"牌，申新三厂的"人钟"，丽新厂"鲤鱼"牌精元布在国内外市场上有较大声誉。对于破坏行为的动机，1938年1月，日本经济学家木幕慎太博士来无锡考察后在其调研报告中说："以太湖为中心的发达工业是抗日的产业，是造成日中纷争的祸根，应从根本上毁灭之。"[1] 1945年12月12日，善后救济总署派美国人（加拿大籍）裴尔德来锡调查工厂灾情。他视察了申新三厂、庆丰纱厂、公益机器厂、永盛丝厂、油厂、亭子桥工艺铁工厂等，认为无锡的灾情情形完全是由于日本人的嫉妒而产生的有计划的破坏[2]。

因此，在这种卑劣思想的指导下，在日伪统治期间，苏南工业一直没有恢复。1939年5月，虽有不少工厂已复工，但全县仅有缫丝厂11家、染织厂4家、棉纺厂2家、面粉厂2家和榨油厂1家，分别比沦陷前减少38家、14家、5家、3家和2家，工厂总数只有原来的24%。且大部分厂房和设备也已经毁坏，工厂的规模缩小，同时不少厂家的资本被日商控制。1943年日军将"代管"厂发还，但由于破坏严重，生产极不正常，产品仍被日军"统制"收购。在日本侵略者的疯狂摧残

---

① 钱耀兴主编：《无锡市丝绸工业志》，上海人民出版社1990年版，第429页。
② 《美人裴尔德来锡调查工厂灾情》，载《大锡报》1945年12月12日第二版。

下，1945 年无锡棉纺织业只有 10 万枚纱锭运转，每日产纱 250 件，不足战前的 40%；面粉厂的开车率也只有 20%—30%；曾是国内最发达的无锡蚕丝业遭到空前浩劫，整个缫丝行业的生产能力，至 1949 年仅恢复到抗战前的 20%。

三、抗战时期无锡商业损失情况

抗战前无锡的商业主要集中在四个区域：以北门莲蓉桥至三里桥为中心的北区；以南门伯渎港至黄泥垮为中心的南区；以西门棚下街向北一带的西区；自老北门至大市桥为止的需中大街（包括崇安寺）为城内的中心区。城中为生活日用商店，其他三个区均为四乡及邻县的货物集散地。抗战爆发后，无锡"繁华之区变成瓦砾之丘"，全县商业直接损失达 12030.22 万元（不含 210000 担生丝价值），间接损失无法估量。

1. 繁华街市付之一炬

1937 年 10 月 6 日，日军飞机轰炸火车站地段，工运桥堆栈所存的成百上千吨粮、棉、丝、布尽付一炬，其中新仁堆栈损失棉花 2.2 万多担；铁路饭店损失 52.8 万元，通惠路上 372 间店铺毁于一旦。10 月 8 日以后，日机不分昼夜对无锡连续不断地进行疲劳轰炸，光复门外周山浜、西门外惠山等工商业集中地区受空袭之难。另据《密勒氏评论》文章所载，11 月 10 日日军于一日之内竟投弹 160 余颗，全城工厂与商业区尽成瓦砾，军民死伤无数。

1937 年 11 月 25 日，日军侵占无锡，先抢后烧，纵火焚烧商业街市，从大市桥烧到三里桥，大火持续十昼夜，本市最繁盛的商业中心悉遭焚毁，北塘、三里桥的米市被毁，沿街 55 家粮行无一幸免，全市商店烧毁 54268 家，商业损失价值为 100 万至 200 万石大米[①]。

2. 沦陷前后全市商业各行业损失情况

无锡沦陷前后，无锡粮食业被焚房屋 500 余间，粮库 6 家，稻谷 4 万多斤，大米 2 万多石，小麦杂粮数十万斤，抢掠粮库 23 家。损失价值折合当时大米 20 万石；金融业：无锡沦陷初期，全县 33 家典当业大部分因被抢劫一空而停业，7 家钱庄业和 23 家保险机构全部停业，10 家银行或停业或转移。其中银行业中仅中国银行、浙江兴业银行、上海银行三家银行在无锡的直接损失达 896.35 万元，中国银行一家的间接损失达 227.68 万元，典当业损失共计达

---

① 江苏省地方志编纂委员会编：《江苏省志·商业志》，江苏人民出版社 1999 年版，第 510 页。

165.20 万元；全市衣装业、柏烛业、人力车业、照相业、砖窑业、陶器业、浴室业、皮毛革业、旅馆业、鲜肉业、制香业、针织业、制柏业、影剧业等15 个行业损失价值折合当时大米 12.8 万石。其他行业：猪行、南北货、绸布、山地货、木材、造船等 100 多个行业损失价值折合当时大米 185.50 万石。此外，无锡县茶叶业公会损失共计 6.89 万元[①]，无锡九盛、世泰盛等 33 家绸布庄损失 1192.71 万元[②]。

无锡沦陷后，无锡的粮食堆栈被封，存粮近 200 万石，先后被日军劫去 130 万石[③]。1937 年 11 月 25 日至 1938 年 5 月，日军无锡兵站部和无锡衣粮厂封存了无锡所有公有仓库的物资和军粮，同时还封存了无锡大部分的民有仓库。当时被封的民有货栈有宏仁栈、光仁栈、德新栈、德丰栈、义昌栈、达源栈、同源栈、福源栈、复生栈、裕生栈和仁昌栈等。

3. 沦陷后无锡商业遭日本侵略者统制

沦陷后，无锡的物资、商业遭到日本侵略者的统制，无锡商业发展被人为地控制、遏制，甚至破坏，无锡商事顿衰。随着战事西移，小商小贩又逐渐增多，但街上只见摊贩不见商店，摊贩也仅仅集中在崇安寺、长安桥、北塘、桃枣沿河一带。直至 1941 年商市稍有恢复，私营商户数计 1746 户，仅为 1936 年的 36%。

日军占领无锡后，1938 年 5 月，日商三井、三菱、大丸等洋行在无锡开设粮行，遍设出张所（下清店），待日本军部下达收购任务后，各洋行就分头委托各粮行或粮商大量收购粮食，控制无锡米市。此外，他们还经营纱布、棉花、五洋百货、货商品，同时强化对棉、纱、布、金属材料等重要物资的控制。据资料统计他们一年中所经手的米稻在 100 万石以上。

1939 年 8 月，日军在无锡成立中国合作社无锡支社，统制地方农工商经济活动。1941 年，汪伪政府发行中储券，由于滥印滥发，造成通货膨胀。12 月，太平洋战争爆发后，日本对战争物资的需求骤增，其对商品统制的力度进一步加大，就不惜采用了粮食统制的办法，日伪组织伪全国商业统制会，下分米统会、麦统会、油统会、棉丝统会等机构，以武力为后盾，统制重要物资，停止民间自由买卖。物价如脱缰之野马，直线上升。由于米价暴涨，以致城区爆发两次大规模抢米风潮。并且由于物价飞涨，市场上投机成风，社会经济严重混乱。1943

---

① 无锡县绸布庄业茶叶公会：《抗战时期绸布庄业茶叶业财产损失报告单》，1945 年，无锡市档案馆藏，档案号 ML1—5—206。

② 同上。

③ 吕志霖编：《无锡粮食业简史资料》经济（一），藏无锡市政协学习文史委员会，登记号 488—564。

年，日伪进一步加强对物资的统制，成立"米粮联营社"全面负责军需民食，禁止商民运销粮食，无锡米市顿时失去了集散调节作用，继而又设"棉纱、布统制委员会"，强行收购工商存纱存布，不少厂店相继倒闭。当时唯有为少数人服务的菜馆、戏园、妓院、赌场、鸦片售吸所生意兴隆。据统计，日军占领期间，无锡的售吸所超过 120 家，大小毒贩千余人。

四、结　　论

1937—1945 年的日本侵华战争，不仅给无锡的工商业造成了巨额的经济损失，而且造成了不可挽回的社会损失。

（一）日本帝国主义的侵略，使无锡近代工商业遭到巨大打击

在战争初期，在日军飞机的狂轰滥炸和日军的肆意烧杀、疯狂抢掠下，作为无锡支柱产业的纺织、缫丝、面粉三大行业被战火摧毁，20 世纪 30 年代无锡经济大发展的一切成果惨遭毁灭；至于无锡由近百年来由米市、布码头、金融码头等发展而形成的贸易区、中心商业区，在大火中化为废墟。

（二）日本帝国主义的侵略，使无锡民族经济结构解体，无锡工商业六大资本集团并峙的繁荣局面从此结束

战前无锡的几个产业集团，在遭到日本侵略者的重大打击后，各谋生路，有的拆迁上海租界，有的则去大后方建厂，有的去香港甚至海外，更有的采取观望态度，有的甚至与日本侵略者合作，无可否认的是无锡工商业几家较具实力的产业资本被搅散，棉纺业和蚕丝业中几个大厂不得不化整为零，丽新、庆丰、申新不得不在上海等地开设纱厂，庆丰厂也在常熟开办家庭纺织工业社。这些家庭工业规模小，经营分散，设备陈旧，技术落后，造成无锡经济和社会的大倒退。

（三）日本帝国主义的侵略，使无锡城市近代化进程受到阻遏

日本的侵华战争和殖民统治，使无锡的经济和社会环境趋于恶化，城市工商经济发展的客观基础条件（如充足的资金、广泛的市场、良好的交通以及自由的贸易等）基本丧失，城市工商经济陷入危机之中，城市近代化进程受到阻遏。在日伪的摧残下，无锡失去了战前"小上海"的繁荣景象。直至解放前，全县经济发展一直陷于停滞和衰退的低迷状态。

（四）抗战时期徐州贾汪煤矿财产损失及矿工伤亡

徐州矿务局抗战损失调研课题组

位于徐州市东北部 37 公里处的贾汪煤矿创建于清朝末年。公元 1930 年，上海新资本团（以民族资本家刘鸿生为首），出资 80 万元收购了贾汪煤矿的开采权，并成立了华东煤矿股份有限公司。据上海《申报》报道：贾汪煤矿"在抗战之前，已有相当的规模。矿区的全面积共为十五万四千三百四十九公亩，煤田分布甚广，蕴藏量据钻探的记录，估计在八千万吨以上。矿上的基本设备俱全，且有附设的小型面粉厂、肥皂厂、自来水和电网等。在运输设备上，贾汪至柳泉之间，敷有轻便铁路十余公里，专作运煤之用。"[1] 据华东公司大事记记载：止 1936 年，其矿场夏桥一、二号直井，年产煤炭已达 34.72 万吨，尽管当年基建投资较大，净盈利仍在万元以上。1937 年上半年，矿场生产建设继续推进。同年 6 月，华东公司为了扩大生产，董事会决定向江苏银行、中华银行等借款 145 万元，用于修筑贾汪至柳泉宽轨铁路、购铁路用煤车 100 辆、开发韩场新井等。

1937 年 8 月 16 日起，因日本侵略中国的影响，贾汪矿场煤炭销售运输受阻，矿井停产，每日只维持 100 余吨（自用煤）产量。同期，筹建宽轨铁路、购煤车、筑新井的借款也因战争而取消。是年 12 月，矿警队长刘德藩辞职。1938 年 1 月，矿长江山寿弃职离矿，另有 39 名职员去职，矿场处于混乱之中[2]。

1938 年 10 月 24 日，日军武装占领贾汪矿场，并将华东煤矿公司贾汪矿场改称柳泉炭矿。在其占领的七年多时间里。日军为了侵略战争的需要，疯狂掠夺煤炭。据华东煤矿公司档案记载：1938 年 11 月至 1945 年 7 月，日军共掠夺贾汪煤炭 245.9 万吨。同期，他们不按正规开采，在井下乱挖乱采，主要巷道和大井的保护煤柱也被挖掘，"近乎竭泽而渔"，煤田遭到破坏，无法开采的煤炭资源约 330 余万吨。日军侵略战争期间，贾汪煤矿损失煤炭在 600 万

---

① 1948 年 3 月 30 日上海《申报》第五版：《华东煤矿开拓新井恢复生产》。
② 1936—1938 年 1 月华东煤矿公司大事记，存徐州矿务集团公司档案馆，档案编号—395。

吨以上①。

在日军侵占的七年多时间里，贾汪矿工惨遭奴役，付出了重大伤亡。1938年3月30日，日军飞机轰炸贾汪矿区，炸死矿工和家属14人，炸伤50人；是年8月5日，日军突袭青山泉火车站（华东煤矿公司所设），枪杀该站4名同胞，重伤一名②。

日军为了对工人实行残暴统治，组建有700多人的矿警队，其下属的特务科后改称第二科，专门对所谓"不法工人"进行侦察关押和刑讯。工人王辅清、杜传金、岳崇友等一大批人被日军特务和汉奸摧残得死去活来③。

日军对矿工实行法西斯式的管理。工人下一班窑（井），要过"三关"：一是领牌关，不管春夏秋冬，半夜排队领工牌，领到工牌才能上班；二是进矿关，进矿接受日军搜身检查、给日军鞠躬；三是点勾关（井口），日军监工站在井口，手上拿着棍子，要在每一个人的头上点（打）一下子，才能下井。

1943年，日军乘河南等地闹灾荒之际，骗来一批难民（500多名）当矿工（外工）。其中有300多名单身汉被关进了被矿工们称为"阎王堂"的筒子屋。这些矿工上下班被武装押送，像囚犯一样赶到井下干活。上井后，在筒子屋里没有任何自由。由于长期遭受非人的虐待，工人个个骨瘦如柴，疾病丛生，纷纷死亡。据幸存者，解放后担任新河煤矿副矿长的苏光荣1995年9月回忆："当时我们河南人被招来贾汪矿上的有好几百人，宿舍的四周都装上了铁丝网和电网，工人们不能随便进出……我们下一天井，只能得二斤半麦麸子（馒），里面沙子很多，还有虫、蒸不熟。同时也没有盐拌调，又没有水喝，天一热，生病的人特别多，大多得的是伤寒病。病了也无人医，只能等死，有时一天就死了七八个人……在日本侵略者这样的折磨下，我们这些苦工就成批地死去，到后来能够活下来的只剩十几个人。"④

据记载：在日军强占贾汪矿区期间，贾汪矿场有职工4800多名。其中：职员289名（日本人68名，中国人221名），里工1177名，外工3266名，临时工380名。在此期间的员工伤亡人数，飞机炸死和枪杀18人，受伤50人，被奴役、得伤寒等病死亡200多人⑤。

---

① 1948年3月30日上海《申报》第五版：华东煤矿开拓新井恢复生产。
② 1938年华东煤矿公司大事记，存徐州矿务集团公司档案馆，档案编号—395。
③ 徐州矿务局矿史编写组编印：《徐州煤矿史大事纪年》第一辑，1982年10月，第39页。
④ 徐州矿务局矿史编写组编印：《徐州煤矿史大事纪年》第一辑，1982年10月，第44页。
⑤ 华东煤矿公司档案《职工人数移交统计表》，1945年，存徐州矿务集团公司档案馆，档案编号—357；徐州矿务局矿史编写组编印：《徐州煤矿史大事纪年》第一辑，1982年10月，第49页。

一、贾汪煤矿的沦陷及财产损失情况

（一）日军强占贾汪矿场

1938 年 2 月，华东煤矿公司针对矿场情势岌岌可危，在非常时期为保障矿产安全起见，商请德国礼和洋行汉口分行，派德国人卡尔（Kell）前来贾汪矿场应付一切。并与该行订立合同（用美金 5000 元聘请）。其在矿场所有报酬和一切费用，均由公司担任①。

1938 年 2 月 6 日，卡尔到达贾汪矿场后，布置在矿场和柳泉煤栈悬挂德国国旗，在地面上铺上铁板，上面画上德国国旗。开始，日本飞机到贾汪上空，见到德国国旗，飞了两圈就走了。但是，到了 3 月底，卡尔悬挂的德国国旗也不保险了。日军飞机狂轰滥炸贾汪，造成矿区财产重大损失，矿工及家属的重大伤亡。

1938 年 5 月 19 日，日军占领徐州，20 日就派军队进驻柳泉。华东公司所设柳泉煤栈，是矿场运销煤炭的重要场所。于是，卡尔身穿德国法西斯党卫军服，佩带两把手枪，从贾汪赶去柳泉。卡尔对日军声明："本矿一切财产，现归礼和洋行以债权资格管理之，本人系礼和洋行派来负责管理之人。柳泉煤栈存煤，亦为礼和所有，日方不得取用。"卡尔还表示：本矿在我管理之下，负责严守中立，请不要派兵来，免生波折。日方当时表示同意。

卡尔回到贾汪后，为应付时局，组织贾汪镇自治会，由卡尔任主席、秦健欧任副手（秦为华东公司留矿场的主管）。

驻柳泉日军扬言："凡皇军占领地，任何财产，均渠所有。贾汪矿亦其中一部分。"卡尔又去柳泉交涉，声称："日方如须用煤，须给代价。"日方当面答应，但事后到柳泉煤栈取煤 1000 多吨，既不写明煤价，也不加盖图章。卡尔极力交涉，反而触怒了日军②。

其后一段时间，日军八次派兵"扫荡"矿区，派飞机轰炸贾汪。是年 8 月 5 日，日军于清晨六时，突然袭击青山泉车站（该车站为华东公司所设），强迫站内工人全部站到门外，其中工人董玉贵、王庆运、宋得胜正欲开门出去，就被日军开枪打死。室内有工人胡立友，也被日军刺刀穿胸，使其昏死过去。后在车站南又发现工人张时顺也被日军枪杀。这次袭击枪杀我 4 名同胞，重伤 1 名。事后

---

① 1938 年华东煤矿公司大事记，存徐州矿务集团公司档案馆，档案编号—395。
② 徐州矿务局矿史编写组编印：《徐州煤矿史大事纪年》第一辑，1982 年 10 月，第 35—36 页。

卡尔到徐州日军机关交涉，并无结果①。

是年9月，矿场仅存煤1500余吨，日军出于战争需要，敦促矿场要开始出炭，否则将武装占领，归日开采。10月24日，驻徐州日本陆军以苏北陆军特务机关长江田稔的名义任命了一批贾汪炭矿接收委员②。这天上午九时，由日本陆军特务齐藤弼州（曾任冀察政务委员会军事顾问，北京特务机关翻译等职），带领职员6人，侵略军200多人，全副武装开到贾汪。卡尔得到消息，无可奈何地带领矿警队一帮人前往迎接。日军一见卡尔先来了个下马威，端着刺刀把他的一帮人围了起来。卡尔通过翻译与齐藤交涉，表示欢迎日军来矿，才解除看押。卡尔把齐藤等日军头目请进办公室喝过茶，并召集工人训话，举行"接收宣誓式"，场子上架着机关枪，显示日军武装占领的淫威。卡尔和齐藤分别讲了话。这天，日军发出第一号公告：宣布贾汪矿（华东煤矿公司矿场）改名为柳泉炭矿。

卡尔不久就离开了贾汪。日军头目齐藤弼州担任矿长，原华东公司留矿场主管秦健欧当上柳泉炭矿的总务处长③。

（二）占领期间的矿场沿革

1938年11月，华东公司总经理（上海总部）华润泉，依照董事会决议，为保全矿权与德国礼和洋行接洽，请该行负责人来徐州与日军机关交涉，企图挽回被武装占领的局面。但事实证明，日军根本不理睬。

1939年1月12日，齐藤弼州回日本东京述职，矿场日军头目原清召见秦健欧谈话，要他向华东公司在上海的代总经理戴麟书转告日军意图，其主要内容有如下五条：

1. 在战争期间，所有中国之工厂及矿业等，均为日军管理，不得依赖第三国人保护，致与日本军发生不友好的感情。

2. 日本军占领之地，分为敌产与民有产，若已查明为敌产，则完全没收；若证明为民有产，须日华合办。

3. 华东矿产已调查明白，并得很多有关系之材料，已认为敌产，军部和特务部已有命令，因华东董事与股东均为党中（指国民党）重要人员。

4. 如果愿意日华合办，应速派代表来接洽，但必须委任原清为顾问，因伊

---

① 徐州矿务局矿史编写组编印：《徐州煤矿史大事纪年》第一辑，1982年10月，第36页。
② 华东煤矿公司档案"苏北陆军特务机关第二八〇号"文件，存徐州矿务集团公司档案馆。
③ 徐州矿务局矿史编写组编印：《徐州煤矿史大事纪年》第一辑，1982年10月，第37页。

为军部所派，可以代为声明说改为民有产，若不愿意可以随便。

5. 每月出巨资请第三国人（指德国人卡尔），在此毫无意思，且易引起日本军不满，如负债可以代还。

以上五条日军以侵略者自居，对华东公司资方人员又拉又打，妄图拖他们下水，但华东公司资本家未予理睬①。

事实上自日军占领贾汪矿场后，就改为军管理工场，由日军指定合资会社兴中公司运营之。1940 年 11 月 30 日，兴中公司解散后，由北支开发合资会社继续经营，同时改为柳泉炭矿矿业所。1943 年 2 月 8 日，名义上军管理解除，即改为柳泉炭矿股份有限公司，直至日军投降（见柳泉炭矿经理组织报告表）。其机构设置如图②：

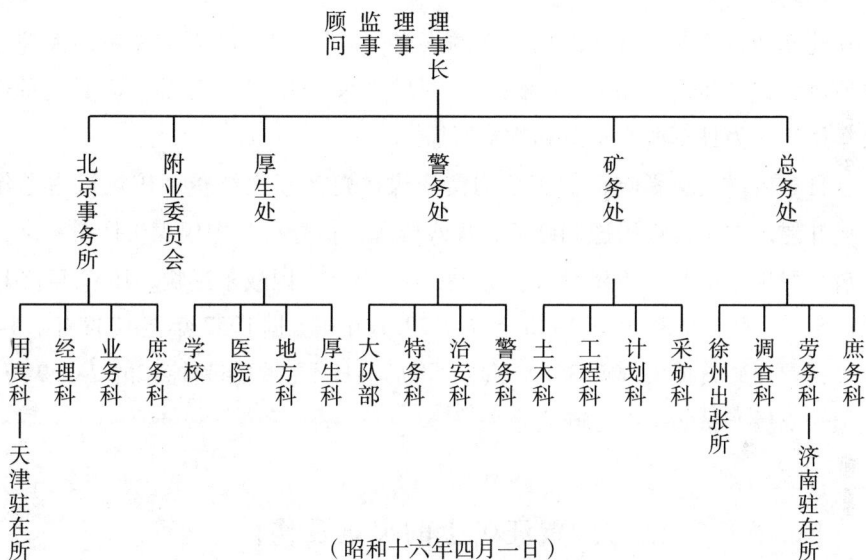

（昭和十六年四月一日）

柳泉炭矿矿业所职制一览表

（三）日军掠夺煤炭及华东公司的损失

1938 年 10 月，日军占领矿场后，就迫不急待地掠夺煤炭以供侵略战争之需要。为加快开发，在贾汪煤田不到 5 平方公里的范围内，原有一对直井出炭还不够，又于 1941 年开凿夏桥北斜井，全长 258.6 米，1942 年开凿夏桥南斜井，1944 年 10 月，又开凿韩场直井两座，因井身倾斜，水大淹没而中止。日军在井

---

① 徐州矿务局矿史编写组编印：《徐州煤矿史大事纪年》第一辑，1982 年 10 月，第 38—39 页。

② 华东煤矿公司档案"柳泉炭矿经理组织报告表"，存徐州矿务集团公司档案馆。

下乱挖乱采，主要巷道和大井的保护煤柱也被挖掘，煤田遭到破坏，无法开采的资源约 330 万吨。1938 年 11 月至 1945 年 7 月，日军共掠夺贾汪煤炭 245.9 万吨[1]，1938—1945 年其煤炭年产量如下表[2]：

年　度	产量（吨）	年　度	产量（吨）
1938 年	86652	1942 年	458756
1939 年	241184	1943 年	332138
1940 年	381867	1944 年	386366
1941 年	463942	1945 年	221714

在此期间，日军在贾汪矿场掠夺的煤炭，每年外运 30 万吨左右，大部分供日军所用，如供浦口"荣 1629 部队"、开封"东 2935 部队"等。同时大量供铁路机车用煤，为日军调集军队和物资所需[3]。

因日本侵略战争影响，华东公司贾汪煤矿财产损失严重。矿场被占七年之久，矿井建设中止，煤田遭到破坏，煤炭资源被掠夺。其中仅煤炭产量一项，本来夏桥一对生产矿井，1936 年年产已达 34.7 万吨，因战争影响，1937 年比 1936 年减产 8.1 万吨；1938 年比 1936 年减产 28.1 万吨。据 1937 年至 1938 年，14 个月统计：贾汪矿就损失煤产 36.2 万吨，再加上日军占领期间掠夺的 245.9 万吨，直接损失煤炭产量 282.1 万吨之多[4]。

二、贾汪矿工的灾难及伤亡

（一）柳泉炭矿警务处第二科的罪恶

日军占领贾汪矿场前，就派飞机狂轰滥炸贾汪矿区，其中一次就炸死矿工和家属 14 人，炸伤 50 人。

日军占领矿场后，开始靠日军武装镇压工人。后来组建警务处，下设警务科、治安科（后改称一科）、特务科（后改称二科）和矿警队。到 1942 年矿警

---

① 华东煤矿公司档案、《徐州矿务局志》上卷，第 29 页，存徐州矿务集团公司档案馆。
② 《徐州矿务局志》上卷，第 29 页，存徐州矿务集团公司档案馆。
③ 徐州矿务局矿史编写组编印：《徐州煤矿史大事纪年》第一辑，1982 年 10 月，第 42 页。
④ 华东煤矿公司大事记："历年煤炭产量统计折算"，存徐州矿务集团公司档案馆。

队已有相当规模，下辖 4 个中队，另有直属骑兵队和修械所等，队员从 390 人扩大到 722 人。武器有步枪 636 支、手枪 19 支、轻机枪 6 挺、迫击炮 1 门。其主要任务是对抗日武装力量进行所谓"防范"，对工人实行奴役①。

日军头目齐藤弼州以柳泉炭矿矿长名义发布告称：一、关于炭矿一切运营基于中日两国政府之方针办理，切勿作无谓之猜疑，务希依赖本人，按所定业务各自勉励之；二、若八路军等袭击炭矿对日本人加以危害时，本人决将炭矿一切设施破坏或烧毁而化废墟，日本人亦决心与炭矿同一命运；三、关于炭矿一切设施之保卫及本矿内外之居民之治安维持，全已委托警务处长龙白文（此人汉奸已被我镇压）负责担任；四、增强生产、安定民生，确保治安为本人之愿望，故希炭矿各服务人员及乡村民众认清此旨，共同协力为要②。这份布告充分暴露了日本侵略军的嘴脸。

他们为了对工人实行残暴统治，收罗了一批汉奸走狗，成立一个"第二科"（地址在原贾汪邮局处），里面有十几种刑具。日军公开宣称："日本人打死中国人，毫无关系；可是中国人抗拒日本人，却绝对不行。"老矿工李大中 1995 年 7 月回忆说："1939 年那年，我在矿上七号柜干，因为上班晚了一会儿，日本鬼子一下子就把我推到水沟里去了……鬼子杀人如麻，我一个远房叔叔，在大吴湖里村，一家四口被鬼子一下子杀光了。韩场南大菜庄被鬼子杀绝 6 家，阚山庄从东往西杀 12 口人，杀绝 7 家。"③ 工人王辅清有一次下班回家，走在回老矿的路上，稍微吐了一些口沫。这时正有一个日军走他身旁经过，一口肯定王辅清是吐了他的狗。于是一面用枪柄打，一面又叫狗咬，结果王辅清身上多处被打伤、咬伤。工人杜传金，因进矿门忘了摘帽子，日本鬼子唤来东洋狼狗扑到他身上就咬，使杜传金脖子上留下了终身的伤痕。工人岳崇友，因进矿门没给鬼子鞠躬，日军一声口哨，上来七八个人把他捆起来押进二科，吊在房梁上毒打，硬要他承认是"八路"。后来又压杠子，坐老虎凳，直打了一天一夜。放回家一个月都不能动弹。可见，咱们矿工少鞠一个不该鞠的躬，竟遭此毒打，这亡国的奴隶，哪里还有一点自由？这是我们永远也忘不了的。

① 《徐州矿务局志》下卷，第 48 页，存徐州矿务集团公司档案馆。
② 华东煤矿公司档案《柳泉炭矿公司常务董事齐藤弼州布告》，1945 年，存徐州矿务集团公司档案馆，档案编号—340。
③ 1995 年 7 月 30 日《徐州矿工报》第一版：《炭矿血债》；《刘鸿生企业史料》：1960 年 2 月矿工王辅清口述，上海市图书馆藏。

（二）法西斯式的煤矿管理

日军在矿上推行一套法西斯管理制度，奴役我矿工。当时，工人下一班窑要过"三关"：一是领牌关。就是每天井下需要多少人干活，就发多少工牌。工人为了干上活拿点工钱，半夜三更就要起身到矿门外的工牌房签名排队。特别是寒冬腊月，工人身上披着麻袋片，光着脚，一站就是几个小时，忍饥挨饿还不知能否领到工牌，领到了才能下这一班窑。二是进矿关。领到工牌进矿，要接受日军和矿警的搜身和盘查，还要给日本鬼子鞠躬，并规定：鞠躬时必须整衣整帽，不少矿工因稍不注意犯了所谓的门规，就被打得鲜血直流，昏倒在地。这是日本侵略者对我们矿工的歧视和污蔑。三是点勾关。矿工们都是提心吊胆地来到井口，日军监工像恶狼一样站在那里，手里拿着棍子，要在每个人头点一下才能下井，弄不好就是棍子上身。工人下一班窑，真是过不完的鬼门关啊！

日军乘河南等地闹灾荒之际，抓来了一批难民，用闷罐子车运到贾汪充当苦力。这些难民到达贾汪后，凡是单身汉全部押进了被矿工们称为"阎王堂"的筒子屋。其地址就在现夏桥井的北宿舍。当时的筒子屋是一座四合院的院落，是泥巴墙草屋，院落四周，有壕沟，常年蓄水，周围扯上电网，有日本侵略者指派的矿警把守。上班时，日军把工人当囚犯一样赶到井口交给包工头，上井时再赶着回来。平时大门落锁，任何人不得出入。为了防备工人逃跑，不发工资，特发一种票子，只能在院子里流通，苦工们就是这样与世隔绝了。一间草屋里住几十个人，挤得没有下脚之地。冬天好多人没有裤子穿，身上披着麻袋片，被称为"青腚工人"。一天三餐是几个麸子馍，一碗溜汤水。有些工人受不了这种非人的虐待，夜里准备越墙逃跑，可是当第一个河南辉县祁忠，15岁，爬上围墙时，就被电网烧死了，其他的人都被严刑拷打。时间不长，工人个个骨瘦如柴，疾病丛生，抬到医院，纷纷死亡。有一个叫李德明的工人，才二十多岁，因吃了掺沙子的麸子，觉着肚子疼，抬到医院，一个叫钱海的日本医生给他开刀，开出一把沙子，这个工人当场就死亡。有一个姓张的，来时一家老少七口，半年内，四个孩子和老娘，以及他自己先后被折磨死去，撇下的老婆得了神经病，跑的无影无踪。第二年霍乱、伤寒病流行到筒子屋，天天往外抬死人，一天最多达十七人。开始死者还给一口薄板棺材，后来死的人多，狠心的鬼子、汉奸干脆叫人用席子一卷，扔进万人坑。有些抬死难者的工友，流着泪说："今天咱埋他们，后天咱们死了不知又有谁来埋了。"在这悲惨的遭遇中，"阎王堂"里的几百名苦工，幸存者只有十几个人了。

其中，解放后曾任新河矿副矿长的苏光荣同志就是死里逃生的。他1995年9月回忆说：1941年，我从家乡河南辉县要饭到山西清远县，亲眼看到日本兵残暴地用秫秸堵住土窑洞，将42名逃荒者活活烧死在里面。1942年8月，我被日本人和汉奸骗到徐州贾汪下煤窑，同来的共500多人，其中300多名单身汉，包括我本人，一到贾汪就被押进了有电网、壕沟的四合院（被矿工称为"阎王堂"），从此，我们就成了"囚犯"，失去了一切自由，到了井下，在监工的看管下，身上一丝不挂地挖煤、推车，干着重体力活，得到的唯一报酬是几个麸子面馍馍，这馍馍里沙子、虫子都有，吃下去肚子就发胀，根本不给盐和菜吃，在井下干活渴了，只能喝水沟里的脏水，有位姓张的同乡受不了了这非人的折磨，在上班的路上，假装解大便，然后提起裤子就跑，可还是被日本鬼子抓回来吊在梁上打得半死。

住的环境更恶劣了，两间屋住了20多人，坑上只有草席，人挨着人睡，跳蚤、臭虫到处乱爬，臭气熏天。1943年夏天，四合院里流行伤寒病，鬼子和汉奸不给药吃，得病的人越来越多。开始1天死1至2人，鬼子用木匣子装出去埋掉，后来1天死7到8人，就用草席一卷，抬进停尸房，白天放进去，夜里就被野狗抢吃光了。就这样不到两个月的时间，同来的300多名单身汉，死的剩10个人，那也被折磨得不成人样了[1]。

苏光荣最后悲愤地说，这300多名矿工兄弟，是被日本鬼子和汉奸活活折磨死的，每当我想到这些死去的矿工，我就切齿痛恨日寇，这是日本侵略者欠下我们徐州矿工的一笔血债，赖是赖不掉的，我们永远也不会忘记。

（三）日本统治下的童工血泪

在日军侵占贾汪矿期间，矿上童工特别多，约占矿工总数20%，这些为生活所迫、过早参加笨重体力劳动的孩子，大多数在井下拉筐、拉车、开风门等，工资少的可怜，而且还得被包工头一再克扣。如解放后的劳模何大生，11岁就被迫下井干活了；曾任董庄煤矿矿长的王兆林同志，也是曾惨遭日军迫害过的童工。有一个童工叫小木（张玉民），家住贾汪东北的小宗庄，生活所迫，跟着哥哥张六（原名张玉龙）来矿上八号柜登记下窑。有一天，小木和另一个童工在夏桥井下抬大筐，100多斤重的大筐，要抬到20多米远的小井去卡炭，小木只

① 徐州矿务局矿史编写组编印：《徐州煤矿史大事纪年》第一辑，1982年10月，第44—45页；《刘鸿生企业史料》：1960年2月苏光荣口述，上海市图书馆藏；1995年9月7日《徐州矿工报》第一版：《替三百死难矿工控诉》。

觉得眼前一黑，一头栽进了 15 米深的小井里。当哥哥张六闻讯赶来抢救时，只见小木满脸鲜血，只还剩下一口气了。张六和工友把小木抱到井上，日军和包工头根本就不管不问，可怜的童工小木，第二天就含恨死去①。

日军对成年工人的奴役更是凶残。他们所养的一帮汉奸把头，经常在井下制造死亡事故。有一次采煤面顶板冒落，把头拿着棍子硬逼着工人杜文乡和杜传金到里面去处理，这两位工人哭着哀求："下去就是死的，我们家里还有老娘呀。"汉奸把头却瞪眼骂道："混账，就是你们的命值钱，难道炭就不值钱吗？下去，砸死我负责。"结果，他俩刚进去，顶板又冒落了。杜文乡当场被砸死，杜传金砸伤了胳膊和腰。狠心的把头见此状，撒腿就跑了。直到下一班工人来，才把他们扒出来。

1945 年 8 月，日军宣布投降后，国民党第十战区徐州指挥所派中将高参郭心冬为总监理，前往接管贾汪煤矿。同年 12 月 20 日起，由国民党中央经济部和陆军总司令部派徐季良为特派专员，正式接收华东煤矿公司贾汪煤矿。由日方前柳泉炭矿常务董事齐藤弼州负责移交。齐藤被留用任顾问。

1946 年 4 月 29 日，国民党第三绥靖区司令部，以法战字第 039 号令，逮捕日本战犯齐藤弼州，并在军事法庭审讯②。

三、结　　论

（一）掠夺式开采，使煤田遭到破坏

抗战前，贾汪煤田已拥有相当的规模，其中已探明的煤炭储量在 8000 万吨以上。华东公司开凿的夏桥一、二号新井，设计年产 30 万吨，可正规开采近 30 年。而日本侵略军强占后，出于侵略战争的需要，竟不顾煤田开采设计年限，在原两座直井周围不到 500 米的范围内，又开凿斜井两座，用四口井出煤，恨不得一口气把贾汪矿区的煤全部掠夺，使矿井千疮百孔。不仅煤田储量损失在 330 万吨以上，而且井下乱挖乱采遗留的残煤柱和老洞储存水、瓦斯等，造成了后期开采的事故隐患，一直到解放后仍时有发生，深受其害。

---

① 徐州矿务局矿史编写组编印：《徐州煤矿史大事纪年》第一辑，1982 年 10 月，第 46 页。
② 华东煤矿公司档案《日本特务齐藤案卷》，1948 年，存徐州矿务集团公司档案馆，档案编号—201。

（二） 推行法西斯式的管理，使矿工遭受奴役和残害

日本侵略军把占领地的财产据为己有。将占领地的民众视为奴隶。日军公开宣称："日本人打死中国人毫无关系；可是中国人抗拒日本人，却绝对不行。"这完全是强盗逻辑。日军在贾汪煤矿推行的法西斯管理，使 4000 多名贾汪矿工苦不堪言，他们不仅天天承受着繁重的体力劳动，而且时时遭受着奴隶般的精神折磨和虐待。正如老矿工杜传金控诉的那样：抗战期间，他进矿门"少鞠一个不该鞠的躬，遭日本鬼子吊在房梁上毒打了一天一夜，放回家一个月都不能动弹。这亡国的奴隶，哪里还有一点自由，这是我们永远也忘不了的。"

（三） 日军强占矿场，使民族资本家蒙受重大损失

1930 年代初，民族资本家刘鸿生收购贾汪矿权后，成立华东煤矿公司苦心经营数载。夏桥矿区建成一对大井，生产渐新、获利甚厚。正当公司投资巨款、扩建新区、谋更大发展之际，日本侵华战争扼断了民族资本家的发展之路，八年抗战期间，刘鸿生被迫撤至重庆。结果，一个拥有 160 万元法币资产的贾汪矿场，惨遭日本侵略者七年之久洗劫。由此看出：日军的侵略，不仅使民族资本家个人财产损失惨重，而且使中国民族工业的发展倒退了数十年。

引用资料说明：

（一） 抗战前后，贾汪煤矿的变化状况的资料来源

1. 1948 年 3 月 30 日，上海《申报》第五版"华东煤矿开拓新井、恢复生产"摘抄复印件。原件存上海市图书馆。

2. 1936—1945 年《华东煤矿公司大事记》原件复印件。原件存徐州矿物集团公司档案馆，档案编号—395。

3. 1982 年 10 月，徐州矿务局矿史编写组编印的《徐州煤矿史大事纪年》第一辑，1937—1945 年部分内容原件复印件。原件存徐州矿务集团公司档案馆。

（二） 贾汪煤矿的沦陷及财产损失情况的资料来源

1. 1936—1945 年《华东煤矿公司大事记》原件复印件。

2. 1982 年 10 月，徐州矿务局矿史编写组编印的《徐州煤矿史大事纪年》第一辑，1937—1945 年部分内容原件复印件。原件存徐州矿务集团公司档案馆。

3. 1948 年，华东煤矿公司档案《日本特务齐藤案卷》原件复印件。原件存徐州矿务集团公司档案馆，档案编号—201。

4. 1948 年，华东煤矿公司档案《柳泉炭矿股份有限公司决算报告书》原件（部分）复印件。原件存徐州矿务集团公司档案馆，档案编号—357。

5. 1945 年华东煤矿公司档案《柳泉炭矿警务处编制表》原件复印件。原件存徐州矿务集团公司档案馆，档案编号—357。

6.《徐州矿务局志》上卷有关章节原件复印件。原件存徐州矿务集团公司档案馆。

（三）贾汪矿工的灾难及伤亡情况的资料来源

1. 1945 年，华东煤矿公司档案《柳泉炭矿警务处编制表》原件复印件。原件存徐州矿务集团公司档案馆，档案编号—348。

2. 1945 年，华东煤矿公司档案《柳泉炭矿公司常务董事齐藤弼州布告》原件复印件。原件存徐州矿务集团公司档案馆，档案编号—340。

3. 1945 年，华东煤矿公司档案《职员人数移交统计表》原件复印件。原件存徐州矿务集团公司档案馆，档案编号—357。

4. 1945 年，华东煤矿公司档案《柳泉炭矿公司第一回事业报告书》原件（部分）复印件。原件存徐州矿务集团公司档案馆，档案编号—348。

5.《刘鸿生企业史料》下册第 214—223 页摘抄复印件。原件存上海市图书馆。

6. 1966 年 4 月 24 日访（老矿工）王宗兰摘抄复印件。原件存徐州矿务集团公司档案馆。

7. 童工血泪、采访朱恒君、王兆林等笔录复印件。原件存徐州矿务集团公司档案馆。

8. 1995 年《徐州矿工报》关于日寇侵略徐州煤矿罪行录系列报道文章复印件：

（1）1995 年 2 月 23 日一版王成标的文章"让历史告诉未来"，韩桥矿老矿工座谈控诉日本侵略历史。原件复印件。原件存徐州矿务集团公司档案馆。

（2）1995 年 7 月 30 日一版耿加强、张国良的文章"炭矿血债"，亲历见证人：老矿工丁德彬、李大中等。原件复印件。原件存徐州矿务集团公司档案馆。

（3）1995 年 7 月 30 日一版耿加强、张国良的文章"筒子屋的控诉"，筒子屋的幸存者：卧牛山煤矿离休干部苏光荣，亲历见证人：韩桥矿退休干部杨学勤。原件复印件。原件存徐州矿务集团公司档案馆。

（4）1995 年 8 月 13 日一版徐杰荣、耿加强的文章："铁骑下的童工泪"，亲历见证人：韩桥矿退休干部薛玉贵、韩桥矿退休干部李大中等。原件复印件。原件存徐州矿务集团公司档案馆。

（5）1995 年 8 月 27 日一版徐州矿工报记者的文章："韩桥作证"，揭露日本侵略者掠夺贾汪煤矿的罪行。原件复印件。原件存徐州矿务集团公司档案馆。

（6）1995 年 9 月 7 日一版张国良的文章：《替三百死难矿工控诉》，访"阎王堂"的幸存者苏光荣。原件复印件。原件存徐州矿务集团公司档案馆。

（7）1995 年 7 月 30 日四版张国良的文章：《刘鸿生保矿未果》。原件复印件。原件存徐州矿务集团公司档案馆。

9.《徐州矿务局志》下卷有关章节原件复印件。原件存徐州矿务集团公司档案馆。

三、资　料

（一）档案资料[①]

1. 世界红卍字会南京分会为埋尸致南京市自治委员会[②]函

（1938 年 4 月 4 日）

敬启者：昨承贵会拨米百包补助救济，足见诸公仁慈为怀，爱护地方，感荷莫铭！溯自上年七月以来敝会办理兵灾救济，如设厂施粥，设所施诊及施米、散衣、发款诸善举，耗费甚巨，尤以掩埋工作为重要，自去年秋以迄今日，共计掩埋尸体已有三万数千具，现仍在工作进行中。其最感困难者米与汽油两项最关重要。盖无米不能施振，无油不能运尸。半载以来已到窘迫之时，该下天时渐暖，城内外残余尸体尚多，汽油千罄，运尸将停，将来臭气四溢，传染堪虞。昨经至再托人购得汽油二百加伦〔仑〕，以资应用。然敝会余款无多，难于支付，不得已请求贵会暂拨五百元发付汽油价值，使得迅速掩埋。至粥厂、施米两项须四五十包，沪上募款一时不能成筶，缓不济急，已成僵局，拟请贵会拨米五百包以维现状，庶油米两项无停滞之患，难民得以救济。补救慈团即所以补助地方行政之不逮，贵会为地方行政首领，当能于无可设法之中力予补助，深盼迅赐俯准，即为拨付。不仅敝会感激，即无告难民与九泉灵魂亦感激贵会诸公大德于无涯矣！此致

南京市自治委员会

世界红卍字会南京分会启

中华民国二十七年四月四日

（原件藏：南京市档案馆，档案号 1002/19/40）

---

① 以下档案资料中，涉及财产损失的货币统计数据，凡未标明币种者均为法币（亦称为国币），凡未标明货币单位者均以"元"为单位。特此说明。

② 即伪南京市自治委员会。

2. 世界红卍字会东南主会致中华总会报告主持人调整的信函

（1938 年 4 月 11 日）

　　敬再启者：主会自去冬十一月于战事紧张时，留京西人组织难民区，本会被邀加入，因办事便利起见，遂于是区成立办事处，设立粥厂二处，治疗所二所，救济、掩埋、收容、遣送，以及冬振诸务照常进行。冠能①留主道务，道开②、冠麟③、肖岚④、南梧⑤则在难民区专办慈业。夏历十一月间，道开辞职就政⑥奉训南梧代理，一月后南梧不别而行。奉训冠麟代理，现在一切慈务统由冠麟、肖岚主持，仍旧进行。此三月余来主会道慈之大概情况。

职　别	姓　名	别　号	年　龄	籍　贯	住　址	备　考
车伕	朱云祥		四五	淮城		
厨目	王元		三九	湖北		
厨役	李云洪		二九	江宁		
	李长生		二九	仝		
	姚长林		一九	仝		
	姚鸿顺		四八	湖北		
	朱涛清		四五	江宁		
	张云生		三一	南京		

（原件藏：中国第二历史档案馆，档案号二五七/400）

---

① 冠能即谢冠能。

② 道开即陶锡三。

③ 冠麟即陈冠麟。

④ 肖岚即杜肖岚，南京红卍字会副会长。

⑤ 南梧即张南梧，后任伪南京市自治委员会顾问。

⑥ 此处指陶锡三就任伪南京市自治委员会会长。

3. 世界红卐字会东南主会救济第三队第一中队队长员伕名册

（1938 年 5 月 18 日）

职　别	姓　名	别　号	年　龄	籍　贯	住　址	备　考
队长	欧阳都麟		四五	河南		
主任队员	崔济轩		四六	南京		
队员	戴世国		三九	仝		
	杨冠频		三八	仝		
	靳冠冈		三八	仝		
	徐冠瑞		五〇	仝		
	王道君		四五	仝		
	李　植					
	吉荣生		一九	常州		
	朱驻品		二二	仝		
	谷驻群		二二	仝		
伕目	曾继宝		三九	铜山		
副伕目	董培君		四〇	徐州		
伕役	吴效廷		四九	邳县		
	丁国威		四〇	河南		
	管开福		二五	江苏		
	张学先		三五	邳县		
	张树元		三〇	仝		
	曹世民		三六	邳县		
	常鸿才		三四	宿迁		
	吴德山		四四	山东		
	池彭年		三四	南京		
	窦光富		三四	泰县		
	韩德龙		三二	南京		
	严登有		二五	淮安		
	高瑞玉		三九	山东		
	梁家普		二八	南京		
	郭铁柱		一七	河南		

（原件藏：中国第二历史档案馆，档案号二五七/400）

4. 红卍字会为在普德寺前埋尸集中地修建水道埂坝致伪工务局函

（1938 年 8 月 6 日）

敬启者：敝会以承办本京各地掩埋重要之处，如城南外雨花台旁普德寺前义地掩埋尸体最多，地势高陡，三面依山，水势汹［凶］猛，所成坟丘，一经冲刷，必致前功尽弃。现拟在该山四周开通水道，建筑埂坝，需用钢骨一寸方者及六分、四分者每种各二十根，二分丝十担、三分圆四十根、洋灰八十包。恳请贵处拨助上数，俾克完成此项义举，实为功德无量。此致

伕达六百名，分配城郭各处，逐日从事掩埋。惟原存棺木千具已罄，改用席卷包裹，洒以石灰漂粉消毒，实以丛葬，共计义冢七十丘，埋葬尸体四万三千一百二十一具，历四阅月工作完竣。斯为世界红卍字会有史以来，最大工作之纪录。

（原件藏：中国第二历史档案馆，档案号二五七/242）

5. 中华民国维新政府内政部统计司灾区难民调查表

（1938 年 10 月 22 日）

江苏省		市丹徒县			乡　镇	
1	现在办公地点及负责人员	镇江城内省府路前省政府地址县知事郭志诚				
2	灾区之范围及面积	本县计分七区各区兵灾均重合计面积约五百四十平方公里估全县平方公里百分之十七强				
3	被毁房屋及财产约值几何	约值 10325 万				
4	灾前户口数	134.985	男女 人数	321.391 286.039	共计	607.430
5	现在户口数	108.815	男女 人数	259.493 219.293	共计	478.786
6	迁回居住者之户口数	14.354	男女 人数	34.737 28.421	共计	63.158
7	收容难民处所	3 处	男女 人数	444 931	共计	1375
8	人民伤亡数	伤 男女人数 1486 616 共计 2102		亡 男女人数 3402 1122 共计 4524		
9	人民疾病数	男女 人数	921 1729	共计	2650	
10	难民给养来源	甲·已来数		乙·已发数	丙·每月消费数	
11	农民耕种有何困难	耕牛种籽缺乏者居多				
12	如何善后	关于城区失业难民拟办理小本贷款使其生活安定此外残老孤寡无法谋生者，及扩充难民所设法收容关于乡区难民其房屋被毁者曾每户酌给芦席嘱其自行搭盖芦棚临时安居惟农具耕牛种籽均感缺乏实非地方财力所可采办拟请省方统治办理以资救济				
13	其他					
14	备注					
注意：4.5.7.8.9.11 等项均可用百分比例						

中华民国二十七年十月二十二日　　　　市丹徒县　　　乡镇　　　填表者郭志诚

（原件藏：丹徒县档案馆）

6. 丹徒县城乡灾情调查表

（1938 年 10 月 29 日）

城乡别	灾情				失业难民人数	无食无住急待救济人数	备注
	死伤良民人数	烧毁房屋间数	牲畜损失数	农具损失数			
城厢市	伤四千余人死一千三百余人	一万六千七百余间	牛三〇马八驴七五骡四三	水车二〇〇犁二九〇锄四九〇锹一〇〇	六万二千余人	四万余人	
集东乡	伤一〇三人死二十二人	三十四间	牛二五〇驴四一骡二二	水车五〇犁三五〇锄一一〇锹二四〇	五千余百余人	三千八百余人	
丹徒县	伤二一七人死六人	三千二百八十三间	牛一五〇马三四骡四五	水车六〇犁一五〇锄三四〇锹九〇	五千余人	三千余人	
谏壁乡	伤一百八十人死八十五人	二千五百十七间	牛一五〇马四驴二三骡三四	水车六〇犁二〇〇锄四〇九锹二〇	八千三百余人	五千六百余人	
御隆乡	伤一百九十七人死五十八人	二十余间	牛三〇	水车三〇犁七〇锄八〇锹二〇	一千三百余人	八百余人	
顺江乡	伤二人死六人	一百四十余间	牛三〇	水车二犁八〇锄六〇锹一八〇	二千二百余人	一千余人	
大港乡	伤二人死二十二人	一百八十余间	牛三六〇驴二四骡一七	水车一二犁八〇锄四〇锹七〇	一万二千余人	三千余人	
平昌乡	死二十五人	一千五百二十余间	牛八〇驴一九骡二九	水车六〇犁一六〇锄二锹一	一万千余人	四千三百余人	

城乡别	灾情				失业难民人数	无食无住急待救济人数	备注
	死伤良民人数	烧毁房屋间数	牲畜损失数	农具损失数			
固滨乡	伤一百六十六人死二十七人	二百七十余间	牛六〇〇驴四骡十三	水车四〇〇犁一三〇锄二〇〇锹一四〇	一万一千余人	三千余人	
崇德乡	伤三十一人死二十三人	一百九十余间	牛九〇〇马二驴十七骡三	水车一三〇犁一六〇锄三六〇锹三二〇	六千四百余人	四千二百余人	
辛丰乡	伤十八人死二二人	一千三百七十四间	牛二〇二驴十三骡八	水车一三〇〇犁一〇〇锄三〇〇锹七〇	四千七百余人	二千四百余人	
育成乡	伤四人死七一人	一百十九间	牛一八〇马一驴三骡六二	水车三〇〇犁七一二锄六〇〇锹三五〇	八千七百余人	五千六百余人	
长乐乡	伤七人死十六人	二千四百余间	牛二〇四马三驴一骡二七	水车三〇〇犁五一二锄七〇〇锹三二〇	五千八百余人	二千余人	
岁丰乡	伤八人死三一人	六十八间	牛一七六马一驴十一骡一一	水车二〇〇犁四〇〇锄四〇〇锹一八〇	二千一百余人	九百余人	

续表

城乡别	灾情				失业难民人数	无食无住急待救济人数	备注
	死伤良民人数	烧毁房屋间数	牲畜损失数	农具损失数			
仁让乡	伤二一人死二人	三百八十余间	牛一二○驴一骡三	水车二九○犁七○○锄二一○镢四○○	三千六百余人	一千二百余人	
上堂乡	伤十人死四人	四十二间	牛一一九马二驴二骡三一四	水车三○犁一○○锄三四○镢一七○	三千余人	一千九百余人	
高资乡	伤六八人死一六六人	五百七十六间	牛一八○马五驴三骡五一四	水车五○犁二三○锄七二○镢二四○	八千七百余人	五千三百余人	
岗东乡	伤二人死三人	一百三十二间	牛一五○马三驴三骡一七八	水车五○犁五○	二千四百余人	一千二百余人	
永固乡	伤八人死十七人	五百九十七间	牛三○	水车七○犁五○○锄三○○镢六○○	五千二百余人	二千四百余人	
合计	伤四四○八○人死一八四八八人	三○一五间	牛二七○九马一驴四○骡三二二	水车三三二犁四四二锄六○九九镢四五○纪三五○	一七万二千八百余人	九万二千六百余人	

[摘自：《丹徒县公署司镇一周，镇江自治委员会工作纪念会刊》，中华民国二十七年十月二十九日调查（民镇附录），第232页，1939年3月1日]

7. 吴县公署①事变损害统计

（1939 年 3 月 24 日）

前年事变时各乡所受损害，前经吴县署通令查报去后，最近业已陆续填报到署，昨已由郭知事列表汇报省厅，兹录原表如后，

城乡别	破坏房屋数	人口死亡数	财产损失价格	现在生活状况
吴县城厢第一公所	二〇九间	二五三八人（包括战事死亡、疾病死亡）	房屋损失约六十余万元其他民间资产约二百数十万元	失业数目增高亟待发放赈款
吴县城厢第二公所	约一千二百二十余间	三百余人	除房屋被毁部分约计损失三十万余元外其余商店民房内财产大都被劫一空一时不易详计总约数当在二百万元以上	大部分失业
吴县城厢第三公所	一千四百二十余间	九百余人	除房屋被毁部分约计损失二十万余元外其余行家商店民房内部财产大都被劫一空一时不易详计总约数三百万元	大部分失业急求赈款
光福乡	四十余所	七百廿三人	十万余元	被灾人生活艰难
望亭乡	一千一百零六间	六十七人	约一百万元	被灾人生活困难一部分以小贩帮农为业以维生计
浒关乡	七百九十六间	二百三十人	房屋损失三万元其他损失三十万元	被灾人民搭盖草棚小本经营或出外谋生
蠡墅乡	四十余间	五十八人	八万余元	勉力维持盼望救济
陆墓乡	约四五百间	约一二百人	约二三十万元	失业众多生活困难
陈墓乡	二百余间	七十五人	三万余元	勉强维持
车坊乡	三百余间	一千三百余人	包括其他损失约计四万余元	市面虽已恢复事变前原状人民生计则困难异常
尹山乡	七十余间	三十七人	五万三千余元	经事变以后盗匪劫掠人民损失甚巨生活堪虞其余则贫苦者居多
南北桥乡	四百余间	二百十九人	三十一万六千余元	事变后商极不振农产歉收生活困难
黄埭乡	三十六间	一百二十七人	八万四千元强	勉可维持

（原件藏：苏州市档案馆，《苏州新报》1939 年 3 月 24 日）

---

① 即伪吴县公署。

8. 无锡事变损害状况

（1939 年）

城乡别	人口死亡数	财产损失价格	破坏家屋间数	备注
城公所	四千五百余人	计二万万元以上	三万一千七百十三间半	约占原有人数百分之五
开原乡	四十余人	约一百五十万元	七千六百余间	
北上乡	一百〇二人	二十五万元	一千八百二十二间	
开化乡				未受损失
天下乡	二百余人	约五十万元	一千五百十间	
青城乡	一千一百人	约四十万元	一千七百二十间	
景云乡	二千二百余人	约八十万元	六千五百三十一间	
扬名乡	二千一百余人	一百万元	三千三百十间	
南延乡	一千二百十二人	约六十余万元	八百九十余间	
天上乡	七百五十一人	五十万八千元	一千三百二十一间	
万安乡	一百八十二人	四十五万元	一千五百二十间	
富安乡	六十余人	四万五千元	二百五十二间	
北下乡	六百八十二人	九十万元	三千六百十间	
泰伯乡	八十五人	五万余元	二百三十一间	
怀下乡	五百九十余人	十万五千元	二千八百余间	
怀上乡	八十余人	四万元	一百七十余间	
新安乡	二百六十余人	八万余元	五百九十余间	
总　计	一万四千一百五十余人	二万万七百三十万元以上	六万五千六百余间	

（原件藏：无锡市档案馆，档案号 ML1—1—830）

9. 国营事业财产损失

（1940 年 3 月 4 日）

财产损失报告单

事件1　被抢

日期2　二十六年十一月

地点3　苏州

填送日期 28 年 12 月 30 日

损失项目4	单　位	数　量	价（国币元）值
现　款			
苏行库存			500

受损失者　四明商业储蓄银行总行

财产损失报告单

事件1　被抢

日期2　二十六年十一月

地点3　苏州

填送日期 28 年 12 月 30 日

损失项目4	单　位	数　量	价（国币元）值
其　他			
苏行押租及押柜			1655

受损失者　四明商业储蓄银行总行

财产损失报告单

事件1　迁移

日期2　二十六年十一月

地点3　苏州

填送日期 28 年 12 月 30 日

损失项目4	单　位	数　量	价（国币元）值
迁移费			
苏州支行由苏转译			
迁沪			1200

受损失者　四明商业储蓄银行总行

财产损失报告单

事件 1　被抢

日期 2　二十六年十一月

地点 3　苏州

填送日期　年　月　日

损失项目 4	单　位	数　量	价（国币元）值
器具			
苏州支行			9518

受损失者　四明商业储蓄银行总行

财产损失报告单

事件 1

日期 2

地点 3

填送日期 28 年 12 月 31 日

损失项目 4	单　位	数　量	价（国币元）值
承上页			103291671
吴县县商会			242774
隆茂			516869
大吴兴			917988
吴龙记			73927
大仓林			264440
德泰绸庄			249587
同源			130076
实成			62010
王仲记			43591
过次页			105792933

受损失者　四明商业储蓄银行总行

财产损失报告单

事件　分行所在地方被日军进占

日期　二十六年八月十三日至二十八年十二月三十一日

地点　苏州

填送日期 29 年 3 月 4 日

损失项目	单　位	数　量	价值（国币元）	
（器具）苏州分行全部生财			4045	60
（器具）观前办事处全部生财			1131	47
（现款）苏州分行库存一元破钞				
（现款）苏州分行库存辅币等			3007	33
（现款）苏州分行库存铜元			4394	00
（现款）苏州分行库存零数			1007	52
（其他）苏州分行房屋押租			1239	75
（抵押放款）共计 2 户本息			11697	51
（信用放款）共计 4 户本息			34117	04
合　　计			60640	22

受损失者　中国通商银行

（原件藏：台北"国史馆"，档案号 301—108）

10. 江苏吴县各机关财产损失

（1945 年 10 月）

吴县各机关抗战期间财产损失报告表

吴县各机关抗战期间损失财产目录

1. 吴县教育局既所属各学校及社教机关

2. 吴县日报社

3. 吴县保安团

4. 吴县公款公产管理处

5. 吴县仓储管理委员会

6. 吴县救济院既附属各慈善团体

江苏省吴县县立学校社教机关财产直接损失量报告表壹份

内附财产损失报告单拾五张

江苏省吴县私立学校财产直接损失量报告表壹份

内附财产损失报告单捌张

江苏省吴县县立学校财产间接损失量报告表壹份

内附财产损失报告单贰张

吴县教育局　财产损失报告单

日军及反伪组织时期占用　日期　二十六年十月至三四年九月　地址　公园路

填送日期　三四年十月

损失项目	单　位	数　量	价　值
房屋部分	5000	5 间	25000 元
办公桌椅	60	35 副	2100 元
图书	30000	1 室	30000 元
其他各项电灯文具等	20000	1	20000 元
合　计			77100 元

受损失者：吴县教育局

代报者：王志瑞

江苏省吴县县立学校财产间接损失报表

分　　类	数　　额
共　计	22000 元
迁移费	6000 元
防空设备费	4000 元
疏散费	12000 元
救济费	
抚恤费	

附财产损失报告单 2 张

报告者：吴县教育局

财产损失表

日军焚毁　日期二十六年十二月　地点公园内　　填送日期 34 年 11 月

损失项目	单　　位	数　　量	价　　值
洋式楼房		五上五下加上下坡八个晒台钟楼各一	85000 元
图书		五万余册	150000 元
仪器标本		三千余件	65000 元
一切器具		五百余件	70000 元
各种文卷		二百余件	
合　计			370000 元

民营事业财产间接损失报告表

商业部分　　　　填送日期 35 年 1 月 14 日

分　类 受损失数	可能生产数减少	可获纯利额减少	费用之增□			
			拆迁费	防空费	救济费	抚恤费
单位国币元		40000000 元（每年平均五千元八年共四亿元，按照物价，以普加一千倍计算）		5000 元（当时价值）		

报告者：吴县日报发行人胡觉民

162

民营事业财产直接损失报表（商业部分）

事件：敌人□大

日期：二十六年十一月十九日

地点：江苏省吴县城内东中市 49—50 号

填送日期：35 年 1 月 14 日

分　类	价　值
共计	81351642 元
店房	2179032 元包括房屋及装修两部
器具	12790320 包括经理部编辑部及职工宿舍与饭□等□全部器具在内
现款	
存货	20300000 元 纸机存纸
运输工具	1500000 元 车间损失
其他	25421322 元 包括印刷部全部机械零件

附财产损失报告单一册（已□十一月十六日呈□）

报告者：吴县日报发行人胡觉民

财产直接损失报表

吴县保安团　事件　敌伪数度进攻　日期民国三十三年八月　地点苏常公路东野村

填送日期民国三十四年十二月二十日

分　类	价　值	备　改
共计		
建筑物		
器具	民船四艘（内米七十六石）	
现款	合法币拾壹万元整	
图书	各县地图主村镇之间图 宣传品甚多	一、二、三张合计在内
仪器		
文卷	敌掠毁卷宗十余件	
医药用品	消治龙三十二支八卦丹贰百色	

附财产损失报告单

报告者：孙　参

江苏省吴县公款公产管理处财产间接损失报告表

中华民国三十四年十一月　日　填送

分　类	数　　额
共计	叁千叁百柒拾五元
迁移费	壹百元
防空设备费	四百七十五元
疏散费	贰千捌百元
救济费	无
抚恤费	有书记朱宝□一人随军撤退在三折江□溪车站被敌机炸毙专案另吴

说明：查二十六年七月战事发生时，本处办公处在本城元和路售元和路县署内，因附近时被敌军投弹，经於阊门内花驳岸借用民房马临时办公处，布置防空设备，避免危险。迨至十一月敌军入城，处务停顿，职员分别疏散，所受损失经查明，按照从前价值分别列如上

报告者：管理处　祁锡钧

吴县仓储管理委员会财产损失直接报表

事件　二十六年十一月　地点　庆林桥　　　　填送日期三十四年十一月日

分　类	价　值
共计	柒拾万元
建筑物	被毁处一百三十八间
家俱	损失十分之九
碾米机	二座
器具	不计数
报刻钟	一座
股石	十一万余石
驻仓员衣服行李	不计数
其他	

附财产损失报告单一张

报告者：吴县仓储管理委员会主任委员单束笙

说明：查二十六年十一月。苏城失陷时。敌军侵入丰备义仓及师林寺巷分仓。所有器具什物的损失约十分之九。其单位无从查。才考按照事变前价值列如上。另附报告单一纸。

财产损失报告单

事件 二十年十一月 地点 庆林桥 　　　填送日期 三十四年十一月 日

损失项目	单 位	数 量	价 值
仓库		一百三十八间	八万元
家具		损失十分之九	二万元
碾米机		二座	八万元
农场器具		全部	八万元
报刻钟		一座	一万元
股石		十一万石	四十二万元
衣服行李等		不计数	一万元

受损失者吴县仓储管理委员会

代报者：吴县仓储管理委员会主任委员单束笙

报告者：吴县救济院□□副院长

吴县救济院养老所（学校名称）财产直接损失报表

事件 日军进攻

日期 26 年 11 月 20 日

地点 阊门外普济桥下塘

　　　　　　　　　　　　　　　填送日期 34 年 11 月 23 日

分 类	
共计	国币叁万弍仟元整
建筑物	
器具	国币叁万弍仟元整
现款	
图书	
仪器	
医药用品	
其他	

附财产损失报告单

报告者：吴县救济院养老所主任祁锡钧

吴县救济院恤楼所财产间接损失报告表

填送日期 31 年 12 月 1 日

分　类	数额（单位国币元）
共计	25300.00
迁移费	10300.00
防空设备费	15000.00
疏散费	
救济费	
抚恤费	

苏州盲哑学校（学校名称）财产直接损失报表

事件：日军进攻

日期：26 年 11 月 20 日

地点：宋仙洲巷中

填送日期 34 年 12 月 10 日

分　类	
共计	国币壹万壹仟壹佰陆拾元整
建筑物	
器具	如财产损失报告单所报计洋 11160.00 元
现款	
图书	
仪器	
医药用品	
其他	

附财产损失报告单 壹张

报告者：原校长冯泽思

（原件藏：台北"国史馆"，档案号 302—230）

11. 世界红卍字会南京分会会长吴仲炎呈送埋尸统计数字证明函

（1945 年 12 月 27 日）

案查抗战期间，南京城厢，由本会掩埋尸体四万三千零七十一具。除将掩埋统计表送上外，用特具函证明，即希查照。是荷。此致
首都地方法院检察处

世界红卍字会南京分会会长吴仲炎启

三四、十二、廿七

（原件藏：南京市档案馆，档案号 1024/35/34512）

12. 世界红卍字会南京分会民国 26 年至 34 年
慈业工作报告书（节录）^①

（1945 年）

七七事变，抗战发生，本会即扩充救济队，特设总监理部，专办救济事宜，原有救济队一组，常驻下关，因不敷支配，又增设一组，驻城内本会工作。

八一三沪战既起，各地难民纷纷来京，每日千数百人不等，本会于下关派救济队，分往车站码头，接护收容，设立临时收容所十处，并设粥厂两处，供给两餐粥食，一面交涉车船，遣送回籍，办理两月有余，即行停止，先后共计收容遣散难民达十五万五千六百九十名。

八一五南京始有空袭轰炸，本会救济队，即于空袭解警后，出发救护，伤者送请医院治疗，共计三百七十三人，死者棺殓掩埋，葬于中华门外望江居〔矶〕，及下关山卍字会义地。在南京未沦陷以前，共计掩埋七百四十七具，内有日本飞行员十名，掩埋中华门外义地，次年由日本海军武官杉本，来会接洽派员偕往义地，即由杉本武官，将该飞行员尸身取出，举行火葬，随将骨灰装带回国。此为卍会实行人道主义，不分国界，度生救死之实在事绩也。

南京在抗战剧烈之时，城中居民，十室九空，最后困守危城者，尚有十余万人，麇集于城之西北隅、新住宅区内，即由中外商绅教士，商许敌军上海松井中〔大〕将，划出难民区，开始蒸作馒饼，逐日分散，复在该区内宁海路二号，设立临时办事处，专事救济事务，计设难民收容所十处，复得金陵大学美国教授及牧师等协助，设粥厂两处，一在金陵大学，一在五台山永庆寺，供给难民。每日来厂就食者，最多时人数达五六万人。迨后秩序渐定，难民陆续回乡返家，食粥之人，亦渐减少，办至次至五月底，即行结束。

......

自二十六年十二月十三日南京沦陷以后，城内外被敌日残戮之军民，遗尸遍地，臭气熏天，既碍卫生，又违人道，得敌日之商许，及沪会援助，扩充掩埋组，增添员伕，达六百名，分配城郊各处，逐日从事掩埋。惟原有棺木千具已罄，改用芦席包裹，洒以石灰漂粉消毒，分区丛葬，共计义冢七十丘，掩埋尸体

四万三千一百二十一具，历四阅月之久，工作完竣。斯为世界红卍字会有史以来掩埋工作之最大记录。兵燹之后，疫疠丛生，公私医院诊所，均未恢复，患病之人，无处治疗，本会特设施诊所两处，专治内外各科，施医给药，以济贫民。每所逐日施诊医药，总在二三百人，总计治愈人数，共达六万余人。历时八月，公私医院，多复原状，本会诊所，亦告结束。

……

当二十六年抗战初起之时，日敌凭藉暴力，侵犯国都。是年十二月十三日，南京危急，入夜国军官兵，由下关、燕子矶一带渡江，前往八卦洲，及武装警士，抱木浮水亦至该处，当经该洲红卍字会会长刘蓝田、赵是猷等，分别接待，设所收容，雇数多数船只，护送渡江，分途北上，是役计渡送中央教导队、七十四军、三十六师、五十六师、八十七师、八十八师、粤军一五四师、保安队，及警察，其他团体番号，不复记忆清楚，计共官兵三万七千余人，内有高级将官，如中央教导队毛哲，七十四军副官长杨建昭、唐生皖等，尚有官兵等二十三名，留会疗治，愈后分别资遣。又掩埋浮尸一千二百八十具①，在江中打捞一百五十七具，分别掩埋。追溯救护官兵渡江工作，历七昼夜，方告竣事。此本会对于国家应尽之天职也。

（原件藏：南京市档案馆，档案号 1024/1/34512）

---

① 世界红卍字会八卦洲分会 1945 年 12 月 20 日致中华总会函中称，掩埋浮尸为 1218 具。

13. 江苏常熟地方法院看守所财产损失报告单

（1946 年 1 月 21 日）

财产损失报告单

江苏常熟地方法院看守所三十五年度一月二十一日填报

损失年月日	事 件	地 点	损失项目	购置年月	单 位	数 量	价值国币元		证件
							购置时价值	损失时价值	
26 年 9 月 27 日	轰炸	新县前	监所	二十五年三月	一间	四十间	美 $ 8540	美 $ 8540	
	同上	同上	棉囚衣裤	二十五年八月	一套	400 套	美 $ 200	美 $ 200	
	同上	同上	单囚衣裤	二十五年八月	一套	400 套	美 $ 120	美 $ 120	
	同上	同上	囚棉被	二十五年八月	一条	400 条	美 $ 280	美 $ 280	
	同上	同上	看守棉制服及大衣	二十五年八月	一套	20 套	美 $ 30	美 $ 30	
	同上	同上	看守单制服	二十五年八月	一套	20 套	美 $ 12	美 $ 12	
			职员帐子被褥	二十五年四月	一套	25 套	美 $ 100	美 $ 100	
			皮箱衣服	二十五年四月	一只	16 只	美 $ 90	美 $ 90	
			棉垫床架	二十五年四月	一副	30 只	美 $ 24	美 $ 24	
			办公桌	二十五年四月	一张	12 张	美 $ 12	美 $ 12	
			藤椅	二十五年四月	一张	15 张	美 $ 11	美 $ 11	
			文具箱	二十五年四月	一只	2 张	美 $ 2	美 $ 2	
			铁箱	二十五年四月	一只	一只	美 $ 3	美 $ 2	

| 损失年月日 | 事　件 | 地　点 | 损失项目 | 购置年月 | 单　位 | 数　量 | 价值国币元 | | 证件 |
							购置时价值	损失时价值	
			沙发	二十五年四月	一张	3张	美＄3	美＄3	
			万长凳	二十五年四月	一张	50张	美＄15	美＄15	
			消防水枪	二十四年十月	一枝	3枝	美＄12	美＄12	
			消防水缸	二十四年十月	一只	5只	美＄4	美＄4	
			摇头电风扇	二十四年十月	一具	2只	美＄5	美＄5	
			电灯	二十四年十月	一只	30只	美＄3	美＄3	
			电料	二十四年十月	一间	40间	美＄20	美＄20	
			电表	二十四年十月	一具	一具	美＄2	美＄2	
			电话机	二十四年十月	一具	一具	美＄4	美＄4	
			大挂钟	二十四年十月	一只	2只	美＄6	美＄6 美＄24	
			碗盆	二十四年十月	一只	100只	美＄3	美＄3	
			钵头	二十四年十月	一只	500只	美＄4	美＄4	
			所牌	二十四年十月	一块	一块	美＄2	美＄2	
			匾对	二十四年十月	一副	一副	美＄3	美＄3	
			炊具	二十四年十月	全副	全副	美＄40	美＄40	
			步枪盒枪	二十四年十月	一枝	5枝	美＄15	美＄15	

损失年月日	事　件	地　点	损失项目	购置年月	单　位	数　量	价值国币元		证件
							购置时价值	损失时价值	
			镣具	二十四年十月	一副	200 副	美＄5	美＄5	
			糙米	二十四年十月	一石	30 石	美＄21	美＄21	
			柴	二十四年十月	一石	100 石	美＄20	美＄20	
			保管金	二十四年十月	一名	400 名	美＄500	美＄500	
			作业费	二十四年十月	一工场	4 工场	美＄600	美＄600	
			洋纱	二十四年十月	一包	40 包	美＄30	美＄30	
			其他新件	二十四年十月	一具	60 具	美＄48	美＄48	

江苏常熟地方法院看守所所长　蒋　同

（原件藏：常熟市档案馆，档案号 K8—1—16）

14. 敌伪矿产之接收

敌伪矿产之接收（一）

第三战区　　□□二九三六

查日人所办华中矿业公司经营各矿约

甲：皖南及江宁凤凰山铁矿储量合计一千万吨

乙：安徽铜宫山铜矿储量二百万吨含铜量百分之二附近有一黄铁矿储量亦大永利为此曾赴矿接洽相赠产品

丙：浙江岑石矿日人相济心销路困难

为便利接收部产在沪已派于瑞年君前往皖南各矿检接洽并批示本舍宣组一矿业机械对有销路之产品先行开踩其余则将设备妥为保管兹并此军拟办如下

（一）电张特派员询于君接收各矿情形

（二）在本会正式机构未成立前，为密切联系计拟派于瑞年君为本会专门委员将工作情形直接报告本会舍

（三）该各矿调查明白印□□江南矿场局统靠各矿

（四）将本会利拟组织机构统辖□各办（黄石办从不内）情形电复□三战区

以上所利是复否有当敬候

核示

（原件藏：台北"国史馆"，档案号154—1924）

敌伪矿产之接收（二）

经济部训令

发文三五字第25007号

附　件

中华民国三五年四月十一日发

接苏浙皖区特派员驻京战事处电陈徐海接收委员吴挹一查后连云港东海站及山元等处所打□砂矿砂数量一汇会仰知乃照由

拟发记后存

□资源委员会

汇查阅于江苏东海县境内处由日人强占用并採之□□册矿经

本部派员接收后业已令饬该会派员前往实地查勘拟具经营计划□部在案行报苏浙皖区特派员驻京办事处去住徐肇基本于二月十九日皓代□呈称：

□□面谕饬速查拟海卅锦屏山燧矿一案华经本月支日代电并检同草图呈报在案性以□砂矿数未详后经电性徐海接收委员吴挹一本月删代电后五、九二〇吨、锰砂共采五六、一八四吨、月产统计已电阵至开海为卅砂产存数量自廿九年至卅三年底出共采□三五五二二四□平均每月出现在连出东海山元等□实籽□砂计二六三三八□锁砂一八二四□□□确二八一六三吨又只本月寒代电开根据该矿前代

理人赵理面称据日人佐藤武美所述该矿自廿九年春开采至十三年底正（十四年停工）採共出铸从石三五五二二四吨平均每月约产五九二〇吨又採出锰砂石共五六一八四吨此锰于吨灰石同床附採性按月按计产量无法计算已运走五四三六〇吨馀存一八二四号分两级存储籽□（一）山元的矿山存一五六吨（二）车海车站存三〇八吨等情前来同理会据情请电鉴核转呈各等等性到部会行全仰知照此会

理长

查海川燐业在东海县城南处十二里的刘家店前曾奉部令派员前往查勘村县经营计划赦核并绣本全电徐海接收委员□询诊只情形确有经营价值兹拟传

准派本会专门委员江山寿前往负责接办该业并先拟具经营计划报核岗要然候钦戴

附呈

（原件藏：南京市档案馆，档案号 154—1916）

15. 呈为敌寇扩大徐州废飞机场址强占民地壹百九十二亩请求

(1946 年 4 月 24 日)

钧府依法发还以维产权，而事生产事窃查敌寇于民国二十七年窃据徐州时将徐州原有废飞机场址（按该飞机场坐落本市南天桥东东南部，因地势不适应用中央早经明令作废在案）遂又滥行扩充强占民地壹百九十二亩，当时民等在敌铁蹄权威之下，莫敢抵抗，只得忍痛牺牲，伍其欲为，回忆八年痛苦，暗无天日之生活，不可言喻，民地既被非法强占，生活失保障以致生机断绝老弱转于沟□少壮散之四方，幸我贤明领袖领导胜利沦陷光复，民等得睹天日，欣庆正义伸张嗷嗷待哺如大旱之望云霓，水深火热之民，行见转登任席，产权应予恢复，按行政院规定办法，对于沦陷区敌寇强占人民土地，一律发还之议案，民等根据此议，不能缄默况刘振国先生被敌寇强占之土地十余亩（即该废飞机场址）业经

钧府明令发还在案，民地焉能例外除登报证明产权外，为此情理合请求

钧府依法发还，以维产权，而事生立不胜翘企待命之至，谨呈

（原件藏：徐州市档案馆，档案号 A2—8—176）

16. 市民陈福宝在远东国际军事法庭作证时关于日军在杀人现场就地掩埋尸体的陈述

（1946 年 7 月 26 日）

陈福宝　1946［年］在南京同昌五金号工作。

陈福宝在东京远东国际军事法庭上作证时陈述：当南京屠城时，我只是十三四岁的一个玩童，日本军队满街在捉壮丁，搜到了我，便把我和其他的所谓壮丁绑在一起，结果我们被拉到城外的一块广场上，我和我的同伴，一共三十九人，日本人连续杀了三十六个人，结果留了三个没杀，却罚我们用铁锹挖洞［坑］，埋葬那死了的三十六个尸首，于是我一锹锹的［地］挖，但是一个满脸胡子的"皇军"，嫌我力气小，挖得太慢，把我身子一抬就掼在地上，我被掼得吐了好几口鲜血，半死半活的［地］躺在地上。日本人又把那二个挖洞的杀了，留下了我便扬长走了，我等到夜深人静才偷偷的［地］离开广场。

（原件藏：中国第二历史档案馆，档案号五九三/870）

17. 镇江丹阳县战时死伤人口统计表

（1946 年 10 月 14 日）

事由	五号一电呈报辖境战时死伤人口数字计　鉴核转报由		
县长十月十五	秘书　十月十五		
	科长　十月十四		
	承办人		
	中华民国三十五年十月十四日		
	（全书）呈　民字第五一二三号		

案　奉

均府本年九月（三十五）府民四字第八六〇〇号代电嘱迅将辖境因抗战敌人罪行而致伤亡人数按重伤轻伤死亡男女幼童不明等目以数字列报尚因情形特殊或未能入境可先斟酌实际损害估计报府等因当经转伤所属迅而查明具报在案数据各区填送前来理合将全境人口伤亡总数列表呈报仰示

鉴接转报

谨呈

江苏省政府主席王

附呈本县战时死伤人口统计表一份

县长王□□

丹阳县战时死伤人口统计表

项　目	死　亡	重　伤	轻　伤	合　计
男	八四二	一三二八	六七二	二八四二
女	五六〇	七五八	五〇二	一八二〇
幼	一五七	一八七	一七四	四九八
童	一一五	一五九	一〇八	三八二
不明	三七			三七

（原件藏：丹阳县档案馆，档案号 003—2—355）

18. 关于商办苏州电气公司战时损失赔偿报告及损失清册

（1946 年 10 月 18 日）

建设厅　民政厅　第一科

吴县县政府呈

事由拟办	为呈送商办苏州电气公司战时损失清册仰祈鉴赐核辨由
决定办法	
吴县县政府呈	华财字第 2520　中华民国三十五年十月十八日

案据商办苏州电气公司呈称查本公司于抗战期间先遭敌机侵袭继被人强占所有器材任意滥用毫不修理致发电所内五千启罗西门子及四千五百启罗卜郎比两座透平机叶子均遭损坏各式锅炉亦莫不毁损他如杆线时遭敌机之轰炸于敌人之拆窃更难恢复旧观原存拔柏葛锅炉两座具擅被恃强装至扬州电气公司使用其余各项材料损失笔难尽述致昔日曾蒙建设委员会誉为民营电业之模记者今则百孔千疮矣比奉经济部明令发还以来逐步整理查点核见损失数目庞大约计时值美金一百万元左右整年营业损失更难能估计在此胜利之后公司财力远非昔比深感捉襟见肘惟为业务计不得不借款勉以应付前项损失业经呈请行政院善后救济总署设法救济当蒙饬派中外专家来苏查勘属实记录报告有案但于救济物资尚未奉批索仰贵府主持正义维护公用事业不遗余力除已分呈经济部江苏省政府并迳于扬州电气公司交涉收还上开拔柏葛锅炉两座外相应附送本公司各项损失清册通请查照协助责令敌人实物赔偿冀复旧观而昭公允不胜企盼之至等情附损失清册据此查本府奉令办理抗战损失调查表业经呈送在案据呈前情理合检同原册二份备文转报仰祈

鉴赐并案核转见为公便

　　谨呈

　　　　　　　　　　　　　　　江苏省政府主席王
　　　　　　　　　　　　　附呈商办电气公司战时损失清册二份
　　　　　　　　　　　　　　　吴县县长逯剑华

发电设备战时损害统计

名　　　称	单　位	数　量	备　　　注
BW 高压蒸汽锅炉加热器	具	1	损坏拆除
炉管	部	全	损坏接补
炉壁	部	全	损坏
蒸汽吹压器	只	3	毁坏连接管十付全毁
汽门	只	8	损坏
远距离热度表	只	1	损坏
蒸汽压力绘示表	只	1	损坏
CO_2 指示表	只	1	损坏
No1 Skoda 蒸汽锅炉一部的炉管	支	14	***
炉壁	部	全	搭补破损炉壁损坏
蒸汽吹压器	只	9	毁坏
进水量表	只	1	损坏
吹风马达开关	具	2	损坏
CO_2 指示表	只	1	损坏
No2Skoda 蒸汽锅炉炉壁	部	全	拱阁损坏
蒸汽吹灰器	只	1	毁坏
吸风马达	只	1	毁坏
进水量表	只	1	毁坏
CO_2 指示表	只	1	毁坏
吸风箱29kw 马达	具	1	毁坏
吹风马达开关	具	2	毁坏
No2 炉衣架浦运千机	只	1	毁坏
5000kw. bbo 远平（ ）机	具	1	蒸汽叶轮损坏以道难×修复，效力大减
大气压力计	只	1	损坏
远距离测热计	只	1	毁坏
6v 蓄电池	只	1	毁坏
交直流充电器	只	1	毁坏
3600kw. bbo 适×发电机速度表	只	1	损坏

名　称	单　位	数　量	备　注
凝汽机	具	1	钢管损坏约600支
3200kw.aeg远平原电机运水深测器表	具	1	毁坏
油压计	只	3	损坏
Bbo电压调节器	只	2	损坏
2300v驰电面版台	付	4	耒件及附属电具毁坏
Aeg电所标准（）具	具	1	毁坏
厂用大蓄电池	只	18	损坏
3600kw.bbo远材机低压叶轮	道	5	转动及静心轮全毁

供电设备战时损失统计

名　称	单　位	数　量	备　注
广木	支	4425	
方木	支	1	
水泥杆	支	90	
铁塔	座	1	
板头木	支	38	
16000v磁瓶	只	2586	
6600v磁瓶	只	2343	
2300v磁瓶	只	7689	
低压白料	只	1372	
16000用铁横担	付	862	
6600v用铁横担	付	781	
2300v用铁横担	付	2563	
380v用铁横担	付	343	
#1/2铜线	磅	56320	一根2号线
#1/6铜线	磅	39350	一根6号线
#1/8铜线	磅	54500	一根8号线
#1/10铜线	磅	23400	一根10号线
#7/14铜线	磅	18250	七根14号线

名　称	单　位	数　量	备　注
16000/2300v 55kva 三相变压器	只	1	
6600/380 – 220v 320kva 三相变压器	只	1	
6600/380 – 220v 100kva 三相变压器	只	3	
6600/380 – 220v 50kva 三相变压器	只	3	
6600/380 – 220v 30kva 三相变压器	只	3	
2300/380 – 200v 500kva 三相变压器	只	1	
2300/380 – 200v 300kva 三相变压器	只	1	
2300/380 – 200v 200kva 三相变压器	只	2	
2300/380 – 200v 100kva 三相变压器	只	7	
2300/380 – 200v 50kva 三相变压器	只	5	
2300/380 – 200v 40kva 三相变压器	只	1	
2300/380 – 200v 30kva 三相变压器	只	4	
2300/220v 25kva 单相变压器	只	1	
2300/220v 15kva 单相变压器	只	2	
2300/220v 5kva 单相变压器	只	1	
2300/220v 3kva 单相变压器	只	1	
16000v 油开关	只	3	
2300v 油开关	只	12	
自动活塞避雷器（2300）	只	5	
令克	把	2	
插铅丝匣	只	9	
拉铅丝匣	只	6	
沿丝柄	只	2	
摇排令克	付	1	
变流器	只	14	
单相电度表	只	9	
三相电度表	只	7	
自动路灯开闭器	只	13	
闸刀	把	14	

名　　称	单　位	数　量	备　注
电流表	只	9	
33000v 避电器	只	6	
33000 断连开关	只	6	
33000 电流表	只	1	
33000v 电压表	只	1	
33000v 电量表	只	1	
33000v 电度表	只	1	
33000v 电表附属材料	副	1	
33000v 三极杆上摇排令克	只	1	
38kva380vGE 电容器	具	1	
650v 手插电压表	只	1	
0-5-20-100A 手插电流表	只	1	
变压器油	加仑	260	
电容器用电阻开关	只	2	
2300v50kva 电容器	只	1	
16000v 避雷器	只	6	
运波表	只	1	
竹梯	只	10	
路灯	只	1650	全部损失
路灯	只	2585	大部损坏

建筑部分战时损害统计

名　　称	单　位	数　量	备　注
苏州胥门外发电所材料房	间	8	占用绞住年不修面大破清介复
苏州胥门外发电所大礼堂	间	8	
苏州胥门外发电所老烟囱	座	1	全部被拆
苏州胥门外发电所新烟囱	座	3/4	
苏州胥门外发电所围墙	方丈	30	被拆
苏州胥门外发电所玻璃花房	间	4	被拆

名　称	单　位	数　量	备　注
苏州胥门外发电所工房	间	12	大破
苏州间门外厂房	间	6	被毁
苏州间门外烟囱	座	3/4	被拆
苏州专褚巷变压阶及工坊	间	3	破坏不修坍塌拆散
苏州化石变压所工房	间	6	敌机投弹炸毁（三楼三底）
苏州齐门变压所工房	间	3	敌机投弹炸毁（三楼三底）
苏州娄门变压所工房	间	3	敌机投弹炸毁（三楼三底）
浒墅关办事处铁工间	间	3	战事波及被毁
浒墅关办事处材料房	间	3	失修被毁
吴江北门变压阶及工房	间	1	战事波及被毁（连全部围墙）
吴江八北填变压阶及围墙	部	1/2	战事波及被毁（连全部围墙）
吴江战泽镇变压所及工房	间	5	全毁（连全部围墙）
吴江王办事处	间	3	全毁（连全部围墙）
吴江平望镇变压所及工房	间	6	战事波及被毁
唯亭办事处	间	3	大破
外跨圹办事处	间	12	战事波及被毁
其他各地建筑物门窗			全毁半毁者颇多

接电材料战时损失统计

物料名称	单　位	数　量	备　注
#1/8－#1/10 皮线	码	141922	独根 18 号—独根 10 号
#3/12－#7/18 皮线	码	19833	七根 12 号—七根 18 号
#19/14－#19/10 皮线	码	1414	十九根 14 号—十九根 10 号
单相电表	只	4063	
三相三线电表	只	266	
三相四线电表	只	136	
高压电表	只	18	
大表箱	只	4124	
黑铁管	支	2051	每支 15 尺
2.5 寸三角铁	块	140	
各号纸压白料	只	9054	
接大铁板	块	4402	
露天铅丝匣	只	4854	

运输通讯设备战时损害统计

名　称	单　位	数　量	备　注
1936 福特卡汽车	部	1	
1931 福特卡车	部	1	
20 匹马力汽船	只	1	
15 匹马力汽船	只	2	
驳船	只	7	
马车	部	2	
脚踏车	部	6	
专用电话总楼线机	台	2	
专用电话机	只	8	
电话线	磅	1922	#2/11 光铜线

战时物料损失统计

物料名称	单　位	数　量
纱包线	1/14 – 1/17	1070 磅
皮线	1/10 – 1/20	152600 码
皮线	3/22	3680 码
皮线	7/14 – 7/20	12539 码
皮线	19/12 – 19/19	5672 码
风面绵	19/14	67 码
铅丝绵	1/8	17050 磅
铅丝绵	17/16	5390 磅
吕包绵		318 码
电缆		163 码
花线		2913 码
黄稽布		380 卷又 23 码
油布		7 块
黑包布		322 卷

物料名称	单　位	数　　量
白纱带		62 卷
黄纸帕		40 张
运平油	50 架	20 桶
变压器油	50 架	94 听
红车油		12 听
火油		17 听
汽油		38 听
纱腊油		15 听
马达油（汽车油）		81 架
汽缸油	50 架	1 桶
柏油	50 架	2 桶
黑凡立水		8 听
牛油		44 磅
牛油机		6 只
纸析配更		25 磅
橡皮带		14 条
2 大类皮革	呎	40 呎
煤基	吨	15 吨
煤炉	只	75 只
炉绳	卷	8 卷
灯泡	只	4732 只
灯罩	只	685 只
灯头	只	3144 只
台灯	只	3 只
吊灯	只	28 只
百乐天	只	1 只

物料名称	单 位	数 量
开关	只	645 只
机路	只	190 只
路灯架子	只	113 只
路灯脚	只	2531 只
保险路丝	磅	271.5 磅
保险根头	把	52 把
榔头	把	68 把
钢丝钳	把	38 把
螺丝批	把	52 把
钢锯条	条	4023 条
螺丝钉	罗	57 罗
螺丝铣	把	10 把
挫刀	把	168 把
砂皮	张	270 张
洋刀	把	37 把
钢锯架	把	3 把
凡尔伐	匡	2 匡
夹板	付	13856 付
先令	只	1976 只
磷葫芦	只	85 只
磷 *	支	289 支
各钟罗丝	只	1121 只
焊锡	磅	37.5 磅
松香油膏	罐	9 罐
纸析	磅	54 磅
壁灯	个	12 个

物料名称	单 位	数 量
匣子机	块	50 块
双三连木	块	85 块
元木	块	369 块
纸压白料	只	1504 只
2300 白料	只	744 只
6600 白料	只	382 只
16000 白料	只	284 只
33000□□□白料	只	89 只
2300 30A 插非司	只	262 只
2300 30A 类装非司空	只	18 只
66000□□匣	只	12 只
6600 令克	只	3 只
2300 令克	付	（西门子三极）1 付
16000 令克	付	（西门子三极）1 付
2300 车地令克	只	30 只
1600 过墙白料	只	（连令克）3 只
大理石板	块	15 块
地板	块	16 块
木表轴	块	703 块
启压表（KW）	只	1 只
安培表	只	3 只
闸刀（三线）	把	101 把
时间开关	只	2 只
自动开关	只	1 只
电动机	只	3 只
启动开关	只	1 只

物 料 名 称	单 位	数 量
机扇	只	62 只
吊扇	只	6 只
□□□	只	214 只
电令	只	41 只
电令方□	只	29 只
电□□	只	5 只
□□相	只	1 只
烘热机	只	1 只
电话	只	5 只
电话机	只	13 只
□□	**	□□
叶粘	块	1 块
果豆	块	12 块
光钢丝	磅	□□□
AEG 地下电缆	公尺	810 公尺
角铁	条	138 条
钢管	条	212 条
铁元	条	80 条
扁铁	条	88 条
3 "一2"	条	5 条
铁板	3%	3/16□□11
白铁皮	张	□□□
黑铁皮	张	11 张
黑块管	支	232 支
白块管	支	43 支
黄铜元	支	3 支

物料名称	单 位	数 量
紫铜元	支	1 支
紫铜板	条	4 条
6-12 元钢	支	1 支
2"三角铁	块	5 块
木落铁	块	11 块
21/2"*4 铁板	块	24 块
接户铁板	块	638 块
铁骑马箍	只	422 只
地龙铁	支	5 支
旧铁	公斤	11670 公斤
昌丁铁	块	116 块
铜菱角	只	8 只
芝麻丁	包	1 包
皮带扣子	匣	1 匣
撑铁	块	10 块
白料铁脚	只	669 只
钢丝刷	只	2 只
钢丝绳	尺	535 尺
白棕绳	尺	960 尺
业塔铜板	块	2 块
司行凡尔	只	23 只
钢凡尔	只	18 只
工管 1/2-3	只	51 只
缩节口	只	3/8-3　39 只
弯头	只	34 只
大头小	只	1/4-4　16 只

物料名称	单 位	数 量
毛坯液木	只	4 只
广木	支	□□731 支
榕木	□□□	39
各种洋松方	支	□□□21 支
洋松板	块	□□□27 块
水泥电杆	支	110 支
铁塔	只	4 只
方木元架□	只	5 只
皮带盘	只	□□16 只
火砖	块	17783 块
火泥	袋	4 袋
纸拍泥	袋	14 袋
木泥	块	13 块
□纸柏	袋	9 袋
云母纸	袋	1 袋
豆腐干铜板	块	□
黑丝粉	仿	5 仿
有刺黑丝	卷	1 卷
□□	□□	□□
绳子用葫芦	只	6 只
三项硬木段	只	2 只
□□□	只	12 只
□皮布	售	12 售
电车石板	块	346 块
水泥墙板	块	620 块
水泥檀	条	18 条

物料名称	单 位	数 量
水泥柱	支	90 支
黄沙	方	14 方
石子	方	15 方
红砖	块	33000 块
运货铁煤车	只	4 只
铁煤车	只	4 只
煤屑炭车	只	2 只
炉子用□□	只	50 只
元象□	只	34 只
4600 "V" 油开关	只	1 只
2300V 油开关	只	4 只
马达低脚铁	条	33 条
滚筒	只	48 只
筛子	只	125 只
米车三角铁	根	41 根
铁弹子	粒	24 粒
刮刀	把	14 把
马达	只	4－604 11 只
马达洋子培林	只	31 只
米车洋子培林	只	2 只
马达开关	只	3 只
帮浦	只	97 只
木管	支	8155 支
半铁车管锁	只	43 只
半铁双管锁	只	87 只

物料名称	单 位	数 量
连运锁	只	67 只
耐蒲司	只	5 只
黑丝门	防	313 防
烧灯	只	46 只
黄铜丝布	呎	27 呎
限料表	只	50 只
黄铜昌丁	只	144 只
木螺丝	防	28.5 防
元英钢螺丝	只	20 只
铜蒲司	防	13 防
封印钻丝	防	6 防
洋锁	把	1 把

器具生财战时损失统计

名 称	单 位	数 量	备 注
写字台	只	24	
双人写字台	只	21	
四人写字台	只	5	
转椅	只	2	
靠背椅	只	47	
红木太师椅	只	2	
角牌凳	只	45	
长凳	只	45	
方茶几	只	2	
账橱	只	12	
玻璃橱	只	30	
绿沙碗橱	只	1	
单人铁床	只	27	
方桌	只	21	
挂钟	只	14	
棕垫	只	2	
便桶	只	14	
大小铁箱	只	5	

（原件藏：江苏省档案馆，档案号 488）

商办苏州电气股份有限公司战时财产损失报告单

损失项目统计	页　数	购置时价	损失时价
1. 发电设备	1—2	616. 417. 85	562. 832. 900. 00
2. 供电设备	3—5	311. 400. 885	193. 139. 024. 00
3. 建筑部份	6	30460. 00	7. 984. 300. 00
4. 楼当材料	7	112. 069. 56	43. 194. 720. 00
5. 运输通讯	8	15. 634. 31	47. 460. 00
6. 物料	9—16	224. 192. 165	64. 457. 771. 00
7. 器具生财	17	5387. 00	10. 774. 00
共　计		1215561. 77	871. 666. 959. 00

（原件藏：江苏省档案馆，档案号488）

19. 江苏省立苏州图书馆财产损失报告单

（1947 年 11 月 10 日）

填送日期　三十六年十一月十日

损失年月日	事件地点	损失项目	购置年月	单位	数量	价值国币元		证件
						购置时之价值	损失时之价值	
二十六年十一月	苏州本馆	洋松玻璃洋门	22 年 1 月	扇	2	元角分 3200	元角分 4000	
二十六年十一月	苏州本馆	洋松玻璃广漆长窗	24 年 7 月	扇	6	9600	14460	
二十六年十一月	苏州本馆	洋松玻璃广漆短窗	24 年 7 月	扇	12	11520	14460	
二十六年十一月	苏州本馆	河房靠栏杆	16 年 2 月	扇		5600	8000	
二十六年十一月	苏州本馆	玻璃短窗	24 年 7 月	扇	16	15360	19200	
二十六年十一月	苏州本馆	洋门	24 年 7 月	扇	2	1920	2400	
二十六年十一月	苏州本馆	地板	历年 7 月	间	7	24560	35000	
二十六年十一月	苏州本馆	走廊挂落	14 年 2 月	扇	16	1152	1920	
二十六年十一月	苏州本馆	房间夹仗	20 年 4 月	堂	12	8400	12000	
二十六年十一月	苏州本馆	被毁墙垣	历年	方	40	39200	56000	
二十六年十一月	苏州本馆	玻璃	历年	尺	560	3360	5600	
二十六年十一月	苏州本馆	晴落注水	历年	丈	60	5040	7200	
二十六年十一月	苏州本馆	电灯材料	历年			70000	1000000	
二十六年十一月	苏州本馆	其他随房木料	历年			5000000	8000000	
二十六年十一月	苏州本馆	银杏书橱	20 年 1 月	具	20	56000	80000	
二十六年十一月	苏州本馆	柳安木书橱	23 年 8 月	具	30	60000	75000	
二十六年十一月	苏州本馆	广漆杉木书橱	20 年 5 月	具	40	64000	80000	
二十六年十一月	苏州本馆	柳安写字台	23 年 3 月	个	8	12800	16000	
二十六年十一月	苏州本馆	柳安××	23 年 3 月	个	50	8000	10000	
二十六年十一月	苏州本馆	房间夹仗	20 年 4 月	堂	12	8400	12000	
二十六年十一月	苏州本馆	被毁墙垣	历年	方	40	39200	56000	
二十六年十一月	苏州本馆	玻璃	历年	尺	560	3360	5600	
二十六年十一月	苏州本馆	晴落注水	历年	丈	60	5040	7200	
二十六年十一月	苏州本馆	电灯材料	历年			70000	1000000	
二十六年十一月	苏州本馆	其他房木料	历年			5000000	8000000	
二十六年十一月	苏州本馆	银杏书橱	20 年 1 月	具	20	56000	80000	
二十六年十一月	苏州本馆	柳安木书橱	23 年 8 月	具	30	60000	75000	

损失年月日	事件地点	损失项目	购置年月	单位	数量	价值国币元		证件
						购置时之价值	损失时之价值	
二十六年十一月	苏州本馆	广漆杉木书橱	20年5月	具	40	64000	80000	
二十六年十一月	苏州本馆	柳安写字台	23年3月	支	8	12800	16000	
二十六年十一月	苏州本馆	柳安椅靠	23年3月	支	20	8000	10000	
二十六年十一月	苏州本馆	柳安卡片箱	23年3月	支	4	9600	12000	
二十六年十一月	苏州本馆	广漆八仙方桌	23年3月	支	5	2800	3500	
二十六年十一月	苏州本馆	特制借书柜	23年3月	支	2	4800	6000	
二十六年十一月	苏州本馆	玻璃柜台	23年3月	支	2	4000	5000	
二十六年十一月	苏州本馆	厚玻璃陈列台	20年7月	支	5	15000	25000	
二十六年十一月	苏州本馆	柳安木演讲桌	11年4月	支	1	1200	1500	
二十六年十一月	苏州本馆	柳安听讲双人椅	24年7月	支	50	40000	50000	
二十六年十一月	苏州本馆	棕垫架	历年	个	22	6150	8800	
二十六年十一月	苏州本馆	松木衣橱	20年1月	具	24	8400	12000	
二十六年十一月	苏州本馆	广漆三抽屉台	20年1月	支	24	13440	19200	
二十六年十一月	苏州本馆	杉木书版架	20年1月	支	400	56000	80000	
二十六年十一月	苏州本馆	沙发（大）	23年9月	支	1	3200	4000	
二十六年十一月	苏州本馆	沙发（中）	23年9月	支	3	8400	10500	
二十六年十一月	苏州本馆	柳安大菜台	21年11月	支	3	10500	15000	
二十六年十一月	苏州本馆	柳安屏风	24年1月	扇	16	5120	6400	
二十六年十一月	苏州本馆	铁床	23年5月	扇	1	元角分3200	元角分4000	
二十六年十一月	苏州本馆	柳安园台	23年5月	个	1	800	1000	
二十六年十一月	苏州本馆	柳安反垫椅	23年5月	个	4	1920	2400	
二十六年十一月	苏州本馆	柳安衣架	23年5月	个	1	300	400	
二十六年十一月	苏州本馆	柳安矮玻橱	23年5月	个	16	17920	22400	
二十六年十一月	苏州本馆	包车	23年5月	辆	1	12800	16000	
二十六年十一月	苏州本馆	三轮流动×车	23年5月	辆	1	16000	20000	
二十六年十一月	苏州本馆	自由车	23年5月	辆	1	5600	7000	
二十六年十一月	苏州本馆	厨房用具	历年			8000	10000	
二十六年十一月	苏州本馆	其他器皿	历年			8000	10000	
二十六年十一月	苏州本馆	图书	历年	册	12798	1023840	1778900	
二十六年十一月	苏州本馆	期刊杂志	历年	册	15163	242608	303260	
二十六年十一月	苏州本馆	报章巢订本	历年	册	1747	历年积存难算	80000000	
二十六年十一月	苏州本馆	书版	历年	片	18179	历年积存难处	26541340000	
合计							26624613880	

（原件藏：江苏省档案馆，档案号33）

195

20. 电气工业同业公会抗战期间民营电业损失调查表

一月二七日第三次报告留底			
公司名称	负责人	损失总额注明单位	制表日期
耀龙电力股份有限公司	金龙章	一五〇〇〇〇〇〇元	三十五年十二月二日
重庆电力股份有限公司	程本藏	英金 一三二〇〇磅	三十五年十二月
成都啟明电气股份有限公司	文藻青	二〇〇〇〇〇〇〇元 四〇〇〇〇〇〇元六七六〇〇〇〇元	三十五年十二月二十日
既济水电公司		元总数 末盖章	三十五年十二月
湖北沙市电气公司	陈竹生 吴汉波	九四七二四〇〇〇元	三十五年十二月十六日
竞新电气股份有限公司	鲍咏松	八六六七三〇四五〇元	三十五年十二月十八日
福建电话公司	陈孝怡	四八四四二九四〇元	三十五年十二月十二日
厦门市商办电话公司	黄天锡	一五三二一七九四六〇〇元	三十五年十二月
开封普临电气股份有限公司		一一一三二一五九五 沦治期间价值	
郑州明远电灯公司	魏相民	四七九九二〇七二元 购值时价值	三十五年十二月十五日
常熟电气股份有限公司		五九〇六四〇〇〇元	
大场大耀英记电气厂	王应游	无总数	三十五年十二月十二日
绥远电灯公司	孙梅坞	四五六〇五七五五八一五八元	
燕湖明远电气公司	沈嗣芳	六九四六五八九三二〇元	

（原件藏：中国第二历史档案馆，档案号八二五/145）

21. 南京高淳县战时人员伤亡和财产损失调查表

（1947 年 5 月 11 日）

高淳县政府代电	民字第 3766 号 中华民国三十六年五月十一日						
事由	为调查抗战期间本县遭受敌人暴行及作战时死亡人口列表，报核转备查由						
县长	发□□	秘书	□□	科长	□□	拟稿	□□

江苏省政府主席第一区行政督察专员顾王钧鉴卅五府民四荣丹一字第一八二三六二号本年寅四月代电事悉查抗战期间本县人民遭受敌人暴行及作战时死伤人口经已督饬所属详实，调查分重伤轻伤死亡三项男女幼童不明四目列表填报，除分迳吃不开专员公署省政府核转理合肃电呈报仰社鉴核重转备查，代理高淳县长张品真附呈高淳县抗战期间人民遭受敌人暴行及作战时死伤人口调查表二份。

高淳县政府代电	建字第 459 号 中华民国三十六年七月十六日						
事由	填报本县被劫物资调查表，仰社鉴核由附件						
县长	发□□	秘书	□□	科长	□□	拟稿	□□

江苏省政府主席王钧鉴本年六月十九日（36）府建四字第七七六八号及六月二十日（36）府建四字第七七七三号训令暨附件均事悉查本县于抗战期间被日本军队劫夺物资颇多、业经查填财产损失表，以财字第三三八二号（35）条代电呈报在案；其最甚者为新华承记电灯厂全部械件、惟不能确知其运往日本本土或现在装设何地，且亦无证明文件、事电前因，理合将本县新华承记电灯厂损失、依手颁敌人在战时劫夺我国物资调查表式填具中英文各一份，肃电呈报，仰祈鉴核，代理高淳县县长张。（36）年，铣建叩付敌人在战时劫夺我国物资调查表中英文各一份。

高淳县抗战期间人民遭受敌人暴行及作战时死伤人口调查表

人口 \ 伤亡	男	女	幼童	不明
重伤	73	29	18	2
轻伤	125	37	19	11
死亡	1082	196	29	88

高淳县县长张影　　　　　　　　　　　　调查者袁鸿荣

（原件藏：高淳县档案馆，民国档案 A7—1—42 卷，第 68 页）

敌人在战时劫夺我国物资调查表

名　称	说明效用	原装地址	拆迁年月
24 匹马力火油引擎一部 220P12 啟罗瓦特直流发电机一部	系本县新华承记电灯厂发电用	江苏高淳新华承记电灯厂	民国廿六年十一月间

拆迁机关或某部队	拆迁时有无条据或其他证据	从何港口搬走	运往何地	现装何地	辨识特征
松井部队	当时敌人气焰高涨，民众不敢与其接近，故无证据	由芜湖长江口搬走	南京	无从探悉	该厂房屋被焚簿册等均失且隔年久故特征机器牲无法查填

具报人代理高淳县县长张影

（原件藏：高淳县档案馆，民国档案 A7—1—42 卷，第 140—142 页）

22. 徐州东店子等 75 户恳请查核发还为日寇强占民地建筑农场土地报告及被侵占土地清册

（民国 36 年 7 月 1 日）

　　具呈代表人张兴邦，年六十五岁，徐州市第二还第土保东店子人，为日寇强占民地建筑农场据情恳请查核发还，拯民水火以救民命事，窃东西店子三村于民国三十二年，被日寇强占三村之民地四顷八十余亩建筑农场（贫寒未辨者在外）已向市府申请在案，今尚未沐赐批今特另造地亩清册恳请钧处依件查核发还原地，以体恤民命顾及民艰只为被占之地皆属膏田系三村人民命脉所余之地均系低洼稍有秋雨，则田禾淹没，衣食无依，而民流离失所佣工乞食惨状时闻道旁倒卧丑态毕露，急急待救民不聊生，今特呈请钧处据情查核发还原地以救三村之民命，而三村之民必结草衔环匍匐叩谢功德无量不胜感恩待命之至。

　　谨呈
　　苏浙皖区敌伪产业清理处

具呈代表人　张兴邦

　　附带地亩清册一份　　　　　现住子房山中兴街八十四号

徐州市第二区第土保东西店子申请发还敌伪占用民建筑农场地亩清册

地主姓名	坐落	段数	面积	契约有无	占用者	占用日期	添建情形	现用者	给款名称	每亩数目	备注
陈洪太	东店子	四段	十二亩一分	二段无	日人	民国三十二年	共瓦屋十余间	省农场	青苗费	五百元	契约与报纸
郝学礼	东店子	一	五亩	有	日人	民国三十二年	共瓦屋十余间	省农场	青苗费	五百元	已呈市府
孙文明	东店子	一	一亩二分	有	日人	民国三十二年	共瓦屋十余间	省农场	青苗费	五百元	
陈洪信	东店子	二	十四亩	有	日人	民国三十二年	共瓦屋十余间	省农场	青苗费	五百元	
陈玉标	东店子	一	三亩一分	有	日人	民国三十二年	共瓦屋十余间	省农场	青苗费	五百元	
张广居	东店子	一	五亩八分	有	日人	民国三十二年	共瓦屋十余间	省农场	青苗费	五百元	
陈廷宗	东店子	一	二亩	有	日人	民国三十二年	共瓦屋十余间	省农场	青苗费	五百元	
陈传喜	东店子	二	四亩	有	日人	民国三十二年	共瓦屋十余间	省农场	青苗费	五百元	
苗永清	东店子	二	三亩	有	日人	民国三十二年	共瓦屋十余间	省农场	青苗费	五百元	
苗永洁	东店子	一	五亩半	有	日人	民国三十二年	共瓦屋十余间	省农场	青苗费	五百元	
苗德友	东店子	三	十一亩半	一段有二段无	日人	民国三十二年	共瓦屋十余间	省农场	青苗费	五百元	
马玉其	东店子	一	七亩	有	日人	民国三十二年	共瓦屋十余间	省农场	青苗费	五百元	
赵西口	东店子	二	八亩半	有	日人	民国三十二年	共瓦屋十余间	省农场	青苗费	五百元	
陈玉才	东店子	三	十亩	有	日人	民国三十二年	共瓦屋十余间	省农场	青苗费	五百元	
陈兴友	东店子	二	十亩	一段有一段无	日人	民国三十二年	共瓦屋十余间	省农场	青苗费	五百元	
王宪章	东店子	一	六亩九分	有	日人	民国三十二年	共瓦屋十余间	省农场	青苗费	五百元	
王宪书	东店子	一	三亩九分	有	日人	民国三十二年	共瓦屋十余间	省农场	青苗费	五百元	
郝土坤	东店子	一	二亩	有	日人	民国三十二年	共瓦屋十余间	省农场	青苗费	五百元	

地主姓名	坐落	段数	面积	契约有无	占用者	占用日期	添建情形	现用者	给款名称	每亩数目	备注
刘玉兴	东店子	四	十二亩半	二段有二段无	日人	民国三十二年	共瓦屋十余间	省农场	青苗费	五百元	
郝士臣	东店子	一	三亩	无	日人	民国三十二年	共瓦屋十余间	省农场	青苗费	五百元	
曹啟瑞	东店子	四	十四亩	无	日人	民国三十二年	共瓦屋十余间	省农场	青苗费	五百元	
王荛文	东店子	一	三亩	无	日人	民国三十二年	共瓦屋十余间	省农场	青苗费	五百元	
陈玉章	东店子	二	二亩四分	无	日人	民国三十二年	共瓦屋十余间	省农场	青苗费	五百元	
陈洪松	东店子	一	四亩半	无	日人	民国三十二年	共瓦屋十余间	省农场	青苗费	五百元	
陈洪位	东店子	一	四亩半	无	日人	民国三十二年	共瓦屋十余间	省农场	青苗费	五百元	
陈洪亮	东店子	二	九亩	一段有一段无	日人	民国三十二年	共瓦屋十余间	省农场	青苗费	五百元	
王天云	东店子	一	五亩	无	日人	民国三十二年	共瓦屋十余间	省农场	青苗费	五百元	
陈克金	东店子	一	四亩九分	有	日人	民国三十二年	共瓦屋十余间	省农场	青苗费	五百元	
侯永洽	东店子	一	二亩六分	有	日人	民国三十二年	共瓦屋十余间	省农场	青苗费	五百元	

以上东店子共被占地一顷八十四亩二分

西店子

地主姓名	坐落	段数	面积	契约有无	占用者	占用日期	添建情形	现用者	给款名称	每亩数目	备注
甄继言	西店子	一	三苗七分	有	日人	民国三十二年	共瓦屋十多间	省农场	青苗费	五百元	契约报纸
甄继曾	西店子	三	十七苗六分	有	日人	民国三十二年	共瓦屋十多间	省农场	青苗费	五百元	已呈市府
甄玉琦	西店子	五	二十四苗一分	有	日人	民国三十二年	共瓦屋十多间	省农场	青苗费	五百元	
甄继虞	西店子	三	十八苗	有	日人	民国三十二年	共瓦屋十多间	省农场	青苗费	五百元	
甄继周	西店子	一	二苗八分	有	日人	民国三十二年	共瓦屋十多间	省农场	青苗费	五百元	
张瑞堂	西店子	四	十六苗	有	日人	民国三十二年	共瓦屋十多间	省农场	青苗费	五百元	
王大治	西店子	二	五苗	有	日人	民国三十二年	共瓦屋十多间	省农场	青苗费	五百元	
曾庆礼	西店子	一	四苗七分	有	日人	民国三十二年	共瓦屋十多间	省农场	青苗费	五百元	
孙汉清	西店子	一	五苗	有	日人	民国三十二年	共瓦屋十多间	省农场	青苗费	五百元	
张西升	西店子	一	二苗四分	有	日人	民国三十二年	共瓦屋十多间	省农场	青苗费	五百元	
张凤光	西店子	一	二苗三分	有	日人	民国三十二年	共瓦屋十多间	省农场	青苗费	五百元	
张保庆	西店子	一	四苗二分	有	日人	民国三十二年	共瓦屋十多间	省农场	青苗费	五百元	
侯正昌	西店子	一	四苗三分	有	日人	民国三十二年	共瓦屋十多间	省农场	青苗费	五百元	
曾庆义	西店子	一	四苗七分	无	日人	民国三十二年	共瓦屋十多间	省农场	青苗费	五百元	
刘绘伦	西店子	一	四苗一分	无	日人	民国三十二年	共瓦屋十多间	省农场	青苗费	五百元	
王玉清	西店子	一	六苗	无	日人	民国三十二年	共瓦屋十多间	省农场	青苗费	五百元	
张保存	西店子	一	三苗	无	日人	民国三十二年	共瓦屋十多间	省农场	青苗费	五百元	
孔凡彬	西店子	一	二苗	无	日人	民国三十二年	共瓦屋十多间	省农场	青苗费	五百元	

地主姓名	坐落	段数	面积	契约有无	占用者	占用日期	添建情形	现用者	给款名称	每亩数目	备注
张景珠	西店子	一	四亩二分	无	日人	民国三十二年	共瓦屋十多间	省农场	青苗费	五百元	
徐合义	西店子	一	四亩三分	无	日人	民国三十二年	共瓦屋十多间	省农场	青苗费	五百元	
孙汉明	西店子	一	三亩	无	日人	民国三十二年	共瓦屋十多间	省农场	青苗费	五百元	
王荣华	西店子	一	三亩	无	日人	民国三十二年	共瓦屋十多间	省农场	青苗费	五百元	
王荣桂	西店子	一	三亩一分	无	日人	民国三十二年	共瓦屋十多间	省农场	青苗费	五百元	
张彦洲	西店子	一	五亩	无	日人	民国三十二年	共瓦屋十多间	省农场	青苗费	五百元	
邢广武	西店子	一	三亩	无	日人	民国三十二年	共瓦屋十多间	省农场	青苗费	五百元	
刘凤云	西店子	二	四亩	有	日人	民国三十二年	共瓦屋十多间	省农场	青苗费	五百元	
赵仁喜	西店子	一	三亩八分	有	日人	民国三十二年	共瓦屋十多间	省农场	青苗费	五百元	

以上西店子共数占地一顷六十亩三分

上店子

地主姓名	坐落	段数	面积	契约有无	占用者	添建情形	现用者	占用日期	给款名称	每亩数目	备注
胡荣光	上店子	一	四亩二分	有	日人	共瓦屋十多间	省农场	民国三十二年	青苗费	五百元	契约报纸
蔡景昭	上店子	一	三亩	有	日人	共瓦屋十多间	省农场	民国三十二年	青苗费	五百元	已呈市府
王正礼	上店子	三	七亩七分	有	日人	共瓦屋十多间	省农场	民国三十二年	青苗费	五百元	
宗金声	上店子	一	三亩九分	有	日人	共瓦屋十多间	省农场	民国三十二年	青苗费	五百元	
苗永福	上店子	一	三亩九分	有	日人	共瓦屋十多间	省农场	民国三十二年	青苗费	五百元	
柳文会	上店子	一	四亩九分	有	日人	共瓦屋十多间	省农场	民国三十二年	青苗费	五百元	
蔡敬修	上店子	四	十六亩三分	有	日人	共瓦屋十多间	省农场	民国三十二年	青苗费	五百元	
苗永年	上店子	三	二十八亩	有	日人	共瓦屋十多间	省农场	民国三十二年	青苗费	五百元	
张振海	上店子	一	二亩九分	有	日人	共瓦屋十多间	省农场	民国三十二年	青苗费	五百元	
张孝勤	上店子	一	四亩九分	有	日人	共瓦屋十多间	省农场	民国三十二年	青苗费	五百元	
刘廷才	上店子	一	二亩	有	日人	共瓦屋十多间	省农场	民国三十二年	青苗费	五百元	
张孝进	上店子	一	三亩	有	日人	共瓦屋十多间	省农场	民国三十二年	青苗费	五百元	
王正洽	上店子	一	一亩一分	有	日人	共瓦屋十多间	省农场	民国三十二年	青苗费	五百元	
沈朝忠	上店子	一	二亩一分	有	日人	共瓦屋十多间	省农场	民国三十二年	青苗费	五百元	
蒋士云	上店子	二二	十五亩	有	日人	共瓦屋十多间	省农场	民国三十二年	青苗费	五百元	

地主姓名	坐落	段数	面积	契约有无	占用者	添建情形	现用者	占用日期	给款名称	每亩数目	备注
秦凤来	上店子	二	九亩二分	一有一无	日人	共瓦屋十多间	省农场	民国三十二年	五百元	菁苗费	
秦兆祥	上店子	一	四亩	无	日人	共瓦屋十多间	省农场	民国三十二年	菁苗费	五百元	
秦兆银	上店子	一	一亩三分	无	日人	共瓦屋十多间	省农场	民国三十二年	菁苗费	五百元	
秦德胜	上店子	一	一亩一分	无	日人	共瓦屋十多间	省农场	民国三十二年	菁苗费	五百元	
梁化龙	上店子	一	十亩	有	日人	共瓦屋十多间	省农场	民国三十二年	菁苗费	五百元	

以上上店子共被占地一顷三十八亩五分

以上三村共被占地四顷八十三亩 贫寒未申请者在外

代表人 张兴邦

（原件藏：徐州市档案馆，档案号 A2—6—484）

23. 吴江芦墟立成义印务局财产损失报告单

（1947 年 8 月 1 日）

附件一：芦墟镇长梅绍德签报的芦墟立成义印务局“财产损失报告单”

财产损失报告单

填送日期　民国 36 年 8 月 1 日

损失年月日	事件	地点	损失项目	购置年月	单位	数量	价值		证件
							损失时价值（元）	现价估计（元）	
民国三十一年二月底（古历正月二十三、四、五日）	苏嘉湖小三角地区由军委会苏浙行动纵队忠义救国军阮清源司令控制后，迭向沪杭一带工作，尤以三十年大除夕突击日丰田纱厂司令部后，遂遭敌恨，于正月初七围袭芦墟莘塔北库等乡镇，敌酋长谷川师团倾团历一个月始退，死难军民七千余人		1. 各号铅字底铅		磅	7600	36000	250000000	于民国三十五年九月十六日奉行政赔偿调查委员会调字第 0365 号通知，前曾呈当时军委会忠义救国军策反专员公署少将专员郑子良及胜后吴江县芦墟区署区长吴月斧等之证明存校在案
			2. 四开平架机（印正气报用）		部	1	8000	30000000	
			3. 头号双碰脚踏		部	1	6000	18000000	
			4. 新月号铅印机		部	1	4000	10000000	
			5. 新月号铅印机		部	2	6000	18000000	
			6. 老三号铅印机		部	1	2000	6000000	
			7. 切纸机		部	1	9000	40000000	
			8. 打洞机		部	1	2500	1400000	
			9. 石印机（连印石二块）		部	1	2400	8000000	
			10. 白报纸		令	142	18000	35000000	
			11. 其他纸类		件	120	15000	30000000	
			12. 油类烛皂		箱	18	5000	10000000	
			13. 衣被另物等		件	56	5000	10000000	
			14. 其他				2000	4000000	

损失者　前立成义印务局　负责人　王雪心（印）　　填报者　梅绍德（印）

附注：1. 损失者王雪心现住浙江嘉善西塘镇四方汇 48 号

2. 填报者与损失者之关系为当时之房东与房客

3. 填报者于胜利后曾任芦墟镇首任镇长

4. 填报者通信地址：吴江芦墟镇河西南袁家浜 6 号

（原件藏：吴江县档案馆，档案号 0204—2—1196，第 105 页）

附件二：莘塔镇公所上报的凌元培等"财产损失报告单"

财产损失报告单

填送日期　民国36年12月1日

损失年月日	事件地点	损失项目	购置年月	单位	数量	价值国币元		证件
						购置时价值	损失时价值	
中华民国三十二年二月八日至三月五日	莘塔镇自吴江沦陷后即为本县游击抗战根据地之中心，敌军屡次进窥未能得手，直至三十二年二月，故军纠集各路大举扫荡盘踞二十余日，恣意烧杀，极尽暴行，人民牺牲数以千计，财产损失无可估计，本所屋宅在莘塔镇南市，为凌姓东住宅，于此时焚烧殆尽	正垜楼房	民国纪元前	间	25	10000	1330000	劫后照相一幅
		正垜正屋		间	33	9900	1316700	
		边垜边屋		间	13	3900	518700	
		边垜平屋		间	15	3750	4987500	
		石皮弄		条	2	1200	159600	
		石皮天井		个	7	4200	558600	
		家具		件	400	16000	2128000	
		皮件衣着		件	140	5600	744800	
		家常衣着		件	450	4500	598500	
		被褥		副	160	3200	42600	
		金质饰物		件	145	7250	964250	
		银质饰物		件	350	1750	232750	
		古玩		件	46	7000	931000	
		书画		幅	200	8000	1064000	
		家用杂具		件	1200	12000	1596000	
		外科用药品		箱	2	900	119700	
		内科用药品		箱	4	2000	266000	

直辖机关学校或事业名称　吴江县　填报者姓名　凌其栋　受损失者与受损失者之关系　族长　凌元培　凌元增　凌元宣　凌元尧　凌顺型　服务处所与所在职务　通信地址　吴江芦莘塔镇公所　墟西栅

（按：原件为民国三十二年，实际应为民国三十一年。）

（原件藏：吴江县档案馆，档案号0204—2—1196，第89页）

24. 时利和冠记营造厂战时因公遭受损失之索赔报告

（民国 36 年 8 月 26 日）

窃厂商于战前经营建筑事业，历有年所，且始终在钧厅督导之下承筑公路工程凡数十起，为工程便利计当购置卡车七辆，往来工地运输工料，迨二十六年秋季，倭寇侵略淞沪变起全面抗战，是时厂商奉令赴常熟福山港口一带担任抢建江防要塞公路及军用急造公路等重要工程。虽受敌寇惨烈炮火之威胁亦奋不顾身漏夜抢赶各种重要工程次第大部完成，而敌寇恃空袭暴力，终至于二十六年十一月间苏常一带均告失守，是时，厂商自置卡车七辆除苏字牌照四辆在镇首被征用外，其余三辆以及一切工具材料等均遭损失，查以上损失所在地点当时有钧厅前方总工程处处长沈公公达总工程司庄效震先生，副总工程司王燕泉先生目睹损失实情当可证明。厂商在抗战中因公遭受此巨大损失养成破产，现抗战胜利政府迭颁明文催报战时损失仰见贤明。当局体念人民之至意当能赐予补救，兹谨将厂商所有战时因公遭受损失之车辆工具材料等据实缮具报告单。

呈请

鉴核备查伏乞

指示只遵

　　谨呈

江苏省政府建设厅厅长董

　　附呈财产损失报告单一纸

时利和冠记营造厂

经理　殷冠三

（原件藏：江苏省档案馆，档案号 1004—乙—487）

25. 苏伦纺织厂战时损失统计

（1947 年 12 月 8 日）

文别	函	收件者	中国纱厂联合会	通信地点	上海（23）迪化北路二七号	
递送方法	快邮	发出日期	三六年十二月八日	发文号数	发字288号	阅准者

事由　函复本厂战时损失数字希　查照由
　　　□□者昨张
　　贵今联总字第三三一号大函备悉一是，查敝厂前报政府当局关于战时损失之数字如左。
　　一、财产直接损失：计国币二三九八二七六七二元，此项损失为被敌寇焚毁或劫掠之建筑物制成品机械工具原料及其他物品之价值总和系照战前原价（自十六年至廿六年不等）计算列报。
　　二、财产间接损失：计国币六〇四八一〇七三四四三〇〇元，此项损失包括（甲）可能生产额减之亏损失（乙）可获纯利额减少之损失及（丙）战时费用之支出在内，其计算根据除属于（甲）（乙）两款共占六〇四八〇〇〇〇〇〇〇〇元。则系廿六年份支付于拆迁，防□，救济，抚恤，诸项费用之当日实际金额，相应函复，即希
　　查照为此。
　　此致

中国纱厂联合会

本厂启　十二月八日

苏伦纺织厂战时损失统计表

损失类别	名称	面积或数量	损失情形与原因	损失价格	附注
建筑物	砖木造二层气楼式纱厂第一工场房厂	三七四〇方尺	全部被敌寇焚毁	一六五五五.九六元	民国十六年建筑原价
	二层钢骨水泥钢窗着水间	一座	同上	三八〇〇.〇〇	民国十八年建筑原价
	布厂厂房	一幢	一部被敌机炸毁	一〇〇〇〇.〇〇	民国二十年建筑原价
	砖木造瓷瓦屋顶厂长住宅洋房	一幢	同上	九五二〇.〇〇	民国十八年建筑原价
机械设备	第一工场二五七六八锭之生产机械	三七种	全部被敌寇焚毁	七〇七九四七.一〇	民国十八年设置原价

损失类别	名称	面积或数量	损失情形与原因	损失价格	附注
	动力机器	一座	被敌焚毁	四九〇〇〇.〇〇	同上
	工厂各种附属设备及照明保险调节设备	七类	同上	一〇〇〇〇〇.〇〇	同上
物资	棉花	一五五三四.一五担	于日寇施行军管理时期被损	八四一七〇九.七五	民国廿六年进货原价棉纱
	棉纱	三八一、八〇四件	同上	八四七七六.五六	民国廿六年厂盘棉布
	棉布	一六七三匹	同上	二六一五四七.二五	同上
	副产品	三三二八担	同上	五〇九七二.七四	民国廿六年原价
	煤炭机油物料等	同上	同上	一一三四四七.三六	同上
	合计			二三九八二七六.七二	

说明：

1. 本厂机械设备方面之损失全貌已详列另案填报之战时损失调查表内敬奉其大概。

2. 损失价格均仍照过去有依据之原价计列，若以现时平均最低超值五千倍计算则全部损失数字应全一百廿亿之谱。

苏伦纺织厂　厂址：苏州吕门外大马路

苏伦纺织厂战时损失调查表

	名称	商标及出品	数量	损失原因	损失日期	估价	备注
建筑	纱厂第一工厂	砖木造（二层硬木地板硬木楼极大厂房）	3740方尺	被敌寇焚毁	民29年1月1日	＄165555.96	民16年建筑原价
	着水间	二层钢骨水泥钢窗建筑	一座	被敌寇焚毁	民29年1月1日	＄3800.00	民18年建筑原价
	布厂	中弹炸毁屋顶渗漏	一幢	被敌机轰炸	民26年11月10日	＄10000.00	民2年建筑原价
	厂长住宅洋房	砖木造瓷瓦屋顶	一幢	中敌机炸弹炸毁一部	民26年11月10日	＄9520.00	民18年建筑原价

	名称	商标及出品	数量	损失原因	损失日期	估价	备注
机械	梳棉地轴连轴承等		626 尺	被敌军焚毁	民 29 年 1 月 1 日	民国十八年□置原价国币陆十九万七千九百四十七元一角正，被毁纱厂第一工场共计二万五千七百六十八锭总计损失	
	粗纱地轴连轴承等		323 尺	被敌军焚毁	民 29 年 1 月 1 日		
	摇纱地轴连轴承等		297 尺	被敌军焚毁	民 29 年 1 月 1 日		
	成色地轴连轴承等		30 尺	被敌军焚毁	民 29 年 1 月 1 日		
	纬纱地轴连轴承等		136 尺	被敌军焚毁	民 29 年 1 月 1 日		
	封闭式马达连闸刀开关	A. E. G. 31/2HP	4 部	被敌军焚毁	民 29 年 1 月 1 日		
	封闭式马达连油开关	A. E. G. 31/2HP	2 部	被敌军焚毁	民 29 年 1 月 1 日		
	通风马达油开关	A. E. G. 81/2HP	70 部	被敌军焚毁	民 29 年 1 月 1 日		
	封闭式马达连油开关	A. E. G. 81/2HP	3 部	被敌军焚毁	民 29 年 1 月 1 日		
	鼠笼式马达连快慢开关及油开关	A. E. G. 20HP	1 部	被敌军焚毁	民 29 年 1 月 1 日		
	封闭式马达连快慢开关及油开关	A. E. G. 23HP	7 部	被敌军焚毁	民 29 年 1 月 1 日		
	马达连磁场开关及阻电前轨	A. E. G. 85HP	2 部	被敌军焚毁	民 29 年 1 月 1 日		
	封闭式马达连油开关铁轨	A. E. G. 31/2HP	1 部	被敌军焚毁	民 29 年 1 月 1 日		

	名称	商标及出品	数量	损失原因	损失日期	估价	备注
	三角皮带		33 条	被敌军焚毁	民 29 年 1 月 1 日		
	生铁桶三角铁架及生铁底篮等		80 只	被敌军焚毁	民 29 年 1 月 1 日		
	41 吋梳棉机		78 部	被敌军焚毁	民 29 年 1 月 1 日		
	3—6 眼并条机		13 部	被敌军焚毁	民 29 年 1 月 1 日		
	3×7 眼棉条机		1 部	被敌军焚毁	民 29 年 1 月 1 日		
	78 锭初纺机		13 部	被敌军焚毁	29 年 1 月 1 日		
	80 锭初纺机		1 部	被敌军焚毁	民 29 年 1 月 1 日		
机械	156 锭三纺机		11 部	被敌军焚毁	民 29 年 1 月 1 日		
	160 锭三纺机		3 部	被敌军焚毁	民 29 年 1 月 1 日		
	400 锭细纱机		8 部	被敌军焚毁	民 29 年 1 月 1 日		
	40 锭摇纱机		97 部	被敌军焚毁	民 29 年 1 月 1 日		
	小打色机		3 部	被敌军焚毁	民 29 年 1 月 1 日		
	大打色机		1 部	被敌军焚毁	民 29 年 1 月 1 日		
	升降机		1 部	被敌军焚毁	民 29 年 1 月 1 日		
	包钢丝盖板机		1 部	被敌军焚毁	民 29 年 1 月 1 日		
	小成色机		5 部	被敌军焚毁民	民 29 年 1 月 1 日		

	名称	商标及出品	数量	损失原因	损失日期	估价	备注
机械	打纱头机		1 部	被敌军焚毁	民 29 年 1 月 1 日		
	打锭线机		8 部	被敌军焚毁	29 年 1 月 1 日		
	600HP 柴油引擎		1 座	被敌军焚毁	29 年 1 月 1 日		
	吊花色机		1 部	被敌军焚毁	29 年 1 月 1 日		
	磨钢丝盖板机		4 部	被敌军焚毁	29 年 1 月 1 日		
	刺毛棍整理机		2 部	被敌军焚毁	29 年 1 月 1 日		
	并纱车		1 部	被敌军焚毁	29 年 1 月 1 日		
其他	暖气设备	暖气管及节气器粗纱细纱摇组器色各部	2748 尺	被敌军焚毁	民 29 年 1 月 1 日	约值＄10000000	以下均为民 18 年进货原价
	保险设备	粗纱保险管3/4—6	2794 尺	被敌军焚毁	民 29 年 1 月 1 日		
	保险设备	粗莲蓬头及自动减火装备全套	706 支	被敌军焚毁	民 29 年 1 月 1 日		
	电灯设备		184 支	被敌军焚毁	民 29 年 1 月 1 日		
	排气高备	粗纱细纱排气电力风扇	19 双	被敌军焚毁	民 29 年 1 月 1 日		
	附属设备	3/8×3 梳棉架铁轨	276 尺	被敌军焚毁	民 29 年 1 月 1 日		
	附属设备	3/8×3 梳棉架铁轨	497 尺	被敌军焚毁	民 29 年 1 月 1 日		

名称	商标及出品	数量	损失原因	损失日期	估价	备注
其他	附属设备	运花巷车派纱车筒长车等	37 部	被敌军焚毁	民 29 年 1 月 1 日		
	附属设备	试析棉条	3200 只	被敌军焚毁	民 29 年 1 月 1 日		
	附属设备	头二三号粗筒管	241000 只	被敌军焚毁	民 29 年 1 月 1 日		
	附属设备	帆布落纱袋落纱板	200 只	被敌军焚毁	民 29 年 1 月 1 日		
	附属设备	初纺三纺外皮棍	3803 根	被敌军焚毁	民 29 年 1 月 1 日		
	附属设备	皮茅接头落花衣箱	134 只	被敌军焚毁	民 29 年 1 月 1 日		
	附属设备	各种大小皮带	625 条	被敌军焚毁	民 29 年 1 月 1 日		
	附属设备	来去长头磨辊大石辊	44 只	被敌军焚毁	民 29 年 1 月 1 日		
	冷气设备	井管子马风扇全部	1 套	被敌军焚毁	民 29 年 1 月 1 日		
	试验室附属品	各种罗勒牙轴牙等皮带盘	14350 只	被敌军焚毁	民 29 年 1 月 1 日		
	试验室附属品	其他试验器具物品等		被敌军焚毁	民 29 年 1 月 1 日		
附注	以上传动机器试验工具在敌产（日寇视本厂为敌产而加处分管理）处分未解除而由日军管理期间全部焚毁所留烧余铁片焦木皆为日军掠运一空						

（乙）侵夺拆毁或强制收买类

	名称	商标	数量	损失原因	损失日期	估价	备注
花纱布	棉花	陕西洛阳，通州，东台，印度，美棉总计	14354.50 担	被日寇视作敌产由内外棉管理时损失	民 26 年 11 月 10 日	$773927.74	民 26 年进货原价
	棉布	16P 粗布 147 粗布 30P 华哗吱 20P 色丁	16015 足	被日寇视作敌产由内外棉管理时损失	民 26 年 11 月 10 日	$256217.00	民 26 年厂盘
	棉布	18P 华吱 317P 华吱 31P 细布 12P 斜纹		被日寇视作敌产由内外棉管理时损失	民 26 年 11 月 10 日		
	棉布	11P 斜纹 14 印坯，10P 细布 6P 纱布		被日寇视作敌产由内外棉管理时损失	民 26 年 11 月 10 日		
	纺部存棉	各地产棉	1179.65 担	被日寇视作敌产由内外棉管理时损失	民 26 年 11 月 10 日	$67782.01	民 26 年原价
	未摇打纱 20 支	天官	34376 件	被日寇视作敌产由内外棉管理时损失	民 26 年 11 月 10 日	$7103.76	民 26 年原价
	未摇打纱 32 支	天官	9568 件	被日寇视作敌产由内外棉管理时损失	民 26 年 11 月 10 日	$2308.54	民 26 年原价
	未摇打纱 42 支双股线	天官	13913 件	被日寇视作敌产由内外棉管理时损失	民 26 年 11 月 10 日	$4015.12	民 26 年原价
	织部存纱	天官	323987 件	被日寇视作敌产由内外棉管理时损失	民 26 年 11 月 10 日	$71277.14	民 26 年原价
	织部未打色布	神鹰	722 足	被日寇视作敌产由内外棉管理时损失	民 26 年 11 月 10 日	$5330.25	民国 26 年原价
	副产品		3328 担	被日寇视作敌产由内外棉管理时损失	民 26 年 11 月 10 日	$50972.74	民 26 年原价
其他	煤炭机油物料等	总计		被日寇视作敌产由内外棉管理时损失	民 26 年 11 月 10 日	$113447.36	战前进货原价

（原件藏：苏州市档案馆，档案号 I22—1—100）

26. 战犯太田寿男关于在南京处理尸体的供述之一[①]（节录）

（1954 年 8 月 3 日）

［前略］六、1937 年 10 下旬华中许甫镇登陆至 1939 年 3 月上旬返回日本前的罪恶：

（一）南京陷落前的罪行（1937 年 10 月下旬至 1937 年 12 月中旬）：

1. 任香川县善通寺骑兵第十一联队留守时（担任教育及经理主任），于 1937 年 10 月中旬被任命为第二碇泊场司令部［部］员（第二碇泊场司令部新组建于大坂［阪］，编制为：司令官 1 名，部附军官 13 名，翻译 2 名，下士官 15 名，计 31 名）。10 月 24 日于下关港乘医院船泰山丸出发（泰山丸是将上海伤兵运到下关港，在上海方面航行的船只，除第二碇泊场司令部的人员外，同乘该船的有约 30 名护士）。

2. 1937 年 10 月 26 日在许甫镇登陆（在许甫镇设有上海碇泊场许甫镇支部）。在该地滞留约 3 日后，10 月 30 日司令部由许甫镇出发，乘机帆船航行于运河上，10 月 30 日傍晚到达常熟，在此地设置了司令部，10 月 31 日开始业务。

我负责装卸货工作，指导来自许甫镇方面和粮秣卸船业务。

当时卸船量虽然不多，但所卸粮秣是送往驻在常熟的兵站支部，供给进攻南京而过往常熟的部队所用粮秣。我以装卸进攻南京部队用的粮秣而参加了进攻南京的作战。

3. 11 月中旬我奉命与苏州碇泊场司令部联络而出差，有军官 1 名、士兵 4 名，乘小船航行在运河，往返于苏州（两天）。归途中，在常熟西约 2 公里处掠夺约 30 只在池子中浮游鸭子（虽然没有居民，但显然是住在附近村庄的中国人民所有）。

---

① 该件为太田寿男被关押于抚顺战犯管理所期间向中国最高人民检察院军事法庭提供的笔供。太田寿男，1897 年生，日本爱媛县松山市鮒屋町人，日军中佐，历任日军教官、中队长、师团副官等职。1937 年 10 月中旬任第二碇泊场司令部少佐部员；12 月 15 日抵南京，任司令部扬塔主任。南京大屠杀期间，曾与安达少佐同时率部指挥日军将 10 万具尸体抛入长江或焚烧、掩埋。1945 年 8 月在库页岛为苏军俘虏，旋移交中国，关押于抚顺战犯管理所；1954 年在接受中国最高人民检察院军事法庭审讯时，供认了以上参与处理南京大屠杀中遇难者尸体的事实。1956 年返回日本，1964 年去世。

4. 11 月 27 日我接到常熟司令部司令官如下命令：

太田少佐率军官 1 名、士兵 2 名到上海碇泊场许甫镇支部，担当与常熟司令部的联络任务。我 11 月 28 日由常熟出发，与前记人员一同乘小船在运河上航行，11 月 28 日傍晚到达许甫镇，此后主要业务是处理应运往常熟的粮秣。

5. 12 月 14 日接受第二碇泊场司令官如下命令（此命令是由 1 名军官、1 名士兵乘小船从常熟方面传达下来的）：第二碇泊场司令部于 12 月 11 日由常熟出发向南京前进，太田少佐率许甫镇第二碇泊场司令部 2 名军官、3 名士兵，从许甫镇乘便船向南京前进，返回司令部。我得到上述命令后，与许甫镇支部联络，结果了解到 12 月 14 日傍晚大图号船来到，便搭此船，12 月 15 日早晨由许甫镇出发，顺扬子江向南京航行（大图号船装载了粮秣）。

第二碇泊场司令部（除太田少佐及 2 名军官、3 名士兵外）是 12 月 11 日由常熟出发，乘小船航行于运河上，12 月 13 日南京陷落后进入南京下关，此后即定位南京（参照附图，见下页）

（二）到达南京后的罪行（1937 年 12 月中旬至 1939 年 3 月初）

关于南京事件的罪行

1. 1937 年 12 月中旬攻陷南京时，日本军杀害抗日军俘虏及居民总共有约 15 万人。我 12 月 15 日傍晚到达南京下关，在下关司令部得到如下内容的司令官命令：

"第二碇泊场司令部与南京占领军协定，处理下关地区的中国人尸体，现由安达少佐担任，太田少佐协助。"

我立即与安达少佐（第二碇泊场司令部部员）面谈，得知如下事项（参照处理南京下关尸体略图，见下页）。

处理方法

大部分由下关码头及其稍下游处投入扬子江。

一部分在浦口东约 4 公里处烧掉掩埋（主要用汽油烧，利用洼地、地头等），南京市内的尸体由占领部队用卡车运到扬子江岸，直接从码头上流投入扬子江（其数约 5 万）。

（1）南京碇泊场司令部为搬运尸体所用人员及器材：

配备小船　约 30 只（带有发动机，船员 2 名，1 只船约能装载尸体 50 具）。

卡车　约 10 辆（距码头较远的尸体用汽车搬运，每辆约能装 50 具）。

配备陆上运输队约 800 名（碇泊场司令部到达南京时即由第十一军配备）。①

（2）运搬状况（下关地区碇泊场司令部承担部分）

甲、下关地区大部分是运到码头投入扬子江，一部分是用小船运到稍下流投入扬子江，距离码头较远的尸体使用卡车或手推车等，近的用赶制的简易担架搬运。运搬任务由陆上输送队承担，处理方法与货物相同，大部分是用搭钩进行，尸体中还有一些负重伤没有完全断气的，对这些人用搭钩向头部及心脏部扎，使之断气然后运搬。

乙、到烧毁、掩埋地点的运搬配备有小船，每次 30 只，每日约运 10 次，约进行 2 天。

由输送队往小船上装运。

由占领部队人员约 500 名，进行烧毁及掩埋作业。以上人员不知是占领南京部队的哪个部队。这些人是用小船运到作业地点的。

（3）关于处理的尸体概数、处理天数、类别等事项

第二碇泊场司令部处理尸体是从 12 月 14 日开始的，大体进行 5 天，14 日、15 日下关地区作为一地区，由安达少佐负责处理。我于 1937 年 12 月 15 日傍晚由许甫镇回到南京碇泊场司令部后，作为二地区我负责西半部，16 日、17 日、18 日处理 3 天尸体。

各时期及各地区所处理的数目及其他状况说明如下：

甲、12 月 14 日、15 日是下关地区没有划分区域，全部由安达少佐处理的时期，估计尸体总数约有 10 万，其中：

从码头及稍下流投入扬子江者约 3.5 万计 6.5 万（包括重运到烧毁掩埋地点者（两天大体结束）约 3 万伤濒死者 1500 名）

以上人员中重伤濒死者　约 1500 名

12 月 14 日、15 日两天为了加快速度，不仅在白天，就连夜间也进行处理。

乙、12 月 15 日傍晚我回到南京下关后，16、17、18 日 3 天将下关地区分为东、西地区进行。

各地区状况如下：

安达少佐负责的地区（东部）

投入扬子江数（包括一部分运到稍下流投入）　　约 1.6 万名

以上包括重伤濒死者 约 250 名

---

① 此处"第十一军"疑为"第十军"或第十一师团之误。查侵华日军第十一军组建于 1938 年 3 月。

太田少佐负责地区（西部）

投入扬子江数（包括一部分运到稍下流投入）　1.9万名

上述数字中重伤濒死者　约350名

计3.5万名

（内有负重伤濒死者600名）

以上全部总数如下（5天内碇泊场司令部处理数）：

运往烧埋地点数：约3万

投入扬子江数：约7万

（内有负重伤濒死者约2100名）

计约10万

丙、南京事件中处理的尸体总数

南京碇泊场承担数　约10万

估计共15万

进攻南京部队处理数　约5万

上述尸体种类为，被捕的抗日军（估计约3万），其他为居民，有男女老少。总之，尸体中居民是多数，这是很清楚的。

（4）对南京事件的认罪态度

如上所述南京陷落时日本军的非人道行为，现在不用再说，其罪恶是极其严重的。第二碇泊场司令部也承担尸体处理，我也作为司令部的一员在南京下关指挥处理，不只搬运尸体，我配属的输送员中对负重伤没有停止呼吸者，使用搭钩刺扎其头和心脏致死而进行运搬者数约有350名（抗日军多少，居民多少，现已记不清，但记得居民占多数）。事实是不仅运搬尸体，而且杀害了抗日军及居民约350名。

我过去对南京事件已坦白认罪，但是不充分，今天我根据以上事实对自己的罪恶进一步作出深刻认识。

［摘自：中央档案馆等合编：《日本帝国主义侵华档案资料选编》第12辑《南京大屠杀》，中华书局1995年版，第855—865页；原件藏中央档案馆，档案号（一）119—2，229，1，5］

27. 战犯东口义一关于掩埋被日军屠杀中国战俘尸体的口供（节录）

（1954年9月28日）

问：你把在下关东站射杀抗日军民的情况详细讲一下！

答：当时以包围的形态把军民关在城内，而从二方面无差别的［地］进行射击屠杀的。

问：接着讲下去！

答：占领南京后，三八联队本部附教育系增田忽（物心）太郎大尉命令"中支那方面军最高司令官松井石根大将要入城，入城时恐怕中国人民反抗，所以把难民区的可疑者全部逮捕起来"。因此，金星武夫以下60名侵入所谓难民区，把认为有抗日军嫌疑者一齐逮捕，共逮捕了约600名，而把这些人都送到南京下关的师团工兵队船舶队。以后将600名中国人民装在一只船内，在长江中连船一齐爆炸而虐杀了。当逮捕时，我指挥9名士兵协助分队长，欺骗说为下关码头装货工作而进行逮捕。我用十四年式手枪威吓，连打带踢，和9名士兵一齐逮捕了约80名之后，装上货车送到下关船舶工兵队。

问：继续讲！

答：1937年12月18日，在南京城内的军官学校，步兵三联队本部教育系增田大尉为了教育见习士官，而将被俘的10名抗日军战士砍首当时，我和9名士兵在周围担任警戒，并挖坑，把10名的尸体埋在坑里。

1937年12月19日，在南京城内军官学校东方的飞机场，师团武器部某大尉为了试验中国的步枪和日本的步枪的杀害能力而杀害了50名被俘的抗日军战士。当时我和14名士兵担任挖坑、警戒及埋没尸体的任务。

问：为什么别人屠杀中国人民时，你总是作警戒、挖坑和掩埋的任务呢？

答：都是按命令的。

［摘自：中央档案馆等合编：《日本帝国主义侵华档案资料选编》第12辑《南京大屠杀》，中华书局1995年版，第879页，第880页；原件藏中央档案馆，档案号（一）119—2，629，1，4］

28. 世界红卍字会南京分会救济队掩埋组掩埋尸体具数统计表

区别	掩埋地址	人数			合　计	月　日	备　考
		男	女	小孩			
城内区	清凉山后山	一二九			一二九	十二、二二	在收兵桥一带收殓
	金陵大学农场	一二四	一		一二五	一、二六	在西桥塘内收殓
	五台山荒山	一七	二		一九	二、二	在汉中路一带收殓
	清凉山坟地	四九			四九	二、六	在龙蟠里一带收殓
	韩家巷西仓山上	一四七		二	一四九	二、七	在西仓塘内收殓
	五台山荒山	一六		四	二〇	二、十一	在上海路一带收殓
	古林寺山上	一〇七	二		一〇九	二、十四	在古林寺山上收殓
	阴阳营南秀村	六五〇	二	二〇	六七二	二、十九	在城北各处收殓
	古林寺后山	一五四			一五四	二、二〇	在龙池庵收殓
	同右	二九	一		三〇	二、二二	在城北各处收殓
	阴阳营南秀村	三三七			三三七	二、二七	同上
	总计	一七五九	八	二六	一七九三	同上	同上
城外区	中华门外望江矶	一〇〇	九		一〇九	十二、二二	在城内各处收殓
	中华门外辇柏村	二五〇	一一		二六一	同上	在城内各处收殓
	中华门外普德寺	二八〇			二八〇	同上	同上
		六四六八			六四六八	十二、二八	同上
	上新河黑桥	九九六	二		九九六［八］	一、十	在上新河一带收殓
	中华门外望江矶	四〇七	二一	三	四三一	一、二五	在城内各处收殓
	水西门外二道杆子	八四三			八四三	二、七	在水西门外河边收殓
	上新河太阳宫	四五七			四五七	二、八	在太阳宫河下收殓
	水西门外南伞巷	一二四			一二五	二、九	在水西门外各处收殓
	上新河二埝	八五〇			八五〇	同上	因尸已烂就地收殓
	上新河江东桥	一八五〇			一八五〇	同上	在江东桥一带收殓
	上新河棉花堤	一八六〇			一八六〇	同上	因尸已烂就地收殓
	汉西门外广东公墓	二七一	一		二七二	二、十一	在汉西门外一带收殓

区别	掩埋地址	人数			合计	月　日	备　考
		男	女	小孩			
	水西门外大王庙	三四			三四	二、十一	在水西门外塘中收殓
	下关渡固里	一一九一			一一九一	二、十二	因尸已烂就地收殓
	中央体育场公墓地	八二			八二	二、十四	在体育场附近收殓
	上新河中央监狱	三二八			三二八	同上	在中央监狱内收殓
	上新河观音庵空场	八一			八一	二、十五	在该处火场内收殓
	上新河凤凰街空场	二四四			二四四	二、十六	在该处西街收殓
	汉中门外二道杆子	一一二三			一一二三	二、一八	在该处河边收殓
	上新河北河口空场	三八〇			三八〇	同上	在北河口一带收殓
	下关九家圩	四八〇			四八〇	同上	在下关沿江边收殓
	下关鱼雷军营旁	五二四			五二四	二、一九	因尸已烂就地收殓
	下关草鞋闸空地	一九七			一九七	二、二〇	在鱼雷营码头收殓
	同上	二二六			二二六	二、二一	同上
城外区	下关鱼雷军营码头	五〇〇〇			五〇〇〇	同上	因尸已烂就地收殓
	下关石榴园	一四七			一四七	同上	在幕府山旁收殓
	幕府山下	一一五			一一五	同上	在草鞋闸后收殓
	上新河五福村	二一七			二一七	同上	在五福村电台等处收殓
	下关草鞋闸空地	一五一			一五一	二、二二	在鱼雷营码头收殓
	下关鱼雷军营码头	三〇〇			三〇〇	同上	因尸已烂就地收殓
	中华门外普德寺义地	一〇六			一〇六	二、二三	在城内各处收殓
	下关姜家园	八五			八五	二、二五	在下关各处收殓
	下关石榴园	一九〇二			一九〇二	二、二六	在幕府山旁收殓
	下关东炮台	一九四			一九四	同上	在煤炭港码头收殓
	下关上元门外	五九一			五九一	二、二七	在上元门内一带收殓
	中华门外望江矶义地	八七			八七	二、二八	在城北各处收殓
	下关石榴园	一三四六			一三四六	三、一	在幕府山旁收殓
	三汊河西南空场	九九八			九九八	同上	在三汊河一带收殓
	和平门外水清寺旁	一四〇九			一四〇九	三、二	在该处大涡子收殓

区别	掩埋地址	人数			合计	月日	备考
		男	女	小孩			
城外区	下关石榴园	七八六			七八六	三、三	在幕府山旁收殓
	下关煤炭港江边	一七七二			一七七二	三、六	因尸已烂就地收殓
	下关海军医院后堤边	八七			八七	三、一四	在该处及怡和码头收殓
	三汉河后边	二九			二九	三、一五	在该处一带收殓
	上新河甘露寺空场	八三			八三	同上	在该处一带收殓
	中华门外华严寺山顶	一○○			一○○	三、一九	在安德门一带收殓
	中华门外普德寺西安里堂	七九九			七九九	三、二五	在城内各处收殓
	太平门外城墙根	五○○			五○○	三、二七	因尸已腐就地收殓
	上新河甘露寺空场	三五四			三五四	三、二三	在该处一带收殓
	中华门外安德里西山上	一三三			一三三	三、二四	在上新河附近收殓
	中华门外普德寺义地	一一七七			一一七七	四、一四	在城南北各处收殓
	上新河贾家桑园空地	七○○			七○○	四、一六	在上新河各处收殓
	三汉河空地	二八二			二八二	四、一九	在三汉河口一带收殓
	下关煤炭港空地	三八五			三八五	四、二七	在江边水上收殓
	下关兵站处江边	一○二			一○二	四、二九	在下关沿江边收殓
	中华门外普德寺	四八六			四八六	四、三○	在兵工厂及城内收殓
	下关石榴园	五一八			五一八	五、一	在兵站处江边收殓
	老江口埂边	九四			九四	五、一五	同上
	下关江滩边	六五			六五	五、一八	在江边水上收殓
	上新河黑桥	五七			五七	五、二○	在上新河江边收殓
	中华门外普德寺山上	二一六			二一六	五、二六	在城内各处收殓
	下关煤炭港	七四			七四	五、三一	在该处江边收殓
	中华门外普德寺山上	二六			二六	六、三○	在城内各处收殓

区别	掩埋地址	人数			合 计	月 日	备 考
		男	女	小孩			
城外区	中华门外普德寺山上	二九	五	一	三五	七、三一	在城内各处收殓
	同上	一四	四		一八	八、三一	同上
	中华门外普德寺	三一	八	九	四八	九、三〇	同上
	同上	四二	一三	七	六二	十、三〇	同上
	总计	四一一八三①	七五	二〇	四一二七八②		
附记	总共四万三千零七十一名③						

（原件藏：中国第二历史档案馆，档案号五九三/36）

---

① 相加有误，按表中各分项相加为 41235 具。
② 相加有误，按表中各分项相加为 41330 具。
③ 相加有误，按表中各分项相加为 43123 具。

29. 抗战时期全省蚕丝业损失调查

县别	战时全部受损		现存或战时部份受损	
	户数	价值	户数	价值
无锡	63083	63063000	50187	250930
金坛	16750	1675000	150	7500
武进	33820	3382000	20434	1021700
江阴	22119	2211900	5989	299450
溧阳	19363	1936300	18950	997500
宜兴	14456	1445600	19169	958450
吴县	39800	3980000	18402	920100
丹阳	20446	2044600	1846	92300
扬中	12385	1238500	931	46550
江都堰	11634	1163400	100	5000
句容镇江	5291	529100	352	19100
吴江	29220	2922000	13620	881000
南通靖江	8576	857600	857600	
常熟	7103	710300	1049	52450
海门淮阴	7686	768600	768600	
高邮如皋	9263	926300	926300	
泗阳，泰县，泰兴，六合	44600	44600		
总计	32144132，144，100 – 156209	32144100	156209	7810450

二五年	二六年至二七年	二九年	卅年	三十一年	三二年	三三年	三四年	受损总值
a□	一五万担	八	一〇	一二	一四	一四	六	八七〇〇〇〇〇〇元
b 一八万担	二万担	六	八	一〇	一二	一四	一六	七二〇〇〇〇〇〇元
合计	一七万担	一二	一四	一八	二二	二六	二八	二二	一五九〇〇〇〇〇元

四年九月—十二月底	三六年	三七年	三八年	三九年	四十年	受损总值
c 一三五万担		一二	一〇	七五	四	〇	三十七万担 三七〇〇〇〇〇〇元

名称	地址	受损程度	损失总值
省立蚕丝学校	浒墅关	大部损毁	七〇〇〇〇元
省立女蚕校	2	五	二五九〇七五元
省立苏农校	苏州	2	一八九一八〇元
镇江好职中	镇江	损毁一部	六〇〇〇〇元
省立淮阴农校	淮阴	全部缺失	一二〇〇〇〇元
武进女子职中	武进	2	七〇〇〇〇元
女则女校	丹阳	一部损毁	五〇〇〇〇元
胡氏初中	无锡堰桥	一部损毁	二五〇〇〇元
合计			八四三二五五元

（四）机关及社团：四四三七九五〇元

名称	地址	受损程度	损失总值
江苏省蚕业改进管理委员会	镇江	一部损毁	二八〇〇〇元
江苏省蚕丝试验场	无锡	大部损毁	三〇〇〇〇元
江苏省无处桑模范区	扬州	大部损毁	九九九九五一元
江苏省无处桑模范区	无锡	全部损毁	〇一〇〇〇〇元
蚕桑改良区	金坛	全部损毁	二〇〇〇〇元
蚕桑改良区	常熟	全部损毁	二〇〇〇〇元
蚕桑改良区	扬中	全部损毁	二〇〇〇〇元
蚕桑改良区	海门	全部损毁	一〇〇〇〇元
蚕桑改良区	江都	全部损毁	一〇〇〇〇元
蚕桑改良区	丹阳	全部损毁	二〇〇〇〇元
蚕桑改良区	靖江	全部损毁	一〇〇〇〇元
蚕桑改良区	淮阴	全部损毁	一〇〇〇〇元
蚕桑改良区	吴县	全部损毁	三〇〇〇〇元
蚕桑改良区	吴江	全部损毁	二五〇〇〇元
蚕桑改良区	句容	全部损毁	一〇〇〇〇元
蚕桑改良区	宜兴	全部损毁	二五〇〇〇元
蚕桑改良区	武进	全部损毁	三〇〇〇〇元

名称	地址	受损程度	损失总值
蚕桑改良区	镇江	全部损毁	一五〇〇〇元
蚕桑改良区	溧阳	全部损毁	二五〇〇〇元
蚕桑改良区	江阴	全部损毁	二五〇〇〇元
农民教育馆	丹阳	全部损毁	三〇〇〇〇元
三因合作社	吴县	全部损毁	二五〇〇〇元
合计			四四三七九五〇元

（五）：茧行　　一三三五〇七〇〇元

县别	战前双灶数	战时损毁双灶数	全部或大部价值	现在双灶数	可修复价值	损毁总值
吴县	四九三	一四一	三九八二〇〇元	三一三	三四四三〇〇	七四一五〇〇元
句容	二三	二三	五〇六〇〇元			五〇六〇〇元
溧阳	七六〇	六八二	一五〇〇四〇〇元	七八	八五八〇〇	一五八六二〇〇元
溧水	七九	七七	一六九四〇〇元			一六九四〇〇元
吴江	一六二	一〇八	二三七六〇〇元	五四	五九四〇〇	二九七四〇〇元
宜兴	五五〇	四四七	九八三四〇〇元	一一三	一一三三〇〇	一〇九六七〇〇元
无锡	二七二二	一三一二	二八六四四〇〇元	一四二〇	一五六一〇〇〇	四四二六四〇〇元
江宁	一〇六	一〇六	二三三二〇〇元			二三三二〇〇元
昆山	六	六	一二三〇元			一三二〇〇元
武进	二〇一	四八四	一一二四八〇〇元	六一七	六七八七〇〇	一七四三五〇〇元
丹阳	二四一	一八六	四一三六〇〇元	五三	五八三〇〇	四七一九〇〇元
金坛	二〇六	二〇四	四四八八〇一一元	二	二二〇〇	四五一〇〇〇元
江阴	二五六	二八	二五九六〇一一元	一三八	一五一八一〇	四一一四〇〇元
镇江	九五	八五	一九五八〇〇元	六	六六〇〇	二〇二四〇〇元
六合	五	五	一一〇〇〇元			一一〇〇〇元
常熟	一一四	八三	一八二六〇〇元	三一	三四一〇〇	二一六七〇〇元
宝应	三	三	二二〇〇元			六六〇〇元

县别	战前双灶数	战时损毁双灶数	全部或大部价值	现在双灶数	可修复价值	损毁总值
太仓	一〇	一〇	二二〇〇〇元			二二〇〇〇元
金山	二〇	二〇	四四〇〇〇元			四四〇〇〇元
仪征	九	九	一九八〇〇元			一九八〇〇元
泰兴	一〇	一〇	二二〇〇〇元			二二〇〇〇元
泰县	三	三	六六〇〇元			六六〇〇元
□□（原文如此）	五	五	一一〇〇〇元			一一〇〇〇元
南通	六七	六七	一四七四〇〇元			一四七四〇〇元
江都	二〇	一六	三五二〇〇元	四	四四〇〇	三九六〇〇元
上海	六	六	一三二〇〇元			一三二〇〇元
靖江	四一	四一	九〇二〇〇元			九〇二〇〇元
如皋	一七	一七	三七四〇〇元			三七四〇〇元
宝山	八	八	一七六〇〇元			一七六〇〇元
松江	一二八	一二八	二八一六〇〇元			二〇一六〇〇元
海门	一七八	一七八	三九一六〇〇元			三九一六〇〇元
扬中	三六	三四	六六〇〇元	六	六六〇〇	七二六〇〇元
高邮	二	二	四四〇〇元			四四〇〇元
总计	七四八一	四六五六	一〇二四三二〇〇元	二八二五	三一〇七五〇〇	一三三五〇七〇〇元

（原件藏：江苏省档案馆，档案号 1004—乙—6527〈胶卷 1675–1683〉）

30. 江苏省抗战期间征用民工及日人强征民力伤亡数目调查

类别　　　项别　县市别	征用民工伤亡数			日人强征民工伤亡数			备注
	征用数	伤数	亡数	强征数	伤数	亡数	
无锡	二一六	一一	一	二六	五	一	
邳县	三一八九四	一二〇	五〇〇	三二四八〇	三二六	五〇一	
江阴	六二五〇		二四	四六八七二	一四五五	二三八三	
江浦	二四五〇〇	一二〇	四三	五七三〇〇	三五〇	二四〇	
萧县	五二七四四〇	三五二		六五七二二	九三五	三八七	
奉贤	三〇〇〇〇	三八	二四	二〇〇〇〇	七二	三八	
江宁	五〇二七七四	一七〇〇九	一四二八	二六七八三六	一三〇九五	一〇九九	
上海	一七		一一				
金山	二三四〇〇	一二八三	四五〇	四三五〇〇	一二八三	七九八	
徐州	二八九二		三	五七五八一	四	六一	
总计	一一七五四一	一八九三三	二四八四	五九一三一七	一七五二七	五五〇八	

档案来源：前资源委员会

（原件藏：台北"国史馆"，档案号121000011479A，

目录统一编号：305，案卷号：517）

31. 常熟市在抗战八年中所受日寇暴行血债的不完全统计

部别	遭难人数								毁损物资			
	杀死	炸死	打伤枪伤	烧死	折磨死	强奸	被打被捕	失踪	烧毁房屋	间	财产损失	白米（石）
方塔区	30	83	3	1	11	38	10	1	1869	间	56242	石
尚湖区	44					3		12	201	间		石
辛峰区	-106 212		-11 22			-48			2252	间	306653.6	石
小教联	829		1266			471			4895	间	137851	石
学联	305		236			3040	511		4886	间	193208	石
孝友中学	47 471		51			281			991	间	20666	石
常熟师范	35		100			521			1116	间	13830	石
县立初中	12		60 64		40	400			254		12700	石
淑琴中学	25		17 81			290			696		20848	石
戏曲协会	4		7						23		4666	石
共计	1999	83	1890	1	65	5382	521	13	17768		824244.6	石
备注	1. 根据送到本会现有材料统计。 2. 工商联不在内。											

（原件藏：常熟市档案馆，档案号136—1—2）

32. 江苏省太仓县人口伤亡调查表

事件　日机机关枪扫射

日期　民国二十七年二月八日

地点　太仓县牌楼乡陈沟园

姓名	性别	职业	年龄	最高学历	伤或亡	费用（国币元）		证件
						医药	葬埋	
顾福荣	男	农业	三十一	小学	重伤	36元		毁败一目
王阴廷	男	农业	四十六	中学	重伤	54元		毁败一臂

直辖机关学校团体或事业　唐家宅国民学校　填报者　唐景昌

名称　印信　姓名　服务所与所任职务　校长　通信地址　盖章

太县牌楼乡本校

太仓县人口伤亡调查表

事件　日军登陆

日期　27年1月

地点　陆公市

姓名	性别	职业	年龄	最高学历	伤或亡	费用（国币元）		证件
						医药	葬埋	
顾文虎	男	学	三五	初中毕业	亡	350元	1500000元	
杨世民	男	商	一四	初小毕业	亡		1000000元	
施茂生	男	农	一四	初小毕业	亡		300000元	
杨金奎	男	农	一三	初小毕业	亡		900000元	
董银福	男	农	三五	初小毕业	亡		1000000元	

名称　陆公园民学校印信

姓名　杨范金

太仓县岳王镇中心国民学校人口伤亡调查表

事件　日机轰炸

日期　二十六年十月七日上午九时

地点　太仓县岳王镇

姓名	性别	职业	年龄	最高学历	伤或亡	费用（国币元）		证件
						医药	葬埋	
顾　芬	女	商	12	小学	重伤毁落一肢以上之机能	当时费用600元		
王　佩	女	农	19	小学	炸伤面部及手足	当时费用200元		
胡绣锦	女	公务	35	中学	乳部炸伤剧烈	当时费用800元		
尚有同时在岳王镇北街陆氏竹园中炸死十七人姓名不知								

填报者　太仓县岳王镇中心国民学校校长　王寿蕃

通讯处　太仓县岳王镇北街

外有王家塘学校报

姓名	性别	职业	年龄	最高学历	伤或亡	费用（国币元）		证件
						医药	葬埋	
王兆桐	男	教员	61 岁		亡		800 元	
王玉堂	男	教员	61 岁		亡		1800 元	
王金民	女		72 岁	完小毕业	亡		1000 元	

牌楼张仓祖报

姓名	性别	职业	年龄	最高学历	伤或亡	费用（国币元）		证件
						医药	葬埋	
钱遂修	男	学	37 岁		亡		20000 元	
王树林	男	商	34 岁		亡		20000 元	

牌楼谭生源报

姓名	性别	职业	年龄	最高学历	伤或亡	费用（国币元）		证件
						医药	葬埋	
亚鑫镡	男	农	25 岁		亡			

上列各人已报，表少一张，填此备查

（原件藏：太仓市档案馆，档案号 602—1—161）

33. 徐州市兴中乡乡民为返还战时被日军占用土地之报告

为陈述遭受累患恳请恩准体恤以便求济民生事窃，查职兴中乡民尽务农地平素之时，各耘各田尚虞歉收时患饥荒，不幸民国二十七年日寇进徐，逞其虎狼之威，压迫民众无所不用其极，乃于二十九年敌方建设总署，圈划本乡民地二千五百四十五亩一分，以为飞机场之占用，营房占用六百九十亩二分，公路占用一百六十五亩九分而敌伪政府当时发给每亩伪币联银票七十元，该款合计开种地雇工费不敷应用，而地价何能再言迨至三十三年日军广川部队因扩大机场而又复划去民地二千三百三十七亩八分，伪政府未发分毫，补助计两次占用之地合计五千七百三十九亩，并拆除草瓦房计二千三百五十间，而伪政府发给迁移费按每户储备伪票一千元，仅能应敷雇工茶资，而敌方不按被灾情况补助计被灾之村庄计大郭庄上河头李庄冯庄等四村计数千人以为失家荡产，无处所归，男女老幼哭声遍野无法可想，当在黄河两沿修筑房屋住居每逢天降大雨之时，而乡民心中痛苦难忍甚有因此而状生损命者计有冯印柱、冯王氏、李姚氏、李遵三、权计祥、王解氏、王伏氏等七人，均因此事自尽损命，情形之惨，磬竹难书职亦为被灾之一力予劝导忍痛，待时求国家复兴再陈苦难，幸于去载我国胜利敌伪受降，天日重见，万民腾欢。凡昔时人民曾被敌伪侵占之房舍一经申请登记并有发归原主情事而况，职乡民罹灾更有甚于其他者，故皆希望汶田重返赵璧完归，职乡民泣诉前情，请将三十三年敌伪扩机场复划去民地二千三百三十七亩八分，该地已荒至今无用，不过敌伪借机场之占用，有意祸害乡民并拆除房二千三百五十间之上，盖下余之屋墙已存现在无用，职乡民为此陈述苦难，予以救济发还无用之荒地及拆毁无用之房基，发归被灾之民修筑房屋，维持乡民身居之地。所诉等情亦无虚伪，何敢壅塞不闻致招众愤，为此备文恳请

钧谇鉴核怜念民难恩准体恤以便救济民生，不胜感激，待命之至实为德便谨呈

苏浙皖区敌伪财产处理局李主任公鉴

收文　字　　　第　　　号

徐州市兴中乡乡长　王化龙

保　长　杨克怒

王化成

· 233 ·

公　民　　　王德密

　　　　　　　李怀新

　　　　　　　潘玉峰

　　　　　　　冯理岑

　　　　　　　李玉田

　　　　　　　权啟才

　　　　　　　权泰康

（原件藏：徐州市档案馆，档案号 A2—8—176）

34. 在徐（州）日本战犯罪行调查

战犯姓名：滨田

部别职务：滨田部队长（野师）

犯罪时间：1938 年 5 月（大北望为 38 年 7 月）

犯罪地点：徐州周围——罗岗、黑风山、王闸村、杏子山、夹沟、闵子寨、秦皇、冲町、宝光寺、铁营、俞庄、马兰、二成集、水口大北望等地。萧县（城南牛兰）、萧县（城南帽山窝）。

罪行摘要：该犯部为最先陷徐之日寇部队，杀害我同胞亦最多，单经红卍字会掩埋的计有三百多具。我不少女同胞被遭奸污（西关为最厉害），并公开在大街上强奸等种种兽行。另残害我国伤兵 150 余名，大半用刺刀刺死，并杀死我居民数人（内有朱子桥之儿媳逃难下乡，路遇该犯部，将该女拉上汽车，因奸污不从，被击三枪而死）和烧毁商店一座，民房三间（朱子桥的）。该犯率部进徐后，放火烧中山街，且不叫救火，并轰炸北车站，牛奶房，子房山，铁刹庵等处，死伤我同胞 500 余人。该犯部于罗岗等地将我同胞以集中屋内放火烧死，用机枪集体枪杀，飞机扫射等残酷手段，杀害我同胞计 3600 余人，烧毁村庄数处。

（原件藏：山东省档案馆，档案号 A016—02—25）

35. 苏州汪氏朴园各项损失表册

年　　月　　日　　第　　号

各项损失目录
甲　房屋内外建筑物损失
乙　木器家具损失
丙　卫生设备水电用具损失
丁　其他零星什物损失
甲　房屋内外建筑物
一五开间大厅及倒座损坏大半全部窗格拆毁
一四楼四底住房内门窗地板掘毁
一二楼二底洋房内门窗地板全部损毁
一门房二大间大部损毁
一走廊一条拆毁
一玻璃花房四大间全部损毁
一屋顶水落破漏损毁全部围墙大半损坏
一船厅一座大部损毁
一大厨房一间损坏大半大灶一座全毁应用一切器具无存
一侍役房二间大部损毁
一库门二座损毁过半
一花园全部假山石笋树木各种外洋花草树本盆景摧残损坏不堪收拾
一其他零星房屋装修五金附件等损失更难计数
乙　木器家具
一　红木八仙桌　六只
一　又六仙碰和桌　十只
一　又贡桌　三只
一　又天然几　三只
一　又长抬　三只
一　又嵌荫木琴桌　四只
一　又又抬面大圆抬　一只

各项损失目录
一　又西式面汤抬　三只
一　又又梳妆抬　三只
一　紫檀落地嵌玉器插屏　一对
一　又狭坑床　一只
一　椐木搁儿　一只
一　柚木石面长台　二只
一　又大椅　四只
一　又大沙发　四只
一　又茶几　二只
一　又圆台　一只
一　红木云石大靠背　二十只
一　又又单靠背　四十只
一　又西式椅　二十二只
一　又茶几　三十六只
一　又穿藤方椅　八只
一　又云石坑床　三只
一　又西式大床　一只
一　全红木中式大床　一只
一　红木五屉橱　二只
一　又中式衣橱　四只
一　又茶几　四只
一　又圆台　二只
一　又写字台　一只
一　又西式衣橱　一只
一　黄铜单人床　一只
一　红木落地大玻璃镜　一对
一　大玻璃书橱　一对
一　铁脚凡石台面圆桌　四只
一　柚木西式椅　十只

各项损失目录
一 又大床 一只
一 又西式衣橱 一只
一 据木大床 二只
一 又中式梳妆台 一只
一 又又衣橱 二只
一 真黄牛皮柚木西式大椅 四只
一 又又大沙发 二只
一 麻栗西式面汤台 三只
一 又又大椅 八只
丙 卫生设备水电用具
一 全部铅皮电线电灯装配
一 自流井四寸口径铁管三十丈全部洋井设备
一 一匹马力马达抽水机全部
一 铁储水柜 一座
一 冷热水面盆浴盆各二只抽水马桶 二只
一 中号铁银箱 一只
一 升歌长短波无线电收音机 一只
丁 其他零星什物
一 古今名家书画
一 细瓷花盆花鼓墩
一 各式丝绒台毯窗簾中西餐具粗细瓷器以及其他零星什物名目繁多不及备载
总损失数依据民国十八年建筑购置总值国币七十万元

（原件藏：台北"国史馆"，目录统一编号：302—230）

36. 江苏省声请追还劫物案

谨此被日寇劫掠历朝珍贵碑帖分别开具损害清册呈候

类别	名称	册数	装式	最低估价以米核成法币实数
业帖	三希堂书法帖	三七	雕刻楠木箱	两千四百万元
业帖	大玉烟台	四〇	雕刻楠木箱	两千八百万元
业帖	戏鱼台	一〇	雕刻红木匣	壹千八百万元
业帖	经训台	八	雕刻楠木匣	壹千两百万元
业帖	拓宋淳化阁帖	一〇	雕刻楠木匣	壹千六百万元
汉碑	西岳华山庙碑	三	红木底面夹板	两千万元
汉碑	宋拓孔庙碑	一	精裱楠木底面	壹千万元
汉碑	元拓礼器碑及阴碑	二	精裱红木底面夹板	捌百万元
汉碑	吴天巷神忆碑	一	锦函	六百万元
汉碑	明拓石鼓文	一	锦函	两百万元
魏碑	明拓峄山碑	一	锦函	壹百六十万元
魏碑	张黑女志	一	锦函	陆千万元
魏碑	朱阳黑女志	一	锦函	三十万元
魏碑	元拓 □□□	一	锦函	六十万元
魏碑	旧拓□□□□□	一	锦函	五十万元
魏碑	□拓张猛龙碑	一	雕刻楠木匣	两千四百万元
魏碑	□拓张猛龙碑	一	雕刻楠木匣	壹千六百万元
魏碑	朱临张猛龙碑	一	锦函	二十二万元
魏碑	明拓贾侠居碑	一	楠木匣	壹百二十万元
魏碑	□拓刘懿墓志	一	楠木匣	二十四万元
魏碑	□拓郑文公碑	三	红木底面夹板	五十万元
魏碑	□拓崔敬邕墓志	一	红木匣	八百六十二万元
魏碑	龙门二十品	一	红木匣	六十八万元
晋帖	魏齐造像二十品	一	红木匣	三十六万元
晋帖	定式兰亭肥本	一	红木匣	两百八十万元
晋帖	定式兰亭瘦本	一	红木匣	两百六十万元
晋帖	唐拓十七帖	一	锦函	八十五万元
晋帖	宋拓十七帖	一	锦函	六十四万元

类别	名称	册数	装式	最低估价以米 核成法币实数
隋碑	□鹤铭两种	一	锦函	十六万元
隋碑	宋拓龙藏寺碑	一	红木匣	三百五十万元
唐碑	宋拓智永正草千字文	一	锦函	三十二万元
唐碑	宋拓颜家庙碑	三	锦函	二十四万元
唐碑	唐拓多宝塔碑	一	红木匣	壹百万元
唐碑	宋拓多宝塔碑	一	红木匣	八十万元
唐碑	宋拓东方书赞	二	红木匣	三十六万元
唐碑	宋拓大麻姑仙坛记	一	红木匣	二十二万元
唐碑	宋拓玄□塔	一	红木匣	二百八十五万元
唐碑	宋拓玄□塔	一	红木匣	二百六十四万元
唐碑	宋拓瑯琊碑	二	红木匣	二百万元
唐碑	唐宋九成宫醉泉铭	一	红木匣	一百五十万元
唐碑	宋拓皇甫君碑	一	红木匣	三十二万元
唐碑	宋拓褚河南圣教序	一	楠木匣	三百四十万元
唐碑	李伯海法华寺碑	一	楠木匣	壹百五十万元
唐碑	宋拓云□思训碑	一	楠木匣	八十四万元
唐碑	新拓怀素大革千字文	一	锦函	一百万元
拔丝车	部	一		
枪眼车	部	一		
锯车	部	一		
砝锉车	部	一		
8匹立式引擎	部	一		
10匹马达	部	一		

品名	8尺元 车	6尺元 车	万能铣 车	1号立 铣车	3号立 铣车	6尺龙 门铇车	14寸 铇车	8寸 铇车
单位	部	部	部	部	部	部	部	部
数量	三	五	一	二	二	一	一	一

档案来源：前资源委员会档案

（原件藏：台北"国史馆"，目录统一编号：305—675）

37. 江苏省抗战期间征用民工及日人强征民力伤亡数目调查表

类别 项别 县市别	征用民工伤亡数			日人强征民工伤亡数			备注
	征用数	伤数	亡数	强征数	伤数	亡数	
无锡	216	2	1	26	5	1	
邳县	31894	120	500	32480	326	501	
江阴	6250		24	46872	1455	2383	抗战初期被日军强拉民夫而失踪者亦达一千三百余人
江浦	24500	120	43	57300	350	240	
萧县	527440	352		65722	935	387	因筑路看电杆及挖津浦陇海两路被日军枪杀者亦如上数
奉贤	30000	38	24	20000	72	38	
江宁	502774	17009	1428	267836	13095	1099	
上海	17		2				
金山	23400	1283	450	43500	1283	798	
徐州	2892		3	57581	4	61	
总计	1175411	18933	2484	591317	17527	5508	

档案来源：前资源委员会

（原件藏：台北"国史馆"，目录统一编号：305—517）

38. 台日官方档案慰安妇史料汇编

（前略）

◎7. 摘录《外务省警察史　在南京总领事馆》［外 32. 1938］

昭和十三年四月十六日于南京总领事馆召开有关陆海外三省关系者及居留国人之各种营业许可及管理之协议会议，决定下列各项。（摘录自南京警察署沿革志）

一、日期：昭和十三年四月十六日上午十点起至下午五点结束。

二、出席者

陆军方面、兵战司令官、千田大佐

第三师团参谋　栗栖中佐

第三师团军医部　高原军医中佐

南京特务机关　大西少佐

南京宪兵队　小山中佐

南京宪兵队　堀川大尉

南京宪兵队　北原中尉

海军方面

海军武官　中原大佐

嵯峨舰长　上墅中佐

领事馆方面

花轮总领事

田中领事

清水警察署长

佐佐木警部補

三、议决事项

（中略）

（六）

军队以外人员也利用军中福利社（酒保）、慰安所之问题

专属于陆海军之军中福利社、慰安所是由陆海军直接经营监督，故领事馆不加干涉。但为一人所利用的军中福利社、慰安所则不在此限。在这种情况下，对

于业者的一般管理则由领事馆担任，对于出入其间的军人军属之管理则由宪兵队处理。且宪兵队于必要时，得随时监检或进行其他的取缔。

总之，由军、宪、领事馆合作，以期作好军队及居留民之保健卫生工作并使该业能健全发展。

将来依照兵站部之指导而设置之军专属特殊慰安所则由宪兵队来管理，至于已设置之慰安所则由兵站部考虑一般居留民之便利，将其一部分整编入特种慰安所内。

以上将由各机关协议后决定之。

为方便领事馆处理事务，由陆或海军核准设立之军专属军中福利社及特种慰安所，于其业况、营业者本籍、住址、姓名、年龄、出生、死亡、及其身份上有异动时，应由该军方人员随时通报领事馆。

（中略）

◎14. 在淮阴艺娼妓检征成绩表〔防72，1943/01/29，1943/04〕

在淮阴艺娼妓检征成绩表　　昭和十八年一月二十九日

号码	楼名	艺名	年龄	成绩	摘要
1	喜乐	□□□□□	三十二		休业
2	喜乐	□□□□□	二十四	合格	
3	喜乐	□□□□□	二十四	合格	
4	芙蓉	□□□□□	十九	合格	
5	芙蓉	□□□□□	十九		
6	芙蓉	□□□□□	二十一	月经中	
7	芙蓉	□□□□□	十九	合格	
8	芙蓉	□□□□□	二十一	合格	
9	芙蓉	□□□□□	十九		
10	湖月	□□□□□	二十三	合格	
11	湖月	□□□□□	二十六	合格	
12	湖月	□□□□□	二十九	月经中	
13					
14					
摘要	保表内合格者必须要实施预防法				
检察官　陆军军医中尉　中川铁男　印					

在淮阴艺娼妓检征成绩表　　昭和十八年四月　日

号码	楼名	艺名	年龄	成绩	摘要
1	喜乐	□□□□□	二十四	合格	
2	喜乐	□□□□□	二十四	合格	
3	芙蓉	□□□□□	十九	合格	
4	芙蓉	□□□□□	二十一	合格	
5	芙蓉	□□□□□	十九	月经中	
6	芙蓉	□□□□□	二十一	合格	
7	芙蓉	□□□□□	十九	月经中	
8	湖月	□□□□□	二十三	合格	
9	湖月	□□□□□	二十六	合格	
10	湖月	□□□□□	二十九	不合格	
11					
12					
摘要	保表内合格者必须要实施预防法				
昭和十八年　月　日 　　检查医官　陆军卫生部见习士官　原撤					

◎15. 第十五师团国军医部卫生业务要报〔防85，1943/01－02〕

〔前略〕

（四）特殊慰安妇检查状况（昭和十八年一月）

区分 地方别	检查 次数	平均一 日人数	检查总人数				不合格者数			
			内地人	半岛人	中国人	计	内地人	半岛人	中国人	计
南京	4	413	1007	113	513	1633	13	2	12	27
芜湖	2—4	73	88	73	129	290	7	7	10	24
金坛	2—4	23		12	54	66			15	15
镇江	4	31			124	124			18	18
计	2—4	540	1095	198	820	2113	20	9	55	84

特殊慰安妇检查状况　　　　　　　　（昭和十八年二月）

区分 地方别	检查 次数	平均一 日人数	检查总人数				不合格者数			
			内地人	半岛人	中国人	计	内地人	半岛人	中国人	计
南京	4	437	948	51	557	1556	17		15	32
芜湖	3—4	97	114	93	139	346	3	4	20	27
金坛	4	11		19	22	41		1	6	7
镇江	4	39	12		143	155	7		43	50
巢县	3	34		11	91	102		3	12	15
溧水	3	10			30	30			12	12
计	3—4	628	1074	174	982	2230	27	8	108	143

（以下略）

（摘自：台湾省文献委员会编印《台日官方档案慰安妇史料汇编》2001
年10月出版，第184页和第350—353页；原件藏：台北"国史馆"，
档案号：1009003784）

（二）文献资料

1. 日机空袭苏州史料选编

（日机空袭）苏州

今晨敌机二架袭苏未成，下午三点半，敌机二十二架，分四队飞苏，投弹十余枚。我空军四架起飞应战，并放高射炮，击落敌机二架，一落娄门外，一落宝带桥。（十六日专电）

（摘自：《申报》1937 年 8 月 17 日）

苏州空战击落敌机
苏城商店已复业人心亦渐定

苏州通信：十六日上午，敌方飞机两架，两度到苏袭击，均为我空军将其逐走，未曾投弹。至下午三时二十五分，复有敌机二十二架，分为四队，由东高飞疾驰而至，我空军得报，立即起飞应战，虽彼众我寡，而我空军将士，勇气百倍，在苏城空中，用机枪扫射并开高射炮及步枪射击敌机。但敌机仍被我空军击落两架，两敌机均于坠落后，当场焚毁，两日机师亦即毙命。其他敌机，均向东逸去。交战约二十分钟。是役，敌机共投下炸弹十余枚。

苏城自十六日敌机四次飞苏投弹，骚扰后方，人民迁居赴乡者甚众。十七日全市商店多数停业，居民亦多数关门闭户，市面顿显萧条。十八日，由县商会主席程干卿等前往观前街等处，劝导各商店照常营业。各商店遵劝，十九日已有多数商店复业，人心亦已渐定。二十日以后，各商店均已先后复业矣。

（摘自：《申报》1937 年 8 月 29 日）

苏州车站难民惨死数百

敌机四队十二架，二十日下午四时，又来袭苏。内轰炸机三队九架交叉盘旋，历四十五分钟，在城内外不断投弹，约三四十枚。城内学士街女职中二弹，朱家园顾家花园中二弹（已第二次被炸），无伤人，损失极微。景德（路）及城隍庙二弹，毁空屋二十余间，玻璃震飞，伤隔河一童子。火车站今又投弹甚多，毁机车四，客车三，死伤难民百数十，损害较重，迄晚九时被毁车尚载尸燃火中。下午七时又来侦察机一，盘旋三匝而去。（二十日专电）

二十日午后四时许，敌机九架，复来苏州上空进袭，盘旋四十分钟之久，向火车站等处投弹廿余枚，适有难民正在车站附近休憩，不及躲避，无辜被敌机炸死伤者甚多，刻正救援中。（二十日中央社电）

（摘自：《申报》1937年9月21日）

敌机到苏轰炸
先后共二十一架平民死伤百余人

苏州通信：苏州于十九日下午五时许，到有敌机九架，在火车站投弹多枚，死数人，伤三十余人。毁坏一号月台及附近小茶馆，损失尚微。敌机于五时四十分遁去。二十日下午四时许，又到敌机十二架，在城厢内外投弹三十余枚，计火车站落八枚，毁机头三辆，三等车三辆，货车一辆，并毁货房一间，死伤约百余人。朱家园顾家花园落二枚，景德路城隍庙落两枚，毁屋十余间。学士街江苏省立职业女子中学落两枚，毁宿舍食堂数间。胥门外河中落三枚。敌机在投弹时，曾放机关枪，约四十分钟，向东而去。当夜七时及十二时，均有敌机数架，飞苏侦察。

（摘自：《申报》1937年9月23日）

苏州惨遭轰炸死伤七十余人

六日晨八时半，敌机五架，飞苏袭击，在车站投弹十余枚，炸毁站屋数间，篷车数辆，死伤四十余人，又在城内开机枪扫射约半小时始去。（六日专电）

敌机八架，六日晨八时四十分袭苏，在火车站投弹二十七枚，并开机枪扫射，死待车旅客妇孺二十六人，伤五十余人，站屋毁一部，九时半又来敌机十二架，至周泾港站投十九弹，毁客车数辆，并在浒关西开机枪，无死伤。（六日专电）

（摘自：《申报》1937年10月7日）

（日机空袭）苏州

十一日，敌机三十余架，于下午三时零二分袭苏，在车站附近投弹十余枚，损路轨数丈及工房一间，旧空车三辆，死一人，伤六。又唯亭车站之东，亦遭敌机轰炸，无甚损失。（十一日专电）

敌机九架十一日下午三时许来苏，向火车站投弹十余枚历十余分钟飞去，结果将在站之空客车一辆，及篷车二辆炸毁，并炸死平民一人，受伤者五人，余无损失。敌轰炸机一架，当被我高射炮击伤，闻在齐门外外跨塘降落，人机均毁，刻在搜查中。（十一日中央社电）

（摘自：《申报》1937 年 10 月 12 日）

（日机空袭）苏州

十二日敌机两架，五袭苏州，两次被我高射炮惊逃，三次先后在陆墓凤源乡投二弹，落河田中。外跨塘站西河中投二弹，毁田一方。盘门外二弹，落河中，弹片伤一船上水手，及岸上汽车，损玻璃二片。十一时在嘉兴附近双桥站投一弹，落铁道旁，午折回嘉兴洋关投四弹，难民船三艘被炸，死六人，伤二十余人。（十二日专电）

天气初晴，敌机大肆活动，苏地十二日竟日警报达十五次以上。但市民均沉着镇定，毫不为意，同时防空人员，亦特别戒备，致敌机在苏地天空，均不得逞而飞去。仅于上午第一次空袭时，在市外十余里一带投弹数枚，我毫无损失，徒现敌机之胆怯与无能也。（十二日中央社电）

（摘自：《申报》1937 年 10 月 13 日）

（日机空袭）苏州

十三日敌机又四出肆虐，上午十时一刻至尹山青树乡投弹三枚，均落田中。继飞吴江在东大河接待寺扫射机关枪，伤二人。同时有两架至唯亭东站北投八弹，伤二乡民，屋十余间，牛二头。站南投四弹，一未爆发，余落田地。午零五分三架重来投弹，毁月台及路轨，伤工人四名；十二分至外跨塘车站投三弹，毁一空车，伤三人，二落田内。（十三日专电）

（摘自：《申报》1937 年 10 月 14 日）

（日机空袭）苏州

十五日上午，此地连续遭敌机空袭六次。第一次为天明六时，几每隔半小时来袭一次，第六至十时四十分左右，方解除警报，下午未敢飞来。其第一二三四五次，仅窥探或经过乘机投弹数枚，地点仍甚远，在京沪路唯亭及苏嘉路吴江车站间，损失甚微，平民六七人受伤。其第六次则飞抵至苏地上空，我队射炮齐发，敌机亦未得逞，乃仓皇在郊外铁路沿线投数弹后远去。（十五号中央社电）

敌轰炸机三架，于十四日晨七时四十五分来苏肆虐。我防空人员得紧急警报后，即严加戒备，俟其飞机上空时，乃以密集之高射炮枪射击。敌机不敢低飞仅在高空盘旋窥察，并在市郊东西，沿京沪路轨及相门外苏嘉路车站附近投弹共十余枚，我无重大损失。敌机即于八时四十五分飞去，在苏扰乱共达一小时之久。十四日上午十一时正，敌机三架又来苏作第二次空袭，盘旋历二十分钟，因我高射炮密集射击敌机始仓皇，在郊外投两弹而去，我损失待查。（十五日中央社电）

（摘自：《申报》1937 年 10 月 16 日）

（日机空袭）苏州

近来敌机迭次来苏轰炸，几无虚日。十七日自上午八时十五分起，至下午五时，此地共受空袭五次。敌机每次均恣意炸我无辜人民，并破坏我交通危及行旅，行为残酷，莫此为甚。计首次来袭时，在外跨塘车站，投弹数枚，毁该处站房一部分，及空车一辆。第三次来袭，敌用轰炸机三架，以驱逐机二架掩护，在苏扰乱达一小时，竟向平门外车站及将到站之下行旅客车投重量炸弹十余枚，将站屋一部及月台暨车站附近民房轰毁，且一部分车辆被焚，幸旅客及早下车趋避，故死伤尚少。敌机于轰炸后，复用机枪扫射。虽经我高射机关枪炮密集射击，因敌机飞行甚高，致被全部逸去。第四、五两次均在下午，仅在铁路线窥探，复在外跨塘以东，投弹数枚，损失情形，尚待调查中。（十七日中央社电）

（摘自：《申报》1937 年 10 月 18 日）

（日机空袭）苏州

苏十八日竟日均在敌机空袭之中，由晨八时三十分钟起，迄晚五时止，共计九次，每次扰乱有达一小时之久。敌机仍以铁路及列车为目标，恣意轰炸，总计投弹不下五十余枚，其蓄意破坏我交通机构，并惨杀我行旅，至为明显。苏地东起外跨塘，西至浒墅关及苏嘉铁路，均遭敌扰害。但以其目标不准，损害不重，详情尚在调查中。（十八日中央社电）

（摘自：《申报》1937 年 10 月 19 日、26 日）

（日机空袭）苏州

廿六日下午一时卅分，敌机二架，飞平门车站附近投弹十四枚，一死五伤，毁铁轨二条，篷车二节，燃烧平房五间。（二十六日专电）

（摘自：《申报》1937 年 10 月 27 日）

敌机四出肆虐

外跨塘三十日上下午，五度遭敌机轰炸，先后在宋庄一带投弹二十三枚。（三十日电）

三十日又遭敌机空袭，轰炸五次，毁屋数间。（三十日专电）

（摘自：《申报》1937 年 10 月 31 日）

（日机空袭）苏州

二日晨八时四十五分，敌机十二架，又来苏空袭一次，仍向我车站及铁路沿线投十余弹，死无辜旅客数人，及马一匹，余无损失。（二日中央社电）

（摘自：《申报》1937 年 11 月 3 日）

（日机空袭）苏州

十日敌以重轰炸机十余架，自午夜零时许起，至正午十二时许，轮渡飞苏，在城厢内外及沿铁路线肆行轰炸。半日内先后投弹达百余枚，炸毁城厢内外便桥多座，死伤行人甚多。并在苏门外觅渡桥河内投掷毒药水。又苏纶纱厂亦被炸毁一部，山塘街西首炸毁民房七十余间，死伤平民多名，各处电灯线路亦有破坏。敌机对于不设防之城市，如此狂肆轰炸，其不顾国际公法与人道，益为显著。下午敌复以侦察机时飞苏空盘桓并散发荒废传单。敌机虽竟日扰乱不已，但我一般人民非常镇静，惟对敌人益深愤恨而已。（十日中央社电）

（摘自：《申报》1937 年 11 月 11 日）

（日机空袭）苏州

十日苏城又遭敌机滥施轰炸，自晨至午，达五小时，西园电汽厂、苏纶纱厂、女子师范、振华女中、齐门、晏春桥、平门车站均被炸，并毁民房二百余间，死伤平民百余人，晚间已入黑暗世界。（十日专电）

（摘自：《申报》1937 年 11 月 13 日）

苏禾各地均遭空袭

敌机连日飞苏州窥察轰炸，闻十三日尤为猖獗，敌重轰炸机及战斗机多架，竟日在苏市上空分批盘旋，肆意轰炸，投弹之多，难以计算，平民罹难及受伤者甚众，因电讯阻隔，损害详情尚未悉云。

（摘自：《申报》1937 年 11 月 14 日）

苏州惨遭敌机轰炸
前日起掷有炸弹七百余枚

据今日午后此间所接华人消息，自昨日起，日机在苏州共已掷下炸弹七百余枚，以中国威尼斯城著闻世界之苏垣，闻已惨遭大损毁。该处红十字医院主任奥人艾丁格医士谓，红会裹扎创伤所一处，为重五百公斤之炸弹击中，致完全毁灭仅地上留一大穴与一人腿，以表示该疗伤所之遗址而已，苏州与南京间之电话与电报交通，皆已中断。（中央社十五日路透电）

（摘自：《申报》1937 年 11 月 16 日）

苏州东吴大学被毁

苏州监理会医院索鲁曼医士与亨利教士，今晨由仪征到京。谓闻诸东吴大学医院之华人工程师，该大学医院之林乐知厅与健身房，皆在本周初为日机所轰炸，苏州医院诊断所亦被击中。当轰炸时，大学医院中，尚有若干伤兵。苏城该部分，并无军事机关，仅医院与教会房屋耳，诊断所屋顶且有甚大美国旗一面。据该工程师言，苏城大受飞机空袭之损毁，尤以商业区域为甚，死伤几何，无从估计，但必不少。索鲁曼语人，在离苏前之一星期中，外人务受惊惶，消息不通，水电俱无，惟闻飞机声与炸弹爆裂声，终日不绝而已。（中央社十八日路透电）

（摘自：《申报》1937 年 11 月 19 日）

美侨来沪谈，苏州被炸几无完土
一周来炸声震耳镇日不息人民泰半失散宛如流亡图

申时社云，苏州附近战况，近日至为激烈。该处人民，纷纷走避，惟现仍有英、美侨民数人，不畏危险，继续救护伤兵难民。昨有美侨一名，由南通改道来沪。据其语人，自上星期六以来，日机即大批赴苏州轰炸，每次恒在三四十架，漫无目标，滥掷炸弹，炸声震耳，镇日不息。东吴大学附近之伤兵医院，亦被炸毁。留院伤兵，大部惨遭炸毙。该处并非军事区域，附近亦无军事设施。现在苏州水源缺乏，报纸亦多停刊，居民泰半离境。四乡难民流离失所，到处流亡，惨状一时难以馨述。

（摘自：《申报》1937 年 11 月 20 日）

苏昆难民追述沿途艰苦惨状
同行十一人仅五人到达受尽种种磨折艰苦备尝

记者昨遇自昆山、苏州，逃难来沪之人多名，若辈系绕道奔波，由海路而至上海，途中所历之艰苦惨痛，实非人世间所有之遭遇。据述经过，称当我军退达昆山后，本以青阳港为固守之天堑，敌军纵多，不易飞渡，拟在该线固守。不意敌军利用在苏州河扣去之小火轮，及我方所集泊某处之小船，与沿途强拉之民船，用汉奸驾驶，日军则皆匿居船舱中，沿路诡称逃难者，被其混至青阳港，出我不意，偷渡登陆，而敌人之飞机大炮，又随而掩护，故我军之放弃青阳港，是昆山亦不得不为军略上之撤退矣，由是苏州遂成日机轰炸之目的地。当渠等离开苏州时，尚在日机大轰炸之前两天，而苏州城厢内居民，向四乡避逃者，已经不少。城内居民中之年老妇女，因无法出逃，而投井与悬梁自尽者，日有所闻，惨不忍言。渠等共十一人，系循苏嘉路而走，有车搭车，伏于田野中以避，时幸嘉兴虽已紧张，但附近尚未发生战事，故得安达嘉兴。

（摘自：《申报》1937 年 11 月 20 日）

苏州难民麇集光福

昨日本埠苏州同乡会传出关于苏州消息云：我军于十七、十八两日，逐渐离苏。苏州伤兵于十八日向无锡迁徙，苏绅张一麟同时前往。另有苏州某教士昨日到沪，由苏到宜兴经京而来。彼云，苏州大批难民在光福，吴县国际救济会已在南京向美大使请求，分电向华盛顿及东京接洽，划东西洞庭山及光福为苏州难民区。东吴大学有十四座房屋已被炸毁，苏州博习医院及常州医院看护伤兵医士及护士，现赴贵州服务云。

（摘自：《申报》1937 年 11 月 25 日）

2. 日机空袭无锡史料选编

敌机昨晨飞锡　投弹七枚　未有损毁

昨晨六时四十分左右，日机一架来锡袭击，敌机飞抵锡境时，飞行程度极高，旋作低度飞行，至本邑第十区皋桥附近上空，翱翔不去，投弹五枚，二弹落一六八号铁路桥北面河中，电灯路线及杆木一根被炸，略受损害。一枚落河滩旁水浅处，当时猛烈爆炸，我在桥守卫之保安第六大队第二中队第五班队士张钧（廿八岁），蛰伏桥旁，意图以步枪对敌机射击，因敌机掷弹爆炸，致当场被炸身亡。余二弹落离铁桥半里许之田间，均未爆发，敌机在该处上空盘旋，约二十余分钟，我方派两机来锡追击，敌机惶恐，始复高飞逃逸。

又当敌机在皋桥掷弹时，除保安队士一名惨遭炸毙外，桥下瓦屑坝河下，泊有渔船一艘，船主名杭银宝，与妻王氏，均在城贩售鱼虾，船上仅留两女，长名细妹（十五岁），次名小妹（十三岁）当均被炸受伤，细妹伤右腿，小妹伤左臂，经家属舁送来城，投兄弟医院医治，小妹左臂经医师施用手术截去，尚无生命之忧。又被敌炸毁电线，当时即经电厂派员前往修复云。

昨晨六时，本邑第二区鸭城桥东亭乡上空，发现敌机七架，向南京方向飞去，至七时二十分，有敌机二架，在东亭镇及鸭城桥上空侦察，至七时三十分，两敌机投弹轰炸，均未命中……

（摘自：《锡报》1937 年 8 月 17 日第 2 版；原件藏：无锡市图书馆）

日机今日两度袭锡

本埠息　横林车站附近离五牧不远处，今晨十一时有兵车三列经过，兹时适有日机九架由上海方面飞来，当即向该列车轰炸，该列车即驶足速率驶去，未受损失。日机共投下弹六枚，毁铁路一段，伤乡民三人，河中有民船三艘，悉遭炸毁。

今日下午三时，有日机两架来锡，在五里湖宝界桥投下两弹，据悉靠宝界山附近桥塊，已略受损坏。

（摘自：《人报》1937 年 8 月 17 日号外；原件藏：无锡市图书馆）

敌机袭锡后市面安谧　当局劝民众筑防空壕

昨日下午 1 时放左右，有敌机七架来锡轰炸，在车站附近先后掷弹二十余枚，该处附近新仁堆栈、车站货栈办公处、铁路饭店、淮南煤矿公司、长春裕米行、兴盛米行以及陈白头巷仁寿里一带民房，都遭损坏，死伤平民约二百余，详数尚未得知……

（摘自：《急急晚报》1937 年 10 月 7 日；原件藏：无锡市博物馆）

3. 无锡附郭被炸记

薛明剑[①]

十月六日被炸记

"八·一三"沪战爆发以来，迅将两月。宝界桥、皋桥、周泾巷等处，虽亦曾受敌机之掷弹，惟均远在四乡，且因受损甚微，而不为吾人注意。以致社会人士忘其所然，认为锡地敌机不致掷弹。甚有无知妇女，谓"系菩萨三老爷之威力"，以致念"大家佛"、烧纸飞机，一时甚嚣尘上。脑筋简单者，竟谓"无锡实业必有日本投资"，亦有谓"无锡多汉奸，故日机不来投弹"者。不知锡邑工业绝无外资，况在敌人目光中，也不会因此种轻工业系普通工业，而不来进行破坏。至于汉奸之多寡，决不能变更敌人之目标。证以平津汉奸之多，而仍遭猛烈之轰炸；首都有行政小官僚之汉奸，亦未闻能拒日人之投弹，可以证明矣！

十月六日下午，十二时四十分，果有敌机七架，自东南方飞锡轰炸。时适有由京（宁）开沪西之客车十余节过境，驰至东外扬旗，适与敌机迎面相逢，当被掷弹轰炸。司机员遂即停车，乘客亦纷纷下车避匿，列车第三节被落一弹，伤亡较多，车辆亦毁。敌机继向车站方向飞来，先后掷弹二十余枚，黑烟浓厚，声震城厢。新仁堆栈、车站货栈及办公处、铁路饭店、淮南煤矿公司、长春裕米行、兴盛米行，以及陈白头巷、仁寿里一带民房，均遭损毁。尤以新仁堆栈储有我厂（申新三厂）棉花，着弹起火，燃烧甚烈，损失亦最巨。是役被灾三百零五人，死亡一百零一人，内直接被炸而死者仅占十六人，余均被坍塌房屋压死及流弹伤亡。

当敌机来时，余适在申新，正谋筹划抗敌英雄墓园之圹穴，闻惊搁笔，已闻掷弹声，即偕学校（申新小学）等同人避入防空壕。遥见敌机东行，知将归队，即出壕，飞奔后援会慰劳组，偕王品元、李伯敏、黄志道等，共肩担架，趋赴出

[①] 薛明剑（1895—1980），原名荨培，50 岁改民剑，60 岁用民见，无锡近代著名的爱国进步人士、实业家、教育家、学者。此为薛明剑手稿，辑录时小标题有所更改。文中第一篇《十月六日被炸记》注明写于"民国二十六年十月七日晨"，其余各篇均未注明写作日期。但从文稿内容推断，各篇均应写于事发后第二天或第三天。文中第二篇另有剪报一份，以《无锡附郭二次被炸记》为题，注明刊载于无锡《人报》，收入时，两稿相互参照，进行校订，其中伤亡人数略有差异，按报纸所载为准。

事地点，从事救护与救熄。惟因初次被炸，全邑人士惊魂未定，大都不敢出外，遑论工作！虽有少数救护队及童子军等多人帮同工作，又经随地拉夫式之招请熟人相帮，惟因伤亡者多，救护事繁，而终感人手不敷分配。兼之是时尚未解除警报，行经工运桥等宪兵站岗处，余因佩带指挥部袖章得以通行，其余人员则仅佩带慰劳组徽章，而无红十字标记，被阻不许通行。迨经说明系前往救护，始允通过。然在出事地点工作，又遭敌机三次来临，虽未轰炸，工作者未免心神不宁。是晚料理善后，终夜未睡。忆及今日未妥各点，笔志如下。

（一）救护队急须重行组织完备，实行出发救护工作，毋得空挂名义。

（二）重要电话，轰炸时仍须照接，藉通信息；更须将机线移入安全地壕中，保障接线生生命。

（三）新仁栈着火后，除本段救火车施救外，余托电请救火联合会全体动员往救，未蒙许可，殊失战时消防意义，以致一发不可收拾，似亦有改良之必要。

（四）各地均无防空壕设置，以致死伤人数出于意外，急应广劝居民，各辟防空壕，以防万一。

（五）电报局与长途电话局，对于剧变时，急须照常接发话报，以便呼吁邻县，而利救济。

（六）急求复工开市，以维市面，藉达持久抗战之精神。

是晚解除警报后，只见各人奔向四乡避难，妇孺虽居多数，壮丁亦属不少，似觉欠缺镇静，有失"战时如平时"之教训，尚祈邑人之明达者，从事宣传焉。

十月十六日二次被炸记

十月十六日上午九时，天高气爽，敌机三架由南而东往西北，似作侦察状，盘旋一匝而去，致市民相庆幸仅受虚惊。讵料俄顷，三机复自原空而返，在我北郭京（宁）沪路车站左近，作第二次之轰炸。先后掷弹凡七，爆发者四：其二爆炸于车站行李房及花园之东，毙一犬，未伤人；其一爆炸于东外扬旗（即南仓门之东，亭子桥至东亭马路口），死一伤三；其一爆炸于西外扬旗（即北栅口路轨之北），死四人伤五人。另有新仁栈栈司名沈海全者，逃至惠农桥下，被机枪扫射毙命；其不知姓氏被扫而受伤者，尚有多人。

作者离被炸处甚近，待机声稍远，即趋商会，慰劳组王品元、傅炳慕、李伯敏、张茂如、刘虎保等，正随许君光圻肩担出发，从事救护。少顷，城内县救护队童子军第四服务队、工界服务团、红十字会、僧众救护队、卫生事务所等救护人员，均跑步蜂来，秩序之佳，为他处所仅见。尤可敬者，各团领袖若许君圻烈、沈君显芝、华君晋吉、沈君济之等，均能亲自督队出发。防空指挥部余主任乐三，亦到场指导。因伤亡人少而救护者多，间有救护无着，而表示遗憾与戚戚者。较之初次被炸后之门庭冷落，大有天渊之别。是足证明，吾邑救护事业已有组织而渐上轨道矣。更足证明，吾昔日倡言，敌机轰炸威力之有限，与长期抵抗后吾人必能自然发生新生命之说，为不谬也。惟尚有足资改进者，敬就所见，分述如下，以备邑中父老与同仁之指导。

（一）须辟公共避难所。空袭警报发出后，维持秩序之壮丁与军警，即行禁止行人趋避，甚有将行人阻止于弄口或桥梁两端，头上又无掩蔽敌机之物，危险殊甚。加之迩来沿途各处，往往将宅门、店面紧闭，而不许行人躲避。记者于此次轰炸时，适经工运桥某丝厂门前，再三向门丁要求入内暂避而未许。苟被敌机发现，危险所及，不仅站立门前者身受已也。要知城门失火，不免殃及池鱼，尚望吾人深思之。更望地方当局，在公共防空壕未设置前，务须限令各地保甲长，一遇警报，即须将门首出让一间，以作行人暂行掩蔽之所，而免为敌机之目标。

（二）消息要求灵通。此次轰炸时，目见各处军警咸能不避危险，仅就原位掩蔽，绝不张惶。（车站）行李房旁站岗宪警，与被炸处仅距咫尺，炸后镇静自若，依然执行公务，在均足表现中华民族军人之大无畏精神，诚足令人钦敬。惟此次轰炸后，各段救护队出发救护时，因不明轰炸之所在，讯之路警，则谓各弹均掷于东门外，故咸向东门而去，不知车站及北栅口亦曾着弹。此固由于警报时电话之不灵通，而此后对于消息上之沟通，似尚须加以改进也。

（三）救护队组织须统一，警员宜分散。闻县救护队队员均集处卫生事务所，以便发生事端后在一处出发。似不如分组驻办较为便利。又如，前次之伤者多而救护者少，致延误医治时间，固属不妥；今日则千百救护人员蜂拥而去，万一重遇警报，亦多危险，殊非所宜，似亦有改进之必要。

（四）被炸地点须临时划作警戒区。今日被炸各处，除实施救护之人员外，附近居民前往看热闹者，亦不在少数。当救护时，在场军警为维持秩序计，曾下令驱散围观群众。在后者，不明所以，争相逃散，由一而百，争相奔跑，一若大祸之将至。一时间，工运桥下惊惶万分，其竟有跃入河内以避者。作者执一而问，则不明其故。此种举动，实非所宜。此后甚望各地军警，务将出事地点临时划作警戒区，除有救护证章之工作人员外，一概不准逗留，以免发生误会，扰乱秩序，实所企盼。

十八日至二十日连续被炸记

吾锡附郭自六日、十六日两度被炸后，邑人莫不从事筑壕，人心渐趋稳定。

十七日，又有敌机来锡，作投弹状。适有广西某军道经锡站，即用高射机枪射击。敌知有备，未掷弹而去。十八日上午八时二十五分，敌机六架又袭车站，在五千公尺之上空，作水平式投弹凡七，除三枚坠周山浜左近外，余均落车站前，盖因敌机防我有备，未敢低飞，一因人民均匿防空壕内，故仅伤及四人，足见消极、积极防空，均属有益也。

十九日晨五时，接张君公幹电话，知焕公嘱导支君才等南来观战，余即前往新世界晤谈。八时二十分，敌巨型飞机三架，由东而来，越十分钟，继来三架，均向西行。迨至九时零三分，三架敌机由西而返，盘旋上空颇久，继即投下两弹，落车站货房附近，并用机枪扫射甚久。余等出视，知无损伤，当即与张君相偕，至东新路林站长处，商借东行汽车，又见敌机十二架来锡（十时五十五分），距前机之去，相隔仅一刻钟许耳。到锡后即分散开，盘旋侦察，后四出掷弹，共计十九枚，周山浜附近之汤家桥着六枚，其一适中简陋之地下室，室中三十余人均遭炸毙，血肉横飞，尸肢百解。另两弹炸毁民房十余间、稻田一方，庆丰工厂中二弹，毁膳堂一、电气变压所一、直水泥柱亦被连根拔起。车站前面落弹四枚，嘉兴永利建筑公司驻锡办事处中一燃烧弹，木料被焚。锡宜江南汽车公司亦被损坏，民生茶楼前、车站机屋，均中有一弹，幸皆无死伤。被炸处洞深丈余，广亦五六尺，测弹重量，当在五百磅以上。

二十日，天晴，上午九时许，敌机三架，又复来锡掷弹六枚，三枚落于东门外扬旗，三枚落于车站待车室，毁客车一辆，死三人、伤七八人。轰炸时，适有护路小高射炮二座在站，乃即发射，敌机仓皇逃去。否则，伤亡恐不止此耳。

此三日来之教训，足证防空之实效。然邑人又谓"消极不如积极，高射炮之功恐尚不如以机驱逐之妥善"。用志所闻，以待事实之证明。

十月二十二日、二十三日敌机轰炸及机枪扫射记

敌机在附郭虽已迭施轰炸，尚未滥用机枪扫射。二十二日午刻，敌机四架飞锡，除在车站投有炸弹和燃烧弹各两枚外，复经黄埠墩、后祁街，窜入城内，用机枪扫射，锡城中心及学前、虹桥湾、驳岸上、迎溪桥等处，均有落弹。幸居民避入壕内，甚少损伤。仅学前有孩童被中一弹外，尚有八儿巷西式屋内，正在炊饭，烟囱被弹击毁。余即电请当局，通知各区，此后凡遇敌机过境时，务令居民停止炊事，免被认作临时目标。

二十三日上午，警报频传，仅幸敌机过境，而未有所害。午后一时四十分，敌机九架，分作三队，由东来锡。见货站旁停有货车六节，投弹五枚，被焚柴油

一车，浓烟密布，直上云霄。幸各段救火会消防人员施救得力，保存及半。惟当四时许，敌机五架，重复来锡，仍在车站掷弹四枚。消防人员尚在施救，均能从容躲避，得未肇祸。当时，敌机仍复用机枪在附郭作第二次扫射，幸居民早有准备，得无伤害。惟日本并未正式宣战，而用机枪扫射非武装平民，世界虽不敢非难，是岂国际公法真不足以敌强权耶？

犹忆上月吴稚晖先生来函，有"倭寇以十倍于我之武器，如挟雷金档者与执斯的克人对垒，处处反映出下手之态，真退化之民族矣！尚恃利器为骄矜，作野兽般之屠杀平民，道德更不堪问矣！如此退化之民族，何能立足于二十世纪？今日尚能于将死时破坏一切，正如疯人将死，回光返照"云云。证之两日来敌机来锡，肆行轰炸扫射，益证吴先生之言不谬矣！

十月二十八日被袭记

二十八日晨七时五十分，防空指挥部发出空袭警报后，余方起身。缘隔宿为料理慰劳品北运，与洪涛、凌云等，至今晨四时许才就寝也。八时二十分，解除警报，幸未发现敌机。

九时零五分，续闻紧急警报。报声未终，已有敌机二十架，自东南方侵入邑城上空，半数向武进飞行，半数逗留未去。我××高射炮连暨护路高射炮连先后发炮，密集射击，敌机即行高飞掷弹，漫无目标。

工运桥河内落弹二，无锡饭店门窗震毁。东梁溪路大盛木行园内落弹三，死过路乞丐一。通运路大东旅社、第二旅社各落弹一，交际路金昌旅馆亦落弹一，附近商店均被震毁。火车站邮政、电报两局中二弹，铁路饭店中一弹，大中华旅社中三弹，铁路货栈中一弹，车站月台中二弹，铁道左右中三弹，二号铁桥中一弹，断电杆木一、毁路轨五尺许，伤八人。通勤路口中一弹，死一人。新仁栈后中三弹，无损失。周山浜方面，中国第一堆栈被掷弹，死二人，毁B字栈一，适堆申新三厂花衣五千余担。查上次新仁栈被毁，以交通、上海两（银）行损失独多，中（国银）行部分救护得力，得以保持。此次适中中行，而尤属申三所堆，岂亦天数欤！栈之西南首，被掷二弹，死三女，

此外，北新桥附近一弹，震泰丰木行及后面草蓬内各一弹，伤男、女各一，死幼孩一。华盛顿饭店前一弹，毁民房二十余间。祝家浜中七弹，毁民房四十间，死二人。江夏路河边一弹，震毁房屋数间。鼎丰里二弹，毁屋十余间。华盛弄二弹，毁屋六间。水厂门前一弹，毁屋二间。广益堆栈一弹，毁屋一间。新凤桥一弹，毁屋二间。黄泰记碱厂前二弹，毁屋二间。惠勤镇五十八保二弹，毁屋

七间。兄弟医院隔壁一弹，无损失。锡沪路口孙瑞丰一弹，毁屋十三间，伤男、女四人；附近旷地三弹，并遭机枪扫射，毁屋七间，伤三人。庆丰里工房一弹，毁屋八间；附近一弹，"寅"、"癸"两字工房全毁。

敌共掷弹五十九枚，历时一小时余，毁屋一百七十余间、电杆木一、路轨五尺许，死八人、伤十余人，弹片飞入城内者甚多。

此次敌机滥肆轰炸，识者谓"与高射枪炮不迨敌机低飞，即行无的放矢，或有关系"。当偕孙卿、晋吉趋谒戒严司令，要求划一指挥，非俟敌机作投弹状，不作无为射击，而使敌军有所准备，而我则无所获，反使被灾处扩大。即由楚义参谋长允为改善。

（摘自：《人报》1937 年 10 月）

4. 民国廿六年（1937年）日本侵略军在镇暴行录

焦山沦陷记

德竣和尚

民国廿六年农历十一月初六日，丹阳失守，日本侵略军先锋部队，攻入镇江南门。是晚，我守军拒敌于象山村焦山守军亦同时发炮助威，隆隆炮声，彻夜未绝，卒以敌众我寡，不得已退守焦山。

其时，焦山要塞司令林显扬，见势危急，于事前召集全山僧侣，协助守军，担任运弹工作；二面则严命部下加紧防范，准备抗拒，比敌薄焦山，遂展开壮烈之抵抗战。无如焦山地处江心，坚守为难，盖以后方联络，易遭切断故也。是以守军经一度激烈抵抗后，复向江北都天庙退却。未几，接得省府主席顾祝同死守焦山令，乃复运弹至山顶，并加派重兵，以资固守，此七日夜间事也。

八日早，我军对江南敌阵连发百余炮，时象山炮台已为敌占领，与我军隔江互轰，各有死伤。午刻，敌突然开始猛攻，自午至晚，连续向我发二百余炮，并加派飞机轰炸，本山海西庵首中燃烧弹起火。因敌方炮火猛烈，无法抢救，故鹤寿堂、枕江阁、三层楼、伊楼、米仓等，相继毁于炮火。寺内僧俗数十人，被近避入旧炮洞中，而山上少数流氓则乘机至各庵掳掠，一时秩序紊乱。

九日早二时，我后方派敢死队四十名来山，拟继续死守三日。是日午前，敌猛攻如昨，我军自得后援，士气大旺，亦立予还击。午后，突有满装敌军之汽艇十数艘，疾驶来山，将欲登岸。我军以机枪向之扫射，敌不支而溃。

十日早八时起，敌重旋故技，以钢炮、飞机向我夹攻。我军以后扳不继，死伤过半，火力渐箾薄弱，至午后一时，敌卒子山前登陆，譬山乃沦八敌手矣。

敌既登山，初分两路进兵，一路往山顶，一路至华严阁。时僧俗人等均避于阁房之防空洞内，由寮元帅呼之出，咸跪于洞口。敌军官见而厉声叱令散去，初不知其系何用意。移时，彼忽又传令，命本山所有僧俗人等，齐集于延寿堂之丹墀下，使僧俗分跪两边，而以机枪对准俗人之背，一若死囚之待决然，情势危急，间不容发。此时敌军官则凝视各人面目，颇疑其中有我残兵伪装，似急欲有所区分。群众惊惧间，而山上敌军适于此时高声唤呼，山下一部分敌军遂应之去，令玉峰庵夥友宝慈为之引路。宝慈至山后图遁，敌军即枪杀之。此为敌军登山后首遭屠杀者。

顾斯时山寺负责人唯余与退居、智光二人守山。余自度亦无生理，恐惧之心反不若初时之强烈。俟僧俗人等跪一时余，余即命知客师真然向敌军官笔谈，告以此等僧俗，均为良民，今已三日未食，且多染病，不胜久跪。彼似会意，即令起，惟不准散去。紧张之空气，至此稍解。

尔后，敌军向山中搜索我守军，得七八人，立被捆缚，带至天王殿前，或遭枪杀，或遭火焚，惨无人道，令人发指！据当日目击者言：其被火焚者，先遍身浇以油质，既着火，立成火团，不见人影，惟号叫之声，则遥远可闻。在旁敌军，意态自若，引以为笑乐。片刻惨声频绝，敌即以刺刀挑之投入江中。天乎！其残暴有如此也！此外，山顶敌军，从后山下，经营房路，于炮洞内又获我守军三人。及本山夥友四人，亦一并被擒杀。另有本山老圃花二，则被刺受重伤。以上为焦山沦陷之际，惨遭敌军毒手，牺牲之有数可稽者，至被射死于江中者，尚未能统计。

是晚，敌留三十余人于山，分住于碧山庵、救生局等处。山上各庵所藏字画被取一空，并强迫供应棉被等日用物品，而山中所有住家女人，则多遭强奸，几无幸免，其稍具姿色者，且轮流奸之，不避耳目，似不知天地间何谓羞耻也。其后，敌军竟任意搜索，翻箱倒箧，予取予求。搜至方丈室石肯堂楼上，检得林显扬司令寄存之衣箱中，有蒋介石相片及林本人夫妇合影，并军官佩带之镀金六角铜花两合，大怒，责问何来此物。真然告以本山炮台官长住此，此物乃彼个人私藏，我等实不知情。敌军官闻言，始稍稍息怒。嗣因发现此物，敌即在法堂放火，由是方丈楼、石肯堂、库房等处均付之一炬。而碧山庵敌军，夜间以天寒烤火，至天明竟纵火而焚之。由是论寥阁、水晶庵等处亦遭焚如。迨乱事稍定，焦山敌军守备司令金井德重，出布告不准危害良民，秩序始渐趋安定。

方敌军登山之前也，我守军本尚余二十余名，其中十七名见大势已去，即于事先隐匿于定慧寺中，由本寺给以僧侣或工人衣服，改装得免。数日后，乘敌不备，先后以庙门、浴盆等浮江离山。当时有周副官者，浙江黄岩人，亦以乔装为学佛居士，得免于难。彼后与我同住，至翌年春始离去。

嗟呼！敌之残暴，罄竹难书。余年届古稀了此浩劫，虎口余生，悲不自胜！回忆当日情景，历历在目，偶一涉思，犹有余悸！因走笔书之，以留劫痕之前因后果也。(于1946年写)

（摘自：镇江市地方志编纂委员会：《镇江市志》下册，上海社会科学院出版社1993年版，第1763—1764页；原文发表在1946年2月出版，镇江焦山佛学院主编的《中流》刊物上）

5. 劫后江南

常熟自"八一三"沪战爆发,不幸于我军退出淞沪后之五日,于十一月十六日沦于敌手。当敌军入城时,以伪满军若干为先遣队,在城内从事搜索。时各机关团体人员俱已后撤,所余者亦急避四乡安全地带。惟小说家姚民哀,时任常熟县抗敌后援会常委,服务故乡,倍极努力。敌军入城,友人劝其暂避,姚不听,谓常熟乃文化之邦,我系虞人,目睹虞人奔避不惶,并无一人死节,实为人杰地灵之虞山惜,今余志已决,纵不成功,亦当成仁。未几,伪军已至其所居之西泾岸,搜索入其宅,初亦不知其为姚民哀,仅执之,姚乃厉声曰,汝等谅不识余,余乃本邑抗敌后援会常委姚某,既被若获,惟死而已。旋敌军来,遂毙之。虞城既陷,火患遂起,大东门外上塘等街,毁灭无遗。城内则寺前街自牌楼档起至赵弄止,一片焦土。南市心北市心,亦焚毁殆尽。南门外坛上,则焚毁十分之四五。统计是役,城内居民,死难者约五千以上。迄今敌军驻在者,约千数,司令部队设中国银行。其在滨江之浒浦、福山、白茆等处,亦驻有不少敌兵,盖警戒对江之南通也。现常熟城内已有伪维持会之组织,走狗狄子怡、缪作霖任奔走。

(摘自:《申报》1938 年 2 月 20 日)

6. 扬州屠城记

焚杀淫掠到处横行，僧人数十亦死非命

【本市消息】有自扬州逃难来汉者，昨谈及敌军侵据扬城后种种暴行，残酷之象，非笔墨所能尽书，兹志其大概如左：

扬州为苏北门户，其东仙女庙，尤为军事上重要据点，敌军自侵占江南各县，突破江阴封锁线后，为巩固京镇间地位，与便利向津浦线进犯，遂于上年十二月十四日清晨，陷此两要隘。

扬州居民率多本籍，以为南京陷落战事可告亦段落，兼为顾念产业，不愿迁避者，或因城陷过速，有无力或不及逃走者不下数万人，所受种种残酷行为，实为有史以来所仅见。虽清兵进关之"扬州十日"，与蒙古阿珠之攻李庭芝，未如此无人道也。敌军既陷城，其司令亦到达，迳赴商会，无人招待，遂以绿杨旅馆为司令部。次日黎明，开始搜索，烧杀，奸淫掳掠，无所不用其极，十室九空，竟无一家可以幸免。富户如汪鲁门、贾颂平、谢箴斋、钟味腴等家损失最重，闻各家被搜均在十次以上。闹市中之各书局与文化机关均遭焚如。古刹天宁寺内，有重伤士兵五六十名，未及运走，悉被枪杀，寺僧七人亦受池鱼之殃。福禄寺僧因乘汽油船逃难，被目为官军辎重，全寺僧众数十人，遂无孑遗。最可惨者，敌军进城第二晚，经一深街恐遇埋伏，先向街口开枪乱击，或用到刺杀并奸淫妇女。更为敌寇之急务，到处搜索女人，不论老幼，不论何时何地即行宣淫、调戏、割乳种种恶作剧，更非言语笔墨所可形容，拒奸而死者到处皆有，亦有奸后仍不免一死者。城内妇孺收容所共有七八处，除法国天主教堂所办一所因神甫努力支持未受过量骚扰，余皆不免。然某次神甫身受执缚，敌司令且声言当杀汝法国人，倘有无线收音机，即执为与汉口中央军通信之据，当诘以能收不能发，何从通信，幸而得免。三日后，敌司令部由绿杨旅社迁往中委王柏龄家中，迄至第四日，烧杀稍遏，然无辜遭难者已不下五百人矣。

当敌进攻扬城之际，分一部兵力，由凹字街经万福桥而达仙女庙镇，沿途经过桥梁，×××军未及炸毁用火焚烧，仅焦其表面，故敌之坦克车仍得通过，二道桥乡民遭敌以机枪扫射数百徒手血肉之躯，大半应声而倒，道旁河畔，尸骸枕藉，河水变赤。

敌入仙女镇后，居民多从睡梦中被破门声惊醒，以见士兵，皆为黄呢服装，

方知河山变色，成为瓮中之鳖。欲逃而不可得矣。斯时，我军在北岸与敌隔芒稻河对峙，枪炮声未已，敌一面杀入民房，一面强迫人民下河淘米洗菜，及在岸旁筑壕，因此我无辜民众死于隔河之炮火者不知凡数。战事稍停，敌即开始纵火焚毁民房，声称对岸有敌，非毁去障碍物不可，复借搜索溃兵为名，大肆抢掠，每已巷口皆竖有"禁止通行，出入者杀"之木牌，每木牌之下仰伏尸少则三五具，多者十余具，妇女不及逃避者，固遭轮奸者极多，全镇食物不但抢掠一空，燃料亦无处购买，四乡农民不敢入市，道路上屎尿及暴露之尸臭不可当。五日后，杀人渐少，而搜索妇女如故（据报一周间民众遭难者已逾六百人），嗣后镇商会主席关立庭，竟受於胁迫回仙女庙阻止伪维持会，曲尽献媚，当地民众尤极痛愤，现敌虽渡河，然疮痍满目，无一人有家可归，无一家不骨肉残缺，其惨状盖可知矣！（明）

（摘自：《申报》1938年2月25日）

7. 世界红卍字会上海分会关于赴京办理掩埋工作的报告

（1938 年 3 月 18 日）

报告一

为报告事，世原于上月二十八日日上午五时叩墓，六时至北火车站，往南京办理掩埋事宜。搭乘七时十八分火车首途赴京，沿途经过各站，见遗尸及人头、死马约有二三十具之多，无法掩埋。所有一路庄村田地无人料理，房屋亦均焚烧，满目惨凉，不堪言状。下午七时，平安抵下关车站，带京之药品会同队员自行搬运出站。因当时无车进城，即在车站内日军差人室内特别通融队员暂宿一宵。三月一日早，由汽车司机刘某送至南京红卍字会办事处，当将沪处公函面交，并将药品逐一点交清楚，取有回单。又同陈、许两会长讨论此次奉上海总办事处来京慰问，及慰劳救济队及伕役并两医院、两粥厂职员之办法，以及世原前在京时办理掩埋计划，及现在京变后各处死尸计有数万具，未掩埋者尚多。是日下午一时，带同队员及日本驻京僧人日向法师同至下关、幕府山、大窝子，并率同下关宝塔桥事务所掩埋伕役一百名及城内带出掩埋伕役一百名，同时协力工作。此一日之间，于江边掩埋六百余具，下午五时，由大窝子步行回宝塔桥事务所，带同掩埋伕役，趁汽车进城至办事处休息。二日上午通知各职修方到院。下午至下关海军码头、鱼雷营察看京会以前掩埋尸体五千余具，共计十余堆。又步行至幕府山下、状元门、永清寺、三台洞至大窝子江边，内见有尸具血迹淋漓，肚破肠流，惨不忍睹。当即督同队员伕役掩埋，约有五六百具。五时步行至宝塔桥趁汽车进城休息。三日上午将大窝子余尸数十具掩埋，下午带同全体队员伕役步行走回，在树林及田地间详细检查。至状元门又掩埋余尸约二十余具。下午五时带队员趁汽车回所休息。此次战后经以前掩埋及现在掩埋者约有二万余具，计每一大坑掩埋二三百具至五六百具，或数十具至百具不等。是日下午六时以沪总办事处名义慰晏京会办事员及两医院、两粥厂职员。又救济队全体员伕，将上海总办事处通灵来意详细报告。京会会长及全体办事员等，均为感谢。四日，大雨，休息。五日，在城内中山路一带察看有无遗尸，并至南门内防空壕内见有零星尸体，随时通知京救济队掩埋。下午至狮子山下义［仪］凤门内一带视察，又陆续掩埋死马及尸体约七十余具。六日至七日，因下大雪，不能工作，休息时由京会陈、许两会长讲道，并谈前后掩埋救济经过情形及各种困难。世原当允回申与南京国际救济会接洽请求拨款。八日天仍降雪，午前至第一、第二两医院参观，第二医院治疗与设备均极完备，第一医院稍逊。午后至大香炉，夫子庙、党家巷、新街口、中华路一带掩埋另［零］星尸体约五十余具。九日仍降雪。十日又下雪，并调查李慈开会长嘱为代寻避难汪姓等十七名。世原自到京后，一有余暇，即至各处寻召，并派人到上新河等处详为调查，均无头绪。在六日那天，始寻见天福绸缎店同人，带领至各处寻召约有四五次之多，方有眉目。并在金陵中学难民收容所内发见［现］此项避难之人六名，余者均在乡间。世原商由京会用公函通知该处自治会设法运申，不料数日之久，竟无确实复音，私衷不胜焦急。十一日上午八时带同全体队伏将各繁盛马路道旁之浮厝计大小棺木多具，运往中华门外普台［德］寺山下分次掩埋。午后至中山路、清凉古道一带收埋遗骸约十余具。十二日晨七时，世原会同陈会长及队员等到第一、二两粥厂参观，并摄影以留纪念。此项求食难民，情形狼狈，非常凄惨。下午在汉中路、阴阳营、土街口一带将遗骸掩埋，并运送遗下大小棺材多具。十三日至上新河接运难民十三名，送至金陵中学暂住。十四日，派队员方清原带同队伏至门西掩埋露尸六十余具。又世原为运送难民来申事，亲往日本驻军特务处接洽，方将运送难民廿八名之手续办妥。下午带方队员到下关车站管理处换取乘车证后回处，将友人托带函件整理完毕后，并与京会接洽一切。十五日十时半，带同避难男女共廿八名乘汽车至下关车站上车，十二时半开车，六时抵常州停站住宿。是夜，由日军检查多次。十六日晨六时开车，下午一时半到达北站。下车后，陪同难民绕道过外白渡桥，一路被检查三次，非常困难，二时半到租界，由总办事处派汽车分别送各避难人至目的地，特此报告。此上

世界红卍字会中华东南各会上海总办事处钧鉴

李世原
三月十八日

报告二

为报告事，世原此次奉派赴京办理掩埋事宜，在工作余暇之时分赴各处调查灾黎，除南京难民区外，尚有六合、连塘集、八卦洲一带聚有浙江、上海、昆山、苏州、无锡、江阴、常州一带避难人民，男女老幼不下四万人，流落异乡，生活无着。返籍既患无资，且亦无通行证，株守待毙，厥状至惨。倘不设法救济，久之必死亡相继，暴骨旷野，数万生灵，势将无救。拟请钧会本慈善为怀，

迅予派员前往设法遣送至各该原籍，以维人道而广慈务。世原在京时已先后接到类似此事之函件三封，兹特一并附呈，即乞察阅。此上

世界红卍字会中华东南各会上海总办事处钧鉴

李世原

三月十八日

（摘自：上海市档案馆主编：《档案与史学》1997 年 8 月第 4 期）

8. 黑暗笼罩下之城市

一九三七年八月九日，日本军官一人和陆战队队员一人，驾车驰往上海西郊虹桥中国军用飞桥场附近，被击身死，于是上海和扬子江三角地带，成为中日两国的战场。

中国军队在八月间采取攻势，想把日本军队逐出公共租界的根据地，这努力是失败了，中国军队一面屡次移动阵地，一面继续抵抗日本海陆空军立体的压力，直到最后因日军已完成包抄的形势，乃不得不于十一月十四日从上海附近撤退，中国军队这种英勇的失败以及英雄的抵抗，便是扬子江区域内战争的特点。

日军在占领上海苏州杭州广大面积内的主要城市和交通线后，继续推进，而于十二月十三日攻入国民政府的首都——南京。

日军急速向前推进，跨越中国人口最稠密地方最安闲的一个区域，凡铁骑所过之处，生灵涂炭，精华毁灭，这一章所搜集的几篇报告，很忠实地描写出悲惨的轮廓。

一位外国观察家曾有几次去过那些地方（在占领以前及占领以后），据他审慎估计，这一次扬子江三角地带战争的结果，至少有三十万中国平民牺牲了他们的生命，其中一部分是惨遭屠杀的。他说，日本兵强迫老年人和孩子运送重量过大的东西，等他们力竭倒地时，日本兵就用刺刀斫戳，掷入路旁的小沟里。日本兵对于已死的人也要加以虐待。日军所过的地方，有许多中国坟墓被发掘，棺木被焚毁。据他观察的结果，认为日军向南京推进时，曾采取一种有计划的恐怖政策。

一位英国记者赴松江（上海南三十里）视察后，曾于一月十四日致电伦敦，报告具体的事实如下：

"松江以前曾经做过戈登将军指挥常胜军时的总司令部，是沪杭路上一个繁盛的县城，现在却呈现着满目荒凉极度破坏的景象了。接毗的市廛已为轰炸所毁，几乎没有一所房屋是完整的。断垣残壁，焦土灰烬，这真是可怕的景象。所看见的生物，只有野狗，因吃了死人肉，而不自然地臃肿起来。松江全城本来可以容纳十万人左右的居民，我却只看见五个年老的中国人，躲在法国教会的一幢宅子里，流着眼泪，他们已经断食，恳求我带到上海来。

"松江的情形正可以说明上海南京间广大繁荣的三角地带内的整个情形，并且也正可以表示这是历史上人口移动规模最大的一次。几万几十万甚至是几百万的中国人，事实上已经离开了这一个区域，但谁也不能够答复这问题：他们究竟陷入了怎样的境地？从上海到松江这三十里路程的范围内，宛如一片沙漠，但见未经收割的熟稻，倒在田里发霉，焦黑的废墟毁去的村舍，点缀着沿途的景色，可怖的臃肿的野狗还守望着原来的田园。

"路上遇到许多队开回上海的日军。那些日本军队都满载而归，看上去非常有趣。战马拖着黄包车，车上装满了箱笼皮包，日本兵却骑着驴子、黄牛甚至水牛，活的猪猡缚在炮架上，劫掠队一路所搜获的大鸡小鸡，也随军带来。有一处，我看到日本大批的辎重车辆和几尊野炮。同时我又看到几千箱的啤酒瓶，已给日军喝空了。"

上有天堂，下有苏杭。苏州是中国的威尼斯，是京沪路上一个山明水秀的城市，离上海约五十哩，除铁路以外，还有几条新筑的公路可通。凡到中国来作简短旅行的外国人，都知道苏州。平常的人口约有三十五万人。自中国军队退出上海附近后，事实上未经设防的苏州，即于一九三七年十一月十九日陷入日军的手中。

下面关于苏州情形的一篇报告，是一位美国人写的，原文见一九三八年三月十九日上海密勒氏评论周报增刊"中国之毁灭"号内。编者曾有这样的按语："本文作者已侨居中国三十五年，姓名不便宣布，他目睹日军的恐怖残暴行为，所以他的报告异常真切。"原文如下：

"十一月第二个星期内，日机开始向苏州市区投掷高度爆炸性的炸弹，于是美丽古雅的苏州城所有三十五万居民——年老的年轻的和残弱的，面对着令人厌恶的野蛮势力，成为无法挣扎的可怜虫。

"巨量的炸弹从天空撞击而下，猛烈爆炸，肢体、尘垢、砖石和泥灰，不断飞腾，好像一道道的瀑布，这真是骇人的景象，可怖的疯狂的场面，使我们不敢正视，不敢留恋。日机整天在头上翱翔着，投下死亡的礼物。

"轰炸的最初几天内，惊怖欲狂的苏州居民大多数躲避到防空壕里。后来因为空袭的次数太多了，我们便讨论继续躲避在防空壕里呢，还是冒着生命的危险照常工作，结果我们决定照常工作。

"十一月九日，日机散发传单，提出警告，谓三天以后，苏州全城将遭更猛烈的轰炸。那是可能的吗？我们已经是住在事实上的地狱中了。古老的苏州城将被毁灭，这一个警告，使我感到现实的太可怕，使我无法以适当的字句来形容不久就要出现的悲剧。当我看到大大小小，男男女女，成群结队的老百姓，带了很少的行囊，离开他们的故居时，我觉得凄怆万分，这一种情绪我是无法传达给你们的。

"民船、黄包车以及其他车辆，此刻都没有了，大部分的难民必须徒步奔逃。我和另一同伴在事前曾经从中国军队方面取得民船两只，到了十一月十二日的晚上，我便设法把第一批难民用汽艇拖往广福。我立刻重回苏州，想运送第二批难民。但两只民船给中国军队扣去，只剩下一艘汽艇，我将汽艇交给同伴，他和其他朋友，又向广福出发。

"进城已经太迟了，所以我和朋友在城外一个冷落的医院中过夜。而这正是日机大举空袭的一夜。只有上帝以及尚未逃出孤城的人们，知道那一夜的恐怖滋味。日机先向全城及其四郊放射照明弹，于是以急速的飞行散播死亡的种子。没有人知道日机向这一个不设防的城市，到底掷下了多少枚炸弹。在整整十二个小时内，落下的炸弹，密如雨点。我的朋友睡在地板上。有几次我躲到床底下。奇怪的很，我感觉到床底下比较安全。

"天一明，我们就起身进城，我们所目睹的死亡和毁灭，其为状之惨非任何笔墨所能形容。我们的心里真难过极了，昏闷极了。一位中国牧师领导着难民一千人往广福去，这是惟一令人快慰的事情，然而，这也是如何悲惨的一种景象呵！小孩子、老头儿、老太婆、跛足的，以及炮弹炸弹轰炸下的残废者，跟随着牧师蹒跚前进，我想起了当初的基督。两天以内，五千个难民从苏州移送到广福。

"我自己也到广福去，直到十一月二十一日，始回苏州。我和同伴沿途须小心避免践踏尸首，因为尸首堆满路上，散遍田间。我们到达苏州时，日本兵抢掠的行动，已经很为活跃了。但教会的财产尚未遭蹂躏。从那一天起，直到十二月十一日为止，我们差不多每天来往于苏州广福之间，我们看见每一家银行、每一家店铺和每一家住宅，都已门户洞开，日本兵进进出出，川流不息，好像是一群群的蚂蚁，背上驮着一捆捆的丝、野鸭绒被、日用商品和各种家具。

"可是，有一次我们终于发觉教会的产业也大遭劫掠，一幢房屋的正门边门和后门都被撞开，校舍和住宅的大门，显然给斧头和枪刺所戳破。大大小小的房间均蒙光顾，各式各样的箱箧，均蒙检阅。凡是不需要的东西，任意投置，地板上凌乱不成样子，在我的住宅内杯盘狼藉，显然经过了猛烈的抛掷。在一个朋友的家里，地板上一架梵哑令（音译——编者注），损坏到不堪修理的程度。

"另有一次，我去察勘晏成中学校舍。日本兵不知道我突然前往，所以我在校内和他们狭路相逢。他们正在拼命打开一具保险箱，一个兵用鹤嘴锄斫柜门，另外几个兵想整个粉碎保险箱，更有几个兵则搬动校长和教务长室内的桌子。当我往别处找寻译员时，他们带了家伙扬长而去。要是再过一个钟头，保险箱就给打开了。

"离开校舍时，我们听到来自教堂的音乐声，走进教堂，看见一个日本军官按着钢琴，几个日本兵搬动议会室内的桌子。我斥责他不应该放纵士兵来劫掠教堂，他表示歉意，立刻走出。

"第二天早晨，我们再到晏成中学，保险箱门终于给日本兵打开了，抢去约四百块钱。有趣得很，那些匪徒把发薪信封内的三百块钱，丢在地板上，大概以为是没有什么用处的信件。同时，据我们调查的结果，另有几处教会房屋内的保险箱，以及银行商店内的大保险箱，均遭日本兵破坏，把所有的东西掳去。日本军队的'好纪律'，显然是无稽之谈。

"老实说，关于苏州的大规模的劫掠行为，我们与其责罚个别的士兵，不如责罚整个的日本军队。为什么呢？因为赃物的数量殊非个别的士兵所能随便带走，事实上我们看见许多赃物是以军用卡军装运的，有一辆军用卡车，满载中国红木家具，停在日军司令部门口。

"日军占领苏州后，我们第一次回去的时候，看见街道上尸骸累累，而那些尸骸足足搁了十天。我们后来再到苏州的时候，看见野狗都肥胖了许多，建筑物的毁坏，也同样可怜，损失的总额达百万元以上。

"以上所述固已令人惊骇，但最痛心的事情还在下面，就是日军侮辱各种阶层的妇女。兽欲勃发的日本兵到底奸污了多少妇女，恐怕没有人能够估计。我个人知道许多次强奸的事情，因此相信我所接到的一切报告，皆属确实可靠。不过，我们也无须加以估计，因为九千五百次或九千六百次的强奸，对于这种滔天的大罪恶，究竟会有什么判别呢？有一天早晨，我在广福遇到东吴大学的一个学生，他含着眼泪告诉我，日本兵强奸了他的美丽的姊妹。我还看见许多乡民，坐在路边发抖，因为一队武装的日本兵把他们驱逐出来，截留了他们的老婆和女儿。

"那一晚，一个中国人恳求我住到他的家里，去保护他的女儿和几个避难的姑娘。我答应了，确乎做了一件好事。当夜十一点左右，我为电筒的闪光所惊醒（电光从门顶上的小窗射入）。有人在我耳边低语：'日本兵来了。'我手执电筒，冲入隔壁的房间。我瞥见三个日本兵用电筒闪照着睡在地板上的十多个姑娘。我的出现使他们大吃一惊。当我们怒声诟斥时，那些匪兵就匆匆下楼。在紧张的关头，主人没有离开我的身旁。

"我必须讲出这一件事情，否则，我的良心上不会安宁。要是有人相信在华的日本军队确欲使中国人民过着更好更愉快的生活，那么，请他去观光一下南京上海间二百里以内的情形罢，请他去目睹难于令人相信的荒凉和破坏的景象罢。在六个月以前，这一带是地球上人口最稠密的区域，是中国最繁荣的部分。

"可是，如今一个观光者所能看到的，只是被轰炸蹂躏的城市，化为灰烬的乡村和小镇，农田是荒芜了，只有很少的老翁和老妪，凄凉地耕种'福地'。牲口有的是给杀掉了，有的是给抢去了。凡是配备着现代武装的野蛮军队所能实现的各种破坏行动，日本军队是样样做到了。

"被迫离开田园的那些老百姓，如今究竟在何处呢？

"无数的老百姓是给杀死了；许多人已经残废，终身残废；还有许多人蜷伏在收容所中，或藏匿在山洞里，不敢重返荒芜的田园、空无所有的店铺和完全破坏的事业。就是有人敢回去，疯狂的日军也不准他们回去。

"鉴于以上种种事实，控制交通线的日军，向全世界宣称他们现在正使中国人民重返故居，去过和平而丰满的生活，这真是无耻的欺骗呵！"

（摘自：《密勒氏评论周报》增刊 1938 年 3 月 19 日）

9. 徐州前日被炸惨状

本报特派员之报告

【徐州二十八日下午十时发专电】鲁南连日激战，敌损失奇重，为阻我援军，敌机连日纷出轰炸，今日上午九时半，敌机十八架飞来徐市，九架炸东站，九架炸北站，共投大小炸弹约二百枚，记者于警报解除后，即分赴两站调查，北站约落三十余弹，尚无大损失，虽附近居民死伤惨重，尤以朴风巷，河北镇及门子街地段数百户尽付尸中，东站津浦西路以徐海旅社一带被炸最惨，津浦东站以东天桥一带被炸最惨，民房烧千余间，晚八时火犹未熄，两站死亡当时有百数十人，伤者倍之。

（摘自：《申报》1938 年 5 月 14 日）

10. 美国《时代周刊》披露日军抛尸入江和焚烧尸体的报道（节录）

（1938 年 4 月）

数周来，南京的强盗、抢劫行为亦很猖獗。被处决而不是战死的中国人的总数据南京最保守的人估计也已达两万。节选一段最糟糕的时期发自南京的一封信："一名十七岁的（中国）男孩来医院，他说有一万名十五到三十岁的中国男子于（一月）① 十四日被押出城到轮渡旁的江岸上。在那儿，日军用野战炮、手榴弹、机关枪向他们开火。大多数尸体被推入长江，有的尸体被高高架起焚烧，只有三个人逃了出来。男孩推测，一万人中，大约有六千是军人，四千为平民。他的胸脯中了一弹，伤势不重。"

（摘自：陆束屏编译：《南京大屠杀——英美人士的目击报道》，

红旗出版社 1999 年版，第 149 页）

---

① 括号中内容为编译者所加。从屠杀的规模及易于分辨军民的情况来看，此类事件发生于 1937 年 12 月 14 日或邻近的数日的可能性更大。

11. 徐州被狂炸

【徐州十日中央社电】徐州十日电日在空袭中，晨八时起，敌机一架侦察半小时，二次由南来九架，在东关投弹百余枚，一小时后，三次由南再来九架，北来三架，又投弹百余枚，四次南来六架，五架在宿县一带轰炸，一架到徐，盘旋两小时，五次又来三架，佁在徐南旋扰，未临市空，徐埠共投弹二百三十余枚，多重磅及硫磺弹，被灾区域计津浦镇南天桥东西两侧及津浦马路，下洪乡，顺河街，天□乡，铁茶乡一带，因本日西风狂作，火势蔓延，消防人员亦被炸死伤多名，故无法灌救。截至晚九时，仍在燃烧中。共计焚毁民房约四千间，平民死伤三百余名，记者当晚在灾区视察，以铁茶乡被灾最重，该乡共有居民一千零一百余，房屋三千间，此次被灾达九百五十户，延烧二千五百间，津浦镇铁路两侧民房千余间，悉付一炬。在南天桥登高瞭望，烟火满目哭声震耳，现各户仍继续在火堆中扒掘人尸，未死者大半露宿待救，记者并目睹尚有十数具无主尸身断头残肢，横卧火窟。

（摘自：《申报》1938 年 5 月 11 日）

12. 徐州昨复被炸

【徐州十一日下午十时电】徐州十一日又到敌机三十八架，六次猛炸，所投多系重量弹，内有燃烧弹多枚，北站起火，均成焦土，幸市民预先避出，仅伤亡十余人，详情如下：（一）上午七时五十分，敌机一架由固镇来，在八里屯与我机五架发生空战，敌机狼狈逃去，在双沟投弹八枚，向南飞去。（二）敌机九架于九时三十五分，由车幅山侵入徐州上空，在车站附近投弹。（三）敌机五架于九时五十三分由利国镇飞入徐州在车站附近一带投弹。（四）敌机三架由新安镇侵入市空。（五）敌机十五架于十时零七分由夹沟侵入市空。（六）敌机五架于下午三时五十分由炮车（临海镇站名）侵入市空。事后调查，东车站一带东天街投弹八枚，死伤六人，毁房廿一间，东马路投弹四枚，毁房十五间，北马路投弹廿余枚，燃烧弹四枚，毁房廿间，北车站一带投弹四十余枚，毁铁轨七节，围墙一段，站内及附近房屋一百七十余间，死伤十二人，共计本日投弹一百余枚，毁房四五百间，伤亡十余人。

（摘自：《大公报》1938 年 5 月 12 日）

13. 鲁西战事愈激烈敌三路进犯被我重重堵击　济宁敌强渡万福河亦遇挫　传我再度克复永城

【徐州十三日下午十时电】津浦线大战焦点，现移鲁西，敌以万余之聚由济宁向西南之金乡，鱼台进犯，以五千之众山濮县向郓城、鄄城进犯，我××两部连日在金乡东南及鱼台附近与敌展开血战，肉搏凶猛情形，为空前所未有。×××××各部亦在钜野菏泽以北，与敌血战中。截至十三日午，由济宁南犯之敌，五六千人，强渡万福河，在河南岸金乡东南之××××一带，与我×××部血战，鱼台附近有敌七八百人，亦向我进犯，我×××旅之×××团在城内死守，敌迭次来犯，均被击退，现钜野，金乡，鱼台均在我手。×代总司令已下令饬所属各部死守，与城共存亡，现我援军已积极推进。濮县敌五六千人侵我郓城后，刻又侵我郓城，××部奋勇抵抗中，菏泽城北廿余里处，发现敌约千余，×部已往迎接。

【徐州十三日下午十一时电】永城前线紧急电话：永城之敌连日北犯甚急，十三日午后经我×××部与敌肉搏数小时，将敌击退，遂再将县城克复，敌增援反攻，料明日拂晓我将有更大之进展。

【徐州十三日中央社电】津浦两端战事，现仍以鲁西淮北为重心，鲁西之敌，系分三路南窥，其由嘉祥郓城进犯者，约万余人，已被我重重堵截，其由济宁进犯者，约六七千亦被我×部分段截击，敌伤亡甚重，现在鱼台金乡西北相持。另由夏镇拟偷渡缴湖拢□沛者，已于我西岸守军缴战多次，迄未得逞。系由怀远蚌埠渡河，倾巢来犯，人数已逾三万，至少在五千以上。十二晚十三日晨敌一部与我在晨蒙城西郊激战，又伤亡千余。十二日进至永城，其战车七辆，并于十三日晨再越永城向北试探，均被我击退。

【徐州十三日中央社电】蒙城迤北与我某部对峙之敌八九百，十二日晚虽度向我夜袭，当被击退，十三日黎明，我奋勇出击，敌机数架来往助战，当有一架被我击毁，坠落敌阵，混战至十一日时，敌增援骑兵二百余，向我后嶲迁腐，我卒将敌击退，战车亦未得逞，是役毙敌极众。又蒙城南敌步兵千余，十三日晨起与我×部发生接触，敌机六架亦高空盘旋助战，激战至下午三时半，敌因受创过重，不敢前进，我正反攻中，是役毙敌四百余。

（摘自：《申报》1938 年 5 月 14 日）

14. 敌机一百五十架昨终日在徐肆虐

【徐州十三日中央社电】十三日到徐轰炸之敌机，系分由蚌埠海州两处飞来，其总数原共一百五十一架，到徐轰炸者两批，共计五十四架，未来徐在津陇两路沿线轰炸者，计有九十七架，自晨五时至晚九时，徐州共发警报十余次，竟日未能解除。

【徐州十三日中央社电】连日敌机来徐轰炸，已成疯狂状态，无辜平民及第三国财产之受其荼毒者，不知凡几。十三日晨，敌机五十四架，又分批到徐轰烽，在陇海北站投弹达百余枚，内中仍杂有烧夷弹，该站附近建筑及民房悉被炸毁，并有多处起火，黄昏始熄，平民死伤者又逾百余人。十三日晚八时余，敌机一架又到徐侦察，历五十分钟始解除警报，按徐州自昨年中秋之夜会被敌机夜袭后，此为第二次。

（摘自：《申报》1938 年 5 月 14 日）

15. 徐州昨被狂炸之惨状

【中央社徐州十四日电】敌机五十四架，十四日晨六时起，更番来徐轰炸，直至下午六时，始解除警报，本日敌机投弹目标，完全集中于徐州城市，共掷大小烧夷弹二百八十余枚，是日适东南风大作。又以竟日警报，无法施救。轰炸之惨，延烧之广，为徐州遭空袭以来之第一次，死伤平民七八百人，被灾约计千户，焚毁屋房达三千间，投炸延烧区域，为大同街六安街卧佛寺等地，法籍致土之天主堂亦竟被投七弹，毁房十数间，圣堂炸毁一角，全部门窗玻璃尽毁，该堂收容之避难平民炸伤七人，毙一幼童，敌不顾国际信仪，于此可见，敌又在徐州中学、铜山师范、徐女师、徐报社，省民教馆分别投弹多枚，燬灭我文化机关，同时并炸电灯公司、电话局、电报局及交通银行、天成公司，花园饭店三阳医院各处，至为残酷，宏裕桥门前及卧佛寺一带贫民窟五六百家尽罹浩劫，未及逃去者，不碎尸于炸弹，即藏身于火窟，晚，警报解除，逃于附郊难民纷纷回城，莫不望火号□□凄惨情况，充满全城，当晚均搬移四乡，以避狂炸。

（摘自：《大公报》1938 年 5 月 13 日）

16. 徐州又被炸　美教会亦被投弹

【中央社徐州十二日电】徐埠十二日晨九时许又遭敌机五架之狂炸，被炸区域，仍为车站附近之平民区及小商店，记者于解除警报后特往视察三日来敌机连续集中轰炸之东站情形，目击其所投二百余弹，几无一路站台者，而站之东南北三面二里以内民房商肆千余尽付一炬，死伤二百以上……

（摘自：《大公报》1938 年 5 月 15 日）

17. 吴江贞丰①八年血泪录（节选）

朱润苍②

民国三十一年（公元 1942 年）

三十一年正月初七上午十时，敌轮二艘来镇，散发传单，施行狠毒"扫荡政策"，封锁交通线。过午，驶往。人心惊骇，然不三星期遭受非人类生活。翌晨，大队敌军二千余名分数路到镇，大肆纷扰。敌司令河野驻南校，敌宪兵队长森长松驻南栅桥畔米行，其余敌队分驻北栅及下塘数处民房。架设军用电话，形势严重，似入战争状态。地方紧急集议维持秩序，公推严谷荪、沈润荪二人代表招待，并设立临时"商民招待所"，筹策经济及一切物品，予敌恣取。谷荪当日被敌拷打，身负重伤，行动不能，只在招待所主持，一切敌方奔走接洽，悉由沈君。群众睹此凶状，相顾失色，只各紧闭门户（商店仍然开市），静坐待毙。街上行人绝迹，惟有兽兵横行之声。奸淫惨闻，昼夜不绝。兽兵逐日分批在芦、莘、库、周四镇周围二十里内外乡村劫掠搜查，并拘捕保甲长及"忠救军"潜伏人员至镇，解押敌宪兵队内，滥施酷刑。年老或体气柔弱之人，惨毙于淫刑者甚多；强壮如不受刑毙，敌每日辄押至东垞鱼池旁非法枪死（决）。遇害同胞总计达二百余人之多，极尽人世间惨绝悲痛。（有"忠救军"女同志二名慷慨就义，痛骂敌伪，敌酋亦钦其忠烈，于忠魂畔献花致敬。惜乎不详其姓氏。）

二十一日晨，兽兵分批在各街道按户敲门叫嚣，将阖镇适龄男子悉数拦住，至北栅田中集合（分两处，一在东岳庙边，一在同丰米行外），由敌宪队及逆党特工，手持镇公所户籍册，逐个严诘身世。群众处如此淫威下，惊惶之状难以尽绘。至午后二时解禁，始各回家。烈士张谱生，即于是日在人群中由逆党指认被逮，拘至敌宪队内，自认"忠救军"人员不讳；虽屡受酷累刑，言词慷慨如一："周庄军事人员，只我一人而已！"不涉他词累人，越日，壮烈成仁。（张谱生慷慨就义，为吾镇八年中最完善之人，莫不钦敬大节。久欲为之作传，苦无从访得

---

① 贞丰是周庄镇的古称，现属昆山市。
② 作者朱润苍，号树德，江苏昆山县南乡周庄镇人。抗战时期，他"局处穷牖，默记日尝痛苦事情"。抗战胜利后，整理成一部日记体裁的资料。全文刊于中国社会科学出版社《近代史资料》总 54 号。

其家史事略，同人等如有知者，乞详示一切，俾成鄙愿；并祈地方人士集议，附其栗主于"四烈"旁，受后死辈祀享，以彰忠魂而励民族抗敌之心。三十五年夏日润志。）至二十八日晨，敌认第一次扫荡工作完成，全部开往。阆镇人士始敢启户行走，互相慰望，悲喜交集，咸庆为漏网之鱼。数日后，惊魂渐定，各路交通渐复。得知四镇所属各村遭受惨祸，史无前例。保甲长房屋被敌烧毁者计有二十余村，无辜人民惨遭非命者不知凡几。各个河荡浮尸漂流，日起认尸，号哭之声半月不绝。各种惨状祸烈，及今思之，心犹余悸。后闻芦墟、莘塔、北厍诸镇，所受敌祸更甚于吾镇。

（摘自：朱润苍：《贞丰八年血泪录》，中国社会科学出版社
《近代史资料》总 54 号；原稿本藏昆山市档案馆。）

18. 禾稼镇开群众代表座谈会　悲愤控诉
日寇暴行　制定四项爱国公约

　　[本报讯] 扬市禾稼镇镇公所于昨日（十九）下午召开近百人的群众代表座谈会，大家纷纷控诉日寇暴行，表示坚决反对美国重新武装日本。会议开始，当主席董世和说明开会意义后，居民翟家珍即站起来说："日本鬼子侵占扬州时，我的儿子被他打死在锅门口。这笔血债还没有算清，现在美帝又在武装日本，想利用日本鬼子再来屠杀中国人民，我们是决不会饶恕美帝这种非法行为的。"秦陈氏说："鬼子到扬州到处强奸妇女，我带了小孩吓得躲在夹板墙里，不敢抛头露面，因此我父亲被日寇杀死，息两个多月我才知道。这笔血债未偿，我决不能让日寇再来。"孙石先控诉父亲被日寇打死，当他去收尸时还被鬼子打了两枪。多子街刘怀德说他家房子家具被日寇烧毁后，直到今天还未将房子建造起来。埂子街秦文智控诉中说，他二哥被日本鬼子抓到万福桥用机枪打死，但这一次死在一起的就有四百余人。许兆馀的父亲挨日寇抓取后，拖到西门城外与十八个人一起被打死……

（摘自：《苏北日报》1951 年 2 月 20 日）

19. 扬州市人民的血泪仇（节录）

……农民代表丁厚甫说："我的哥哥在万福桥被日寇剥光了衣服，用刺刀一刀一刀的戳，最后用枪杀死，尸首又丢在河里，随水漂荡无踪。这样的仇恨我临死也忘不了。"……农民代表曹玉祥愤怒的骂道："日寇在万福桥屠杀四百一十九人的大血案，扬州人民是永远忘不了的。今天美帝又想来借刀杀人，真是仇上加仇，我一定要和他算账。"……

（摘自：《苏北日报》1951 年 3 月 10 日）

20. 万福桥大血案（节录）

［略］

（二）鲜血染红了万福桥

冬月十五日，天还没有亮，鬼子从扬州出发往仙女庙。出发前，在城内一下子捉了二、三百青壮年去当民夫，替他们送子弹和抬运抢来的鸡、鸭、糖果、财物等，沿途又在万福、联合等乡抓了一批人，共四百余名。

到了仙女庙，鬼子给每个被抓的人发了路单，叫他们原道回去，虎口余生的人，像掉在河里快要没顶的时候，忽然抓到了一根水草那样，满以为得救了，带着惊喜的心情，向回去的路上飞奔。一想起被鬼子蹂躏过的家园，和焦急地挂念着自己的父母妻儿，每个人都恨不得插上翅膀，立刻飞到家里。本来也有人提议：绕小路回去，怕公路上沿路都有鬼子。但大部分人都认为：既然鬼子发了路单，就不会有什么意外的，不然，他何必发呢？何况街头巷尾，鬼子来来去去，偷偷的绕小路走，反而惹起鬼子猜疑。于是大伙便沿着仙女庙到扬州的大路回来了。

刚出仙女庙半里路，前面就到了江家桥。不知是怎么搅的，桥旁早有一队凶神恶煞似的鬼子待在那里了，叫大家排队，报数，两个人一排，以后，继续前进，一队鬼子持枪执刀的走在两旁。下去两里路，到了头道桥，桥上鬼子"哇哇"乱叫，气鼓鼓地把路单全收去，撕得粉碎。每个人的心都沉重了。大家在窃窃私语，但仍被押着前进。过了二道桥，前面就是万福桥了。

万福桥是苏北有名的大建筑。全长四百零六公尺，桥身是钢骨水泥的。就在这座桥上，鬼子对四百多个手无寸铁的中国人民，布置了惨绝人寰的血腥屠杀。前面的人踏上桥走到大半腰，被对面手执大刀的鬼子拦住，后面的人仍在源源的往桥上涌，所有的人都挤在桥上。上面是一望无际的高空，下面是滚滚大河，桥两头架着两挺机关枪，插翅难飞，善良的人民被骗了。但大家仍怀着一线希望，希望这将会发生别的什么事情，比如说：半途再抓去做一回夫子吧。

太阳约摸有两树头高，本来蛮好的天，忽然变了。西北风呼呼怒吼，阳光惨淡，桥下大水卷起高高的浪头，带着凄惨的叫声，呼啸而过。猛然，响起一阵急促的哨音，接着一声炮响，人们来不及思索，两头的机关枪声响成一条线，人一排排的倒下去。一片惨叫声、呼救声、咒骂声。使得几里路外躲在家里的人都心惊肉跳。但鬼子们并没有手软，他们继续猛力的扫射着，死的人越来越多，血从人身上流到桥上，又从桥上汇成一道道血流，淌到河里，使得河水变色。当时陆汉章父子三个都在桥上，机枪一响，陆汉章就从人群中扑出，想以自己的身体保护儿子，但儿子已倒下去了，他愤怒的跳起来，捶胸顿足，向敌人狂奔，跑不几步，自己也中弹倒下。死里逃生唯一生还的卞长福回忆那时的惨景说："眼看人像砍竹林似的倒下去，自己心一横，不拼也是死，就撕掉棉袍，跳到水中，仗着自己水性好，一个猛子，攻下去几丈。等到再探出头来换口气时，一股血腥气冲鼻，死尸一大群一大群的浮在水面上。一想起那个情形，我就恨透了日本鬼子。"

屠杀继续了半个多钟头，除了卞长福外，四百多人全部壮烈牺牲。几个月后，万福桥还是血迹斑斑，行人绝迹，白天都是阴森森的。直到现在，很多被害者的家属尚没有找到亲人的尸体。人们永远忘不了这一可诅咒的日子，年年到了这一天，扬州、施家桥、万福桥等附近十几里的地方，就有无数的孤儿、寡妇哭祭着自己的亲人……

（摘自：《苏北日报》1951 年 3 月 13 日）

21. 吉隆庵血案

吉隆庵八十多岁的佛成老和尚，拉住记者控诉日寇杀死该庵五六个和尚的暴行。

"同志！日本鬼子的仇恨，我到死也忘不了，三七年的冬月十三，一阵炮响后，国民党的兵，急忙的逃走了，但是丢下四十多个受了重伤的士兵；十四日早半天，突然跑来了几个日本兵，一进厨房，将在烧火的李小癫子，拉到天井东头的松树底下，站在天井西头的一个鬼子，端起枪砰的一声，小癫子的头打得粉碎，几个鬼子还拍手大笑。当这几个鬼子走不多时，门前一阵皮鞋声，又是三十多个鬼子吆五喝六的来了，一到这里，将和尚都绑起来，逼着我们向外走。宏元和尚刚走出后天井，只听喀嚓一声，一个鬼子雪亮的刺刀，刺穿了他的喉咙，尸首倒在门槛上，接着我们看到老丁被牵到大宏宝殿的西边，砰的一声响后，他也倒在地上。厢房里，后殿上，只听得一片凄惨的叫声。当我被牵进最前面的钟楼时，庙里撞钟的悟民和尚，身已离了头项。当时我未被杀死，因要留下搬东西……"

（摘自：《苏北日报》1951 年 7 月 4 日）

22. 对日本战犯材料的调查

临沂专署公安处

一九五一年十二月十四日

郯县

该县被日寇糟蹋的十分严重，但多不知日本战犯的姓名！仅知盘踞于该县几回部队及其首领，计：师团长平林盛人，旅团长吕川纯治；中尉：驻郯城的吕川部队，姓昌湖镇的牛尾，均田部队，以及驻草桥的祺小逄部队，调查材料如下：

一、熊小逄：一九四一年十月带日寇在周庄村与我鲁南第四团作战，我军被打死二十人，被打伤九十余人，后我军撤走，日寇进入该村盘踞一星期之久，大肆进行奸烧杀抢，计被杀死者有王玉玲，胡廷秀等六人，另有高达云被活剥了皮；强奸妇女五十人，烧毁房屋一千三百间，粮食二十万斤，其他家具全被烧光，抢去牛四头，另杀死孟庄村王胡氏。

二、一九三八年四月，日寇到大区杜庄、张庄一带扫荡。计：杜庄被用刺刀刺死者有赵大春、杜石鸭之祖母及一吴嬷三人，张庄村一家三口人（不知姓名）被杀死。褚墩村汪邦庆夫妇跑至小湖家村前被用刺刀刺死。大四户村杀死群众十二人，烧毁房屋三百余间。西×家村杀死群众王士标、王洪昌等三人，烧毁房屋四百间，宋周村被打死五人，打伤一人，烧毁房屋六百余间。周家村被强奸妇女四人，抢牛马七头。大小岗子村被杀死群众十八人，烧房屋六百余间，强奸妇女五十余人。良壁村被杀死群众二十余人，烧房屋一千二百余间。董家村被打死群众三人，烧房屋三百余间，另该村妇女四十余人被用车拉到小岗子村强奸。

三、一九三八年八月，驻赵墩日寇到第七区扫荡。计：胡×村胡希理被杀死。滩上村妇女张大脚被强奸，宋河村刘土国被杀死，张生然被飞机炸死。倪桥村张振元之妻被轮奸而死。

四、一九三九年，驻赵墩日寇出来扫荡，打死毛埠村方×宝，打死滩上村十余人。

五、一九三八年四月，郯县城日寇出来扫荡，到二区胡堂村，因马跑了，日兵到村内寻马，逼问村民胡友×、胡友志二人，因不懂日语，当被用刺刀刺死。同年九月，宕湖村王邦贤下湖打草，碰见日寇扫荡，王邦贤逃走，日兵随后追赶，至××村西头，被追上，用刺刀刺死，将尸体抛于江内。同时烧毁大×村，××村房屋三十余间，抢去牲畜八十余头。

六、一九三九年五月，日寇由郯城马头赴运河车站，途经该县二区柳家村，打死该村柳以唐，并将柳以唐的马抢走，又将柳亚轮的牛牵去拉车，因柳亚轮舍不得牲畜，即随同前往，至运河站北三里庄，被用刺刀刺死，同时郭营村继论牵着牲畜躲避，至村东河被用枪打死，在柳家村并强奸妇女二人。（柳在唐之妻和柳再仁之妻）

七、一九三九年三月官湖日寇出来扫荡，到二区南沟洼村，村民吴本法躲避不及，被用枪打死。

八、一九四〇年二月十六日，临沂城的日寇至邳县扫荡，老百姓成立自卫队抵抗，当被日寇将二区丁口村丁应吉，张九等五人打死，又烧毁胡唐、丁楼二村房屋五百余间，抢去牲畜十余头。同时，又抓住左庄村商人季德举，认为"探子"带至孙场村用枪打死。

九、一九四三年三月，驻官湖的日寇出来扫荡，至北沟洼村，强奸刘开义之妻。

十、一九三九年二月，日寇烧毁韩场村房屋十余间，抢去牲畜八头，粮食三千余斤。

收集日本战犯罪行调查材料

徐州市人民政府

姓名	年龄	部别职务	阶级	犯罪时间	犯罪地点	罪恶摘要
滨田		滨田部队长(野师)		一九三八年五月 一九三八年五月（大北望为三八年七月）	徐州 徐州周围——罗岗、黑凤山、王闸村、杏山子、夹洪、闵子寨、秦皇冲町、宝光寺、铁营、俞庄、马兰、二成	该犯部为最先陷徐之日冠部队，杀害我同胞亦最多，但经红卍字会掩埋的计有三百多具，我不少女同胞被遭奸污（西关为最厉害）并公开在大街上进行强奸等种种罪行。另残害我国伤兵一百五十余名，大半用刺刀刺死，并杀死我居民数人（内有朱子桥之儿媳逃难下乡，路过该犯部将该女拉上汽车，因奸污不从，被击三枪而死）和烧毁商店一座，民房三间（朱子桥的）。该犯率部进徐后，放火烧中山街，且不叫救火，并轰炸北车站，牛奶房，子房山，铁刹奄等处，死伤我同胞五百余人。 该犯部于罗岗等地将我同胞以集中屋内放火烧死，用机枪集中枪杀，飞机扫射等残酷手段，杀害我同胞计三千六百余人，烧毁村庄数处。

姓名	年龄	部别职务	阶级	犯罪时间	犯罪地点	罪恶摘要
滨田		滨田部队长（野师）		一九三八年五月 一九三八年五月	集、水口大北望等地。萧县（城南牛兰） 萧县——（城南帽山窝）	该犯部在城南牛蓝村，对我女同胞进行了兽性的强奸、轮奸之后，复将男女同胞用机枪集体枪杀，共死伤我同胞计千余人。 该犯部于萧县城南帽山窝，用机枪杀死我同胞二百余人。 日寇向徐南追击第五战区李宗仁所属部队时，至七区某村，召集避难及当地居民讲话，追集全后，将少壮男子一百五六十人，驱入五间茅屋中，然后纵火焚烧，无一幸免。
备注	以上罪恶除田滨田部队员主要责任外（因该犯为当时最高指挥官，指挥海、陆、空部队），并以下列部队亦应负责——樱井部队：小林部队，羽中田部队，鬼头部队，饭田部队，渡边部队，北川部队，荻川部队；金命木师团长，酒井师团长，平林师团长，板垣部队，广田部队，西川部队；太田部队师团长，参谋长（大规），养津师团长。					
樱井		樱井部队师团长		同上（滨田）	同上（滨田）	该犯负滨田罪恶具体责任——该犯部负责计划和向我区进行扫荡作战。 该犯于一九四二年前曾任伪山东救□□□□。

区（老区）老泉崖村。消减我区中队，打死我该区区长唐伟，区队副陈中起，乡长张治修，排长郑秋福，班长黄土凤等三十三人，并用刺刀刺死该村村民张树修，打伤区队员十六人，烧民房四十六间，抢去牛驴四十八头，烧死二头，抢去与烧死的羊七十六只，并放毒瓦斯十数枚。有民二十二人未死后医治好，同月二十八日率领部下到七区太平安庄扫荡，该村农民进行抵抗，日寇当时将该村包围攻打，向该村发炮弹数百枚，放毒瓦斯四枚，将该村攻破打死妇女徐刘氏等八人，将朱玉胜之妻强关到房内纵火烧死，并打死夏连友之妹（小女孩）打死老年等七人。活埋青壮年徐英明等十人，打死朱大田等十六人，打伤十四人，全村共死、伤农民五十七人，如朱玉田一户被打死三人，日本鬼子在该村盘踞数日。外逃的妇女大部被其强奸，并将该村的房子烧掉二百余间，在附近村庄抓去牛二百七十余头，驴九十余头，骡子两头，羊三百余只，猪二百五十余口，将全村粮食、财物、家具等全部抢光。

岛龙　该犯于一九四三年田烟清久走后，来滕县同年到八区大扫荡，烧死村民蔺学仑与刘家庄的夏侍爱，用刺刀刺死刘周光，打伤孙明乎，抢去村干林化更的牛两头，合作社猪三口，另外于一九三八年十月二十九日白彦，费县等日本到该县四区朱田村扫荡。打死该村王玉明、陈风先、姚文绪、宁清海四人，王玉明、姚文绪二人家中老婆改嫁。儿子死，现已家中无人。同年五月二十三日又到朱田村扫荡。任意放炮打死村民郑丙兴、刘二、朱四等三人。又于四五年五月二十一日日本鬼子大扫荡时，在该村烧民房四百九十八间，全村有九十三户无家可归。家中什么东西都全部烧光。至今还有两户外逃未回的，房子至今仍未盖起。

滨田　滨田部队长（野师）

一九三八年五月在徐州该犯部为最先陷徐之日寇部队，杀害我同胞亦最多，单经红卍字会掩埋的计有三百多具，我不少妇女同胞被遭奸污（徐州西关最厉害），并公开在大街上进行强奸等种种兽行。另残害我国伤兵一百五十余名，大半用刺刀刺死，并杀死我居民数人，（内有季桥之儿媳逃难下乡路过该犯部，将该女拉上汽车。因奸污不从，被击三枪而死）和烧毁朱子桥之商店一座。民房三间，该犯率部进徐后，放火烧中山街，且不叫救，并轰炸北车站，牛奶房，子房山，铁刹奄等处、死、伤我同胞五百余人。并于一九三八年五月在徐州周围罗岗周等地，将我同胞集中屋内放火烧死，用机枪集体枪杀，飞机扫射等残酷手段，杀害我同胞三千六百余人，烧毁村庄数处。又在萧县城南牛兰村，对我女同胞进行了兽性的强奸，在轮奸后复将我男女同胞用机枪集体射杀，共死伤我同胞计千余人。又在该县城南帽山窝，用机枪杀死我同胞二百余人。另外日寇向徐南追击第五战区李宗仁所属部队时至七区某村，台集避难及当地居民讲话，迨集合后，将少壮男子一百五六十人，驱入五间茅屋中，后纵火焚烧，无一幸免。以上罪恶除由滨田部队负主要责任外樱井部队（樱井师团长，该犯负责计划及向我区进行扫荡作战。在一九四二年前曾任山东救国训练所所长）小林部队（小林师团长，该犯负责计划向我区进行扫荡作战），羽中田部队（羽中田队长，该犯负责交通修筑），鬼头部队（鬼头，师团长，该犯负责抢掠烧杀我国财产，抓劳役，奸淫妇女等，又名为烧杀队）饭田部队（饭田队长，该犯负责后勤军，马粮草等工作）北川部队（北川队长，该犯负责宣抚工作）渡边部队（渡边，队长，该犯负责后方陆军医院工作），就鸟津部队铃木部队、平抹部队、酒井部队、板垣部队、广田部队、西川部队、太田部队等亦应负所犯罪之具体责任。

桥吉（军曹）。小岛（医务段所长）

一九四四年十一月，日寇自陇海路西来火车一列，于张新庄为我游击队炸毁，后该犯当即同警务段小岛所长率部包围张新庄，枪杀未跑脱之陈某和他的儿子、孙女等七人，并放火烧毁房屋二百余间，烧死一头驴、两头牛及其他财物等。

山下（徐州宪兵队特高科长）

一九三八年在铜山县第六区可恋庄，该犯烧杀奸淫无所不为，共死伤我同胞六百余人。同年五月在砀山县唐寨其先头部队死伤我同胞四百余人。

林俊夫：约四十岁

一九四一年该犯亲率部队进驻豫东商邱一带传集、瓦岗等地，逮捕我人民数名（数字不详）于四一年至四二年遍筑碉堡，严厉保甲制度，并入保甲人员训练班，并亲自作奴化教育的精神训话。

烟山：四十余岁（指导官）

一九三九年该犯曾充任伪满复县复州警察署警长（指导官）该犯将十六七岁之雇佣女，张小梅奸淫后并强迫同居。

太田：师团长

一九四二年至四三年该犯坐镇徐州在其指挥之下，陷我中条山、新乡、许昌、洛河、洛阳、郑州等地，死亡我同胞计数万人，俘虏亦有数百人。

大槻：太田部队大槻参谋长。

该犯与伪省长郝鹏举创设政治工作团。军训团促使郝鹏举进攻我区睢宁宿迁一带。并与国民党反动派三十三师郑宾华部三十六师张里元部及陈英林、耿聋子、纪毓智等部勾结一起，向我根据地进攻，而大槻为主谋策划者，曾在四三年九月十日间向我淮北根据地实行大规模的"三光"政策，曾在泗南县、淮泗县烧掉三十余村庄，抓去农民三百多人带往徐州后处理不详。

小森：三十余岁，伪满复县旧城警察署警长（指导官）。

该犯在任职期间强迫四区人民修筑海防道，长二百华里望海楼两座，损失人民财物甚巨，置警备车两辆，均强迫人民出钱。

邱山、算惠国（矿警队长）。

一九四四年在海州锦屏山，杀害我锦屏矿工（开封人）五百余人，有的打得半死后投于井内。

中赖：山崎部队上士军曹。桥吉：上士军曹。

一九四三年十月该犯住江苏省萧县杨楼车时，屡次下乡抓捕壮丁修筑铁路，因群众不堪其苦纷纷逃避。后为该犯在圆瓦房等十余庄，抓捕农民四十余人带回车站，在该犯命令下当场刺死三名，除逃出一人，其余全部用铁丝捆绑三天，不给其食，而放出后不久都死了，另外桥吉枪杀我商民五人及农民一人。

西川：三十二岁，宪兵曹长。

一九四〇年该犯在萧县马场，配合萧县警备烧杀马场，死伤我同胞十余人。

该犯曾充任徐州宪兵队军曹，担任调查情报抓捕我抗日人士工作利用国民党军统钱筹彭（投商分子，又名苏水清）及叛徒饶剑平等。对付我爱国人士，于投降前尚抓捕我共产党员曹浩然，（华东分局敌工部宣教科长）后送伪淮海省处理（送法院判徒刑）另逮捕其他人士多不详。

红岗：警务所所长。

一九四四年在新海连市盐坨车站，该犯枪杀我百姓二名。用洋狗咬死十名，杀死牛二头，烧毁房子三间，强奸妇女二名。

今田茂：田中师团大岩联队今田大队长。

一九四一年该犯率部由徐州出发至山西中原会战时，掳回妇女五十六人（后将这批妇女组织保定支那料理店）内有名玉英一人，因不堪虐待逃走，后被抓回用刺刀刺阴部刺死，且将该女逃出后之躲藏处——利华商店经理扣押，并将商店全部没收。

松田：（马场部队）中佐。

一九四三年日寇马场率部至安徽宿县濉溪口召集百姓训话时，一小学生因私语，该犯——松田用佩刀砍掉该小学生左臂因流血过多而死去。

掘井：（联队长）大佐。

一九三九年七月该犯强奸淮阴县吴庄民女孙长清，因强奸未遂，该犯则唆使洋狗将该女咬死。

石井三郎：宪兵队长。

一九三九年该犯在大连市沙河口因用线问供，致死我国同胞卢风高（为游击队长）并没收其全部财产。

先森伊平。

该犯曾于一九四三年至四五年时，在徐州伪警察局充任顾问，并于伪局长常永忠、刘兴华、程鹏等勾结一起统治徐州人民，推行警营区巡守制，指示邻乡村修筑围墙扩大情报收集，并组织实施防空警防训练。强迫商民服役警防用在三千名以上，该犯在虎山腰搜查失踪日本妇女时（养马场妇女）枪打当地农民十余名，并放火烧毁草垛威赫农民交出日本妇女。

佐滕：三十多岁，徐州宪兵队准尉，情报工作。

一九四三年至四五年该犯把食盐等食物封锁不准进入共产党的根据地，逮捕囚禁爱国分子勾结国民党反动派耿继武等武装破坏对付我共产党八路军。

松林：三十多岁，宪兵曹长。

一九四二年该犯破坏徐州附近湖西区中国共产党徐州小组组织，搜集八路军、新四军、共产党解放区的情报及民心动向。该犯利用汉奸张伟、张厚等情报，逮捕我爱国人士甚多。

武智：三十多岁，日本宪兵庶务系长。

该犯在萧县霸占他人之妻孙美珍，使其本夫一旁受辱。

诚治：五十岁，田中（师团长）。

该犯曾充任伪满复县警务局首席指导官司警务科长警务司理事官蒙古自治政府李守信部顾问。

中华民国三十五年四月二十四日

（原件藏：徐州市档案馆，档案号 A016—02—25）

23. 乾明寺前枪杀无辜

日军侵陷高邮，是从南门湖西二马桥过来的，从西门湾到南门琵琶闸这一带，是首当其冲。这一带有些来不及躲避的青年，遇到日军就被抓去，为他们搬运弹药，有的不幸丢掉性命。

琵琶闸北边有一麻绳店，店里有一个徒工是老板的侄儿。高邮失陷这天被日军抓去搬弹药。在回来的路上，他拾到一只长手电筒，因此被另外的日军抓去，说他是"支那兵"。就在这天晚间，他和一大群无辜百姓，被拖到乾明寺南边菜地上枪杀。这个徒工虽已中弹倒下，但未身死，隔段时间醒了过来。他睁眼一看，在月光下看到有几十个遇害的同胞倒在他的左右，他自知中弹未死，可是站不起来、爬不动，只能忍痛呻吟。到了下半夜，他听到菜地边有人走路，连喊救命，有一位老菜农随着喊声来到他的身边，他说明情况后，要求为他送个信，请他的老板赶快设法将他抬回去。老菜农不负所托，天亮后即将口信传送绳店，店老板听到消息，心急如焚，设法找到有关证明，用门板将这位青年抬回。上面所述乾明寺前槍杀一群无辜百姓的惨状，就是这位青年徒工亲口说出的。老板将他抬回后，眼看不便找医生治疗，就在当天下午，雇了一条小船送他回邵伯家乡，指望可以治伤救命，可是这位无辜青年，在半路上就停止了呼吸。这件惨事是麻绳店老板传出的。我当时家住琵琶闸附近，亲耳听到邻居传说这一日军暴行。

当此抗日战争胜利四十周年之际，我们回忆日军的种种暴行，是为了将这一历史上血的惨痛教训，传之后代，永志不忘。我们希望广大群众热爱党，热爱社会主义祖国，加倍努力建设祖国，保卫祖国。同时呼吁世界爱好和平的人民，永远不要忘记侵略战争给人民带来的灾难，共同为反对和制止侵略战争、保卫世界和平而奋斗！（郭任天）

（摘自：高邮县政协文史委：《高邮文史资料》第 3 辑，1985 年印行）

24. 日本侵略军在扬州万福桥的暴行

万福桥是苏北有名的大建筑，位于历史名城扬州的东郊，全长四百零六米，桥身为钢筋水泥结构。一九三七年农历十二月十二日晚，日本侵略军的铁蹄踏进了万福桥，犯下烧、杀、掠、淫等一系列暴行。

十二月十三日一早，敌人就四处捉鸡抓鸭，宰牛杀猪，焚烧民房，捉杀没有来得及逃避的平民百姓。屠夫尤德荣被敌人抓去为他们剥猪。剥完猪以后，敌人随后把他推下河去一枪打死。三个年轻小伙子，被敌人赶上万福桥，随后，又被推入河中，三个人在彻骨的水中痛苦地挣扎，敌人在桥上连发数枪，把他们打死了。侵略军还把一位造桥的工程人员的衣服脱光，反捆双手，用刀子割他腿上、肩上和胸上的肉，直到他含恨而死。商恒堂等七人，被日军集体屠杀，当场两人身亡，五人受伤。敌人又把这五人拉到草堆上，放火活活烧死。侵略军逢人就杀，见东西便抢，万福村一带，死尸遍野，一片阴森可怕的景象。

侵略军疯狂的强奸妇女，从五六十岁的老人到未成年的小姑娘，都是他们发泄兽欲的对象。他们怕男人反抗，每到一家，先把男人打死，然后奸污女人。

侵略军还把硫磺和汽油洒在民房上放火。顷刻间，万福村沟西的房子在浓烟烈火中化为灰烬。

十二月十三日到十四日两天，敌人在万福桥附近屠杀了一百多名老百姓，烧毁房屋四百多间，强奸妇女几百名。

十二月十五日，天还没有亮，日本侵略军从扬州向仙女庙进发。他们在扬州城抓了二三百名青壮年，替他们运送弹药和抢来的财物。沿途敌人又在万福和联合等乡抓了一批人。

到了仙女庙，鬼子给每个被抓的人发路条，叫他们原路返回。他们刚走出仙女庙半里路，前面是江家桥，桥边早有一队鬼子等在那里了。鬼子叫他们排队，并将路条全部收去撕得粉碎。敌人押着他们走到万福桥上，就不准再走了。当太阳有两树头高的时候，天气突变，西北风呼呼地刮起来，人们冻得直发抖。忽然，响起一阵急促的哨音，接着敌人架在桥两头的机枪便疯狂的向这四百多人射击。人们在一片咒骂和惨叫声中倒了下去。鲜血染红了大桥，也染红了滔滔的河水。这一惨绝人寰的大屠杀，持续了约半个钟头，除一人跳水逃脱之外，其余的人全部做了日本鬼子枪下的冤魂。几个月以后，万福桥上仍是血迹斑斑，行人绝迹。

（此文原标题为《血洗扬州东部万福桥》，摘自：郭士杰《日寇侵华暴行录》，联合书店1951年版，第29—35页）

25. 以南京为中心的江苏"皇军俱乐部"

苏智良

江苏是日军最早大规模建立慰安所的省份。根据资料，日军在南京、苏州、无锡、镇江、常州、扬州和溧水等地设立了一大批慰安所。

南京 1937 年 11 月底，日军侵入南京后，即开始设立慰安所。日军在南京的慰安所系统是经过以下 3 条途径建立的。第一种是军队系统。这是日军自己设立的慰安所，又有两类：一类是日军自上而下有计划设立的，以日本和朝鲜慰安妇为主；另一类是日军的前线部队擅自设置的，以中国慰安妇为主。

当日军进城不久，华中方面军便开始给其所属部队配备慰安所。如京都 60 师团的福知山第 20 联队就设有慰安所，里面有日本、朝鲜和中国的慰安妇，每间房间有 7 到 10 人。在南京附近的第 15 师团步兵联队也设有慰安所。老兵冈本健三指出："干坏事的，不仅仅是士兵，有时军官先干在前头。厉害的中队长、大队长什么的，他们在去南京前，即使是战斗中，有的也带着女人。这些女人反正都是随便抓来的，恐怕没有傻瓜会出钱去买。据说他们天天晚上同女人睡觉。"[1] 实际上，日军部队已经"自发"地在建立慰安所。

为了迅速建立慰安所，日军官兵大肆抢掠南京妇女。1937 年 11 月底，日军侵入南京后，大肆掳掠中国妇女充当慰安妇。留在难民区的许多妇女被日军强行拉走。[2] "12 月 17 日夜，日本军官一人领导搜索队强迫金陵女子文理学院收容所的职员齐集大门口，约 1 小时之久，该军官撕毁证明已经搜索过了的文件。同时，日本兵则闯入收容所，绑去妇女 11 人。"金陵大学教授贝德士后来证实说："日军入城后曾连日在市内各街巷及安全地带巡行搜索妇女，其中且有将校参加。"[3] 一名有夫之妇被日军拉去每天强奸 10 次之多，夜间也不能休息，不久就患上 3 种性病。[4] 李克伦在《沦陷后之南京》中写道："花姑娘，整群结队的花姑娘被捉到，有的送往上海'皇军娱乐部'（即慰安所），有的专供敌人长官发泄兽欲。一般敌兵到处搜索女人，在街上、在弄堂口，许多女同胞被轮奸，惨叫

---

① 转引自洞富雄：《南京大屠杀》，上海译文出版社 1987 年版，第 95 页。

② 洞富雄：《南京大屠杀》，上海译文出版社 1987 年版，第 47 页。

③ 《南京安全区档案》，载中央档案馆等编：《南京大屠杀》，中华书局 1995 年版，第 113 页。

④ 同上，第 108 页。

和狂笑突破了斯城的空气，送到我的耳鼓里，不禁使我战栗，我不知是恐惧，还是愤恨。"① 另一则史料指出：日军"每日至女收容所用卡车将大批妇女载去，哭号震天，惨不忍闻，有时深夜将一部分送回，但已遍体鳞伤矣"②。《新华日报》也曾揭露道："新年一过，敌又开始办理登记，……囚首垢面的女子，不论老幼，……凡稍具姿色者，立被敌兵指出……集有成数，即派卡车一车一车地载去，不知何往。"③ 这些被卡车载去的妇女实际就是充当慰安妇。12月17日，日军侵入安全区，从美国医生费吾生博士的手下抢走了12名女生。④ 30日，日军士兵在汉奸的带引下，到意大利总领事馆，强行"借"去3个少女。⑤ 搜索妇女，成为日军最关心的事情，日军见到男子，搜查完毕后，还要在裤裆里摸一下，以防女子冒充男子。有一位80岁的老婆婆被日军抓住，日军要其脱衣服，老婆婆愤怒地喊，我这样大的年纪可以做你们的祖母了，难道你们也要奸淫吗？日兵厚颜无耻地说："我并不需要你生儿子。"一个被日军拉去充当伙夫的难民脱险后，曾回忆他所见到的同胞被迫充当日军性奴隶的情景："被俘的那天下午，整整挑了半天。第二天早晨我又被迫去担洗脸水，一名敌兵让我担水到后院里，又让我往屋子里送。我不明白，但一眼看见两个女同胞掩在一条毯子下，躺在那里。……后来我见得太多了，才知道这些可怜的女孩子们，就是在大白天也不能穿衣服！……又有一天，一批女人被赶了进去，……黄昏时分，我见两个裸体女尸被拖了出去。不分白天和晚上，总是听到哀号和嬉笑。"⑥ 这种状况不是个别现象，一位目睹日军暴行的德国人在致友人的信中写道：在日军住的地方，妇女必须裸体，仰卧在那里，盖上薄毯，随时供他们蹂躏。⑦

第114师团的一等兵田所耕三回忆道："女人是最大的受害者，不管是老的还是年轻的全都遭殃。从下关把女人装上煤车，送到村庄，然后分给士兵。一个女人供15—20人玩弄。士兵们拿着有中队长印章的纸，脱下兜裆布，等着轮到自己。"⑧ 这种掳掠当地妇女的记载可说是连篇累牍，举不胜举。仅在江宁县的石门，被日寇掳掠的有确切名字可查的当地妇女就有32人，其中最老的是辛下

---

① 汉口《大公报》，1938年7月13日。
② 《兽迹素描——失守后的南京》，载《闽政与公余》第20期；《新华日报》，1938年5月30日。
③ 《新华日报》，1938年3月9日。
④ 丁伯烈：《外国人所见日军暴行》，载《悲愤·血泪——南京大屠杀亲历记》，时事出版社1988年版，第188页。
⑤ 郭岐：《陷都血泪录》，载《悲愤·血泪——南京大屠杀亲历记》，时事出版社1988年版，第61页。
⑥ 《一笔血债，京敌兽行目击记》，载武汉《大公报》，1938年2月7日。
⑦ 《日军在占领区域的暴行稿》，转引自陈娟：《日军在南京的强奸事件》（未刊稿）。
⑧ ［日］田所耕三：《我目睹了那次"南京悲剧"》，载《风》1971年第11月号。

村的常王氏，已是 60 岁的高龄，而最小的周崇村的王初石之女儿和辛下村的王英兴之女儿，两人都还只有 9 岁①！不少女子被日军谎称作女招待、洗衣服等而充当了慰安妇②。老兵东口义一证言，1937 年 12 月 14 日至 16 日间，他们小队的小队长市川中尉集合下士官，商议抓捕中国女子作为小队的慰安妇。为此，村田军曹立即指挥 10 名士兵，侵入附近的中国民房，谎称让妇女洗衣服而诱骗 10 名妇女投入地下室，设立临时慰安所，小队 60 名士兵进行了轮奸。以后，还有第二分队的炮手等对这些妇女进行侮辱，直到军队离开时，才把她们抛弃③。1937 年 12 月 30 日，6 名妇女被以帮助军官洗衣为名的日军从铜银巷带到城西，结果她们落入火坑，白天洗衣，而晚上充当慰安妇，一夜被蹂躏 10 到 20 次，年轻美貌的则达 40 次④。有些日军将妇女驱赶到寺庙里，或者直接设立慰安所，进行蹂躏。曾担任日军第 116 师团工兵曹长的老兵回忆，1938 年至 1939 年间，该师团驻扎在南京，此时的南京有很多的慰安所，其中最多的是中国慰安妇⑤。1937 年 12 月 15 日，日军大尉宫本在给朋友吉川的信中指出："晚上我们接到命令，让去军需部新建的慰安营，接受慰安。""慰安营是用木板搭的简易房子，离下关煤炭不远，里面关押近 300 名慰安妇。毫无疑问，她们是这次胜利的战利品，也是当地征集的女人。""待我们集合等待离去时，又有 80 多名当地女人被押进来，填补有些体力不支的慰安妇位置。"⑥

除了抢劫中国女子满足南京日军的需要外，还有一些资料表明，日军还将抓获的中国女子运到外地去充当慰安妇。有些被运到上海，投入"皇军俱乐部"。还有 320 名妇女被装在闷缺罐车内秘密运至东北。

第二种是通过日侨娼业主们开设的。

有史料表明，在日军进入南京时，有些部队已经携带日本慰安妇随行了。士兵冈本健三回忆道："日本的慰安妇在日本军占领南京的同时也来到了。有的慰安妇心慌意乱，比部队到达得早。在南京时，我们的部队进城那天，商店已经营业了。九州一带的女人很多。待军队逐渐安顿下来以后，似乎大阪的、东京的女

① 中央档案馆等编：《南京大屠杀》，中华书局 1995 年版，第 160 页；关于日军在南京掳掠妇女的资料还可见该书第 111、113、170、254、376、1031 等页。
② 《侵华日军南京大屠杀档案》，江苏古籍出版社 1987 年版，第 278 页。
③ 中央档案馆等编：《南京大屠杀》，中华书局 1995 年版，第 888 页。
④ 转引自孙宅巍主编：《南京大屠杀》，北京出版社 1997 年版，第 307 页。
⑤ 京都"わしえてください！慰安妇情报电话"报告编集委员会编：《性と侵略——"军队慰安所"84 か所元日本兵らの证言》，东京株式会社社会评论社 1993 年版，第 137 页。
⑥ 转引自江浩：《昭示：中国慰安妇》，作家出版社 1993 年版，第 178 页。

子也来了。"① 第116师团的岚部队里也有日侨设立的慰安所，慰安妇有14—15人②。日军占领南京后不久，日侨即设立"故乡慰安所"和"浪速楼慰安所"，这两个慰安所一直营业到1942年5月，被日本南方派遣军司令部派往东南亚，后到达缅甸。

慰安所是日军官兵最向往去的地方，士兵东史郎在战地日记中记述了占领南京期间去慰安所糟蹋妇女的场景：

昭和十三年（1938年）1月某日，南京街面被占领一个月后，电灯亮了，雨夹着雪下起来，"联络！有愿去慰安所的报名！"传来了通知。所谓慰安所就是娼妓卖春的地方。据说几天前，5台卡车拉着日本来的卖春妇在街上展览似的逛了一圈，在士兵中引起了不小的骚动。

"喂，中山路拐角的空房子里有10个女人！""这间洋房里有30人呢，有中国妞还有朝鲜妞！"士兵们像过节的孩子似的喧闹着。

我们分队去了一个后备兵叫金桥的。以前发给士兵用的是朝鲜银行支票，这次为了"买女人"，第一次给了军票。一等兵金桥拿着发给的军票和避孕套，顶着寒风兴冲冲地去了。晚上他嘻嘻笑着回来了，把床上的毛毯裹在身上，打开了日记本，像要作为重大纪念似的，描绘着刚才那女人的房子，斜着的楼梯下有一张床，连姑娘的牌号都记上了，还有花姑娘上床的姿态，感觉真好。只是入口处站着宪兵，按顺序排队的士兵也吵吵嚷嚷的，这样的话，就没有时间全脱光了，没法慢慢干，不过也还是蛮棒的。从外面可以清楚看见各房间的全貌，只是谁也不在意，各干各的。他边说边用笔记在本子上。③

第三种是由日军命令汉奸组织设立的。

这种慰安所里基本上都是中国妇女。占领全城后，日军立即成立自治委员会等汉奸组织，并建立起慰安所系统。自1937年12月下旬起，日军指使汉奸组织实行"良民登记"，并乘机掳掠妇女。发放"良民证"时，他们命令稍有姿色的女子留在一旁，等集有成数，便用卡车载去；有时则观察妇女们的回家路线，以便登门掳掠④。日军上海派遣军参谋、特务机关长大西命令汉奸王承典、孙步荣等招募100名妇女，建立"皇军慰安所"。王、孙两人即向大西推荐社会闻人乔鸿年具体筹办。乔曾是金陵大戏院、民业公司大剧场、福利大戏院和下关大舞台

① 转引自洞富雄：《南京大屠杀》，上海译文出版社1987年版，第94页。
② 京都"わしえてください！慰安妇情报电话"报告编集委员会编：《性と侵略——"军队慰安所"84か所元日本兵らの证言》，东京株式会社社会评论社1993年版，第134页。
③ ［日］东史郎著：《东史郎日记》，江苏教育出版社1999年版。
④ 蒋公谷：《陷京三月记》，载《南京文献》第26号，1939年2月。

的老板，社会关系多，且心狠手辣，在日军驱使下，甘为日军之卑鄙勾当奔走。时金陵女子大学妇女收容所里的逃难女子多达 12000 人。乔即入内说项，以日军允诺的保证生命安全、支付一定报酬、嫖妓官兵不得携带武器等条件为诱饵，企图招募慰安妇，但遭到妇女们的同声痛斥。利诱不成，日伪势力便入内挨家逐户地劫掠妇女，从 12 月 18 日到 20 日，共掳掠了 300 多名年轻妇女，然后从中挑选了 100 多名年轻妇女，由王、孙交给大西验收。于是，日军以大西为主任，乔鸿年任副主任，乔的月薪是 140 日元。然后乔带着日本宪兵乘着汽车，到原国民党中央委员、政府院长、部长的公馆去挑选上等家具，然后于 22 日分别在傅厚岗、铁管巷开设慰安所。傅厚岗慰安所专门接待日军将校军官，大西从被掠女子中挑出 30 多名年轻美貌的，分住在 1、2、3 楼，每天下午 1 时至 5 时接客，慰安所门口有接待室，2 个中国人卖票，4 个日本人收费记账，门票是每个小时军用票 2 元。该慰安所内，中国女子、女佣及职工等最多时达 200 多人。铁管巷慰安所专对下级军官及士兵开放，每小时军票 2 元，但不准在所内过夜。许多中国女子被抓入这活地狱后，宁为玉碎不为瓦全，坚决不肯接客，最后绝食而亡。对此，日军无动于衷，即以新掳掠来的女子补充。慰安所的收入，除了一小部分用作慰安妇的伙食开销外，绝大部分落入大西的腰包。1938 年 2 月，乔鸿年与唐力霖合作，在铁管巷四达里设立"上军南部慰安所"，在山西路口设立"上军北部慰安所"。4 月初，乔鸿年在南京特务机关的指使下，又在夫子庙贡院街同春旅社原址和市府路永安里，筹备设立"人民慰安所" 2 处。当时，乔曾以上军慰安所主任的身份，向南京市自治委员会申请备案。他在报告中称："窃所顷南京特务机关委托，为繁荣夫子庙贡院街海同春旅馆原址及市府路（现为金陵路）永安汽车原址暨永安里全部房屋分设'人民慰安所'二处。业已修理，一俟工竣即行开幕。除已分别呈报主管机关外，理令备文呈报。"① 于是，南京自治委员会于 4 月 13 日发出第 239 号训令指出：令警察厅厅长饬属派员前往调查具报核办。不久，"人民慰安所"即宣告营业。日军还在龙潭勾结当地信裕商行老板范行修设立一家慰安所，被逼为娼的有一百多位中国妇女。

在夫子庙秦淮河畔，汉奸勒令妓业主在一个破旧的饭店里开设慰安所，门口挂上了"日华亲善馆"的牌子，里面没有好的酒菜，只有女人和啤酒②。

另外，兽欲难填的日军还企图通过国际委员会来解决士兵的性问题。郭岐在《陷都血泪录》一书中写道："当时日本军方正通过国际委员会，要在南京城里

① 转引自孙宅巍主编：《南京大屠杀》，北京出版社 1997 年版，第 311 页。
② ［日］小俣行男：《日军随军记者见闻录》，世界知识出版社 1985 年版，第 52 页。

开娼，解决他们士兵的性欲问题。自愿开娼的可以领取一张特别通行证，凭证得在南京城郊各地通行无阻。"

总之，日军在南京征集中国妇女充当慰安妇这一事实是不容抹煞的。1947年南京军事法庭在审判南京大屠杀主犯谷寿夫时，法庭对谷寿夫为师团长的第6师团强奸妇女并强迫中国妇女充当慰安妇的滔天罪行进行了认定和控诉，谷寿夫曾狡辩说："设立慰安所系向当地长官（指汉奸政权）商量，并征得慰安妇之同意。"监察官陈光虞当即驳斥道：

查被告纵容属下，在南京中华门外之沙洲圩强奸周丁氏及陈二姑娘等三人，于赛虹桥强奸刘宝琴等四人，于九儿巷、黄泥塘各处，强奸或轮奸伍大毛等十余人，又于行军途中及在南京雨花台等处，向陈王氏等强索姑娘作肉体之慰劳。以上事实，亦各有被害人或目睹之证人陈士兴、刘李氏、伍李氏、朱修谷、贾学书等分别具结或到庭证明历历（见侦查卷及附件乙），复经地检处及临参会派员查明无讹。实属罪证确凿，无可饰辩。虽该被告仍一再辩称，设立慰安所系向当地长官商量，并征求慰安妇女之同意，始行设立云云。

（然查）我国妇女及社会风尚，向无以肉体作慰劳之习惯，即本国行军，亦不能使其同意牺牲色相，况为敌军。且就其在南京强索妇女不遂杀人观之，尤足证所谓征其同意为虚饰。①

由于日军战败时大量销毁军队慰安妇的档案，慰安妇问题在"军事秘密"的名目下被深深地掩盖起来了。因此，尽管我们千方百计地收集资料，但目前要全面展示日军在南京实施慰安所的状况，还十分困难。尽管如此，我们仍可以从下面的统计中粗略地了解日军南京慰安所的概貌。

目前可以查实的南京日军慰安所的名称或地点有皇军慰安所、日华亲善馆（夫子庙，有4处）、故乡楼慰安所、浪速慰安所、大华楼慰安所（白下路213路号）、共乐馆慰安所（桃源鸿3号）、东云慰安所（利济巷普爱新村）、浪花慰安所（中山东路）、菊花馆慰安所（湖南北路楼子巷）、青南楼慰安所（太平路白菜园）、满月慰安所（相府营）、鼓楼饭店中部慰安所（鼓楼饭店）、人民慰安所2处（贡院街海同春旅馆和市府路永安里）、惠民桥升安里慰安所、傅厚岗慰安所、上军南部慰安所（铁管巷四达里）、上军北部慰安所（铁管巷山西路口）、龙潭慰安所、四条巷慰安所、下关慰安营。在科巷、水巷洋屋内及珠江饭店等处

---

① 中国第二历史档案馆等编：《侵华日军南京大屠杀档案》，江苏古籍出版社1987年版，第592、593页。

均设有慰安所。① 还有桃花宫、绮红阁、浪花楼、共乐馆、蕊香院、春楼阁、秦淮别墅等25家汉奸或中国妓业主经营的向日军开放的妓院。涉及的日军部队番号有第16、15、114、116师团等。

慰安所中主要是日本、朝鲜和中国的女子。如第15师团的慰安所里，朝鲜女子最多。而第16师团获原部队里，有4个朝鲜慰安妇的慰安所，而中国慰安妇的慰安所更多，有5至6个。第116师团的工兵曹长证言表明，在南京他所接触的慰安所中，人数最多的是中国的慰安妇②。

南京东云慰安所的遗址

1938年，日军慰安所管理机构在发给其部队的《南京指南》③的小册子中就有南京慰安所的地点和引导图。该指南由伪行政府院宣传局新闻训练所编辑出版，所载的陆军慰安所有9家。

南京的部分日本陆军慰安所

	地点	名称
1	白下路312号	大华楼慰安所
2	桃源鸿3号	共乐馆慰安所
3	利济巷普爱新村	东云慰安所

---

① 柏芜：《今日之南京》，南京晚报出版社1938年版。
② 京都"わしえてくたさい！慰安妇情报电话"报告编集委员会编：《性と侵略——"军队慰安所"84か所元日本兵らの证言》，东京株式会社社会评论社1993年版，第139—141页。
③ 《南京指南》由伪行政院宣传局新闻训练所编辑。

	地点	名称
4	中山东路	浪花慰安所
5	湖北路楼子巷	菊花馆慰安所
6	太平路白菜园	青南馆慰安所
7	相府营	满月慰安所
8	鼓楼饭店	鼓楼慰安所
9	贡院东街 2 号	人民慰安所

毫无疑问，南京城里实际存在的日军慰安所比这一数字还要多得多。据韩国《新东亚》杂志第 3 期介绍，南京还有故乡楼慰安所、浪速慰安所等。经日本铭心会的调查，在惠民桥升安里，曾设有日军慰安所（其址今为下关区职工业余学校），时间约从 1938 年开始①。此后，日军的慰安所日益增多。1938 年 7 月汉口出版的《宇宙风》杂志第 71 期指出："在（南京）城中设立 17 个慰安所，到外面强迫美貌女同胞作日人的牺牲品。在这些慰安所中，不知道有几万女同胞被蹂躏牺牲了。"② 日本人伊东圭一在《慰安妇与军队》一书中回忆说："我所住过的南京附近，有日本、朝鲜、中国三家慰家所，日本女性都在豪华的酒廊，以军官为服务对象。"③ 在 1938 年 7 月，至少有 17 个慰安所。直到 1939 年秋，南京"尚有 25 家名目繁多的妓院'桃花宫'、'绮红阁'、'浪花楼'、'共乐馆'、'蕊香院'、'秦淮别墅'，也供日军奸淫……微风送来，一阵浪人寇兵嬉笑的声音，夹着淫秽的歌声，震撼着整齐的马路……春楼阁还用日文和中文大写道：从苏杭弄来的'如花似玉之姑娘，殷勤招待'日本士兵发泄兽欲。"④ 在四条巷也有多家慰安所⑤。

关于日军在南京设立慰安所一事，在美国耶鲁大学图书馆内有不少传教士的见证。一名叫福尔斯特的美国圣公会教士，时任南京圣保罗教堂的牧师，他在 1938 年 1 月 24 日的日记中写道：

一个日本领事馆的警察非常气愤，因为爱理生（美国的南京领事）向华盛

① ［日］松冈环：《南京の"慰安所"をたずねて》。
② 林娜：《血泪话金陵》，载《宇宙风》第 71 期，1938 年 7 月。
③ 转引自《悲愤·血泪——南京大屠杀亲历记》，时事出版社 1988 年版，第 201 页。
④ 《南京魔窟实录》，载《战地电讯》，1939 年 10 月 1 日。
⑤ 京都"わしえてくたさい！慰安妇情报电话"报告编集委员会编：《性と侵略——"军队慰安所"84 か所元日本兵らの证言》，东京株式会社社会评论社 1993 年版，第 142 页。

顿报告他到南京大学找妇女洗衣，但该警察拒不接受愿意前往的妇女，而要求其他年轻美貌的女子，这就遭致对他的动机发生严重的怀疑。有一天他也来到我们的房子，要求克拉（波德希威洛夫，系一白俄，协助福尔斯特牧师工作）供应中国年轻女子。克拉问他那上百的日本和朝鲜年轻女子，他们带到这里是为了什么？他回答说他不要她们，而要中国的良家年轻女子。①

在该馆所藏的贝德士教授的文献中，复印有一幅广告，时间约在 1938 年，广告称："支那美人，兵站指定慰安所，第四日支亲善馆。在秦淮河附近，沿河前行六百米。"贝德士附记道："这个特殊的两幅大牌示悬挂在中山北路，距新街口圆环不远，正竖立在一个大的女子学校对面，而宪兵司令部也在附近。"②

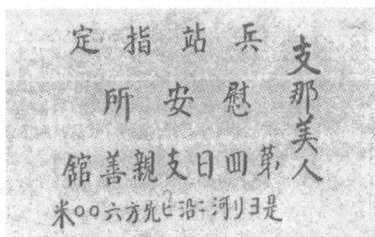

由于南京的慰安所种类繁多，管理混杂，为协调管理，1938 年 4 月 16 日，驻南京的日本陆军、海军和领事馆方面举行联席会议。对慰安妇问题作出如下决定：

一、陆海军专属的军队慰安所与领事馆无关；

二、关于一般人也能利用的慰安所，其老板方面由领事馆之警察管理，对出入其间的军人、军属则由宪兵队负责；

三、在必要的时候，宪兵队可以对任何慰安所进行检查、取缔；

四、将来军队也可把民间的慰安所编入军队的慰安所；

五、军队开设慰安所时，须将慰安妇的原籍、住所、姓名、年龄、出生及死亡等变动情况及时通报给领事馆③。

根据日军档案，第 15 师团军医部曾对其所属的慰安妇进行了 3 次调查，并在《卫生业务要报》中公布了检查的结果。

---

① 《日军陷京后强征"慰安妇"——耶鲁大学史料证实》，载《日本侵华研究》第 25 辑，第 95 页。
② 《日军陷京后强征"慰安妇"——耶鲁大学史料证实》，载《日本侵华研究》第 25 辑，第 95 页。
③ ［日］吉见义明编：《从军慰安妇资料集》，岩波书店 1995 年版，第 179 页。

日第 15 师团对南京慰安妇的体检结果

年月	被检查人员				不合格人员		
	日本	朝鲜	中国	总计	日本	朝鲜	中国
1942. 12	749	50	612	1411	8		7
1943. 1	1007	113	513	1633	13	2	12
1943. 2	948	51	557	1556	17		15

资料来源：吉见义明编：《从军慰安妇资料集》，第 173—176 页。

从表中分析得知：第一，在被检查的慰安妇中，按国籍区分，日本妇女有2704 人次，占 58.79%；朝鲜妇女有 214 人次，占 4.65%，中国妇女为 1682 人次，占 36.56%。

第二，被检查的慰安妇共 4600 人次，其中患性病的慰安妇只有 74 人次，患性病的比例只占 1.6%。由此表明，日军在大城市，对慰安所的性病的预防还是比较有成效的。但是另一方面，慰安妇中的性病患者有缓慢增长的趋势。

第三，被检查出性病者，按国籍区分，日本妇女有 38 人次，中国妇女为 34 人次，而朝鲜妇女只有 12 人。由此推断，日本慰安妇多是国内娼妓征召而来，由此患性病者较多。中国慰安妇中也有部分是娼妓被强征为慰安妇的，因此，也有一些患有性病。只有朝鲜慰安妇多是良家少女，因此患性病者只有 2 人。

在考察了南京日军慰安所问题之后，我们可以得出以下简短的结论：第一，南京大屠杀前后，日军决定设置慰安妇，也就是说陆军已承认短期击败中国的战略失败了，为了长期战争而不得不面对现实，即防止性病的蔓延，并解决军队的性问题，而给军队普遍配备慰安妇，从而形成了慰安妇制度。第二，关于南京最初的慰安妇征集，是由松井石根为首的日军华中方面军司令部命令下完成的。战后南京军事法庭对战犯谷寿夫的起诉书中也确认了其"强迫我国妇女作肉体之慰安"的罪行[①]。第三，就慰安妇的国籍而言，主要是日本、朝鲜和中国的妇女。日本慰安妇部分是由日侨妓业经营者携带着，跟随日军进入南京的，部分是日军在国内招募后送到前线的；朝鲜慰安妇是由日本内阁通过朝鲜的殖民地行政、警察系统诱骗输运到中国的；而中国慰安妇大部分是日军在南京及江南地区掳掠而来的。最后，自 1937 年底日军占领南京后直到 1945 年 8 月战败止，日军的慰安所遍及这个城市的各个角落。本书记录的数十个慰安所还只是冰山之一角。这些慰安所既有日军直接经营的，也有日侨管理的，还有汉奸出面建立的。

---

① 中央档案馆等编：《南京大屠杀》，中华书局 1995 年版，第 717 页。

因此可以说，南京是第二次世界大战中日军实施慰安妇制度最完善的城市之一。

南通 日本华中方面军占领南通后，即在该市设立了慰安所。日本随军记者小俣行男随着作战部队到达南通时，他吃惊的发现在东京部队的驻地已设有一个慰安所，大门上写有"吉原"两字，进门后是个大池塘，四周是土墙垒的房屋，士兵与日本慰安妇们正在打闹。部队开拔时，还挑走了几个最漂亮的慰安妇①。部队在向南京挺进途中，随意抓捕中国女子，设立临时慰安所。到三仓河小镇时，小仓队长即向维持会提出"需要姑娘"。维持会的代表只得表示："这个镇没有妓女，可以从附近的村庄中找些良家姑娘。"于是，几天后，十多名良家少女被押到日军驻地，在较大的民房里，慰安所就这样开张了②。1938 年，日军第101 师团到南通驻防，慰安所的民间经营者立即带着朝鲜慰安妇赶来了。部队即把她们安置在东门外的民居里，供下士官兵使用。第101 师团还在城内设立一家慰安所，征用中国妓女，为军官服务③。

苏州 1937 年 11 月 19 日，日军第 9 师团占领苏州后，便在街上横冲直撞，放火杀人，奸淫掳掠。他们命令当地的土棍、劣绅，每天须供应一批女人，致使"多少贞洁忠烈的女同胞投河悬环尽了节"④。这种事例不胜枚举。中国国民政府军事委员会政治部在《日寇暴行纪略》一书中记载："他们每到一处，无不庐舍为墟，死人累累，把繁华的闹市，化作废墟。这凄凉的景象，对于'远征'的'征人'未免太寂寞了，于是他们便想起了这以美人著称的名城的女人了。他们逼着维持会的汉奸，四出搜罗妇女，替他们'解除寂寞'；丧心病狂的汉奸们，居然也于数日奔走之后，找来了200 多个可怜的女同胞，关在一个大庙里，整天不能穿上衣裤，任凭川流不息的兽兵，作大规模的'集团奸淫'。这种耻辱和痛苦，自然是受不了的，于是每天就有自杀的事情发生了。自杀的增多，是说明着'慰安者'的减少。在兽兵们看来，饭倒不妨少吃两顿，但'慰安者'却少不得一个。于是他们就用恐吓手段，禁止那些不堪蹂躏的女同胞们自杀。然而那深重的痛苦，不是恐吓所能减轻的，自杀的人，不但未因恐吓而减少，而且还一天比一天多！这可使'皇军'不耐烦了，他们就选了一个暗无天日的日子，把那些一息仅存的百多个可怜的女同胞，一齐押到虎丘山旁，用连珠一般的机枪，'痛

---

① ［日］小俣行男：《日本随军记者见闻录》，世界知识出版社 1985 年版，第 23 页。
② 同上，第 25 页。
③ ［日］井上源吉：《战地宪兵》，转引自［日］矢野玲子著《慰安妇问题研究》，辽宁古籍出版社 1997 年版。
④ 王宏道：《今日之苏州》，载《半月文摘》第 3 卷第 3 期，1939 年 1 月 25 日。

快’地扫射，顷刻之间，那百余个被蹂躏的人们，全送了她们的性命。”① 有2000多名苏州女子被日军掳掠去供其奸淫②。一个老兵回忆说：“南京陷落后不久去苏州时，听到这里也开设有慰安所。”③ 历史学家唐德刚在《战争与爱情》中也曾记述日军占领苏州后，将一批中国妇女锁在空房里，组成临时慰安所而日夜轮奸，饿了，日兵便丢给她们一个“便当”或几块中国烧饼，维持不死。后来这些妇女被北方来的伪军接收了，伪军向日军学习，组织了随军营妓院，这些妇女有的成为了伪军轮奸的对象。④ 此外，日军还把掳掠来的苏州妇女2000多人，送至上海等地的慰安所。

无锡 日军进入无锡后，进行了疯狂的烧杀抢掠，有3000多名颇有身份的中国妇女被掳掠到外地，然后分配到各部队的慰安所。

镇江 1937年12月9日，日军进入镇江市区，在旧武庙保安处医院内，日军设立了“关东武妓院”，这实际上是仅供日军军官出入的慰安所。而没有资格入内的士兵们，只能在城内抢掠中国妇女，为所欲为。后来日军也设置了供士兵使用的慰安所，里面全部是被掳掠来的中国女子，慰安所还专门有军用卡车接送士兵。⑤

（摘自：苏智良著：《慰安妇研究》，上海书店出版社
1999年版，第118—120页）

---

① 国民政府军事委员会政治部：《日寇暴行纪略》，1938年。
② ［日］矢野玲子：《慰安妇问题研究》，辽宁古籍出版社1997年版，第51页。
③ ［日］佐佐木元胜：《野战邮便旗》，现代史资料中心出版会（东京）1973年4月20日。
④ 唐德刚：《战争与爱情》，人民文学出版社1991年版，第263—264页。
⑤ 京都“わしえてください! 慰安妇情报电话”报告编集委员会编：《性と侵略——“军队慰安所”84か所元日本兵らの证言》，东京株式会社社会评论社1993年版，第127页。

26. 杨元凯、杨元璋兄弟致信日本首相桥本龙太郎关于索赔被侵华日军破坏了的私家宅院

日本首相桥本龙太郎台鉴：

写信人：杨元凯 1934 年 9 月 22 日生。祖籍江苏常熟。现居美国（1997 年 1 月将往 N. S. W 澳洲）

杨元璋 1946 年 11 月 24 日生，现居上海。

家祖父杨圻字云史（1875—1941），光绪二十八年（1902 年）应顺天乡试中式为南元。历任清政府户部郎中，邮传部郎中，清政府驻新加坡领事。辛亥革命后，谢职归国。民国十年（1921 年）入吴佩孚幕，为秘书长。后又与张学良共事相善。1938 年春避难香港，1941 年病逝香港。

家祖父杨云史的前夫人为清文华殿大学士李鸿章（文忠公）的长孙女，李伯行的长女李道清。后续弦徐霞客夫人。徐夫人乃清国史馆立传漕运总督徐仁山之长女，清政府派美国纽约总领事徐乃光和铜元局总办徐乃斌之胞妹。

家祖父杨云史在江苏常熟有园宅一处，名"石花林"。筑成于 1920 年。该园宅面积十亩余，"背山临水，广庭高厦，花木甚盛，四时不绝……书籍万数千卷，多明版，殿版，经史子略备，集部诗词曲丛书尤多精本，贮于西楼"。我家是书香世家，世代官宦，家中多藏书籍、字画、古董、玩好、而家具，帏帐，衣服，也极精良。

1937 年 11 月，日军陷江南，进入常熟。日军官某，初喜园宅幽静，入而据之。数日后于书屋中见家祖父所撰之《打开说亮话》文，该军官大怒，谓"杨某抗日分子，当膺惩"，于是命士兵把所有的东西全部搬走，整整搬了二日夜。运到上海，然后转运日本。最后用硫磺弹纵火焚烧该园宅，军官则鼓掌欢笑而去。此为 1937 年 11 月 18 日事。

经过洗劫之后再焚毁，从此我们家祖辈数代人的经营，几百年的积累，顿化乌有！这样的劫难，对我们全家及子孙后代的发展都是致命打击，对我们家无论是物质还是精神都带来了不可弥补的损失。为此通过您向贵国政府提出索赔申请。要求给予陆佰捌拾（680）万美元的经济赔偿。并请派人员调查处理此事。

此致

日本国政府

桥本龙太郎　首相

索赔人：杨元凯　杨元璋

1996 年 12 月 12 日

联系地址：×××　邮政编码×××

（原件藏：中共常熟市委党史工作办公室）

27. 南京大屠杀尸体掩埋与处理的最新统计

20 世纪八九十年代，学术界开始把对南京大屠杀遇难人数统计的目光，集中到对遇难者尸体的掩埋和处理上。笔者也曾就此发表过若干论著。当时推出的主要埋尸单位为：世界红卍字会南京分会、崇善堂、中国红十字会南京分会、同善堂等 4 家慈善团体，城西、城南、回民等 3 支市民掩埋队，伪政权中第一、下关两个区政府和伪市政督办高冠吾，以及日俘太田寿男供认的日军部队。近年来，随着对档案资料的深入挖掘，又有一批极具价值的埋尸珍贵资料被发现，从而使参与埋尸的慈善团体增加到 8 家、市民掩埋队提升到 4 支、伪区政府增至 4 个。这些最新资料的发现，使对南京大屠杀遇难人数的统计，有了突破性的进展，统计数字更加科学、扎实，进一步揭穿了日本右翼势力企图否定南京大屠杀的谎言。

一、8 家慈善团体埋尸 19.8 万具

世界红卍字会南京分会埋尸 43123 具。该会成立于 1923 年，会址设小火瓦巷 24 号，南京沦陷时会长为陶锡三。据该会 1945 年呈报的《民国二十六年至三十四年慈善工作报告书》及其所附埋尸统计表载：自 1937 年 12 月 22 日起，至 1938 年 10 月 30 日的 10 个月中，经常有 200 名伕役，最多时达 600 名伕役，共于城内区收埋 1793 具、城外区收埋 41330 具，其中含女尸 75 具、孩尸 20 具。这一统计数字，有大量前期资料、日方资料、安全区国际委员会资料及参与埋尸者的口碑资料佐证。近年来上海市档案馆发现了一份该会 1937 年 12 月 22 日至 1938 年 3 月 3 日的过程性埋尸统计表，其埋尸数字已达 3.1 万余具。同时，在中国第二历史档案馆又新发现了两份该会的过程性埋尸统计表，一份成表于 1938 年 3 月底、埋尸数字为 33161 具；另一份成表于同年 5 月，埋尸总数为 36780 具。同年 10 月，该会在一份函件中称，"掩埋尸体统约为四万余具"。来自日本方面的满铁南京特务机关报告则称："至三月十五日为止，（红卍字会）已把城内 1793 具、城外 29998 具共计 31791 具尸体，收容在城外下关地区及上新河地区的指定地点"。南京安全区国际委员会工作人员马吉牧师在自摄的影片解说词中，魏特琳女士在日记中，分别记述红卍字会至 3 月 19 日收埋了 32104 具尸体、至 4 月 14 日收埋了 39589 具尸体。当年参加红卍字会埋尸的掩埋队班长高瑞玉、施惠云、司机徐金德、工人管开福、赵世发、殷长青、袁存荣等，均提供了翔实

的埋尸活动证言。

世界红卍字会八卦洲分会埋尸 1559 具。红卍字会在全国的分、支会共有 300 余个，互为平行关系，独立开展工作。该会正式成立于 1941 年，会长刘蓝田，会址设燕子矶八卦洲乡乡□路街商场内，在正式成立前若干年，已打出旗号，开展慈善、救济工作。最新发现的档案资料证明，与南京分会埋尸的同时，该分会于沿洲江岸，收埋被敌舰机枪射死者尸体 184 具、江中浮尸 1218 具、打捞江中尸体 157 具，总计 1559 具。

南京市崇善堂埋尸 112266 具。该堂成立于清嘉庆二年（1797 年），原名恤整局，清同治四年（1865 年）起用现名，堂址设城南金沙井 32 号，南京沦陷时堂长为周一渔。该堂于战后呈送给审判战犯军事法庭的埋尸统计表中记载：于 1937 年 12 月下旬起，至 1938 年 5 月 1 日，组织"崇字掩埋队"，堂长周一渔亲任掩埋队长，共于城区收埋尸体 7548 具、乡区收尸 104718 具。该堂埋尸的前期资料较少，尚有待进一步发掘。但也有一些当时的信函、表格，可以证明其埋尸活动的一般情况。崇善堂堂长周一渔于 1938 年 2 月 6 日，曾为修理埋尸用汽车事呈文南京市自治委员会，称"敝会自掩埋队成立迄今，将逾月"，可见其从 1 月上旬即已开始埋尸活动。同年的其他函件中，亦见有在南京沦陷后，"组织掩埋队、尽力掩埋"，"组织掩埋队、及办理其他救济事宜"等记录。另一慈善团体，长生慈善会在 1939 年 1 月的一份呈文中称，在南京沦陷后，为掩埋尸体，来该会索取板材者有"崇善堂、红卍字会、各慈善团体掩埋队与地方人士"。当年参加该堂掩埋队埋尸的崔金贵老人证明：崇善堂除分 4 个掩埋分队外，还雇用了大批临时工；埋尸的时候埋的人不计数，按天算钱，有专人跟着计数。

中国红十字会南京分会收尸 22691 具。该会初创于清光绪三十年（1904 年），总会设上海，南京沦陷时，由郭子章、陆伯衡分任理事、干事，主持会务。其收埋尸体工作，分两队进行，1938 年 1 月 5 日前在下关、和平门一带，共埋尸 8949 具；其后得日军许可，遂有按日清晰记录，以下关地区为主，有时也展延到东至迈皋桥、西至水西门、南至鼓楼与新街口一带，至 5 月底，又埋尸 13742 具。总计埋尸 22691 具。

南京市同善堂收尸 7000 余具。同善堂成立于光绪二年（1876 年），由缎业同仁集资组成、堂址设中华门外雨花路，负责人黄月轩。该堂掩埋组组长刘德才于战后审判战犯谷寿夫时，曾出庭作证说："我同戈长根两个人所经手掩埋的尸首就有七千多人。区公所后面所埋的有二千多人都是老百姓，东干长巷二千多是有军人有老百姓，兵工厂 300 多，水台 200 多，还有多少衣服脱光了关在制造局的楼上用火烧死的。"他并当场出示了保存完好的白粗布臂章,上有红十字会符号,加盖了"南京雨花台同善堂图记"长戳,并写有"南京市同善堂掩埋组组长刘德才"字样。

南京代葬局收尸1万余具。代葬局成立于清光绪二十九年(1903年),主要慈善事业为施材、代葬、掩埋、停枢等,局址设保泰街十庙口,1936年时主持人为艾善浚。南京沦陷后,该局自行收埋被惨杀军民尸体,后随其掩埋队长夏元芝供职于伪南京市政权,其掩埋队亦受雇于伪政权相关机构。近年发现,1946年10月,夏元芝因汉奸嫌疑被拘押时,于"辩护状"中称,"曾率领代葬局全体掩埋伕役,终日收埋被惨杀军民尸体万余具"。代葬局的这一掩埋数字及事实,也得到当年掩埋伕役殷昌和、董广福的确认。

顺安善堂收尸约1500具。该堂于清同治年间由南京绅民筹办,堂址设燕子矶区燕子矶镇,民国以来,先后由缪鲁南、萧石楼主持。最新发现该堂在1940年12月的一份调查登记表中称:"迄至南京事变后,对于掩埋沿江野岸遗尸露骨,人工费用约去陆百元。"按当时一般收尸每具尸付给0.4元计算,应约收埋尸体1500具。

明德慈善堂收尸700余具。该堂于清同治初年(1862年)始设于长沙,民国十五年设分堂于南京,1932年起以南京堂为总堂,堂址设洪武路洪武新村,堂长陈家伟。最新发现,1940年12月陈家伟堂长在一份公函中称,该堂曾于南京沦陷后,"雇用伕子十余人,掩埋尸首";复于另份同日报表中注明,"廿十七年春,掩埋七百余具"。

二、4支市民掩埋队埋尸

城西市民掩埋队收尸28730具。该掩埋队由旅居上新河之湖南木商盛世征、昌开运为首组织。盛、昌二人于1946年1月呈文南京市抗战损失调查委员会称:在日军屠刀下,上新河一带,"尸横遍野,人血染地,凄惨万状","可怜死者抛尸露骨,民等不忍,助款雇工将尸掩埋。每具尸体以法币四角,共费法币一万余元"。因该掩埋队系由私人出钱雇工,故对所费金额、所埋尸体数字,均有精确可靠计数。

城南市民掩埋队收尸7000余具。该掩埋队由市民芮芳缘、张鸿儒、杨广才等为首组织,共集合热心市民30余人,从1938年1月7日起,至2月中下旬,共工作40余日。芮、张、杨3人于1945年12月8日具结称:"由南门外附廓至花神庙一带,经40余日之积极工作,计掩埋难民尸体约五千余具,又在兵工厂宿舍二楼、三楼上经掩埋国军兵士尸体约二千余具,分别埋葬雨花台山下及望江矶花神庙等处。"

回民掩埋队收尸 400 具。该掩埋队组织于 1938 年 2 月前后，由鸡鹅巷清真寺的以玛目王寿仁等负责，队址设豆菜桥 28 号。掩埋队分设殡礼、文书财务、打坑抬亡人、洗亡人及杂役等项业务，各由专人负责。回民掩埋队以收埋回民尸体为主，持有"南京回教分会掩埋队"和"南京市红卍字会掩埋队"两面旗帜，主要在五台山、东瓜市、峨嵋岭一带埋葬，前后共活动 3 个多月。阿訇沈锡恩回忆说："最初是埋一具登记一具，以后无法再逐个登记，收埋的总数不下四百具。"

北家边村民掩埋队收尸约 6000 具。该掩埋队以当年北家边"万人坑"唯一的幸存者严兆江为首。其活动地域在南京城东北郊尧化门外、乌龙山一带。日军曾在这里一次屠杀 6000 名军民，然后将尸体推入两个上千平方米的大水塘中。严兆江回忆说："当初，我和 20 多位乡亲在塘里捞死尸埋，捞了半个多月，足足有 6000 多具尸体在这两个塘里……这些尸体全埋在乌龙山、黄毛山和'万人坑'附近了。"

三、4 个伪区政府及伪市政权埋尸 7000 余具

伪第一区区公所收尸 1233 具。第一区位于南京城东南部。该区在向伪南京市自治委员会的一份工作报告中称，曾于 1938 年 2 月，"派员率带伕役掩埋路途尸体，以期减少疫厉"，"本月份掩埋尸体一千二百三十三具"。

伪第二区区公所收尸 27 具。第二区位于南京城西南部。据最新发现的资料，该区于 1938 年 1 月，曾"函请崇善堂掩埋本区境内遗尸九具"；同年 2 月，又通知崇善堂掩埋"评事街等处""遗尸十八具"。

伪第三区区公所收尸 10 余具。第三区位于南京城东北部。据最新发现的资料，该区于 1938 年一二月份，曾分别函请崇善堂、红卍字会掩埋区内湖南路、大石桥、百子亭、糖坊桥、太平桥、南仓巷、杨将军巷、上乘庵等处尸体约 10 余具。

伪下关区区公所收尸 3240 具。该区公所区长刘连祥于 1938 年 1 月 30 日向伪南京市自治委员会的一份工作报告中述及，由区宣传组长郑宝和、救济组长王科弟和户籍组长毕正清，得日军允许，先后率领伕役百余名，在下关及三汊河一带，经半月余工作，"经手掩埋尸体三千二百四十具"。

伪南京市政公署督办高冠吾收尸 3000 具。高于 1938 年 10 月就任伪南京市政公署督办之职后，即有村民报告，中山门外灵谷寺至马群一带，有遗骨 3000 余具。高令卫生局派掩埋队前往埋葬，计工作 40 余日，开支 909 元，"悉将骸骨

三千余具，葬于灵谷寺之东，深埋以远狐兔，厚封以识其处，立无主孤魂之碑，且使执事夏元芝以豚蹄、只鸡、酒饭奠之，俾妥幽魂"。

另，最近从中国第二历史档案馆发现了一份由日本特务机关调制的伪南京市卫生局掩埋队工作统计表，内称该掩埋队在 1938 年 1 月至 12 月间，通过 16 名伕役、掩埋男尸 8966 具、女尸 146 具、孩尸 205 具、尸骨 24 具，共计 9341 具。由于此时间、人数、人员、掩埋尸体数均与前述代葬局的埋尸活动基本相同，故此处不再单独列项统计。

四、日军动用部队埋尸及毁尸灭迹 15 万具

日本侵略军为了掩盖血腥屠杀的罪证。除了支持慈善团体、伪政权和雇用当地难民掩埋尸体外，还动用部队专门从事埋尸和毁尸灭迹的工作。据中央档案馆保存的日军战俘太田寿男的供词：当时为日军南京碇泊场司令部少佐的太田寿男，与另一名安达少佐，共同指挥 800 名士兵，30 只小船和 10 辆汽车，在 1937 年 12 月 14 日至 18 日间，分东西两区作业，将 10 万具尸体投入扬子江中，及运往浦口东方洼地烧毁埋没，其中有 2100 名重伤濒死者；另由进攻南京的部队处理了 5 万具尸体。两者合计，由日军动用部队处理尸体的总数为 15 万具。2003 年由上海辞书出版社出版的松冈环编著《南京战·寻找被封闭的记忆》一书中，记录了大量当年参加攻占南京的日军老兵回忆，均证实，日军当年曾大量直接掩埋被屠杀者的尸体，以及将这些尸体焚烧或投入江河、水塘中，妄图毁尸灭迹。

综上所述，对南京大屠杀遇难同胞尸体的收埋，其有据可查者计有：各慈善团体收尸 19.8 万具、市民掩埋队收尸 4.2 万具、伪政权收尸 7000 具，总数已达 24.7 万具。在日军动用部队处理的 15 万具尸体中，扣除毁尸记录相互交叉，以及毁尸与部分埋尸数字的交叉所造成的重复计算部分，认定有若干万具尸体被日军抛入长江或焚尸灭迹，应当是没有疑问的。在综合统计时，还应考虑：有相当数量的尸体，由于种种原因，如被死者亲属个别掩埋、藏尸洞内未被发现、虽被有组织掩埋但档案资料散失等，未被统计到任何一种处理尸体的数字之中；有数千具尸体为在南京保卫战的战斗中阵亡的守军尸体，则不应计入被无辜屠杀的遇难者数字之中。据此，综合考量，应当说，1947 年中国审判战犯军事法庭对谷寿夫战犯案件判决书中，认定南京同胞"被害总数达三十万人以上"，是有充分根据的。最新成批发现的埋尸资料，是一种历史性的突破，使上述对南京大屠杀规模与死难人数的认定，有了更加坚实可靠的史料基础和历史依据。

（摘自：中共南京市委党史工作办公室主编：《南京党史工作》2005 年第 4 期）

28. 千 人 坑

谢匡一　王宏　陈平　调查整理

从常州市区的虹桥折向西百余步，便是金色新城小区，住宅林立，马路宽阔，人流不息。但谁也不会想到，日军侵华前，金色新城小区一带，方圆数百亩，杂草丛生，一片荒芜。在坟岗中间有宽四米，长 20 米的干涸壕沟。这里曾是日军屠戮常州人民的场所，埋葬了数以千计尸骨的"千人坑"。

据原居住在盛家湾附近的老人盛菊珍回忆说，日军侵占常州城时我家没有逃难。1937 年 11 月 29 日下午四点钟，一队队日军从火车站向南进城，手里全是上了刺刀的长枪。没多久，日军散开搜查，我一家人急忙逃进村后芦苇丛中。天黑后悄悄回家，吃过晚饭，又躲进隔壁盛家花园。晚上八九点多钟，两边传来一阵急促而沉重的机关枪声，离我们很近。第二天天蒙蒙亮，邻居铜匠忽然逃进园来说，今天一早，鬼子从杀牛房过来，我被拖去当挑夫，装着跛脚，才被放回来。在逃回的路上，经过大坟头看见一壕沟的尸体，听说有 100 多，全是日军从城里捉来枪杀的。据说仅钱叔陵一家就有 20 多人，当中还有 70 岁的老太。据盛鳌泉老人叙述，他家由于住在西边第一家，日军来烧房子，他母亲出来求饶，被打断两腿后，和全家一起被枪杀在壕沟里，他因逃在异乡而幸免。盛家湾除外逃幸免的，共有十几人被杀。

第二年春天，壕沟里的死尸只有一小部分被死者的家属陆续收葬，剩下数十具就埋在三个大坑里。日军是两脚野兽，是杀人不眨眼的魔鬼。日军营房设在私立常州中学，日军总是将抓到的人一串串地用铅丝串住琵琶骨，押到虹桥下的坟堆里，挖个大坑，挨个杀戮，头滚下坑，再一脚踢下躯干。野狗出来寻食，咬得尸体血肉模糊，拖得处处皆是。那时走过虹桥就嗅到一阵令人恶心的臭味，逢到刮西北风，文在桥一带更是臭气熏天。

丁宝林老人说："我亲眼目睹几个日军押了两个人到坟岗里，日军先叫他们挖坑，挖好后，就用布蒙上双眼，面对坑跪下，而后瞄准开枪，尸体滚进坑里。有时日军用刀砍人，先把刀放在河里蘸蘸水，用力挥动，挥到第三下，对着后脑勺砍去，头滚下坑底。有时被杀的人头还有一丝皮连着颈项，直颤颤，下肢还在乱端端，日军稍微铲些土埋好。有一个怀孕的女尸，肚皮被刺刀戳破，胎儿拖在肚外，手中还抱着个孩子，惨状不忍述说。"日军经常押人到盛家湾枪杀，常州人称此处为"千人坑"。

解放后，在盛家湾一带造房子，挖墙角时常挖到累累白骨，用竹箩能装几箩。有时掘到了埋人坑，有的坑中几十个尸骨无头颅，有的坑中几十个头颅骸骨。"千人坑"是日军队侵华的铁证。

（摘自：常州市地方志编纂委员会办公室、常州市档案局编：《常州地方史料选编》第十辑，1983 年 12 月印行，第 56—58 页）

29. 死 里 逃 生

过志耕口述

1937年11月，公盛堆栈被炸以后，父亲带着全家到东安避难，留下了19岁的我和我的两个弟弟、一个表兄，看管父亲开设在西门的过万泰茶叶店。我亲眼目睹，当时的西门，几乎成了废墟，满街都能见到被日军残杀的尸体。

11月底的一天深夜，我们刚刚入睡，忽然听见日军敲门。我们兄弟几人翻墙躲到了后面的阳台上，直到天亮没有动静了，才敢回家。家已被砸得一塌糊涂。隔壁的一座水阁下面躲藏着的20个居民都被日军扫射而死。我们打开门，正要出门看个究竟，不料被日军拉了伕，强迫我们抬着东西送到私立常州中学。我弟弟比较灵活，乘日军稍不注意，拉着我表兄翻墙逃走了。我到傍晚才找到机会逃跑。我从觅渡桥跑到清水潭，去找我父亲店里的学徒、正在家养伤的李春寿。沿路上，曝尸遍地，惨不忍睹。在李春寿处住了一夜，第二天早上，又被拉了伕，挑着东西到朱家村去。到达朱家村已是中午了，日军围着火堆吃饭烤火，而我从早到晚滴水未进，浑身又冷又饿，没有一点力气。与我一起被拉伕的农民也一直喊饿，他们见我年轻，又有点文质彬彬，就推我作代表，去要点东西吃吃。我走到日军一个当官的面前，在手心上写了一个'饿'字，这个日军当官的盯着我看了几秒钟，又在地上写了几个字"你是中学生，中国兵"。接着给我一支步枪叫我捐，又拿来一对桶叫我挑，最后手挥挥叫我走。

我信以为真，转身才走出两步，就见当官的手握短枪，一个日军士兵手提长枪，尾随而来，一路上指指点点，叽哩咕噜。我想大事不好，一定是要弄死我了。果然，那个当官的叫住了我，把手枪插进了枪壳，要与我摔跤。我年虽19，长得又矮又小，哪里是他的对手。日军把我拎了起来，使劲往地上一掼，我只觉得那个当兵的在我胸前撞了三撞，就失去了知觉。

到傍晚我才渐渐苏醒，只觉得浑身疼痛，呼吸困难，动弹不得。又躺了好大一会，才挣扎着爬起来，跟跟跄跄地回到了李春寿那里。以后在李春寿和一位蒋姓婆婆帮助下，回到东安父亲那里。

到了东安，经医生检查，我被日军戳了三刀，一刀戳进肺部，背上戳了一刀，喉咙口戳了一刀。幸亏当时天冷，穿着棉袍、绒线衫，没有刺到致命处，我才能活到今天。

（常州市钟楼区志办巢正华　记录并整理）

（摘自：常州市地方志编纂委员会办公室、常州市档案局编：《常州地
方史料选编》第十辑，1983 年 12 月印行，第 61—62 页）

30. 日军侵常罪行录

1937 年 7 月 7 日，日本侵略者在河北省宛平县挑起卢沟桥事变。8 月 13 日，日军又进攻上海，淞沪战争爆发，开始了一场大规模的疯狂的侵华战争。中华民族被迫进行了长达 8 年之久的全面抗战，处在沦陷区的常州人民，在日军铁蹄下，蒙受了深重的灾难，多少人家背井离乡，妻离子散；多少人家惨遭淫杀、家破人亡。繁荣富饶的江南名邑，数以亿万计的财富被掠夺，工商业一蹶不振；人文荟萃的文化古城备受摧残，人民在死亡线上挣扎。日军在常州所犯下的滔天罪行，真是罄竹难书。由于年代久远，记述肯定挂一漏万，但即便如此，亦足以使人们了解日军侵常时所犯的滔天罪行，让后人世世代代记住这笔血债。

"八·一三"事变后，日军不断从海上增援部队，同时派遣飞机对沪宁铁路沿线狂轰滥炸，妄图阻止中国后续部队的增援和物资运输。

1937 年 10 月 12 日（农历九月初九），日机首次轰炸戚墅堰，戚墅堰机车车辆厂（以下称戚机厂）、戚墅堰发电厂均中弹，机厂子弟小学全毁，运河渡船船工被炸死，铁路东扬旗桥梁被炸断，惠济桥被炸坏。次日，日机轰炸常州城区，新丰街、常州火车站等交通枢纽首当其冲。一枚炸弹落在新丰街中段的通商客栈门前爆炸。另一枚炸弹落在新丰桥北块的人群中，顿时血肉横飞，炸死炸伤达百余人。其中有开肉店的秦荣南夫妇，开麻糕店的小康子夫妇，开饭店的红鼻子夫妇，小贩周宏庆，卖豆腐的毛培生及旅客、人力车夫等 20 多人均被炸死。火车站北嘉官桥旁姓陈的三间茅屋里，当时躲着 20 余个难民及陈姓全家五口亦全部罹难。遇难者中有一名年轻的孕妇，死后腹内婴儿尚在蠕动；被炸掉半个屁股的钱伯泉，抬回家后也死了，当时被炸的现场，惨不忍睹。从这天开始，到日本侵略军占领常州的 40 多天时间里，每天都有日机轰炸，有时晚上也炸。工厂停工，商店歇业，电灯不亮，交通阻塞。群众惶惶不安。11 月 15 日，西门豆市河船只密集，午后三时许，敌机三架盘旋上空，投弹轰炸，汇丰豆行门前码头旁停靠颜万春、颜万安兄弟的两只黄豆船，船上有苏北仪征、天长一带黄豆客商 10 余人，除上岸办事的一人幸免于难外，其余均被炸死。邱姓夫妻带了五个子女准备坐船到苏北老家去避难，但船尚未起锚，就挨了炸弹，邱银娣（出生才四个月）及母亲和两个哥哥、两个姐姐均被炸死。当人们把邱银娣及其母亲打捞上岸时，被炸掉半个头的母亲还紧紧地搂抱着她。与邱家同船逃难的 50 多人，幸存者无几。

城区东部除常州火车站、新丰街外，化龙巷、局前街、大火弄、神仙观弄、小河沿、爵禄弄、药王庙弄、白云渡、麻巷、东狮子巷、东外直街、东仓桥下塘等地均遭轰炸，大部民房被炸毁。麻巷中段江上达家的一幢楼房被炸掉半截，断墙残垣，至今依然可见。城区南部是经济最繁华的地区，西瀛里、南大街一带被炸22处，几成废墟。历史悠久的梳篦名店"王大昌"的店面全部被炸毁，后来又被硫磺弹击中，20余间房屋及库存价值5000多元的零布和10余箱梳篦全部烧光。大园地被炸后，好几具尸体，有的无脚，有的无手，横卧在瓦砾下。比较偏僻的西门飞机场附近一个河滩斜坡上，也躺着10多具尸体。

县文庙（今工人文化宫内）的大成殿屋檐、先贤殿，药王庙、白云渡的晏公庙均被炸坏。西圈门的圆通庵前，一次轰炸即死七人、伤一人。

日军占领常州后，就进行全城性的大搜索。未及走避的无辜中国同胞，不论男女老幼、僧尼人等，均遭到搜捕和枪杀，真是横尸遍地，惨不忍睹。

死得最惨的要数家住前北岸的钱叔陵家26口同时遇难的事。钱叔陵，又名铮，原是晚清庠生，历任国民政府财政部秘书、科长及税务署视察等职。"八·一三"事变后，国民政府决定西迁，钱被解职回家，住前北岸3号、5号（今物资大楼附近）。日军占领常州前，由于钱是大家庭，老弱妇孺一大群，避难外地困难不少，故迟迟未作决断。钱家在前北岸一带有一定影响，邻居看到钱家对逃难没有什么动静，也就觉得没甚危险，以致不少居民也留在家里，不愿外出避难。当常州倾城外逃时，钱才雇船搬家，但为时已晚，日军很快就进城了。时侵占常州的黑野部队，不少是大胡子兵，极其野蛮，老百姓称他们为烧杀队。当时钱家年轻人多，日军搜城时，他们有的还在院子里打球，当看到日军后，便往家中跑，日军追来，破门而入，时钱叔陵正襟危坐，并将家中少妇、老姬尽藏后面。日军搜出几个青年妇女后，顿生恶念，先将一名少妇按倒在地，欲行非礼，钱见状奋力保护，未遂其愿。日军恼羞成怒，当即抓人，强将钱家上下人等悉数押至县文庙前。与此同时，周围居民也抓来数十人，连同钱家一同押至西门外盛家湾，排坐于冰窖附近（现锻造厂内），当晚用机枪扫射，百余名无辜百姓同时殒命。钱叔陵全家26口，上到69岁老人，下到襁褓孩提，全部遇难。只有男佣袁森大一人腿部中弹，昏厥于尸体堆里，直到午夜痛醒，爬行20余里，才保留一命。

在北直街八角井地段的一个防空洞里，躲藏着十二三个老年人，日军发现后，打了一种带有硫磺气的火枪，他们几乎全都烧死在洞里，只逃出一个烧伤了脚的张和尚，不久化脓腐烂，亦不治身死。居民张更寿的两个儿子，被刺死在井边，张本人亦为此而吓死。居民张祥大一家三口、王姓夫妻及侄女、朱姓祖孙和崔姓老太都被刺死。仅八角井地段就被日军杀死20余人。

家住玉带桥的医生唐盘生，全家10个人躲在凤尾墩西首城脚下的一个防空洞里，被日军发现后，用机枪全部打死在洞里。

西瀛里一家小银楼，有一年轻女子，日军想污辱她，店主出来阻止，日军竟将全家10多个人统统打死。茶店伙计顾喜根带领两个儿子逃往铁路北面戈家桥亲戚家避难，因对家里放不下心，回家看望，次日，刚离开家门，就碰上日本鬼子，父子三人和其他10个人被抓后，全被敌酋的指挥刀活活砍死。

西门过万泰茶叶店老板的儿子过志耕和两个弟弟、一个表兄，在日军占领常州时，还在看管这个茶叶店。那天深夜日兵来敲门，他们翻墙逃到外面躲藏。当回家时，财物被砸得一塌糊涂。隔壁一座水阁下面躲藏着的20个居民，都被日军用机枪扫射而死。过志耕本人被拉去当伕子，在清水潭朱家村附近，被日军连刺三刀而昏死过去，由于未及要害，半夜痛醒，爬到安全地方被救。至今，背部还留着三个刀伤的痕迹。

一股日军窜至东郊湾城沈庄村，杀人放火，无恶不作，村民惊恐慌乱，四处奔跑躲藏。妇女李仁娣，怀抱一个多月的婴儿与众人躲进庙里，孩子啼哭，喂奶哄不住，李怕被魔鬼发现，忍痛将孩子抛进河里淹死。该村张祥兴一家人，乘船逃到黄塘港的芦荡里，不幸被鬼子发现，用机枪疯狂扫射，张家五口和同船的村民均遭杀害，顿时河水变成了血水。张祥兴的父亲回来见到一家五口遇难，悲愤含恨而死。

日军以杀人为儿戏。进城时，站在广化桥上，瞄准运河中两条小船上的两个男人、三个女人和一个小孩，将他们全部打死。窜到今茶山乡降子桥、龚家村一带的日军，奸淫烧杀，一天内杀害18个村民，其中有一个怀孕的妇女亦罹难。日军杀人，连僧侣也不放过，一队日军路经天宁寺，见寺门紧闭，就用枪托猛击，和尚战战兢兢地开门，日军气势汹汹闯入寺院，把和尚全部赶到"不二法门"前，一下就枪杀了文锦、源持、云悟、广度、心华、静修、妙悟、慧本、五缘、同慈等10人，只有一个戒德和尚，枪响时应声倒地，事后，才从尸体堆里爬出来，可谓死里逃生。关帝庙的恒修和尚和太平桥南海潮寺的两名和尚，均死于日军的屠刀之下。

文庙前的葛仙桥旁，一次就被枪杀了50余人。国棉三厂附近的圩田里，有20多人被打死。中山门两侧的城门洞内塞满了尸体。小东门桥铁路八号道房附近横躺着28具尸体。牌楼弄胡尚书古墓旁和桃园南首的乱坟岗上，各扔有100

多具尸体。皇亭旁边的大粪窖里，亦有四具尸体。南门弋桥上，躺着 10 多具尸体，鲜血直往城河里淌。怀德桥的栏杆上，挂着六个头颅。桥堍百乐门照相馆的残墙边，扔着九个血淋淋的人头。文在桥头躺着横七竖八的尸体，只有一条小道能通行人。西瀛里轮船码头，堆砌着五六十具尸体，像一堵人墙。是年 12 月初，木匠街南端的刘家河处（现已填没），一次就被枪杀 42 人。12 月 16 日傍晚，在民丰桥上枪杀 13 人，伤一人，死伤者均被推入河中。在民丰厂内，日军杀害 30 余人。市区大街小巷的断墙残垣下，到处都可以看到尸体。由于无人收尸，发出一股腥臭味。有的尸体被野狗咬得血淋淋的，在雪地里到处留下血污的痕迹。在运河里，经常可以看到浮尸随水漂移，有的竟被绳子或铅丝捆绑成串。

西门盛家湾一带，方圆百余亩土地，原是一片杂草丛生的乱坟地，当时坟岗中间有一条约四米宽，20 米长的壕沟，这里成了日军的屠场。日军的营房设在私立常州中学（现市二中），经常有成批的人被押到这个坟地里。先挖个大坑，把人沿坑跪着，日军举刀杀戮，头滚下坑，再把躯干踢下坑。在此被杀害的中国同胞不计其数，西狮子巷的钟兴生夫妇和小东门桥的医生朱美中、袁龙泉之父、王听炳之母等八人均集体枪杀于此。群众称此地为"千人坑"。解放后锻造厂在此搞基建时，一次就挖到无头尸骨数十具。挖游泳池时，又挖到几十个有头无骸的颅骨。

（摘自：常州市地方志编纂委员会编：《常州市志》第三册，中国社会科学出版社 1995 年 10 月版，第 1081—1085 页）

31. "血泪潭" 遗址及碑文

在檀溪村，日军用机枪扫射躲在潭里的村民，
当场打死 10 人，打伤 3 人。后人将此潭称为血泪潭

　　一九三八年二月十二日，侵华日寇一千四百余名从燕尾嘴登陆，对马山实施烧光、杀光、抢光的三光政策。檀溪村杨氏三家躲藏于此潭，日军发现潭内有人，随即实施密集扫射，顿时血注满潭，潭内十八人死十人，伤三人。因潭小人多，几名小孩得以幸存。后人称为血泪潭。

一九九五年九月

（原件藏：无锡市史志办公室）

32. 马山惨案幸存者"半个头人"杭柏年近照

（原件藏：无锡市史志办公室）

33. 日机轰炸无锡实录

——1937年美国医师李克乐在锡日记选摘

1937年7月7日，日本侵略军进攻卢沟桥，8月13日大举进攻上海，11月12日上海沦陷。10月16日，日军飞机开始在无锡上空侦察和轰炸，11月25日无锡沦陷。当时，开设在锡的普仁医院院长、美国医师李克乐，写下了从10月16日日机轰炸无锡至11月21日避往上海的日记，当时载于上海出版的《密勒氏评论周报》增刊《中国之毁灭》号。节录如下：

10月16日　今天送来一个受伤的乡人，他的内脏已给机关枪打穿、流血过多，因此没有希望。还有3人毙命，4人受伤。

10月17日　今晨偕医院职员巡视病员。挤满了伤兵和几个平民。那些伤兵有的断臂，有的折腿，有的被创甚剧，可怜之至。另有3个女人，都已锯去了一条腿，她们是昨天日机轰炸无锡车站时受伤的。

10月18日　一早，我们巡视病房时，警报响了，但仍继续巡视。爆炸声震动我们的耳膜。一个铁路上的守兵送院求治，头部被弹片击破，已告绝望。炸死或炸伤的，尚有数人。

10月31日　今天空袭，炸弹击中一家旅馆，全部损坏。马路炸成火坑，火车站落下2弹，货栈房中了弹燃烧。

11月10日　讲到轰炸，今天是最凶恶的一天了。投下的炸弹至少有160颗，数处起火，损害惨重。被轰炸的地方，计有惠山、工厂区及西门外一带。惠山死亡伤兵多人，工厂区平民的死伤，更不计其数。送到医院来的平民，都残缺不全，惨不忍睹。

11月11日　今晨，日机轰炸一小时，午后又来轰炸，落弹的地点距医院仅为百码，房屋震撼甚剧，室内的器具摇摆不停。我从手术间回到医院，已落下若干弹片。著名的师范学校遇炸了，有4个受伤的平民送进医院，四肢均须截去。

11月12日　今天是恶魔的日子，一个戴着钢盔的中国兵坐在医院的窗前，日机飞来时，他立刻闪入医院。一刹间，炸弹就落下来了，都落在医院的四周。我匍匐下来，室内已无看护妇的影踪，我吓得面无人色。医院的屋顶上都飘扬着美国旗，我相信这轰炸是故意的。医院损害严重，墙垣坍倒，电杆碎折，电线断裂，瓦砾余烬堆积满地。人民开始逃难了，日机袭击下的平民牺牲者，还是一批一批地送来医院。

11月13日　今天没有医生出来工作，始悉昨晚已有几个医生乘军用卡车离城了，看护妇仓皇求去，苦无汽车，因为所有汽车均在前线。想把病人迁出，焦急异常。医院凄凉极了，今晚只剩下一个看门人，一二个苦力和几个看护妇。厨子、洗衣人、伙夫、机匠、木匠、手术间工役、药剂师、试验室职员和医生，都纷纷走避了。若干病人自动离院。今晚接到消息，据说这里的伤兵可以送到军用医院去了，我们松了一口气，也可以证明无锡要成火线了。

11月15日　早晨5时半离锡，驱车经过西门的废墟，军队密集。黄包车、马夫和逃难的人流，从城门潮涌而出，我们每天经过一个城市，总有许多人等候长途汽车……

11月21日　回到上海了，刮去战时的胡髭，舒服地安居家中，但我不能忘记遗留在我们后面的灾难与痛苦。在这短短一个月期间，我所目睹的现实，使我永远厌恶战争，无辜平民遭遇的灾难和痛苦，非笔墨所能形容。

（摘自：沈克民：《日机轰炸无锡实录——1937年美国医师李克乐在锡日记选摘》，引自无锡县文史委：《无锡县文史资料》第2辑，1985年印行）

34. 敌人在锡八年罪行调查录（节选）

民国廿六年十一月中旬，敌人于江湾中央突破成功，阻于青阳江我坚固国防线，不得逞于江南，乃实行大包围战略。左翼自杭州湾金山卫登陆，进陷松江、青浦、吴江，直迫苏州；右翼自常熟北茆口登陆，陷福山要隘，沿羊福路直达无锡东乡巨镇羊尖，时在十一月廿日左右。我军以敌人深入腹地，如敌军左右二翼会师，前线国军将陷于重围，于是敌人与我国军于锡境之锡沪路沿线，演成激烈之攻防战。

杀人盈野　惨于嘉定三屠

锡境锡沪沿线之攻防战，历时五日，以民众因协助国军建筑工程之故，均未撤退，不意敌犯羊尖，不及走避，且壮丁因受自卫训练关系，均穿青色制服。敌寇诬以国军之名义，均予以杀害。自羊尖至无锡车站，沿锡沪路近旁之军民被杀害者，数逾三万人以上。其中尤以安镇区长祁乡席、祁许巷全村三百余人全遭敌人杀害，无一幸免。其情形之惨，胜于嘉定三屠。沿锡沪公路来锡之日军，既至无锡近郊，由苏州沿京沪铁路攻锡之敌军，与之会师。沿路杀害我军民之多，致运河浮尸满布，河水呈赤。敌人于十一月廿六日陷无锡城时，无锡居民均信青阳江战线堪拒敌人以相当时日，故未离城者约占全城居民十分之一。不意敌人骤至，无从逃避，敌人逢人即杀，城厢尸横遍路。敌人既陷锡城，分三路兵，中路自锡城沿京沪铁路至武进，左翼沿锡宜路至宜兴，右翼沿锡澄路至江阴，复自锡澄路中途之青阳镇，沿武青公路，经锡县西北乡之玉祁礼社，至武进。沿路逢人即杀，其手段之酷辣，超出人类理想之外。

芦舍为墟　胜于楚焚咸阳

敌军所经过之村落城镇，藉口肃清潜伏国军，即用硫磺枪，将房屋焚毁。其中最烈者，即为无锡县城厢闹市。自十一月廿六日敌寇即行纵火，至十二月十四日无锡自治会成立，火始熄灭，延烧近二十日之久，精华尽成灰烬。昔楚霸王项羽纵火焚烧咸阳，尚不致如是之酷。敌寇有意摧残我元气，有如是者。兹将敌人焚毁全县房屋统计于下：

地区	全部被焚之村巷	部分被焚之村巷	备 注
东亭区	石柱头、北巷、陈亭巷、九里桥、徐巷、何庄、前丁巷、蔡巷、石埭桥、东谈村、王家巷、朱祥巷、李土氽、谢巷、徐巷、蔡巷、戴家里、大俞住基、天福庵、东亭镇、新塘桥、大周浜、石桥头、九里庵、陶家里、西宅街、周巷、吴家桥、周祥陈巷、石桥头、前三房、老四房、陈家里塘、北河、小桥头、薛家渡、白兔桥、前单巷、油船巷、胡埂巷、周泾巷、南华、田巷上、石街上、殷巷、尹家坝、下甸桥、里下甸桥、南蒋巷、谢巷、吴蒋巷	章埂上、外宅下、北钱、中钱、南钱、张公桥、大西园、杨家桥、许巷桥、北坊前镇、高千桥、江溪桥镇、堠阳堰下、羊桥、富巷、陶典桥、西庄、丁村上、锡龙桥、郁巷、杜家里	大多在沪锡公路及京沪铁路沿线
荡口区	周家阁、港湾里、严家里、石沟、丁家桥、沈巷上、石桥头、马家湾、大沈浃、梁家桥、小沈浃、曹家巷、小苗巷、大庙巷、方家浜、王家桥、西四房	市桥头、蔡家坝、住基上、头望桥、宋家里、周家湾、方家门前、旗杆下、杜高桥	大多在京沪路沿线
周新区	北望亭、大沈滑、后严桥、余家里、毛家里、新安镇、邵家湾、大白龙桥、小白龙桥、维新村、蔡皇村	后月城、蒋家里、马东庄、张巷上、唐家里、蔡家里、冯家里、吴巷、朱巷、戴巷、曹王泾、牛场头、车上桥、华庄镇、圩田里、周新镇、南桥镇、巡塘镇、中桥、大桥弄	大多沿运河及苏锡公路沿线
城区	北大街、北塘街、通运路、胶济路、万全路、江阴巷、湾巷、笆斗弄、坛头弄、前竹场、泗堡桥、三里桥街、吴桥街、黄泥桥街、通惠桥街、惠农桥街、梁溪路、尤渡街、仓桥、直街	后竹场、贝巷、麻饼沿河、芋头沿河、桃枣沿河、前蔡家弄、后蔡家弄、积余街、蔡墅巷、灰埠头、通德桥、横街、北尖、后祁街、北栅口、亭子桥街、汉昌路、河土氽里、前太平巷、后太平巷、广勤路、露华弄、前中正路、后中正路、恒德路、北仓门、南仓门、园通路、沙文丼、图书馆路、寺后门、崇安寺、公园路、南长街、黄泥桥、棚下、惠山镇	
长安桥区		塘头、胡家渡、陈家桥、堰桥、前村	
藕塘桥区	闾江口	钱桥头、杨湾	
洛社区	贝沙桥	潘村、东马头巷、南西漳、殷巷、石塘湾、洛社镇、五牧	
前州区	玉祁镇、东村头		

奸淫妇女　逞敌寇之野心

敌寇既陷锡城，乃实行惨无人道之兽行，到处收觅年轻女子，予以强奸，以拒绝敌寇兽行而遭杀戮者为数颇多。城乡处女因敌寇之兽行而失贞操者将超出万人以上。其中情形最惨者为敌寇在城中东门进士坊巷红十字会，将避难妇女廿余人，实行集体强奸，每一女子竟遭敌寇七八人之轮奸，因致我少女流血而死者，有六七人。敌寇在锡罪行最残暴者，当推羽田大队。迄无锡伪自治会成立，敌寇强奸行为始日渐平息。

建造兵营　永控制江南

敌寇以无锡地控江阴长江要塞，西扼宜兴崇山险要，又处京沪路之中心，于初陷无锡之时，乃占西门外江苏省蚕丝试验场为总兵站，以大河原中佐主其事，于是四出占领公私房屋为驻屯部队之用，全县西式房屋均被占用，并以北门外社桥头江苏省教育院为大本营，于田坂部队时代圈用谢巷农田一百六十亩筑为营房，前后社桥农田二百亩筑为陆军病院，张巷农田三百亩筑为练兵场，以成江南军事唯一重点。虽掠夺农田六百余亩，致我同胞生计无着，并不加怜惜。

……

搜括资源　民众衣食殆尽

敌军既陷无锡，着重于物资之搜括，以完成帝国主义侵略之最大目的。敌军在无锡搜括物资分四大阶段。第一阶段，利用我国军民撤退，封存民有仓库货物；第二阶段，由敌人国策公司策动无锡国策子公司之成立，控制无锡大规模企业；第三阶段，以合作社名义，控制全锡民众之生产、消费；第四阶段，利用经济动员名义，施行重要物资统制，停止自由买卖。第一阶段施行时日为日军入城起至廿七年维新政府成立为止，以敌华中最高陆军当局为主，指挥无锡兵站部及无锡衣粮厂封存无锡民有仓库所有物资。所封仓库有宏仁栈、德新栈、义昌栈、德丰栈、兴仁栈、达源栈、同源栈、复原栈、复生栈、裕生栈、暨慎昌栈等，每栈并派敌军守卫。时敌军已将公有仓库物资，如农民仓库堆存之军米等完全由敌衣粮厂掠夺，然尚觊觎此项民有物资，可谓残忍极矣。该项物资于该时值价四千二百万元。该时自治委员会秘书长张秉彝急公好义，敌路军军部高级敌寇在抗战前与彼有旧感情，张君即以中日亲善，应以养民为前提，不得夺民衣食。敌袖始允，以霉烂米麦供我同胞食。张君复设法打通兵站部及衣粮厂之难关。敌人始允，将仓库物资发还锡人。锡城在抗战时精华之区，全部为敌人焚烧，而在二三年间所以能全复其旧者，全赖此批物资之发还也。第二阶段施行时日自民国廿七年五月维新政府成立起，至廿八年七月止。维新政府成立，敌寇迫令伪实业部长王子惠准许敌寇华中国策公司在华中营业。于是在锡之华中国策子公司纷纷成立，有华中水电公司、华中电讯公司、华中蚕丝公司、内河轮船公司、纺织株式会社、大新华友诸面粉公司纷纷成立。我公私在锡重要企业均为日人掠夺一空，我经济基础丧失殆尽。第三阶段自二十八年八月开始，由敌苏州特务机关无锡连络部主持，组织中国合作社无锡支社，其主要任务在推行军用票及谋垄断主要粮食，其包括部分为无锡市消费合作社及各区合作分社、暨渔市场、合作仓库、合作运输部等。其吸收资源方法以合作社名义购入大量米稻，并以较廉之物品，如砂糖、食盐、肥皂、火柴、香烟、咸鱼等配给与社员。而社员购买此类配给物品，需出具军用票方得购买。于是，无准备金之敌寇军用票，无限制通行于民间。第四阶段自三十一年一月太平洋战争发生后开始，由全国商业统制会主其事，其下分米统会、麦统会、油统会、棉统会及砂糖贩卖组等机构。其主要目的在以敌人武力为后盾，停止民间自由买卖，施行大量搜括物资。三十二年六月由米统会于无锡设立米粮联营社，统制无锡米粮，为无锡米业巨子赵章吉等反对而瓦解。敌寇乃于三十二年冬，命令无锡县政府，收买军米每亩计二十斤，价为市价之半数。全县共括去稻十余万担，又因官价给价较晚，又为各区长侵吞军米款，民众不能到手。三十三年，敌寇搜括米稻技巧又高人一筹，一面利用米商李仲臣、谢维翰组织米统会，而令三井洋行、三菱洋行、福记洋行为采办商，一面令伪县政府对各乡区猛加压力，同时敌军下乡开始倒米囤，于是全县被括去米稻四十余万担。同时伪县政府征收之赋谷，冲作军米者，亦达十万石。敌人在无锡搜括物资，除利用上述有系统之机构外，并放纵敌侨开设洋行，上至纱布米粮，下至稻草蔬果，均在搜括贩卖之列。其搜括之方针，由敌驻锡领事馆暨居留民团主持其事。

（略）

（原件藏：无锡市档案馆，档案号 ML1—4—2443）

35. 汉王惨案幸存者的回忆（节录）

1972 年 1 月 6 日，汉王惨案的幸存者举行座谈会，叙述他们目睹日寇残酷屠杀我国平民的情景：

罗岗惨案幸存者赵邓氏说：1938 年 5 月 21 日，一群逃难到汉王庙的群众被鬼子赶到罗岗一山沟里，把杀死的人吊在树上，我被赶到北面的一个山沟里，日军在东边开始杀人，离我们只有 50 公尺，从上午十点到下午两点才离开，起初鬼子用刺刀刺，继而用刀砍，后用机枪扫射，鲜血染红了枯草、溪水，有的鬼子两三人一起同时用刺刀穿一个老百姓，很多人在惨叫声中死去。

汗王庙的国民党兵早晨三四点钟听说鬼子要来就逃跑了，鬼子从西南包围过来，群众不是躲在庙里就是藏在山芋窖里，鬼子见人就杀，见房子就烧，不大会整个汉王烟雾弥漫，惨叫声连天，一片凄凉景象。有一户人家 11 口人即有 10 人被杀，只剩下一个不满周岁的小孩，不知母亲被刺死，还趴在妈妈身上吃奶。汉王庙有 49 户人家被杀。

当年在杨林屠杀现场死人堆里爬出来的幸存者卢李氏回忆说：我当时四个孩子，最大的才八九岁，在杨林山沟里避难，记不清是什么时候看见西南冲来一群人，有的骑马，有的步行，尘土飞扬，没等我反应过来，就觉得左胳膊一凉就穿透了，半个身子都是血，不知多久，我醒来突然想起他爷仨不见了，我在死人堆里边爬边找，也没有找到，我怀里的孩子也满身是血。

我还看见俺村的新娃被鬼子从底向上开了膛；有个孕妇被几个鬼子奸污后被割去乳头，实在是太没人性了。他们又把孕妇划破肚子，挑出婴儿，把头砍掉，以此取乐。

这些受害的百姓大都是从赵山、汉王、北望、南望等村赶来的，在罗岗的三四百人，除一人幸免于死外，其余全部遇难。

（摘自：左禄主编：《侵华日军大屠杀实录》，解放军出版社 1988 年版，第 156—157 页）

36. 日军在镇江的暴行（节录）

[日] 本多胜一①

派遣军在进军中，攻下句容之后，又攻陷了大城市镇江。雪舟留学之地和因《白蛇传》而闻名于日本的金山寺，就座落在这里的长江沿岸。第十三师团天谷支队，经过丹阳向镇江挺进，攻占了镇江南方的阵地。十二月八日进入镇江，占领了附近的炮台。（摘自防卫厅防卫研究所战史室《支那事变陆军作战》）。东京《日日新闻》（《每日新闻》前身）十二月八日（1937 年）晚报作了以下报道：

[常州八日发同盟] 花谷、安达两部队以排山倒海之势向南京东部要害镇江进攻，继攻占了张官渡之后，昨天（七日）又攻陷了新丰镇。八日早在炮兵猛烈轰击中发起攻击，上午八时左右终于杀到了镇江城墙下，飞越城墙突击城内，击溃了残敌，九时大部队扫荡结束，城墙上升起了太阳旗。

唐荣发，长江航运公司镇江港务局退休老工人。当年家里除本人之外，有父母、大哥、大嫂、六哥、侄子，全家七口住在河滨公园中山桥附近。唐荣发当时（1937 年）十七岁。日本轰炸镇江，是在十二月八日侵占镇江两个星期以前，十一月二十七日至二十八日两天内，日军飞机轰炸和机枪扫射特别激烈。很多人都躲在一个沟里，突然有一个炸弹在附近爆炸。没有头的尸体、内脏和被炸掉的手，乱七八糟地落在周围。日本飞机轰炸和平居民的情景，他至今仍记忆犹新。

日军进攻镇江时，城内的居民大都陆续外出避难……但是也有的人留在家里看守房子和财产。老唐一家，大哥大嫂和侄子到宝应避难，二哥到赵家边。老唐和父母三人留在家里。当时家里有四间房子和十六头猪（肥猪两头，母猪一头，猪崽十三头）。日军地面部队八日发起进攻，炮弹不时从空中飞过，唐先生和父母三个躲在防空壕里。第二天早晨唐先生刚刚走到门外，看到两个日本兵往他家里走来，就惊慌失措地往家跑，那两个日本兵，端着带刺刀的步枪，走到先生家用中国话喊叫："小孩"，并开始搜查。"东洋先生，东洋先生！"老唐的父亲连

---

① 本多胜一为日本著名记者，1984 年冬来华采访以南京为中心的日军侵华暴行，12 月初在镇江、句容曾访问当年侵华日军暴行的受害者和目睹者 20 多人。采访回国后在《朝日新闻》连续发表采访记。本文系摘录他记载的日军在镇江城区及近郊暴行的部分内容。

连向日本兵作揖。日本兵看唐家没有什么值钱的东西，悻悻而去。不久又来了三四个日本兵，打死了一头肥猪，砍下瘦肉带走了。这批刚走，接连又来了三四个日本兵，抢走了一头猪。这样日本兵一次次不断出现，十六头猪都被抢光了。因为老唐家附近的镇江市体育场，就是日本骑兵部队的住地，所以日本兵多次到唐家抢劫。

中山桥河边一带和唐先生家附近，原有草房二百多家，当时很多家都跑到乡下避难去，只有十多户没有走。十二月九日上午，日本兵开始在这一带放火烧房子，留在家里的人，拼命恳求日本兵不要烧房，但是日本兵根本不予理会，仍然在继续放火。有一位老大爷看到自己的家要被烧光了，上前救火，立即被日本兵枪杀了。大火过后，这一带仅剩下了四间房子没有被烧。镇江到处是一片残垣断壁。当时市内有三十八个镇，其中三十五个镇被烧，只有三个镇免遭劫难。特别是比较繁华的大西路等十七条街道几乎全被烧光。中山桥一带有十几户二十多人，因房屋被烧没有办法，不分男女老幼住在四个房间里，白天这四间房子实际上变成了空房。日本兵来的时候，许多人都下跪恳求："东洋先生不要打人。"而躲藏在家里的人，天天处在黑暗的环境中，什么事都不敢做。

因为发生了很多强奸事件，因而在市区内几乎看不见青年妇女。唐先生有一位开铁匠炉的熟人的妻子因为生孩子，没有逃走，也在十二月十日前后被强奸了。

唐先生的邻居有十五岁和十二岁两个女孩。十五岁的是魏小宝的女儿，十二岁的是一位姓徐的女儿。日军占领镇江的第三天（十二月十日）上午九点左右，来了两个日本兵，把这两个女孩抓去，白天就在空房子里强奸。女孩子大哭大叫，其中一个女孩好像发疯似地，光着下身，一只手提着裤子跑了出来。接着另一女孩也像前一个女孩一样哭叫跑了出来。当天下午四点左右，上午来的那两个日本兵走后约十五分钟，又来了四个日本兵，不仅强奸了这两个女孩，而且还强奸姓徐女孩的母亲。当天晚上，魏小宝把两个女孩都剃了光头，换上了男人的衣服。第二天（十一日）早晨，原来那两个日本兵又来了，那两个女孩虽然改换了男装，还是被认出来了，又遭到强奸。魏小宝为了保护女儿，晚上把女儿藏起来，姓徐的女孩也逃到了亲戚家里去了。十二日晨，那两个日本兵又来了，因为没找到那两个女孩，而强迫十多户居民站在地上，逐个毒打，唐先生自己也遭到了殴打，这两个日本兵一边打人，一边大叫"花姑娘！"

十二日这一天，还来过三个日本兵，一个带手枪，两个带着上刺刀的步枪，到村里抓民夫，十七岁的唐先生也被抓走。当时镇江到处是熊熊大火，遍地是死尸。唐先生等十几个民夫，被带到郊外王家门时，有一位老年人还在地里劳动，带手枪这个日本兵急忙伏在地上，向老人瞄准射击，没有打中。老人发觉以后，急忙向倒塌的房子走去，这时别的日本兵也同时向老人开枪，老人被打中倒在地上，鲜血从老人头上不断地流出来，那三个日本兵见状哄然大笑。这是唐先生目睹日本兵枪杀中国人的事实。

唐先生等十多个民夫，在三个日本兵押解下走到马家山时，遇到了三个走路的人，一个挑东西，一个拉车，另一个人在后面跟着。当相距三十多米时，一个日本兵突然向拉车的人射击，那人用手捂着肚子默默地倒在地上。日本兵继续开枪射击，那人一边大声喊叫，一边在地上翻滚，从腿上流出来的鲜血立即染红了棉裤。挑东西的男人呆呆地站在一旁。过了一会儿，从别的方向又来了两个人，当时就被连发两枪打倒在地，一个当时就死，另一个倒在地上惨叫着，日本兵走过来，一枪把这个人打死了。结果三个人横死在地上，一个人被吓得呆立在那里，一个人的脚被打伤痛苦地呻吟着。日本兵哄笑着命站着的那个男人把负伤的人背走，并指手画脚喊叫着："快走！"

这三个日本兵还以扳手腕进行杀人竞赛。到向家湾时，在田埂上有两个半埋土中的粪缸，盛满大粪，日本兵命唐先生等十余人站在粪缸的旁边，然后一齐向粪缸射击，粪沫臭水不断溅到他们的身上，三个日本兵见他们如此狼狈的样子，高兴得手舞足蹈。粪缸附近有个水池，日本兵停止射击以后，他们十几个人都跑过去跳进了水池里，冬天的水冷得令人难以忍受。日本兵看到他们像落汤鸡一样地从水里爬上来，又兴奋地大笑起来。

……

强奸事件来说，唐荣发先生还十分愤恨地举出形形色色的例子：

草巷四号内住着一个姓戴的主妇，就在自己所住的房屋内被强奸，又被放火烧屋。逼得全家九口人，先后全体跳井自杀而死。

贺家弄二十一号内，有个名叫薛生泉的夫妇二人带着四个姑娘住着，长女已嫁，次女十七岁，三女十五岁，四女尚未满十岁。日本兵在这家一次次进进出出，轮奸了次女和三女。受尽了屈辱的母亲气得叫两个女儿自杀，给她们喝柴油和烧酒，可怜两个女儿都倒在地上痛苦得滚来滚去难受极了。可是还有日本兵来，母亲忍无可忍了，只好亲手把两个姑娘勒死。

……

孔善华先生谈到亲眼看到他自己的母亲被日本兵强奸时说："作为做儿子的来说，实在是忍无可忍的了，还有什么可以说的呢！"孔先生的父亲被日军拉去当人夫（民夫），使用后也被杀死。

镇江南郊官塘村的农民蔡传炳先生，在日本兵未出现前，就到离村十公里左右西边长山龙王庙去避难，十二月十日的早晨，回村一看，大约两百户人家三百几十间的房屋，粗略估计已被烧毁一半了。

经作者调查，当时被烧的确数是126间，其后日军在一九四五年就地造了面积为一千二百亩的飞机场，剩余一百几十间也被拆毁了。

村人几乎全部逃难去了，只剩六十岁的老大爷蒋广喜未走，他告诉蔡传炳说，胡邦冬妻和江一泉妻都被日本兵杀死，蔡先生在村外亲眼看到那两个女人的尸体。

此外，有一家未烧的胡兆明住屋，躲进来四个别人家的妇女，两个老妇人和两个二十四、五岁的少妇。就在蔡先生来到以后的一小时左右，一桩事件发生了：进来四个日本兵。两个年轻妇人——胡良戈妻和陈学余妻忙躲进里间屋内，日兵向老妇女喊："姑娘，花姑娘！"边说边在寻找。

听到喊声的里屋内两个年轻妇女急着想朝外逃走，门口日本兵守着又不能够出去，只好再向里屋夹墙壁中躲藏起来。但是日本兵搜查得很严，因而被他们找到了。四个日本兵当中两个看守着蔡先生和两个老妇人，另外两人就进了约有两米左右的夹墙。一会儿，两个兵边唱边笑，从里面出来。接着，那两个看守蔡先生和老妇人的日本兵，也进了里屋夹墙。过了一会儿，这两个日本兵也边唱边笑地出来了。从四个日本兵的出现和离去，前后约有三十分钟至四十分钟的光景。

日本兵一走之后，老妇人马上就到夹墙中去看，蔡先生虽然没有进去，听老妇女说，两个年轻妇女哭得伤心不已，急得什么话都说不出来。

不论是强奸的，或是破开孕妇腹部的，或是集体轮奸的，多数是强奸后全部杀死。

（摘自：镇江市地方志编纂委员会编：《镇江市志》下册，上海社会科学院出版社1993年版，第1774—1776页）

37. 日寇对镇江的轰炸

杨瑞彬

11月27—28日　日机在镇江投弹140余枚，炸毁房屋不计其数，义渡码头、拖板桥、粮米仓、五条街、松花巷、日新街、原在黄山的镇江中学、鼓楼岗的镇江师范、杨家门的穆源小学和沿江一带均遭猛烈轰炸。居民炸死340余人，伤156人。河滨公园花木俱毁，停泊在新西门桥至中山桥一带的100多艘民船被炸，死伤船民的血染红了古运河之水，其状惨不忍睹。整个镇江城乡，浓烟处处，烈焰滚滚，哀号声声，境状凄凄。

（摘自：镇江市政协文史委编：《镇江文史资料》第25辑，第85—89页）

38. 镇江沦陷

12月8日 日寇占领镇江，进行残酷的烧杀淫掠。凡山洞地下室，一律以机枪扫射，避难女子均惨死其中。日寇兽欲狂发，见妇女无论老幼病孕，均肆意糟蹋，随处可见奸淫致死的妇女。全城39个镇，除三阳、黄华、铁路等三个镇外，其他36个镇均遭火焚。大火遍及五条街、东坞街、西坞街、日新街、大市口、中华路、二马路、南马路、鱼巷、山巷、柴炭巷、太保巷、江边、盆汤巷、姚一湾、小营盘、杨家门、上河边、小街、南门大街等地，其中受害最重的是大西路西段与南门大街。学校被烧的有镇江师范、镇江中学以及千秋、敏成、穆源等小学（包括轰炸中被焚毁的部分街巷和学校）。被烧的庙宇有竹林寺、鹤林寺、招隐寺、甘露寺，焦山以及苗家巷清真寺。据1940年伪丹徒县署不完全统计：日军攻占镇江数日内，民众死亡4525人[①]，烧毁房屋30151间（其中城区16700余间），价值10325万元，牲畜（牛、马、驴、骡）被杀、掠3490头。另库存粮食75000多吨、银行近6万无抵押物资亦被日军掠夺一空。

12月10日 自午至晚，日军猛攻镇江焦山，连续发炮200余发，并加派飞机轰炸。海西庵首中燃烧弹起火，鹤寿堂、枕江阁、三层楼、伊楼、米仓等，相继毁于炮火。12日早8时起，日寇以钢炮飞机夹攻，至午后1时焦山沦陷。日寇随即搜山，屠杀僧侣居民及守军20余人。日军还将油料倒在被俘人员身上，点火焚烧，顿时只见火团，不见人影，惨叫之声不绝，日军反引为笑乐。当晚敌军30余人分位于碧山庵、救生局等处。山上各庵所藏字画，被掠一空。藏书被毁。山中所有住家女人，多遭强奸或轮奸。日军并在法堂放火，方文楼、石肯堂、库房等均被波及，付之一炬。碧山庵、松寥阁、水晶庵亦被日寇纵火焚毁。此次日寇入侵，造成焦山空前之大劫难。

（嵇均生：《镇江地区沦陷前后》，摘自镇江市图书馆编：《镇江沦陷记》，江苏人民出版社2007年版，第86—87页）

---

① 这些系大大缩小了的数字。1938年1月17日《申报》第一版曾以"镇江成焦土"为标题，做过如下报道："敌军侵入镇江时，外人曾目睹敌人之种种暴行。该地房屋被焚殆尽，断垣残壁，满目凄凉。该地民众除有一部分入山区匿避外，其余均被残杀，尸首狼藉，血流成渠，演成空前之惨剧。"根据镇江市史志记载，1937年镇江城区人口为216803人，大屠杀后，1938年1月16日，伪镇江自治会开始调查城区人口，至3月底结束，仅剩35418人。又据抗战胜利后，镇江商会周道谦和人文征辑委员会唐邦治的调查，证实当时镇江被屠杀人数在万人以上。

39. 阎窝惨案幸存者的回忆（节录）

1971 年，阎窝惨案目睹者刘志德、马孟太等人举行了座谈会，现将当时的座谈纪要摘录如下：

1938 年 5 月有 20 日（农历四月二十一）早晨，日军 21 师团千余名，在板井的带领下，放着枪，壮着胆，像饿狼一样闯进阎窝村。一小撮汉奸、走狗，扛着膏药旗，又搬桌子，又烧开水，点头哈腰出来迎鬼子。

强盗们进村后，挨门挨户地进行搜寻，里里外外翻腾抢掠，锅碗瓢盆砸得粉碎，牛猪鸡鸭羊被宰个精光。到处是砸门声、枪声、一片白色恐怖。有三个鬼子去追赶一位青年妇女，妇女宁死不屈，一头栽进路旁的水井里，日军仍不放过，把妇女捞上来，头朝下、脚往上、空空肚里的水、企图摧残。

日军要凌辱一位 70 多岁的两眼双瞎的老大娘，老人怒火冲天、坚贞不屈，强盗们恼羞成怒、劈头劈脑地毒打，大娘的牙被打掉了，最后被日军刺死。

徐州来这里躲难的赵学义，被日军抓住、绑上，拖到场边放到一口大锅里。就这样，不到一小时，就有 100 多名同胞被杀死。

日军又在阎窝、杏坡、王山、林东等村，在山沟里、苇荡中开始了大搜捕，杏坡村陈光清的哥哥等人被搜出，捆绑着赶来了，有些抱着小孩的妇女，眼看被鬼子追上，跳进深水沟里，孩子淹死在水中，母亲被刺死，鲜血染红了沟水。

从早晨 8 点多，一直搜到中午 12 点，一群群无辜的同胞，被寒光闪闪的刺刀逼进白马泉边的一块空地上，四周布满警戒、架起机枪，有个鬼子咕噜了一阵，见没人理睬，几十名强盗就从人群中把青壮年一个个拉到一边，叫翻译讲了一阵"中日亲善"、"共存共荣"的鬼话，汉奸赵廷界按照主子的旨意欺骗群众说："皇军来了是安民的，大家不要怕，老年人在这里休息，一会儿放你们回去，青年人随皇军出发！"

苇荡边，腾家四合院周围站满了鬼子，堂屋四周堆满芦苇，过道门前架着机枪，强盗们在这里布下了杀人场。

从白马到四合院，前边鬼子领着，后边鬼子逼着，用刺刀刺，枪托砸，把群众逼进四合院。

600 多人被逼进三间堂屋和两间东屋。同胞们意识到敌人要下毒手，人们怒火万丈，青年农民吴诗礼愤怒地说："我们不能在堂屋里等死，冲出去和他们拼了？"佟本质接着说："狗强盗要烧死咱们，咱得拉他几个垫底"，正在这时，一个鬼子掂着枪，慌慌张张来关门，徐殿杰伸出铁钳般的大手，揪住鬼子的衣领，用尽全力把这个家伙拖了进来。愤怒的人们拳头像雨点般地打来，不一会脑袋就开了花。鬼子见势不妙，便下令开枪，日军一面射击，一面下令点着浇上汽油的芦苇，一瞬间，浓烟四起，火光冲天，野兽们开始了大屠杀。后来，马孟太、任廷胜、吴诗礼和佟本质、刘志德等人从房上，在枪弹和烈火中冲了出来，但身上都受了伤，其余670多人全被烧死。贺村朱延义作证说："这次惨案，我们有近千名同胞被杀死，上百名姐妹被糟蹋，数十名婴儿被残害。"

（摘自：左禄主编：《侵华日军大屠杀实录》，解放军出版社1988年版，第161—163页）

40. "小媳妇"被抓进"慰安所"

昨天上年，家住如皋市白蒲镇杨家园村的村民姜伟勋十分激动地给本报记者打来电话，说他看到 4 月 26 日扬子晚报报道了南京唯一公开身份的慰安妇"活证人"——雷桂英老人刚刚去世，他将这一消息告诉自己 91 岁母亲周粉英时，已双目失明的老母亲当即老泪纵横。在家人一再鼓励下，老母亲终于愿意公开自己万分屈辱的"慰安妇"身份，作为日渐稀少的"活证人"，希望"保住那一段历史"，并对当年侵华日军进行血泪控诉。

记者赶到周粉英老人家时，姜伟勋立即将双目失明的老母亲从卧室搀扶出来迎接，只见老人左手拄拐杖，用颤抖的右手向前摸索着拦住了记者的双手。记者问老人高寿，老人答道："91 岁了，属蛇的，农历五月十五生日。"今年 64 岁的姜伟勋补充说，老母亲生于 1917 年，今年整整 90 周岁，虚岁 91 岁，去年贺了 90 岁大寿。随后，在自家破旧的平房前，周粉英老人和儿子姜伟勋向记者讲述那段屈辱的经历——

民国期间，位于江苏东部的如皋县，号称"民国第一大县"。1937 年 7 月日本全面侵华后，不久便将罪恶的铁路践踏到如皋这片土地上。1938 年春天，日军侵占了如皋白蒲镇，在本地四年抓人供他们奸淫享乐。从小做童养媳的周粉英当年 22 岁，和小姑两人听到日军暴行的风声后，就一直躲藏在邻居家用来磨面的磨盘下面，惊恐万分，一天没敢出来吃饭。但她俩最后还是被日本士兵找到了。在磨盘揭开的一瞬间，周粉英和小姑魂都吓飞了，当即瘫倒不能动，她俩还是被"鬼子"绑走了。至今，周粉英老人仍清晰地记得，当时那群"禽兽"将她们绑好后就抬到一架板车上，就像拉牲口一样拉走了。

周粉英和小姑被抓到位于白工蒲镇上日本军营里的"慰安所"，她们看到，一同被抓进去的还有其他村的姑娘，共 20 多人，她们都一起被关在简易的木屋内，成了固定的"慰安妇"。周粉英老人回忆说，当时军营里大约有 50 多个日本官兵，她们都被编了号，她是"1 号"，她们每天都要遭受这些"鬼子"多次的奸淫蹂躏，"鬼子"来叫她们，都喊编号，没有名字。一旦有人不愿意，就会遭到鬼子的毒打。"慰安所"昼夜都有日本士兵轮班看守，连她们上厕所也有人跟着。每晚，她都能听到姐妹们凄惨的哭泣声，她自己的眼睛也一次次哭肿了，后来眼睛一直就不好了。后来，"慰安所"里共被抓进 48 个姑娘。

约两个月后，白蒲镇上一名有势力的官吏因看上周粉英有几分姿色，便花了一大笔钱，将周粉英从"慰安所"里赎了出来，准备纳她为妾。但与丈夫倪金成感情甚笃的周粉英誓死不从。

（原件藏：如皋市史志档案办公室）

41. 略论"南京大屠杀"中的图书劫掠

赵建民

一、前言

兵荒马乱，满地尸骸。一九三七年十二月十二日深夜，亦即日本侵略军占领南京的前夕开始的"南京大屠杀"，是一个火海血渠，人间地狱。它是"震烁古今，撼动中外，人类历史上空前绝后，绝无仅有的残酷事件"①。台海两岸的中国学者、欧美的见证人以及富有正义感的日本学者，对这一充分暴露日本侵略军的兽性和"血流成渠"、屠城血洗的惨剧，都已有不少的论著进行了揭露和声讨。笔者认为：日本侵略军所进行的"南京大屠杀"，不仅仅是对南京军民、妇女的屠杀、奸淫，而且包括了对这一"六朝古都"，也是当时中国的文化教育中心所进行的"文化大劫掠"。然而，在中外学术界关于"南京大屠杀"的研究中，尚缺乏这一方面的揭露和清算；迄今为止，只有在极为罕见的论文中稍有涉及，尚无专论发表。因此本文仅就"南京大屠杀"中日本侵略军对图书的劫掠试作论述，意在引起学界同行的重视，藉以更加深入全面地揭露日本侵略者在"南京大屠杀"中的滔天罪行；以忠实的历史见证，批驳当今日本右翼势力叫嚣"南京大屠杀纯属子虚乌有"的荒谬绝伦，更加深刻地判析日本发动侵华战争的实质。

二、"南京大屠杀"中劫掠图书的严酷性

据当时国防部审判战犯军事法庭对侵华日军中精锐而凶残的第三师团长谷寿夫判决书所云：

> 由谷寿夫所率之第六师团任前锋，于（民国）二十六年十二月十二日（即农历十一月十日）傍晚，攻陷中华门，先头部队用绳梯攀垣而入，即开始屠杀。翌晨复率大军进城，与中岛、牛岛、末松等部队，分窜京市各区，展开大规模屠杀，继以焚烧奸掠。查屠杀最惨历之时期，厥为二十六年十二月十二日到同月二十一日，亦即在谷寿夫部队驻京之期间内。计于中华门外花神庙、宝塔桥、石观

---

① 郭岐：《南京大屠杀》，台北中外图书出版社1981年版，第19页。郭岐系南京保卫战时守军的少校营长，撤退时仍化装潜匿，故目睹此一人间浩劫，写成《陷都血泪录》一稿，后又在南京军事法庭审判战犯谷寿夫时出庭作证。1972年将旧稿整理，易名为《南京大屠杀》，连载于《中外杂志》。

音、下关草鞋峡等处，我被俘军民遭日军用机枪集体射杀并焚尸灭迹者，有单耀亭等十九万余人。此外零星屠杀，其尸体经慈善机关收埋者十五万余具，被害总数达三十万人以上。……

……计自十二月十二日至同月二十一日，我首都无辜军民，被日军残杀而有案可稽者，达八八六起。①

六朝古都、繁华城市南京的陷落，经日军烧、杀、奸、淫而成一片焦土，血流成渠、尸横满地，惨绝人寰。其残酷之情状，尤非笔者所忍形容。那么，在这"南京大屠杀"中，标志着我国悠久历史和民族传统精神的图书又遭到何等的厄运呢？

根据中日双方的材料，按公家图书和私人藏书二类，兹概列"南京大屠杀"前后日军在南京劫掠图书的惨状。

（一）公家图书

战前的南京，规模较大的图书馆有：筹建于一九三三年的中央图书馆、原为清朝两江总督陶澍的"惜阴书舍"（后改为江南图书馆）的国学图书馆、以藏地方志著称的金陵大学图书馆，以及中央大学图书馆、南京市立图书馆和国民政府及中央党部所属部会的各图书馆。据日方资料，在南京大屠杀前后，均遭日军收查和劫掠的有：

在南京由日军接收图书文献数（册）②

接收场所	图书概数	接收场所	图书概数	接收场所	图书概数	接收场所	图书概数
国民政府	82700	外交部	52200	军政部	1300	司法院	54600
南京市政府	2100	省立国学图书馆	16700	参谋本部	6500	建设委员会	1200
地质调查所	11000	地质学会	5200	中央大学	1850	考试院	28150
行政院	32100	教育部	13500	中央党校	235000	中央研究院	43700
内政部	5900	实业部	41750	财政部	1900	全国经济委员会	10600
最高法院	13200	铁道部	5650	中央政治学校	13300	紫金山天文台	400
国立编译馆	27600					合计	646900

---

① 郭岐：《南京大屠杀》，台北中外图书出版社1981年版，第220—221页。
② 松本刚：《略夺した文化——战争と图书》，东京岩波书店1993年版，第8页。

另据中国方面的记载被日军劫掠的还有①：

单位	书籍数（册）	估价额（元）	单位	书籍数（册）	估价额（元）
中央研究院天文研究所	A 一种 B 九	二〇〇 一〇〇	中央研究院社会科学研究院	A 三三、三一九 B 七、九二三	三五、四〇〇 七一、三〇四
中山文化教育馆	A（含日语书）五八、七三五 B 二、五五四	三五、四〇〇三〇、〇〇〇以上	中央研究院心理研究所	A 一〇三 B 九〇〇	七〇〇、一四一〇〇
内政部图书馆	A、B 九二、一四六	二二、〇〇〇	金陵大学化学系	B 一〇三	二、〇〇〇
国立中央博物馆筹备处	A、B 一、三六五种	一九一、七〇〇（含其他古董等）	中央地质研究所	B 二九、四〇〇	
				A 二箱	六〇〇

注：A 表示为中国语书籍，B 表示为西方书籍

　　仅据上列的八个单位被日军劫掠的中国语图书为一八五、六七一册，西文图书为一一、四八九册，共计一九七、一六〇册以上。②

　　以上，就综合中日两方统计的"南京大屠杀"前后，日本由南京所劫掠的公家图书数为八四四、〇六〇册以上。③ 战前，南京公家图书馆藏书总量为一四二万册，则遭到日军劫掠的至少在八十四万册以上，即占到总藏书的六成多。

（二）私人藏书

　　南京沦陷时，金陵大学、中央大学及中央研究院的教授被日军劫掠个人藏书的不少。如中央大学孙本文在南京陷落时，中国语图书四、三六七册，西文图书八〇〇册；金陵大学倪青原中国语图书五、〇〇〇册，西文图书三、〇〇〇册被日军所劫掠。④ 中央大学教师萧孝嵘损失图书五、〇〇〇种，龚启昌损失书一、三〇〇册。⑤ 有著"藏书丰富，闻名当代"誉称的老中医石筱轩，家有珍贵的字版医书十多部被日军劫去四大箱，且整个三进院宅被烧成废墟，国立编译馆"大学图书编委会"秘书、曾任《中央日报》副刊主编的卢冀野，"其住宅内所

① 松本刚：《略夺した文化——战争と图书》，东京岩波书店 1993 年版，第 75—76 页。
② 因上列统计中有"种"、"箱"的数，此处均作"册"计算，故概加"以上"两字。
③ 据松本刚氏研究，自 1937 年至 1938 年由（中支占领地区图书文献接收委员会）在南京没收的图书在八十八万册以上。
④ 松本刚：《略夺した文化——战争と图书》，东京岩波书店 1993 年版，第 76 页。
⑤ 孟国祥：《侵华日军对南京文化的摧残》，南京社会科学联合会编：《南京社会科学》第八期（1997 年8 月），第 38 页。

藏书籍不下数十万卷，多有旧籍，自其祖云谷太史遗留者，悉为倭寇焚穷"。①私人藏书遭日军劫夺的究竟有多少，现无法统计。若按日本学者松本刚氏的说法，亦有五三、一一八册②。

日军把在南京劫掠的图书中不少极为珍贵的图书劫为己有。如保存在南京国民政府文官处图书室的《清代皇帝实录》写本三〇〇〇册以上，这是极为珍贵的，是从清太祖到第十一代德宗的宫廷日记的原本。此外，还有其他属于特种的图书约四〇〇册左右。③ 再如国学图书馆当时藏书有二十四万册，在日军轰炸南京时，仓卒（选宋元精刊及孤本等善本装成一一〇箱，存朝天宫故宫博物院分院地库）。（一九四〇年二月，日伪冲破地库，将该馆善本移竺桥为图书馆专门委员会开辟专库贮藏。战后封存接收，缺少善本书一八四部，一、六四三册）。④

前已所述，日军经过一周多的时间，对七十个场所的检查，将收集的图书集中到地质调查所，很多珍贵的文献也极散乱狼藉，有的遭水浸，有的埋没在土砂里。当时又正当严寒之时，全市燃料仍为缺乏。所以房屋的地板、柱子、屋梁以致图书文献被当作薪炭。此间，到底烧掉了多少图书，目前尚无准确估计。

因为，笔者认为日本侵略者在（南京大屠杀）中，对南京公私所藏图书的劫掠，尤其是众多的珍贵图书，加上把大量图书当作（薪炭）焚毁。所有这些，足以充分地暴露出他们在占我领土、屠我人民、灭我文化方面极端的严酷性。

三、劫掠图书与侵华活动的一致性

图书劫掠，是日本侵华政策的一个重要组成部分。侵华日军在临近占领南京以前，迅即组建了一个专司图书文献的调查和接收的机构（占领地区图书文献接收委员会）。随着日军在上海方面作战的进程，为了紧急蒐集和保管占领地区内中方文化机关和官厅等藏有的图书文献，上海派遣军特务部与满铁上海事务所、东亚同文书院、上海自然科学研究所三团体研究对策的结果，于十二月初旬在特务部内设立（占领地区图书文献接收委员会），有十五名干事和委员，并以

---

① 南京大屠杀史料编纂会委员会：《侵华日军南京大屠杀史稿》，江苏古籍出版社 1987 年版。
② 松本刚：《略夺した文化——战争と图书》，东京岩波书店 1993 年版，第 77 页。
③ 大佐三四五：《占领地区にわける图书文献の接收と其整理作业に就て》《图书馆杂志》，第三十二卷第十二号（东京：日本图书馆协会，昭和十三年十二月），第 341 页。
④ 中共中央党史研究室科研管理部编：《日军侵华罪行纪实》，中共中央党校出版社 1995 年版，第 493 页。

特务部长名义向各军参谋长发出通牒①，藉以取得各方面军的协助和配合。接着，从十二月十一日开始，在上海对沪江大学、大夏大学、暨南大学、上海市政府图书馆、民众教育馆、大同大学、世界书局仓库等处进行了实地检查。自翌年一月二十二日开始的十天内，在南京外交部、国民政府文官处、考试院、全国经济委员会、省立国学图书馆、国立编译馆、中央党部、教育部、中央研究院、紫金山天文台、交通部、行政院等七十个单位进行了就地图书检查②。此后，从三月六日到四月上旬，花一个多月的时间，从南京的各机关和研究所等二十五个单位，将图书全部集中到南京珠江路原属实业部的地质调查所，总册数最初约为六○万册。为此，动用的搬运人员：军队士兵有三六七人、中国苦力劳工二、八三○人，运输卡车三一○辆。③

为了集中在地质调查所这座三层楼的大楼中的各房间里整理堆积如山的图书，故又设置了（图书整理委员会），从满铁株式会社、东亚同文书院、上海自然科学研究所调集有图书整理经验者，自六月二十七日由上海集合，六月三十日又加调东亚同文书院五名学生，一行约二十人到达南京。整理工作从七月一日开始，至八月底完成了第一次整理。确定图书整理的基准，对新式装订本拟定了（分类主纲目表），按 A 总记、B 精神科学、C 历史科学、D 社会科学、E 自然科学、F 工学、G 产业、H 交通、I 美术、音乐、演艺、运动、J 语学、K 文学等进行分类，各类还确定多项细目；对古籍按经、史、子、集四部分类的细目整理。④ 这项整理工作，总共调集了整理员一、○九八名、军队兵士二○名，苦力劳工一、九○二名。⑤

按原定建立的（占领地区图书文献接收委员会），最初只是为收集图书文献类，后因在接收图书文献的过程中，获得了不少考古学的遗物，如古陶器、古铜器、石碑、石佛以及其他当地风俗习惯方面的遗物，因此，从接收、保管的需要，便由（占领地区图书文献接收委员会）中分离出了一个（资料委员会）。它同属于军特务部内，并由上海自然科学研究所为主承担，并且以当时的古物陈列所作为事务所，从事博物馆物品及资料的蒐集和整理工作，拟为建立一个（华中地区中央博物馆）打好基础。⑥

① 大佐三四五：《占领地区にわける图书文献の接收と其整理作业に就て》，第 337 页。
② 大佐三四五：《占领地区にわける图书文献の接收と其整理作业に就て》，第 337 页。
③ 大佐三四五：《占领地区にわける图书文献の接收と其整理作业に就て》，第 338 页。
④ 大佐三四五：《占领地区にわける图书文献の接收と其整理作业に就て》，第 338—339 页。
⑤ 大佐三四五：《占领地区にわける图书文献の接收と其整理作业に就て》，第 338 页。
⑥ 大佐三四五：《占领地区にわける图书文献の接收と其整理作业に就て》，第 341 页。

基于上述的（占领地区图书文献接收委员会），以及从中派生出的（资料委员会），随着日军在华侵略活动的扩展，八月二十五日，陆军、海军、外务三省（部）在上海的派出机构举行"三省（部）会议"。会上决定成立"中支（华中）文化关系处理委员会"，除了着手图书文献的第二次整理外，与此同时，准备接收和保管在今后新占领地区的图书文献和资料，特别是为侵占汉口之际所要作的劫掠图书、文物等活动的准备。

显而易见，日军在掠夺图书过程中陆续设置的各种机构，说明劫掠图书与日军侵略活动的一致性。此外，还可以从对掠夺的图书的使用予以说明之。

为在中国进行殖民统治，急需掌握中国的情况。如（图书整理委员会）将国民政府中央和地方的公报类（官报）图书，迄至（七七事变）以前的，几乎全部收集齐全；并按中央政府、地方政府两大类别，且细分财政、外交、教育、交通、法制、建设、军事、实业等门类予以整理。其中有：以国民政府财政部长宋子文为委员长的（全国经济委员会）的调查刊行物八十余种，这是中国经济、产业调查和事业计划书，均是极为珍贵的资料；由地质调查所出版的约四十种学术调查书，这都是有关中国各地地质、矿产、资源的学术调查。这些重要资料，均由（中支建设资料准备委员会）的编译部进行编译和出版。如作为（资料通报）系列的有《全国经济委员会刊行物目录》、《支那经济财政金融关系资料目录》；作为单行图书资料目录的有《中支建设资料整备事务所南京图书部，华文杂志公报目录，附报纸目录》，亦即刊列了由南京图书部接收的中文杂志二、三二四种（自一八九六年《时务报》发刊至一九三六年刊行的杂志），几乎囊括了中国的所有杂志。① 由此可见，日军在南京收集、整理图书，其目的之一，是为其在中国进行军事活动和（经济开发），建立殖民统治服务的。

为动员国内学者研究而提供图书资料。日本侵略者在对外侵略的同时，还动员国内学者（研究者、图书馆关系者、大学教授）对中国古典和现代课题进行研究。前者是供一部分有特权的研究者利用，这部分图书就是由接收文献中的各专门领域的珍贵图书，大概有三十名专门的学者在使用；后者是抽调日本政府设立的国立研究机构（满铁）那样的国策会社、调查机关等的研究者所进行。为此，还设立起专门的研究机关。如：一九三八年九月一日，以企划院为中心的（东亚研究所），这是一个（以建设新东亚为目标，在东亚进行各种人文、自然

① 冈村敬二：《遣をれた藏书——满铁图书馆、海外日本图书馆的历史》，东京阿吽社1994年版，第113页。

科学调查的一大研究机关）。① 当时，该所的总裁是近卫文麿，理事是企创院次长青木一男、海军中将原敢二郎、陆军中将林桂、冈本武三等，足见这个机构的重要性；一九三九年十二月，将中国经济例行调查文库的六、九五五册资料寄赠给京都帝国大学图书馆，② 其意在动员大学教授们参加他们的研究工作。在日本国内，以研究中国和亚洲为中心课题，自设立（东亚研究所）之后，又相继设立了（东洋文化研究所）（东京帝大，一九四一年）、（东亚经济研究所）（东京商大，一九四二年）（东亚风土病研究所）（长崎医，一九四二年）、（大东亚图书馆）（一九四二年）、"民族研究所"（一九四三年）等。当时，在南京等地所劫掠的图书在这些研究机关中充分发挥了作用。

简言之，日本侵略军在南京的图书劫掠，与日本侵华战争的进程是完全合拍的，这不仅暴露其战争中烧杀失去的野蛮性，而且掠夺图书又为其了解中国的国情、建立殖民统治，开展深入一步研究提供了重要的图书资料。

四、劫掠图书与其侵略野心的一贯性

日本在战争中劫掠图书，并非只是从本世纪三十年代的侵华战争中才开始的，而是日本发动对外侵略战争中的一贯伎俩。所以，劫掠图书足以表明日本对外侵略野心是由来已久的。

早在距今四百多年前，日本的丰臣秀吉在一五九二年发动了长达七年之久的侵朝战争时，随军配备了精通书籍的僧侣和学者，在战争过程中劫夺了不少的书籍，运回国内，并设立了多个（文库）。如：一五九五年，丰臣秀吉的部下宇喜田秀家室患怪疾，均无治效，终被名医曲直赖正琳（亦名安养）治痊。丰臣秀吉为表谢礼，（赐锦衣金银，且将自朝鲜持来的数车图书，悉数赐之）。③ 这批图书至今仍存，称（安养院本）。一六〇〇年，德川家康没收了由安国寺惠琼从朝鲜劫回的图书，命三要在伏见城设圆光寺学校予以收藏。④ 一六〇二年，德川家康开设（骏河文库），收藏了从朝鲜战争中劫掠来的大量朝鲜本图书，且交儒学者林罗山掌管这文库的钥匙。⑤

丰臣秀吉发动的侵朝战争虽终于失败，但从朝鲜劫掠来的图书对日本社会产生了重要影响。直至本世纪三十年代，日本军国主义发动侵华战争之际，有人为

---

① 松本刚：《略夺した文化——战争と图书》，第99页。
② 松本刚：《略夺した文化——战争と图书》，第99页。
③ 阿部古雄：《日本朱子学と朝鲜》，东京东大出版会1977年版，第15页。
④ 同上。
⑤ 同上。

丰臣秀吉发动的侵略战争涂脂抹粉，称其为（这决不是徒劳无益的），而是一次（奢侈的海外留学）。①

近代以来，日本发动对外侵略战争，总是把劫夺图书列入其行动范围之内的，且制订了一系列政策法规，把在占领地劫掠图书（合法化）。

一八八二年八月，陆军省制订了（战时宪兵服务概则）（一八八五年改称《战时宪兵后服务规则》）规定：（敌地的学校文库等要郑重地处理，以及大书院等封缄的书籍图志器械等不能散乱。）②

一八九四年，中日甲午战争开战以后，担任日本宫中顾问官兼帝国博物馆总馆长的九鬼隆一，向政府和陆海军高官送出的《战时清国宝物收集方法》规定：对被占领国的图书文物的（收集必须服务陆军大臣或军团长（军司令官）的指挥，收集的图书文件一旦送到兵站，立刻运回日本，然后入藏帝国博物馆作为其藏品）。③

一九一四年十一月七日，日军攻陷我当时被德国占领和（租借）的山东胶州湾及青岛。当时，德国在青岛建有胶州图书馆和德华大学及其文科图书馆。日军的参谋长山梨半造陆军少将接收了胶州图书馆和德华大学图书馆的全部藏书作为（战利品），凡二五、〇〇〇册，并于一九二〇年由青岛守备军陆军参谋部编成《俘获书籍及图面目录》刊行。④ 这批在青岛要塞（接收）的图书，据一九二〇年一月四日《东京日日新闻》报导：占领青岛后，获二万部图书，移送东京大学，日本取得的这批图书，对其工学和远东研究极为有益。⑤

一九三七年七月，日本发动全面侵华战争以后，正如前所述的，同年十二月，在日本军特务部下属设立了（中支（华中）占领地区图书文献接收委员会）后改组为（兴亚院华中连络部·中支建设资料准备委员会），在上海、南京、杭州等地劫掠各种图书文献。⑥

一九四一年十二月八日太平洋战争爆发以后，日本把接收图书由作为（战利品）而改为（敌产）。十二月二十二日，颁布《敌产管理法》（法律第九九

---

① 德富猪一郎：《近世日本国史、丰臣氏时代》（已篇，朝鲜役下卷），东京民友社昭和十一年，第734、736页。

② 安达将孝：《第一、二次世界大战中にわける日本军接收图书》，《图书馆界》第三十三卷第二号，东京日本图书协会1981年7月，第69页。

③ 松本刚：《略夺した文化——战争と图书》，第41、42页。

④ 安达将孝：《第一、二次世界大战中にわける日本军接收图书》，第69页。

⑤ 同上。

⑥ 《抗战期间日本对中国文化财产的破坏和掠夺》，《档案与史学》第二期（1997年4月），第35—40页。

号），次日颁布大藏省的〈敌产管理法施行规则〉。① 同月二十五日，日本占领香港。翌年二月二十日，设立（香港占领地总督部），时任总理大臣兼陆军大臣的东条英机作指示：（香港是个物资丰富的地方。可是，现在很多东西正巧妙地掩藏着。因此，要彻底地搜查出来，立即运往日本。）② 其实，在这之前日本军人早就窜进了香港大学的冯平山图书馆。该馆除了自身藏书一二、〇〇〇册以上外，还有中华图书馆协会存放的西文图书二一〇箱、北京图书馆中的中西文书籍及杂志七十箱、岭南大学的西文图书二十箱、中华教育文化基金董事会编译委员会的原稿和图书五箱，于一月底被日军调查班肥田木发现，于二月二日劫去，并在各箱上贴着（东京参谋本部御中）字样，运往日本。③ 此外，还有个人的藏书寄存在冯平山图书馆的，如历史学家王重民的三箱、冯景兰的，以及上海暨南大学文学院长兼图书馆长郑振铎的元、明代的古籍三、〇〇〇部。当时驻港英军参谋长薄科森少校也是个藏书家，设有（薄科森文库），藏有十六世纪葡萄牙人向东扩张以来的珍贵图书数百种，也遭到日军劫去。④

以上种种事实说明：日本侵略者在中国各地劫掠图书与其发动对外侵略过程，完全是一贯性的行动，这正如日本学者所指出的：（日军进行的图书掠夺，与领土、市场的掠夺或者人命的杀伤相比，似属非同等重要的问题，但是，图书的掠夺实是领土掠夺的扩张，也是对他民族的生命和财产掠夺的一个重要的构成部分。）⑤ 这真是充分揭露了日本军国主义者连同他的鼻祖丰臣秀吉的损人利己，灭他国而图自强的侵略本质。

五、返还图书与认识战争罪责的关连性

前已所述，在（南京大屠杀）前后，日本侵略者在南京劫掠的图书总数极为惊人，它相当于当年日本国内最大的帝国图书馆藏书的总量八十五万册，而同时期日本的都、道、府、县级图书馆中最大的大阪府立图书馆藏书总量才二十五万册。⑥ 尽管日本侵略军在南京劫掠图书的过程中，有相当数量的图书是被作为柴火而烧掉了的，但他们确实把大量经过整理的重要书籍运回了国内，这已是不争的事实。

---

① 松本刚：《略夺した文化——战争と图书》，第 37 页。
② 松本刚：《略夺した文化——战争と图书》，第 45 页。
③ 松本刚：《略夺した文化——战争と图书》，第 83 页。
④ 松本刚：《略夺した文化——战争と图书》，第 84 页。
⑤ 松本刚：《略夺した文化——战争と图书》，第 50 页。
⑥ 松本刚：《略夺した文化——战争と图书》，第 79 页。

日本侵略军从中国劫掠的图书运往国内，确实对中日两国发生了现实和历史性的影响。

首先，由于战争中将劫掠到的图书运往国内，致使日本的图书馆成为亚洲最出色的，含有关于日本、中国、印度文化的，至今在别处是无法看得到的书籍。特别是东京帝国大学图书馆，藏有用金钱无法买到的，其中有世界唯一的中国古典的大量收集物、世界最古的大量刊本类书籍，而只有其中极少部分不能供国内外历史学家利用。① 因此，日本劫掠的图书为日本学者的学术研究提供了极为丰富的珍贵资料。如今，日本学者即使是研究中国问题亦竟然能说（观点在中国而资料在日本）的狂言。当然，从中我们确实亦能悟出日本的中国学研究其所以能处于世界学界的前列之缘由。

其次，与上述情况相对的，中国在战前，据一九三六年的统计，拥有一、〇五三个独立图书馆外，还有各类学校的图书馆二、五四二个，机关附设的图书馆一六二个，大众教育图书馆九九〇个，总共合计为四、七四七个。可是在战争中绝大多数被毁灭。据一九四七年《武汉日报年鉴》统计，一九四三年残存的不到九四〇个。亦即在日本侵华战争中图书馆的五分之四遭到了毁灭。② 由于中国的珍贵图书遭日本的劫掠，中国学者欲研究本国的某些问题，却竟要到日本去查阅原来就是中国的书籍；加上战后中国的封闭状态，以致使中国人的本身研究在某些方面或某个课题只好处于（巧媳妇难做无米之炊）的困境。

我们从上述中日两方对照可以看出：日本劫掠中国图书所造成对两国的不同影响，亦即由于日本侵略者在战时劫掠我国的大量珍贵图书，给中日两国的学术界造成了极为悬殊和明显的损益反差，且其影响是极为深远的。

问题还在于，对于日本侵略者劫掠中国的图书如何看待？日军劫掠中国的图书，这不是在战事中一般性质的掠夺行为，而是有计划、有组织进行的，其目的性十分明确，（其目的不外是想彻底消灭中国文化，以遂其征服大陆之迷梦）。③早在一九三四年十月，日本陆军省（部）就声称：（日本进行的战争是为了进步的文化战争），（这相对于外国列强为了霸权而进行的狂暴战争来说是文化的战争）；也就是说，（要把《柔和忍辱》的日本精神，通过战争来教给亚洲诸国国民）。（战争是创造之父、文化之母。它在个人的考验中、国家的竞争中，都是

---

① 安达将孝：《第一、二次世界大战中にわける日本军接收图书》，第127页。
② 松本刚：《略夺した文化——战争と图书》，第127页。
③ 《国民政府向第十八届国联常会提出之（补充声明）》，《大公报》（上海：1937年9月14日）第三版。

生命的成长发展、文化创造的动机和刺激）。① 于此，日军侵华过程中劫掠图书被赞为（世界战史上无与伦比的、皇军的文化拥护），还称后来的图书"返还"是日本（对发扬东亚文化的贡献）。② 这完全是是非颠倒、黑白混淆的无耻谰言！

龙蟠虎踞今胜昔，天翻地覆慨而慷。抗战胜利以后，一九四五年十月，由许广平、周建人、郑振铎等三十九名中国学者联名，在同月二十四日的《周报》杂志上，发表了返还图书文物的三项要求。③ 根据中国政府的统计资料，日本侵略军从中国所掠夺去的书籍共二、七四二、一〇八册，而战后由日本归还中国的图书只有一五八、八七三册。④ 据此计算，即被日本劫夺去的图书已归还的还不足百分之六，这就成为在现实的中日关系上所留下的一个历史遗留问题。一九七二年九月中共与日本关系正常化后，一些有良心的日本科学工作者深感要对战争责任进行反省，同年十月二十三日，由中国研究所理事关冈玄、横滨市立大学教授小岛晋治、东京大学助教加藤祐三等十二人开会商议对中国图书返还问题，后又有一四〇人署名向日本最高学术机关日本学术会议上书，要求返还日本劫夺中国的图书。⑤

后因种种原因，其中包括了右翼势力的反对而不了了之。笔者认为，日本侵华中劫掠图书是（战争犯罪），应该受到清算，而有良心和责任感的日本人应该从认识日本发动侵华战争的责任来妥善处理从中国劫掠去的图书。对于日本掠夺去的中国图书，应由日本政府出面设法寻查归还，为不影响日本人的继续使用，不妨采取择需复印后将原本归还中国。这样，既对双方有利，又能表明他们对战争罪责的认识。若能如愿，则有益于加深相互理解，增进彼此信任，中日友好关系将会有更加坚实的基础。

六、结语

（南京大屠杀），日本侵略者残杀我三十多万同胞，震惊中外，其间，日军在南京劫掠图书的惊人状态亦属世上所罕见的。我们从日军在南京劫掠图书的种

---

① 陆军省新闻班：《国防の本义と其强化の提倡》，旗田庄兵衞等：《战后史资料集》，东京新日本出版社 1984 年版，第 103 页。
② 松本刚：《略夺した文化——战争と图书》，第 50 页。
③ 小岛晋治、实藤惠秀、加藤佑三：《中国がら（略夺）した研究资料の处理に就こ：《日中》第二卷第十二号（东京：1972 年 11 月），第 17 页。
④ 吴天威：《文化掠夺还没了的帐》，《日本侵华研究》第 23、24 期合刊（纽约：日本侵华研究学会，1995 年 12 月），第 120 页。
⑤ 实藤惠秀：《中国图书返还问题》，《图书馆杂志》第 74 卷第 8 号（东京：日本图书馆协会，1980 年 8 月），第 393 页。

种罪恶活动中，可以更加清楚地看出，日本发动侵略战争的实质、日本军国主义的本性。因此，我们在揭露和声讨（南京大屠杀）中的日军暴行时，有必要充分挖掘史料，深入揭露日军劫掠图书的罪恶活动，这需要中日两国学者加紧作出努力。

当今，日本一小撮右翼势力竭力否认（南京大屠杀）的事实，意在东山再起，妄图重圆（大东亚共荣圈）的旧梦。那么，我们就来清理一下（南京大屠杀）时日军劫掠图书的问题，判析日本在对外侵略中劫掠图书的严酷性、一贯性，与其侵略政策的一致性，进而阐明返还被劫掠图书的必要性，如此才能抑制日本右翼势力，且更好地推进现实中日关系能有完善而持久的发展。

（摘自台湾中华民国史料研究中心编：《中国现代史专题研究报告》第二十辑，第231—249页）

（三）口述资料

1. 关于常熟九万圩"石花林"（杨家花园）在抗战期间被日军焚劫的调查

1997 年 6 月 5 日 9 点 20 分　角里 15 号（里九万圩）

徐啸石：

日本人打来之时我就逃走了，当时我只 7 岁。外面呆了近一年在上海。回家后基本上你们的房子烧得差不多了。因为杨云史家园子围墙高。就在后门向花园里看，看到里面房子被日本人烧掉了。具体情况不熟，我当时年纪还小。听说是日本人用炸弹烧掉的。围墙没有毁坏，当时围墙很高，比现在人民医院围墙还高。晓得有个叫金聚福的住在里面。围墙质量很好，门口外河边有个很考究的水站（洗东西，靠船用）。南大门东还有几家人家住。周围人家都没有被日本人烧掉，就是你们里面房屋烧掉了。

我今年 68 岁了。隔壁王老师知道更多，可惜已故世。

（陈述人：徐啸石　记录：杨元璋　1997 年 6 月 5 日）

1997 年 6 月 5 日 8 点正，常熟九万圩 23 号

陆娟珍：

我是 1937 年来此地夫家，夫家姓邹，我嫁过来之后日军即进犯，只在夫家呆了半月就逃难，逃难回来后就全烧光了。当时你们花园大门是朝南的，大约是六扇大门。旁边有墙门间。当时聚福（你们管家）位在这里。我在外面呆了一年半左右再回来。我知道隔壁是杨云史家，我们叫你家花园为"杨家花园"。你家花园西北沿着现在角里，东面到栈房弄，南到九万圩河。里面有二层楼房。我逃难回家后就看到的一片废墟。我今年七十七岁，我嫁来夫家时才十七岁，逃难时此地人几乎全逃光，花园被日本人烧光后我进"杨家花园"里去看过，已经是一片荒园，我老儿头（丈夫）讲：日军在杨家搜到吴佩孚照片，末了，就烧掉你们的房子，我们知道你们是做官人家。派头蛮大的。看到聚福在废墟里捣烧剩下的东西，什么铜呀，锡呀的。还烧剩八九间平房，四面围墙还在，就是当中楼房烧掉。我老头晓得聚福是书童。我的老爱人姓周叫宏勋，1981 年故世。老爱人在的话那是更知道得多了，聚福就住在东面的几间平房里面。日本军队要当

地每户人间交铜，锡，我们都向聚福买过废铜锡，缴给日本人的保甲长。

　　我是 1937 年 7 月份嫁来此地的。嫁来仅半个月就逃难，逃难时把自扮得难看点再逃难，因为日本人要花姑娘。当时大多数人都逃光了。

　　　　　　　（陈述人：陆娟珍　记录：杨元璋　1997 年 6 月 5 日）

　　　　　　　　　　　　　　　　（原件藏：常熟市档案馆）

2. 徐州睢宁县睢城镇朱楼村抗战时期中国人员伤亡社会调查

江苏省徐州市睢宁县朱楼村

死、伤者姓名	性别	年龄	职业	被害时间	被害地点、主要情节	原住址	户主及亲属姓名	备注
朱王氏	女	23	农民	1938.9.23	在白风标屋内	朱楼前楼	子，朱向省	集中烧死
朱向仁	男	34	农民	1938.9.23	同上	前楼	子，朱省操	同上
朱还会	男	28	农民	1938.9.23	在汪东、井台上	前楼	孙，朱力山	枪打死
汤荣香	男	30	农民	1938.9.23	在东场边枪打死	前楼	侄孙，汤从刚	枪打死
位玉喜	男	26	农民	1938.9.23	在东场被枪打死	前楼	位玉田	枪打死
杜小招	男	14	儿童	1938.9.23	在东街围门前	前楼	无后	枪打死
王怀玉	男	24	农民	1938.9.23	在南宅家西被枪打死	前楼	孙，王正才	枪打死
证人姓名	性别	出生日期			住址		身份证号码	
白玉芹	男	1927.8			朱楼村前东组			
邱培银	男	1926.12			朱楼村前东组			
证人签名（盖章） 白玉芹　　邱培银								

调查人：朱有苏　朱有龙　调查单位：朱楼村　调查日期：2006 年 6 月 28 日

江苏省徐州市睢宁县朱楼村

死、伤者姓名	性别	年龄	职业	被害时间	被害地点、主要情节	原住址	户主及亲属姓名	备注
朱向兹	男	24	农民	1938.9.23	抓走县城打伤	前楼	侄，朱有文	
朱还早	男	32	农民	1938.9.23	抓走县城打伤	前楼	子，朱向春	
朱向民	男	26	农民	1938.9.23	抓走县城打伤	前楼	子，朱有彬	
朱向余	男	25	农民	1938.9.23	抓走县城打伤	前楼	子，朱有福	
王行珍	男	30	农民	1938.9.23	抓走县城打伤	前楼	女，王为华	
刘荣标	男	38	农民	1938.9.23	抓走县城打伤	前楼	子，刘保山	
刘荣房	男	33	农民	1938.9.23	抓走县城打伤	前楼	子，刘保清	

死、伤者姓名	性别	年龄	职业	被害时间	被害地点、主要情节	原住址	户主及亲属姓名	备注
周正民	男	27	农民	1938.9.23	抓走县城打伤	前楼	子，周红金	

证人姓名	性别	出生日期	住址	身份证号码
白玉芹	男	1927.8		
邱培银	男	1926.12		

证人签名（盖章）
白玉芹　　邱培银

调查人：朱有苏　朱有龙　　调查单位：朱楼村　　调查日期：2006年6月28日

江苏省徐州市睢宁县朱楼村

死、伤者姓名	性别	年龄	职业	被害时间	被害地点、主要情节	原住址	户主及亲属姓名	备注
牛陈氏	女	20	农民	1938.9.23	被日军强奸后枪杀	前楼	子，牛振可	枪打死
白凤标	男	28	农民	1938.9.23	在南湖坟地枪杀	前楼	外甥女，朱红云	枪打死
李泉德	男	32	农民	1938.9.23	在小武庄被枪杀	前楼	男生，庄发华	枪打死
牛继端	男	22	农民	1938.9.23	抓去县城打伤	前楼	子，牛振可	
白玉芹	男	17	农民	1938.9.23	抓走县城打伤、烧伤	前楼	子，白光军	严刑拷打
庄宜松	男	35	农民	1938.9.23	抓走县城打伤	前楼	子，庄发山	
朱向怀	男	37	农民	1938.9.23	抓走县城打伤	前楼	子，朱新宋	

证人姓名	性别	出生日期	住址	身份证号码
白玉芹	男	1927.8	朱楼前楼	
邱培银	男	1926.12	朱楼前楼	

证人签名（盖章）
白玉芹　　邱培银

调查人：朱有苏　朱有龙　　调查单位：朱楼村　　调查日期：2006年6月28日

情况说明：1938年9月23日，日军侵占前朱楼围子，实行"三光"政策，当日枪杀朱王氏、朱向仁等10人，抓捕白玉芹、庄宜松等12人去县城严刑拷打，共伤亡22人。

　　口述人：白玉芹　　性别：男　　出生日期：1927年8月　　住址：朱楼村前楼东组

　　口述人：邱培银　　性别：男　　出生日期：1926年12月　　住址：朱楼村前楼东组

　　调查人：朱有苏　　朱有龙　　调查单位：朱楼村　　调查日期：2006年6月28日

（原件藏：睢宁县泉楼村村民委员会）

3. 徐州沛县杨屯镇北孔庄村抗战时期
中国人员伤亡社会调查

江苏省徐州市沛县孔庄村

死、伤者姓名	性别	年龄	职业	被害时间	被害地点、主要情节	原住址	户主及亲属姓名	证人签名（盖章）	备注
李自仁	男	80	农民	1938.11.26	孔庄被杀	杨屯孔庄	李在兴	李加存 姜永庆	实际死亡48人，因年久忘记，姓名不全
孔广然	男	76	农民	1938.11.26	孔庄被杀	杨屯孔庄	孔党才		
张兴乾	男	77	农民	1938.11.26	孔庄被杀	杨屯孔庄			
李前朝	男	78	农民	1938.11.26	孔庄被杀	杨屯孔庄	李全友		
于明哲	男	70	农民	1938.11.26	孔庄被杀	杨屯孔庄	于延平		
李德才	男	42	农民	1938.11.26	孔庄被杀	杨屯孔庄	李在兴		
王 氏	女	80	农民	1938.11.26	孔庄被杀	杨屯孔庄	王存柱		
孙妈妮	男	24	农民	1938.11.26	孔庄被杀	杨屯孔庄	孙洪昌		
冯德印	男	52	农民	1938.11.26	孔庄被杀	杨屯孔庄	冯体玉		
冯德来	男	42	农民	1938.11.26	孔庄被杀	杨屯孔庄	冯体玉		
冯 氏	女	53	农民	1938.11.26	孔庄被杀	杨屯孔庄	冯永勤		
张 氏	女	46	农民	1938.11.26	孔庄被杀	杨屯孔庄	张应海		
冯德昌	男	39	农民	1938.11.26	孔庄被杀	杨屯孔庄	冯召勋		
韩志法	男	53	农民	1938.11.26	孔庄被杀	杨屯孔庄	韩怀艺		
孙洪罗	男	50	农民	1938.11.26	孔庄被杀	杨屯孔庄	孙念爱		
冯王氏	女	48	农民	1938.11.26	孔庄被杀	杨屯孔庄	冯品勋		
冯珉女	女	14	农民	1938.11.26	孔庄被杀	杨屯孔庄	冯品勋		
韩华久	男	58	农民	1938.11.26	孔庄被杀	杨屯孔庄	韩枵环		
韩树钦	男	43	农民	1938.11.26	孔庄被杀	杨屯孔庄	韩念滋		
冯 可	女	32	农民	1938.11.26	孔庄被杀	杨屯孔庄	冯体民		
杨少昌	男	61	农民	1938.11.26	孔庄被杀	杨屯孔庄			
杨二旋	男	30	农民	1938.11.26	孔庄被杀	杨屯孔庄			
王 三	男	42	农民	1938.11.26	孔庄被杀	杨屯孔庄			
亚成米	男	56	农民	1938.11.26	孔庄被杀	杨屯孔庄			

死、伤者姓名	性别	年龄	职业	被害时间	被害地点、主要情节	原住址	户主及亲属姓名	证人签名（盖章）	备注
严成树	男	12	农民	1938.11.26	孔庄被杀	杨屯孔庄			
张守根	男	30	农民	1938.11.26	孔庄被杀	杨屯孔庄	张体伟		

证人姓名	性别	出生日期	住址	身份证号码
李加存	男	1925.11.25	杨屯镇孔庄村	无身份证
姜永庆	男	1924.8.2	同上	同上

调查人：张昭君　韩跌华　调查单位：杨屯镇孔庄村委会　调查日期：2006.7.18

情况说明：日本鬼子怀疑孔庄村有抗日武装，于1938年11月26日纠集大约一个连的兵力攻打孔庄，进庄后即烧、杀、抢、抓，手段极其残忍，他们采用枪杀、刺刀、放火烧等手段，杀死孔庄老人、小孩近50名。村东南（现孔庄小学峦）原有一座马棚，里面藏有手榴弹、炸药等，因火烧而连续爆炸，鬼子误以为抗日武装的反攻，而匆匆撤退。

口述人：李加存　性别：男　出生日期：1925年11月5日　住址：杨屯镇孔庄村

口述人：姜永庆　性别：男　出生日期：1924年8月2日　住址：杨屯镇孔庄村

调查人：张昭君　韩跌华　调查单位：杨屯镇孔庄村委会　调查日期：2006年7月18日

（原件藏：沛县杨屯镇北孔庄村民委员会）

4. 抗战时期徐州沛县魏庙村人员伤亡社会调查

　　情况说明：1939 年农历 6 月 22 日晚 10 点左右，一队日本兵在汉奸的带领下突袭烟墩村。当晚有几名游击队员在烟墩村住下。他们为了抓住游击队员，挨家挨户地搜查，并把露宿在外的村民抓住，一共抓了 19 人。用绳子捆住绑在一起，用刺刀刺杀，当场有 15 人被活活杀死，有 4 人被救活。

　　口述人：殷延友　　性别：男　　出生日期：1927.10　　住址：烟墩村
　　口述人：贾振谦　　性别：男　　出生日期：1925.2　　住址：烟墩村
　　调查人：贾广超　　　调查日期：2006 年 8 月 4 日

　　　　　　　　　　　　　　　　　　　（原件藏：沛县魏庙村民委员会）

5. 无锡市惠山区堰桥镇寺头村惨案社会调查

惨案经过及受害受损情况：1937 年 10 月 23 日（农历），我 14 岁，上午随父在挖防空洞，听到八士、东北方向枪声不断。下午，我在刘家宕长巷前土岗旁看到中国军队在南际，并与东北圹天池巷冲来的日本鬼子进行了交战，约有一个营的中国军队官兵在此次战斗中牺牲。

当晚，我父亲被 3 个鬼子从家中抓住，拉出大门，一个鬼子用电筒照着我父亲，另一个鬼子用枪瞄准我父亲后脑一枪，我父亲本能一避，随枪声倒下，枪子打到了耳朵上，躲过一劫，随后，我父亲听到"呼、呼"二声，躲在隔壁的 2 名光头伤员被日本人杀害。往后，日本鬼子又到了我镇族叔阿根生家，先后把阿根生及弟云生用马刀砍死。我父亲趁着天黑逃了出来。

等过几天鬼子撤走之后，我随父亲从外逃难回来，路上，看到一稻田里有七八具烧黑尸体，一防空间里有一家 5 口全被鬼子射杀，中国军队的死尸掩埋了 3 天，埋入了黄土巷前的千人坑中。

口述人：惠兴祖　性别：男　出生日期：1924 年 12 月 1 日

住址：惠山区堰桥镇寺头村南袁巷 12 号

当事人或知情人签名（盖章）惠兴和　记录人签名（盖章）杜锣

附件 1：现场工作记录

时间：2006 年 8 月 18 日

地点：无锡市惠山区堰桥镇寺头村村民委员会

记录人：蔡晓健、滕杰

拍摄人：高兵，男

见证人：龚伟，男

2006 年 8 月 18 日上午 10 时 15 分，在无锡市惠山区堰桥镇寺头村村民委员会一楼美工、老龄会办公室，由询问人杨建农以问答的形式向惠兴祖了解在抗日战争时期发生在无锡堰桥镇"寺头村惨案"的情况，惠兴祖对杨建农的问题一一做了回答。整个询问谈话过程历时 20 分钟，至 10 时 35 分结束。公证员蔡晓健与公证员助理滕杰现场监督了上述整个谈话过程。

拍摄人：高兵　见证人：龚伟

附件2：公证书

（2006 年）锡二证民内字第 006854 号

申请人：无锡市史志办公室。

法定代表人：王耀元，无锡市史志办公室主任。

委托代理人：龚伟，男，一九六一年八月十一日出生

公证事项：保全证据

申请人无锡市史志办公室因收集抗战时期发生在无锡市堰桥镇"寺头村惨案"相关资料的需要，特委托代理人龚伟于二〇〇六年八月十八日向我处提出申请，申请对惠兴祖（男，一九二四年十二月一日出生）叙述相关情况的过程进行保全证据。

根据《中华人民共和国公证法》规定，本公证员和公证员助理滕杰于二〇〇六年八月十八日会同申请人的代理人龚伟及拍摄人员高兵共同来到无锡市惠山区堰桥镇寺头村村民委员会。在该村委会一楼老龄委办公室，本公证员和公证员助理滕杰监督了询问人杨健农（男，一九六八年十二月二十八日出生）对惠兴祖进行询问、拍摄人员高兵对现场询问情况进行拍摄的全过程，并现场制作了《现场工作记录》一份共一页。现场见证人龚伟在场。

兹证明与本公证书相粘连的《现场工作记录》的复印件与原件内容相符，原件上龚伟、拍摄人高兵的签名属实；本公证书所附光盘一张为高兵现场拍摄的录像带内容刻录而成，光盘所记载的内容与询问人杨建农和叙述人惠兴祖的谈话内容及过程相符，录像带由申请人保存。

江苏省无锡市第二公证处

公证员　蔡晓健

二〇〇六年九月八日

附件3：公证书

（2006 年）锡二证民内字第 006857 号

兹证明惠兴祖（男，一九二四年十二月一日出生）、杨建农（男，一九六八年十二月二十八日出生）于二〇〇六年八月十八日来到无锡市惠山区堰桥镇寺头村村民委员会一楼老龄办公室，在我和公证员助理滕杰的面前，惠兴祖在前面的《寺头村惨案口述证据》上签名并按下右手大拇指指印；杨建农在前面的《寺头村惨案口述证据》上签名。

江苏省无锡市第二公证处

公证员　蔡晓健

二〇〇六年九月八日

（原件藏：无锡市堰桥镇寺头村村民委员会）

6. 抗战时期泰州兴化市人口伤亡社会调查

（1）史实陈述：我叫房凤祥，今年80岁，当时我已10多岁。我亲眼所见，当时是1941年1月25日，早晨9：00左右，从东南方向传来飞机声，顷刻到了长安村扔下一颗炸弹，后在中堡村扔下100多颗炸弹。当天童柏茶家有4口被炸闷死在姓鲍家的地窖里，唐洪章一家5口被炸死，房子被炸烧毁，一头驴子也被烧死，全村被炸死64人。一名在我村要饭的王侉子，宿在村子庙里也被炸死。当时的情况惨不忍睹，到处一片火海，哭声连天。我当时看到这种情况眼泪直掉，十分伤心。当时土地庙的机枪扫的眼子很多，给我们中堡造成很大损失。

陈述人：（印）房凤祥　性别：男　出生日期：1927年2月11日

住址：兴化市中堡镇中堡村五组16号

记录人：邹付元　调查日期：2006年11月9日

附件1：现场工作记录

时间：二○○六年十一月九日

地点：兴化市中堡镇人民政府二楼会议室

根据兴化市史志档案办的申请，本公证员和公证员张钧随兴化市史志档案办的成峰、邹付元及摄像人员陆志鹏于二○○六年十一月九日上午来到兴化市中堡镇镇政府二楼会议室，就一九四一年一月二十五日发生的日军飞机轰炸中堡的情况进行证据保全，见证人房凤祥、张九珍、王永秋、房满煜分别就当时所见所闻的事实情况作了陈述，记录人邹付元对四个人陈述分别做了记录，摄像人员陆志鹏对四个证人的陈述内容及过程进行了录音、录像。四人陈述结束后分别在《泰州市抗战时期人员伤亡情况表》上签名。记录人邹付元也在上面签名。当场从摄像人员处取得录音录像带一盒。

陈述人（证人）：房凤祥　王永秋　张九珍　房满煜

公证员（记录人）：戴才元　张　钧

摄像人：陆志鹏　记录人：邹付元

附件2：公证书

（2006）兴证民内字第1831号

申请人：兴化市史志档案办公室，住所地：兴化市行政中心 5 号楼。

法定代表人：谷幼农

委托代理人：成峰，男，一九六一年十二月十七日出生，现住江苏省兴化市英武路 43 号。

关系人：房风祥，男，一九二七年二月十一日出生，现住江苏省兴化市中堡镇中堡村五组。

公证事项：保全房风祥的证人证言。

申请人兴化市史志档案办公室因承办泰州市抗战课题调研任务的需要，于二〇〇六年十一月九日向我处申请对证人房风祥的证言进行保全证据。

根据我国法律的规定，本公证员与公证员张钧、兴化市史志档案办公室的委托代理人成峰、记录人邹付元（男，一九六九年十二月二十五日出生）、摄像人陆志鹏（男，一九八〇年五月三日出生）于二〇〇六年十一月九日上午，在江苏省兴化市中堡镇人民政府二楼会议室对证人房风祥就一九四一年一月二十五日日本飞机轰炸中堡镇一事进行了询问，记录人邹付元制作了《泰州市抗战时期人员伤亡情况表》一份共一页，同时摄像人陆志鹏对证人的陈述过程进行了同期录像，录像带存放于申请人处，并将录像刻录成光盘，由申请人和本公证处分别保存。本公证员现场制作了《现场工作记录》一份一页。

兹证明证人房风祥在上述谈话过程中意思表示真实。与本公证书相粘连的《泰州抗战时期人员伤亡情况表》（1 页）、《现场工作记录》（1 页）的复印件与原件内容相符，记录人给证人阅读了原件全文，房风祥在原件上的签名属实。现保存于我处的录像光盘为陆志鹏现场所拍摄。

附1.《泰州市抗战时期人员伤亡情况表》复印件 1 页。

2.《现场工作记录》复印件 1 页。

江苏省兴化市公证处

公证员　戴才元

二〇〇六年十一月十七日

（原件藏：兴化市史志档案办公室）

（2）史实陈述：我叫徐承芳，今年 78 岁，1943 年 7 月 22 日 8 点钟左右，日本鬼子来了，我们吓得躲在芦苇荡里，一直躲到下午才回村里，第二天我们收尸，共有 80 多名新四军的尸体，村里群众死了 11 人，有宋国娟等人。

陈述人：（印）徐承芳

记录人：邹付元

陈述人：徐承芳　性别：男　出生日期：1926 年 11 月 22 日

住址：兴化市李中镇苏宋村五组

调查日期：2006 年 11 月 10 日

附件 1：现场工作记录

时间：二〇〇六年十一月十日

地点：兴化市李中镇人民政府二楼会议室

根据兴化市史志档案办的申请，本公证员和公证员王平随兴化市史志档案办的成峰、邹付元及摄像人员陆志鹏于二〇〇六年十一月十日上午来到兴化市李中镇政府二楼会议室，就一九四三年七月二十二日发生的日军"扫荡"李中镇（原舜生镇）苏宋村的情况进行证据保全。见证人宋怀恩、徐承芳、苏治成分别就当时所见所闻的事实情况作了陈述，记录人邹付元对三个证人的陈述分别做了记录，摄像人员陆志鹏对三个证人的陈述内容及过程进行了录音、录像。三个证人陈述结束后分别在《泰州市抗战时期人员伤亡情况表》上分别签名（并捺手印）。记录人邹付元也在上面签了名。当场从摄像人员处取得录音、录像带一盒。

陈述人（证人）：苏治成　宋怀恩　徐承芳

公证员（记录人）：戴才元　王　平

摄像人：陆志鹏　记录人：邹付元

附件 2：公证书

（2006）兴证民内字第 1835 号

申请人：兴化市史志档案办公室，住所地：兴化市行政中心 5 号楼。

法定代表人：谷幼农

委托代理人：成峰，男，一九六一年十二月十七日出生，现住江苏省兴化市英武路 43 号。

关系人：徐承芳，男，一九二六年十一月二十二日出生，现住江苏省兴化市李中镇苏宋村五组。

公证事项：保全徐承芳的证人证言。

申请人兴化市史志档案办公室因承办泰州市抗战课题调研任务的需要，于二〇〇六年十一月十日向我处申请对证人徐承芳的证言进行保全证据。

根据我国法律的规定，本公证员与公证员王平、兴化市史志档案办公室的委托代理人成峰、记录人邹付元（男，一九六九年十二月二十五日出生）、摄像人陆志鹏（男，一九八〇年五月三日出生）于二〇〇六年十一月十日上午，在江苏省兴化市李中镇人民政府二楼会议室对证人徐承芳就一九四三年七月二十二日日军扫荡李中镇（原舜生镇）苏宋村一事进行了询问，记录人邹付元制作了《泰州市抗战时期人员伤亡情况表》一份共一页，同时摄像人陆志鹏对证人的陈述过程进行了同期录像，录像带存放于申请人处，并将录像刻录成光盘，由申请人和本公证处分别保存。本公证员现场制作了《现场工作记录》一份共一页。

兹证明证人徐承芳在上述谈话过程中意思表示真实。与本公证书相粘连的《泰州抗战时期人员伤亡情况表》（1 页）、《现场工作记录》（1 页）的复印件与原件内容相符，记录人给证人阅读了原件全文，徐承芳在原件上的签名属实。现保存于我处的录像光盘为陆志鹏现场所拍摄。

附1.《泰州市抗战时期人员伤亡情况表》复印件 1 页。

2.《现场工作记录》复印件 1 页。

江苏省兴化市公证处

公证员　戴才元

二〇〇六年十一月十七日

（原件藏：兴化市史志档案办公室）

（3）史实陈述：我叫胡保忠，今年 80 岁，1944 年 1 月 4 日（农历腊月初九），当时我 17 岁，早晨 7：00，我看到日本鬼子到了我们村，我便向南逃，日本鬼子拿机枪对我扫，我吓得躲在一户人家，不一会来了两个日本鬼子，看到他们打死了河对面的游击队连长和通讯员，鬼子抓住了我，强迫我们帮他们抬抢劫的东西，当时共来了 63 个鬼子，第二天，我看到有 64 具被日本鬼子打死的游击队员的尸体，另外还有我村的 5 人，其中有奚国庆等。

陈述人：胡保忠　性别：男　出生日期：1927 年 5 月 9 日

住址：兴化市舍陈乡集镇 33 号

记录人：邹付元

调查日期：2006 年 11 月 11 日

附件1：现场工作记录

时间：二〇〇六年十一月十一日

地点：兴化市合陈镇人民政府

根据兴化市史志档案办公室的申请，本公证员和公证员张钧随兴化市史志档案办的陈峰、邹付元及摄像人员陆志鹏于二〇〇六年十一月十一日上午来到兴化市合陈镇政府办公室，就一九四四年一月四日发生的日军"扫荡"合陈镇（原舍陈镇）奚东村（现为樊奚村）的情况进行证据保全。见证人胡保忠、奚玉香，证人奚桂杰分别就当时所发生情况作了陈述，记录人邹付元对三个证人的陈述分别做了记录，摄像人员陆志鹏对三个证人的陈述内容及过程进行了录音、录像。三个证人陈述结束后分别在《泰州市抗战时期人员伤亡情况表》上分别签名（或捺手印）。记录人邹付元也在上面签了名。当场从摄像人员处取得录音、录像带一盒。

陈述人（证人）：胡保忠　奚玉香　　（证人）奚桂杰

公证员（记录）：戴才元　张　钧

摄像人：陆志鹏　记录人：邹付元

附件 2：公证书

（2006）兴证民内字第 1842 号

申请人：兴化市史志档案办公室，住所地：兴化市行政中心 5 号楼。

法定代表人：谷幼农

委托代理人：成峰，男，一九六一年十二月十七日出生，现住江苏省兴化市英武路 43 号。

关系人：胡保忠，男，一九二七年五月九日出生，现住江苏省兴化市舍陈乡集镇 33 号。

公证事项：保全胡保忠的证人证言。

申请人兴化市史志档案办公室因承办泰州市抗战课题调研任务的需要，于二〇〇六年十一月十一日向我处申请对关系人胡保忠的证言进行保全证据。

根据我国法律的规定，本公证员与公证员张钧，兴化市史志档案办公室的委托代理人成峰，记录人邹付元（男，一九六九年十二月二十五日出生）、摄像人陆志鹏（男，一九八〇年五月三日出生）于二〇〇六年十一月十一日上午，在江苏省兴化市合陈镇人民政府办公室对证人胡保忠就一九四四年一月四日日军扫荡合陈镇（原舍陈镇）奚东村（现为樊奚村）一事进行了询问，记录人邹付元制作了《泰州市抗战时期人员伤亡情况表》一份共一页，同时摄像人陆志鹏对证人的陈述过程进行了同期录像，录像带存放于申请人处，并将录像刻录成光盘，由申请人和本公证处分别保存。本公证员现场制作了《现场工作记录》一份共一页。

兹证明证人胡保忠在上述谈话过程中意思表示真实。与本公证书相粘连的《泰州抗战时期人员伤亡情况表》（1页）、《现场工作记录》（1页）的复印件与原件内容相符，记录人给证人阅读了原件全文，胡保忠在原件上的签名、捺手印属实。现保存于我处的录像光盘为陆志鹏现场所拍摄。

附1.《泰州市抗战时期人员伤亡情况表》复印件1页。

2.《现场工作记录》复印件1页。

江苏省兴化市公证处

公证员　戴才元

二〇〇六年十一月十七日

（原件藏：兴化市史志档案办公室）

（4）史实陈述：1942年6月19日（农历五月初六）凌晨，新街区队在凤阳庄南的一个庄子宿营时，遭到日伪军袭击，我军突围中5人牺牲，刘志贤同志受伤，日军将24人抓走，其中我军战士21人，老百姓3人，后敌人将3位年龄小个子矮的战士当成老百姓放走了。敌人将叶荣贵等21人用刺刀戳穿双手，以铁丝横穿连在一起，带到北新街河北边的沟旁当成活靶，用刺刀从人的背后刺到胸前，每人身上有10多处刀痕，21人全被敌人活活戳死。我是被放走的3个人中的一个，其余两人是马德强、叶同儿。

陈述人：陆健　性别：男　出生日期：1927年10月10日

住址：泰兴镇小南海花园10号楼10室

记录人：翁元锋

调查日期：2006年11月7日

附件1：公证书

（2006）泰证民内字第955号

申请人：泰兴市史志档案办公室

法定代表人：印永国

委托代理人：徐文光，男，一九六〇年六月八日出生，身份证住址：江苏省泰兴县泰兴镇北小桥南河沿12—2号。

关系人：陆健，男，一九二七年十月十日出生，现住江苏省泰兴市泰兴镇小南海花苑10号楼101室。

公证事项：保全陆健的陈述

申请人泰兴市史志档案办公室因抗战损失调研的需要，于二〇〇六年十一月七日向我处申请对陆健的陈述进行保全证据。

根据《中华人民共和国公证法》、《公证程序规则》的规定，本公证员与本处公证员助理刘海燕、申请人的委托代理人徐文光、泰兴市史志档案办公室工作人员翁元锋及拍摄人员陈勇于二〇〇六年十一月七日上午，在泰兴市泰兴镇小南海花苑10号楼101室，陈勇对关系人陆健陈述的整个过程进行了现场录像，翁元锋对关系人陆健的陈述进行了记录，并制作了《泰州市抗战时期人员伤亡情况表》一份共一页，得到录像带一盘，刻录光盘后由本公证员对录像带进行了封存，并由徐文光、陈勇在封口处签名确认。

兹证明与本公证书相粘连的《泰州市抗战时期人员伤亡情况表》的复印件与原件相符，原件上所记载的内容为关系人陆健亲口所述，并经其本人核对，陆健在该表上的签名、手印均属实；现场拍摄的录像带交由申请人保管，我处保存由录像带刻录的光盘一张。

附件：《泰州市抗战时期人员伤亡情况表》复印件

江苏省泰兴市公证处

公证员 张 军

二〇〇六年十一月十九日

（原件藏：泰州市史志档案办公室）

（5）史实陈述一：1938年正月十八清晨，日本有8艘军舰停在新港江边，先是由空军投下3颗炸弹，后来上岸进行疯狂烧杀，新港地区的房屋基本全部烧毁，当天死亡应该近100人，这都是我们亲身经历的。当时陆春耕、孙和尚、魏三宝、小根庆、刘同根的妈妈，以及我们圩上的一个老奶奶等近10个人在当天被杀，是我亲眼目睹的。

陈述人：王新付　性别：男　出生日期：1917年6月25日

住址：新港居委二组

记录人：陆雪梅

调查日期：2006年11月9日

史实陈述二：1938年正月十八这天，我们圩上郑龙生、陈荣庆、我家丈人和舅子等近百人被日军所杀，日本鬼子实行"三光"政策，不是说得玩的。日本鬼子对中国军民的杀害是毒辣的，我们的恨也是刻骨铭心的，他们当时是不把中国人当人看的。

当时整个新港地区到九节圩、倪家圩、丹黄圩、高家圩、陈家圩等八九个圩，300多户人家房屋被烧毁。

1938 年 2 月 15 日被日军惨害的新港人民有郑龙生、陈汉林、陈松官、陈邦正、陆荣庆、郑根宝、陆狗子、柏大郎、陆氏、魏河山、魏小宝、魏氏、孙和尚、郑秀娣、孙根庆、陆春根等近百人。

陈述人：陈云　性别：男　出生日期：1927 年 3 月 29 日

住址：新港居委六组

记录人：陆雪梅

调查日期：2006 年 11 月 9 日

附件 1：工作记录

时间：2006 年 11 月 9 日下午

地点：靖江市斜桥镇新港村居委会办公楼三楼会议室

事由：证据保全

参加人员：靖江市斜桥镇新港村 2 组村民王新付、

靖江市斜桥镇新港村 6 组村民陈云、

靖江市史志档案办公室工作人员陆雪梅、朱艳燕、

摄（影）像人员：靖江市广电局工作人员徐建、殷春华、

公证人员：瞿建平、缪迎春

应靖江市史志档案办公室的申请，靖江市公证处指派公证员瞿建平、缪迎春于二〇〇六年十一月九日下午与靖江市史志档案办公室工作人员陆雪梅、朱艳燕、摄（影）像人员徐建、殷春华共同来到靖江市斜桥镇新港居委会办公楼三楼会议室，见到两位证人分别为：靖江市斜桥镇新港村 2 组村民王新付、6 组村民陈云，公证员向两位证人出示了《公证员执业证》，并核对了两位证人的身份属实，公证员向两位证人告知必须真实地反映当年日军在当地的所作所为，陆雪梅、朱艳燕分别与两位证人进行了交谈并记录在册，拍摄人员对整个谈话过程进行了拍摄及录音。

陈云　徐建　王新付　陆雪梅　朱艳燕　殷春华

公证员：瞿建平　缪迎春

附件 2：公证书

[2006] 靖证民内字第 603 号

申请人：靖江市史志档案办公室，法定代表人：王亚平，委托代理人：范跃龙。

关系人：王新付，男，一九一七年六月二十五日出生，现住靖江市斜桥镇新港村横埭。

陈云，男，一九二七年三月二十九日出生，现住靖江市斜桥镇新港村界岸村。

公证事项：保全王新付、陈云的证人证言

申请人靖江市史志档案办公室因承办泰州市抗战课题调研任务，于二○○六年十一月九日向我处申请对王新付、陈云的证言进行保全证据。

根据我国法律的有关规定，本公证员与公证员缪迎春、靖江市史志档案办公室工作人员陆雪梅、朱艳燕、摄像人员靖江市广电局工作人员徐建、殷春华于二○○六年十一月九日下午，在靖江市斜桥镇新港村居民会办公室三楼会议室对证人王新付、陈云进行了询问，并制作了《证人证言》2份共2页，同时摄像人员对证人王新付、陈云的陈述过程进行了同期录像，录像带存于靖江市史志档案办公室，并将录像刻录成光盘，由靖江市史志档案办公室、靖江市公证处分别保存。公证员缪迎春现场制作了《工作记录》共1页。

兹证明证人王新付、陈云在上述谈话过程中意思表示真实。与公证书相粘连的《证人证言》共2页、《工作记录》共1页的复印件与原件内容相符，记录人给证人阅读了原件全文，陈云在原件上的签名、王新付在原件上捺指印均属实。

附件：1.《证人证言》的复印件共2页。

2.《工作记录》复印件共1页。

江苏省靖江市公证处

公证员　瞿建平

二○○六年十一月二十二日

（原件藏：靖江市史志档案办公室）

（6）史实陈述一：

问：（同兴事件）什么时间发生的？

答：1939年农历十月十一日上午8：00—11：00。

当事人当年16岁。十月十一日，当事人的姐姐的死日，故我记得清楚。

问：请把你知道的情况说一遍。

答：日军从江阴调龙当换防，行到严家码头税所处，日军船不停，税所打了一枪，日军船后返回严家码头，分三路杀人、放火、强奸等。我记得杀死7人，房屋烧了许多。房屋108家。

7人：孙福根（枪打死），匡老三（扬中人，来永安种田，被枪打死的），朱元桂的妈妈，祈玉章及兄弟（一个枪打，一个戳死），黄步纪，严发庆。

五天前，又烧了两户人家。

（严家码头即在现同兴，三路被杀、烧的地方在一条线上。）

我今天所讲的全是我亲眼所见。

陈述人：徐志法　性别：男　出生日期：1924 年 6 月 9 日

住址：新永安洲同兴村三组

记录人：陈　敏

调查日期：2006 年 11 月 27 日

史实陈述二：

问：（同兴事件）什么时间发生的？

答：我已上学的下午，阴历十月向后。

问：请把你知道的情况说一遍。

答：在校上学期间，教师讲"东洋鬼子"来了，你们回去吧。当时那片浓烟，一片火光。在东山那边，扛枪的人有一片，看见地上躺了人。

我们躲在芦柴滩里，鬼子走后，我们想出来看，见那人爬到沙里去了，我们去看了，那人身上的血口子直冒血，死了。

霍余领是皮匠，想回来救火被抓住杀死的，他住我家西隔壁。

我母亲经常给我讲，有 2 个小孩被鬼子放火烧死的。黄贤纪的妹子，林登福的兄弟。

陈述人：黄步银　性别：男　出生日期：1936 年 10 月

住址：福沙村 15 组

记录人：陈　敏

调查日期：2006 年 11 月 27 日

史实陈述三：

问：（同兴事件）什么时间发生的？

答：10 月 11 日，当时我 11 岁。

问：请把你知道的情况说一遍。

答：上午 9 点钟，日军的船被税所人的人打了一枪，日军的拖船停下一艘，其余去了龙窝。下午两点多日军开船来了，从严家码头上来，找打枪的人，没找到，就在此地杀人放火。烧了 98 家。我家也被烧了。我父亲将母亲拖出房屋，幸没被烧死。我姐姐在我公公家，我姐讲，"公公家房被烧了，你舅也被戳死了。"舅舅在碾房旁边被杀了。舅舅的尸体被收后，送至扬中。我舅舅叫黄步纪。另外，霍余领被杀的事我也看见了。

刚才我所讲的全都属实。

陈述人：严升和　性别：男　出生日期：1929 年 7 月 17 日

住址：永安洲盘头村四组盘头现属新街

记录人：陈　敏

调查日期：2006 年 11 月 27 日

附件 1：保全证据公证书

（2006）泰高证民内字第 877 号

申请人：泰州市高港区史志档案办公室

法定代表人：包志明，系该单位主任。

委托代理人：陈敏，女，一九七七年十二月二十九日出生，地址：江苏省泰州市港城路 8—11 号。

公证事项：保全行为

申请人泰州市高港区史志档案办公室为保全历史真相，向我处申请保全证据公证。

根据《中华人民共和国公证法》的规定，二〇〇六年十一月二十七日上午十时二十分许公证员蔡国祥、公证员助理袁松与申请人的委托代理人陈敏来到泰州市永安洲镇政府大楼 312 室，陈敏就抗战时期，日军在永安洲的一些暴行分别与徐志法（男，一九二四年六月九日出生，地址：江苏省泰州市永安洲镇同兴村三组）、黄步银（男，一九三六年十月二日出生，地址：江苏省泰州市永安洲镇福沙村十五组 40 号）、严升和（男，一九二九年七月十七日出生，地址：江苏省泰州市永安洲镇盘头村四组）三人进行了谈话，陈敏根据徐志法、黄步银、严升和各自的陈述分别在三份泰州市高港区抗战时期人员伤亡情况表上记录了谈话内容，徐志法、黄步银确认后在泰州市高港区抗战时期人员伤亡情况表上签字、捺罗印；严升和确认后在泰州市高港区抗战时期人员伤亡情况表上盖章、捺罗印，陈敏在三份泰州市高港区抗战时期人员伤亡情况表上签字，并将上述三份泰州市高港区抗战时期人员伤亡情况表复印一式四份。拍摄人员查云富（男，一九八二年七月二十日出生，地址：江苏省泰州市高港区港城路 8—83 号）对上述金过程进行了现场拍摄，并制作光盘四份。本处公证员蔡国祥与公证员助理袁松对以上全过程进行了现场监督，并制作了现场记录一份。

兹证明徐志法、黄步银在泰州市高港区抗战时期人员伤亡情况表上签字、捺罗印属实；严升和在泰州市高港区抗战时期人员伤亡情况表上盖章、捺罗印属实；陈敏在三份泰州市高港区抗战时期人员伤亡情况表上签字属实；泰州市高港区抗战时期人员伤亡情况表复印件内容与原件内容相同；制作的光盘内容与现场谈话过程相符。母带由申请人保存。

　　附：泰州市高港区抗战时期人员伤亡情况表复印件三份

　　　　光盘一张

江苏省泰州市高港区公证处

公证员　蔡国祥

二〇〇六年十一月二十九日

（原件藏：泰州市档案馆）

7. 洋泾角惨案调查报告

苏州市抗战课题组

1937 年 11 月 19 日，日本侵略军攻占了苏州城。20 日至 22 日，日军第 9 师团富士井部队在苏州齐门外洋泾角村制造了一起屠杀中国民众 150 人的大惨案。洋泾角村至今留有一处埋葬遇难者遗骨的"百人坑"，这是控诉日军残暴行为的历史见证。

关于这次大屠杀的情况，自抗战以来当地久有传闻。苏州市委党史办干部樊泱于 1987 年曾去该村进行了调查，写出了这次惨案的调查报告。今年 7 月至 8 月间，已退休的樊泱与市委党史办干部王琛、盛震莺又去该村进行了调查核实。1987 年及今年，洋泾角村所归属的梅巷村委会干部陈兴泉、原村支书陈虎根均参与了调查。调查人员走访了发生惨案的有关现场，访问了仅存的历史见证者。现将调查所得的情况综述如下：

一、洋泾角村的基本情况

洋泾角村是苏州城北齐门外的一个小自然村，离苏州古城区约 3 公里。新中国成立后，洋泾角村在行政上与南面的梅巷村一起组成梅巷村民委员会（人民公社时期的梅巷大队），洋泾角成为梅巷村的一个村民组（生产队），一直隶属于苏州市郊区娄葑乡。由于近年来苏州城市建设发展的需要，梅巷村委会目前已由工业园区娄葑镇划归于平江区娄门街道。洋泾角村实际上已成为一个留存于历史的老地名。

洋泾角村地处苏州交通要道旁，军事战略地位十分重要。村南是上海至苏州、无锡的国道公路和沪宁铁路，村西是苏州至常熟的省道公路和水路元和塘。在抗战爆发前夕，该村建有朝南的 3 排农家住房，居住 30 多户人家、200 多人口。南面第一排有 3 户人家，第二排 8 户人家，第三排有 24 户人家。当年日军进攻苏州时，中国军队曾在苏州城北洋泾角村一线设阵地进行抵抗。重要的地理位置以及日军曾经在此作战，是日军攻占苏州后即进驻洋泾角村，并把洋泾角村作为杀人屠场的重要因素。

二、惨案经过

1937 年 11 月 20 日，日军富士井部派出 100 余人的部队进驻了洋泾角村。当时绝大部分村民已离家逃走。日军在村子四周设了步哨，并在入住的民房墙上挖了洞眼以监视村边情况。日军只要看见有人从村边路上经过，就出来把人抓住关押在村里作为俘虏。被抓的人如想要逃跑，日军随即开枪把人击毙。21 日，日军开始将抓到的中国人分批押到村南第一排东边第一幢陶水荣（又名陶小和尚）家堂屋内进行杀戮。大部分人是被枪杀的，也有的人是被刀砍死的。暴行持续到次日，屋内尸体堆了 3 人多高。22 日上午，日军抓了一些人在陶小和尚家门口挖坑，将遇难者尸体进行掩埋。当天下午，日军在搬离该村时又将挖坑的人打死。事后，回家的村民们将陶小和尚家场上的坑挖开让遇难者的家属认尸，现场惨不忍睹。大部分无人认领、无法认出的遗体，就一起葬在村外杨家坟的水潭里，后人称之为"百人坑"。

这次大屠杀，确切的遇难者人数已较难考证。据当事人证言，被日军集体杀害的有 100 余人；在路上、田里、河边被杀害的也有数十人，总计约 150 人。埋葬遇难者遗骸的"百人坑"名称，就是从当年一直流传至今的。被害的大部分是过路难民，其次为当地百姓和少数中国伤兵。

据调查，这次大屠杀惨案中遇难的当地百姓，切实可考证的遇难者如下：

1. 江金富，洋泾角村人。因不愿逃难留在村里而被日军杀害。同时遇难的有和他住在一起的一个腿部受伤的中国军人。

2. 吴火根，梅巷村人。出逃后又返村而被日军抓起杀害。

3. 吴水根，梅巷村人。吴火根之子，与父一起被杀害。

4. 金金男，梅巷村人。与吴火根父子一起返村被杀害。

5. 沈寿宝，梅巷村人。与吴火根父子一起返村被杀害。

6. 蒋富泉，汤家庄人。在村边路上被日军抓去杀害。

7. 齐门大街沈素珍的祖母、外祖母。

8. 齐门街上根男的好婆（小豆腐娘）。

9. 油车浜巧弟的娘。

三、当事人、知情人情况及证言实录

1. 王木根，男，农民，1905 年生，陆墓虎啸村（现属相城区元和街道）人，已去世。他是 1937 年洋泾角村惨案中的死里逃生者。1987 年 5 月，樊泱、姚锡兴（娄葑乡干部）、陈兴泉（梅巷村干部）访问他。20 世纪 80 年代日本记者本多胜一曾访问了他，并将他的事迹写入《通向南京的道路》一书。以下是王木根的证言：

民国廿六年（1937 年），日本兵打中国。中国军队从上海退下来，沿路拉夫。阴历十月十四日（11 月 16 日），我被 87 师拉去，拉到无锡，替他们挑东西，摇船。沿路退下来的兵很多，回来的路上，我又被拉去两次，一次拉到无锡惠山，一次拉到无锡东亭。我是被拉到东亭后放回来的。那时，天一直下雨，下了 20 多天，路上很滑，很难走。我沿着铁路走，在路上，碰到一个浒关人，也是被拉夫放回的。走到浒关，我在他家住了一夜。第二天，我又上路朝苏州走。这时，铁路上已没有退下来的兵了。快到苏州火车站时，有三四个中国兵退下来，其中一个向我挥手说：日本兵来了，快走，快走！我转身绕道从虎丘金项桥走。路上，老百姓向西逃，我向东走，他们叫我快逃。我没有逃，我要回家。我家住洋泾角村东北角的火烧浜。这天，我到南洲巷住了一夜。

第三天，我抄小路走，从陆墓南桥过桥，沿公路向南走。这时，我看到公路西边塘河里，有日本兵乘船走。不少是阿胡子。我怕被日本兵拉夫，装成瘸腿，一跛一跛地走。快到洋泾角村时，看到对面马路上，有 10 多个日本兵，扛着枪走过来。我停下了脚步，心里想，不知可好走。我又看到前面路上有一队日本兵过洋泾塘桥，向火车站方向去，还有高大的军马。我要想逃走也不好逃。这时，我又看到在我前面有一个青年人在向前走，我就跟着他向前走。走不多远，前面的一个青年被日本兵捉牢了。接着，我也被捉牢。

日本兵用绳子把我双手绑牢，拉了就走。还用刺刀向我头上劈，没有劈下来。他们把我拉着朝村里走。在路上，我看见有 3 个人被打死，有一个妇女还被破开肚皮，走过郁同生家小屋，看见里面已关了二三十人。我看到村子里到处有日本兵，村子周围放了步哨。

日本兵把我从村西拉到村东，拉到陶小和尚家，拉进里面一间房子门口，把我前面的一个青年推进去，从背后一枪把他打死。第二个把我推进去，也是一枪。我被打倒在地，一扇门倒下来，压在我身上。我身上又压了三五个打死的人。我没有被打死，子弹打偏了，从我肩胛上进去，从颈项里出来。我躺在地上，一动不敢动。等日本兵去拉第二批人时，我爬进一张床底下躲起来。我刚躲好，日本兵又拉来第二批，在这里枪杀，就这样一批批在这里杀人，直到天黑。夜里，我听到西面一间房子里（隔开一条小弄）有日本兵的说话声。我想逃，估计有敌人站岗。后来，我又划了火柴看看，看到床头堆满尸首，要逃也逃不出去。我想只好死在这里。

我躲在床底下，伤口痛。要咳嗽，也不敢咳出声来，用手把嘴巴捂住。我被打的第二天上午，日本兵还是在这间房子里杀人。上午八九点钟，日本兵还拉来了一个十二三岁的小孩。日本兵把小孩扔在床上，小孩吓得从床上跳起来，也被日本兵一枪打死。一直杀到9点多钟。大约10点钟时，我听到有挖坑的声音。我以为是挖战壕，其实是挖埋人的潭。后来到下午2点多钟，有人来屋里拖死人，到4点多钟，屋里的死人拖完了。在上午9点多钟，我还听到房子后面有日本兵的叫喊声。是一个妇女拖了小孩从村后小路上跑过，被日本兵打死。日本兵靠在屋后的屋檐下，看见人就打枪，把人打死。在这间房子里日本兵共杀死100多人，尸首横七竖八，堆有一人高，墙上地上到处是鲜血和脑浆，地上的血可以用瓢舀。隔壁房间里也有被打死的人。

下午4点多钟日本兵走了，听说是向无锡去了。4点钟以后，我听到外面没有声音了，从床底下爬出来。我浑身是血，又没有吃，一点力气也没有，先靠在墙门上站站，再看看门外，没有人了，就逃了出来。在路上，我又看见吴火根被打死高墩桥边上。我逃到火烧浜自己家里，伤口没有药医，就用猪油搽搽，半年后才长好。

我回家以后，小瞎子和尤三男来看我，他们说，你是死里逃生，我们也是死里逃生。他们和施永涛等八九人被日本兵捉去拖死人。日本兵叫他们在陶小和尚家场上挖了潭，把屋里死尸拖出去堆在潭里，埋好死人后，日本兵接到命令要开走。日本兵在走之前，把埋死人的人打死2个，还有几个人拖去挑东西，到望亭才放回来。

日本兵进村时村里人大都逃走了。被日本兵杀死的人大多数是外地人。他们路过洋泾角被日本兵抓住杀死。有少数是本村及附近村的人。半个月以后，有人来认尸，来认尸的人有无锡人、常熟人，也有附近的人。他们把陶小和尚家场上的死人挖出来认。有的尸首被认走了。大多数尸首没有来认或认不出，尸首已经开始腐烂。后来，村上的人把这些尸首拖到村后，埋在杨家坟水潭里。后来就叫这个地方为"百人坑"。被日本兵杀死的人大都是青壮年，也有老人、小孩和妇女。在被杀的人中，我认识的有齐门街上根男的好婆（小豆腐娘），油车浜巧弟的娘，还有梅巷村吴水金的爷和阿哥，吴水金的爷被日本兵抓住后逃走，被日本兵打死。日本兵在洋泾角大屠杀后，村上人都不敢回来。年底以后，先是男人白天回来看看，晚上又跑出去。半年以后，逃出去的人才慢慢回来。

2. 金火宝，女，农民，1935年出生，洋泾角村人。父亲金金男被日军所杀害。1987年5月，樊泱、陈兴泉访问他。2006年8月，王琛、盛震莺、陈兴泉再次访问时作了核实，以下是她的证言：

我爷被日本兵打死时，我才2岁，父亲遇难的情况我是听我娘说的。日本兵来时，我们一家人逃难，逃到北壮基。我娘，我和兄弟住在亲戚家。我爷金金男和吴水金爷吴火根，阿哥吴水根，还有沈寿保一起回来，走到洋泾角，我爷被日本兵抓去杀死。吴水金爷吴火根被打死在高墩坟上，吴水根，我爷金金男，还有沈寿保，被杀死在陶小和尚家屋里。我爷被劈掉半个头。

3. 吴水金，男，农民，1927年生，已去世，梅巷村人。父亲吴火根，哥哥吴水根被日军杀害，1987年5月，樊泱、陈虎根访问了他。以下是他的证言：

日本兵来时我11岁。那年阴历9月，中国兵退下来，住在我家。我们一家11人，在附近村避了一个星期。后来，日本飞机来轰炸，扫机枪，晚上还投照明弹。我们就赶到陆墓吴家道家里，住在一间下场屋里。我们村上两家邻居也和我们住在一起。我们一些小人在一起耍闹，邻居嫌闹，要赶我们出来，我们只好回家。

阴历十月十八日（阳历11月20日）早上，我娘先回来看看，走到洋泾角，没有看到日本兵，走到自己村里，也没有中国兵了。下午我娘回到吴家道说，屋里没有兵了，大家回去吧。实际上日本兵已进洋泾角村了。

十月十九日（阳历11月21日）早上，我和爷、娘、阿哥、弟弟一家5人回村，和我们一起回来的还有邻居金金男、沈寿宝。大约10点多钟，走过洋泾角村，我看见一个青年人从围墙里跳出来逃跑，2个日本兵追出来，他已逃到田里，日本兵开枪把他打死。我看见了吓得不敢走，对我爷说，回转吧。我爷说，不要紧，我们没有做坏事不要紧的。两个日本兵看见我们，向我们招手，喊来来来，我们只好走过去，日本兵把我们捉住，拉到潘福兴家门口，把我阿哥、金金男、沈寿宝3个青年拉走，拉向村东去。把我和爷娘、弟弟关进潘福兴家客堂里。这个屋里已关了二三十个人了，天下雨，有的人穿着簑衣。关了一个多小时，日本兵到这屋子里来拉人，每次来二三个日本兵，拉出去一二个人。关在屋里的人，只当是拉出去经过询问放掉，我们也听到枪声。谁也不知道是拉出去枪杀。关在屋里的人越来越少，我爷也被拉了出去，最后只剩下我、我娘和小弟弟三人，这时大约12点钟以后了，日本兵吃饭了，一个看守我们的日本兵也走开了。我娘用手指指门外，叫我逃，我不敢逃。我娘抱了弟弟逃到场面上，站下来向我招手，我才逃了出去。那时在下雨我们跑过场面，从潘福兴家田岸上奔到自己村上，我家在梅巷村。

我们回到村上，到自己家一看，不好住，就跑到对门金家，那儿住了十多个村上留下来看家的老人，他们住在一起壮胆。我娘害怕，还要想逃。村上的老人对我娘说，就在这里住一夜吧。我们在这里住了。这一夜，我们不断听到枪声，日本兵又在夜里杀人了。

二十日下午4点多钟，我们村上回来了2个人，一个叫陈盘生，一个叫施永涛，他们和我们逃在一起的。我们回来时同他们约好，如果我们不回转，他们两人就回来，他们是二十日上午回来的，走过洋泾角村被日本兵捉牢。日本兵把他们拉去埋死人。日本兵在陶小和尚屋杀死100多人叫他们去埋。把屋里的死人拖到潭里，潭有一公尺多深，死人身上有血，拖好死人以后，日本兵又拖来十多个人，打死在潭里，后来日本兵叫拖死人的人坐在场面上等，在日本人走开时，他们逃了出来。他们回到村上说，日本兵在洋泾角杀了许多人，他们看见我爷被打死在高墩坟边。我爷是逃出来被打死的。我阿哥被打死在陶家屋里，金金男、沈寿宝是被枪杀在屋里。我娘哭的死去活来。夜里，我娘喊他们帮忙，把我爷尸体运回来，用板门埋葬了。夜里我娘抱了弟弟和我逃走。陈盘生、施永涛也和我们一起逃走。我们又逃回吴家道。因为死人要哭，不让住，我们又搬到观音堂里去住，以后，我和娘一起回来，到陶小和尚家潭里去找我阿哥的尸首，因为尸首已开始腐烂，认不出了。我阿哥的尸首和其他人的尸首一起埋进了"百人坑"。陶家的房子和我家的一样，潭开在门前的场面上，是一个大潭，占了大部分场面。

4. 江招妹，女，农民，1909年生，已去世，洋泾角村人。父亲江金富被日军杀害，1987年5月，樊泱、陈兴泉访问了她。以下是她的证言：

我爷叫江金富，逃难时，我对他说，我们一起逃吧，他不肯逃，我把大儿子放在他身边，第二天我来抱孩子，又叫他逃，又不肯。我只好抱了大儿子走。我们是阴历十月十一日逃走的。我们逃到北桥。过了几天，看见自己村上逃来的人，问他们，阿曾看见我爷，他说，十七日看见的，后来没有看见。我以为我爷没了。过了几天（即十月十九日），有一个人说，你爷未死，有一个伤脚的中国兵不好走，和你爷住在一起。后来，我爷被日本兵杀死了。村上的人回来。掘开埋死人的潭，看见江金富的尸首，拉开埋在水潭旁边。半年以后，我们才回到村里，把我爷的尸首挖出重新葬了。那时，我28岁，我爷49岁。我在收尸时，看见潭里浮着尸体，有的身上有洞，有的没有头，有的背朝天。

5. 潘福根，男，农民，1926年生，梅巷村人，洋泾角村惨案的见证人。1987年5月，樊泱、陈虎根访问了他。以下是他的证言：

我今年62岁，当时12岁。（1937年）阴历十月十二日，我家逃难，同村里的5户人家都逃在一起。我们一家，有我娘、我和弟弟。阿叔潘乔和一家、潘福兴一家、陶水泉一家、陶水荣（陶小和尚）一家。那天，日本飞机来投弹，投照明弹扫机枪，我们当天夜里就逃出去。逃到潘福兴亲戚家，在那里搭了草棚住。住在那里，没有吃。我祖母逃到陆桥，经常回来看看，把吃剩的稻谷带回来吃。当时，稻谷堆在场上，还没有打下，全给吃了。

这年的阴历十二月，我们5家人家一起又搬。这时年纪大一点的人回家来看看。陶水荣回来一看，家门前全是死人，他就喊人用门板把死人抬出去。死人扛走以后，他们又走了。一起抬死人的有陶水泉、陶水荣、金山阿叔、郁小根（光棍）、潘小兴（他妻子死了，也是光棍一个）。那时，人们不敢回村里，白天回来看看，傍晚又走了。过了春节以后，大家才回来。人们跑到村上一看，稻罗全被吃掉了，满地是稻柴。家具没有了，门窗全被烧掉。没有东西吃，就把吃剩的稻谷拣出来吃。天热了，太阳晒，丢在沟里的死人发臭了，大家想办法用门板抬，丢在杨家坟的水沟里。我们小人也去看的，看见狗在吃死人，过些时，人烂掉，到处是骨头。当时被日本兵打死的人很多，村上、田里到处都有，我听人说，郁寿根的猪棚里打死一个人，逃回来推门一看，这个死人还立着，靠在门后的墙上，日本兵在这里打死100多人，我们村上被打死的有一个人，叫江金富，他逃出去后又回来被打死。日本兵住在村子里，在靠马路边的房子（潘福兴家房子）上挖洞眼。日本兵躲在墙后从洞眼中向外看，你看不到他，他能看到你，看到人就出来抓，路边的人都被抓去，要逃，开枪打死。抓到后拉去杀。

6. 奚水根，男，农民，1914年生，已去世，洋泾角村人。洋泾角村惨案的见证人。1987年5月，樊泱、陈兴泉访问了他，以下是他的证言：

我是洋泾角村人，日本兵来时，我逃难逃到南北桥。日本兵走后十多天，我就回来了。回到村上，看到到处有死人，有在路边上，有在水沟里、稻田里，陶水荣屋边地头上，堆满了死人。大约一个月后，村上的人，把陶家场地上的死人，拉到村后的一个水潭里，参加扛死人的有许多人，有我、潘根泉、陶水荣、陶水泉、潘福兴、潘春和、郁和尚等。我们扛了2天才把潭里的死人扛空。大约有六七十个尸首，大多是青壮年男人，也有妇女、老人和小孩。

埋死人的潭，挖在陶水荣家房子东面的地头上，是长方形潭，有半人深，八公尺多深，五六公尺长，上面堆了一层又一层的死人。死人上面铺了稻柴，上面盖了泥。泥盖得不多，只薄薄一层，有的死人的脚还露在外面。被日本兵打死的人很多，有100多人，大多是外地人，我回来之前就有人来认尸。我回来以后，已经没有人来认尸了。我们村上有一个人被打死，他就是江金富。我逃难时，他娘跟我一起逃的，他摇船。船摇到陆墓小桥时，他说，没亲没眷的，不逃了。我说，逃了再说吧。他不肯去，就靠船上岸。我那时是23岁，是壮丁，一定要逃的。我逃到南北桥他回转。他回来后被日本兵打死了，死在旱地的水沟里。

7. 沈素珍，女，市民，1922年生，现住齐门外大街182号。1937年11月父亲被日军杀害于齐门大街，祖母与外祖母被日军杀害于洋泾角村。1989年3月，樊泱采访了沈素珍和她的弟弟沈如柏。2006年8月，王琛、盛震莺再次采访时，沈素珍仍健在，沈如柏已去世。以下是沈素珍的证言：

我爷（父亲）叫沈荣根，是开豆腐店的。民国二十六年（1937年）日本兵来时，我们一家人逃难。我娘带着我和我两个姐姐逃到黄埭，我爷，好婆和两个工人逃到蠡口。在逃难之前，房东要把豆腐店房子卖给我家，我爷合了会，凑了钱，准备买房子。逃难时，我爷就把这笔钱放在破地板下。逃到乡下，我爷不放心这笔钱，又回来看。

那天一早，我爷和工人荣兴、驼背一起从蠡口上来。他们3人走到洋泾荡大桥时，分成两路向苏州走。我爷穿过公路大桥直向齐门大街走，那2个工人过公路大桥绕杨家宅走。我爷没走多远，被日本兵的先头部队捉住。日本兵在我爷身上搜到一张救火会证件，说他是支那兵（中国兵），把他拖到永大石灰窑旁，绑在一根电线木上，开枪把他打死。后来，听收尸的人说，我爷死得很惨，身上被枪打了6个洞眼。我爷死时，才39岁。

荣兴和驼子两个工人从杨家宅过来，走上北马路桥时，看见日本兵过来了，来不及逃走，就钻到桥下的防空洞里；日本兵看见了，就用机枪向防空洞里扫。荣兴和驼子被扫死了。他们的尸体，后来就埋在这个防空洞里。

我好婆和外婆得到我爷被抓的消息，立即从乡下赶上来，想救我爷。她们两人走过洋泾角村时，被日本兵捉住，拖到洋泾角村里杀死了。

中共苏州市委党史工作办公室：樊泱、王琛、盛震莺

苏州市平江区娄门街道梅巷村：陈虎根、陈兴泉

2006年11月

8. 抗战时期镇江句容县罗家庄惨案社会调查

时期：1937 年 12 月 14 日

地点：江苏省句容县

事件经过：抗日战争，句容县黄梅镇罗家村残遭日寇的血腥屠杀，当时已记事的目击者罗大兴（男，1929 年 3 月 16 日生于黄梅镇罗家村），回忆当时的情景仍历历在目，心有余悸。

罗大兴回忆惨案经过时心情非常激动。他说，我 9 虚岁那年冬月 12 日（1937 年 12 月 14 日）下午，日本鬼子 12 人入侵罗家庄一带，村民孔凡伯一家男女老少 13 人被日本鬼子关在屋里活活烧死。当时，我家有 8 个人，父亲、母亲、两个哥哥、我和两个妹妹（一个 6 岁，还有一个 3 岁），另外还有一个童养媳。两个哥哥怕被抓夫，事先逃难离开家了。那天下午，日本鬼子见人就杀，见房子就烧。我的父亲被鬼子用刺刀捅死了，一星期后，我们才发现，当时的尸体都已腐烂了。我和妹妹、母亲及童养媳逃到一个小山坡上，不幸被鬼子发现。日本鬼子用枪杀死了我母亲和童养媳，我和 6 岁的妹妹吓跑了，3 岁的小妹妹爬在我母亲的身上被冻死了，我当时也被吓呆了。我原姓孙，我父亲叫孙国全，那天过后我和 6 岁的妹妹被罗家庄罗士莪家收养，后来我改姓罗。那一天，罗家庄一带到处都是死人，第二天村民清点时发现，全村被鬼子一共杀死了 20 余人，加上孔凡伯家 13 人被烧死，我家 4 人在村外被杀死，一共死了近 50 人，房子被烧了 50 多家（间），祠堂和学校都被烧了，东边的房子也被烧了。

知情人：罗大兴　性别：男　出生日期：1929 年 3 月 16 日

住址：黄梅镇罗家庄

调研人：韩崇俊（句容市史志办科员）

调研日期：2006 年 12 月 18 日

附件　公证书

（2006 年）句证民内字第 408 号

兹证明罗大兴（男，一九二九年三月十六日出生）于二〇〇六年十二月十八日，在江苏省句容市黄梅镇罗家庄其家中，在我和公证员陈群红的面前，在前面的《罗家庄惨案口述证据》上签名、捺指印。

江苏省句容公证处

公证员　王苏平

二〇〇六年十二月二十五日

（原件藏：句容市公证处）

9. 无锡马山惨案社会调查

马山惨案证人证言

1. 殷素英（见右图）证言

姓名：殷素英

性别：女

出生日期：1932 年 10 月 7 日

住址：无锡市马山桃坞村西钮

我叫殷素英。1938 年当时我才 7 岁（为虚岁，编者注），农历二月十二日那天上午，日本军从庙下来新城，有人喊日本军来了。当时我家在新城姚段，我家 6 人一起往后面山上逃，被日本军遇上，就开枪把我家四口枪杀。我哥被日本军（在）脸上刺了 2 刀，我腿上也（被）刺了 2 刀。当时我家剩下我哥、妹二人全部残疾，哥已去世，我至今还是残疾。

2. 杨月海（见右图）证言

姓名：杨月海

性别：男

出生日期：1930 年 10 月 5 日

住址：无锡市马山檀溪新村

我当时 9 岁（为虚岁，编者注）。1938 年农历二月十一日早晨听见枪响，我父亲把我背到山上躲避，到 11 时左右，我们回到家中，母亲已把饭烧好，我们小孩吃饭，父亲出去探望。不多久，父亲回来说日军来了，我们全家 7 个人拿些衣服就从后门逃出去，直奔事先挖的一个潭内。我们 3 家 18 个人躲在潭内，只听见村上日军的嚎叫声和房屋的倒塌声。在潭内的老人杨阿义听到这声音，爬出潭看看自己的房屋是否烧着。在探望的时候，被烧房的日军发现。日军向他追来，追到潭口看到潭内挤满了人。

日军举枪扫射，刹时潭内的人（死了）只剩下 9 岁的我以及 5 岁的弟弟。过 7 天，由我雪堰桥伯父买了棺材，叫了 20 多人才把我家 5 具尸体埋掉。（后来）这潭叫血泪潭。

（原件藏：无锡市档案馆）

10. 扬州天宁寺惨案目击记

仇雪明口述　风华、顾金发整理

抗日战争爆发前夕，我当时在镇江小码头的超岸寺当和尚，法名叫能忍。那时，超岸寺办了个玉山佛学社，对寺内僧人教习文化和佛学。我因感到佛学社的文化教育层次较低，就考进附近的黄山中学。为了解决学费问题，我边为学校当杂工，边旁听上学，总算满足了求学的愿望。

谁知好景不长。民国26年（1937）秋后，日本鬼子侵占了苏州。那年我刚满20岁，听到这个消息，我们超岸寺的和尚都十分惊慌。玉山佛学社的僧人四处出逃，黄山中学也要迁移到武汉去。我因无钱随黄山中学内迁，又看到超岸寺的僧人越来越少，在无依无靠情况下，只好卷起包袱，到扬州天宁寺投奔我的师父宏度，他当时是天宁寺的监院。

我一到天宁寺，只见寺里一片乱糟糟的，大多数僧人均已离寺逃生。全寺变成国民党军队的伤兵医院。留下的僧人和香火道人（杂工）就帮着照应伤兵。出家人慈悲为本嘛。

就在这年12月14日这天，鬼子侵占了扬州城。国民党军队的伤兵医院事先撤走了，剩下重伤员58人，住在寺里的地藏殿和观音殿里，全换上了僧衣作掩护。此时，寺里的和尚以宏度为首，仅剩下12人，另外还有3个香火道人。鬼子进扬州的当天，就迫不及待地派了七八十个鬼子兵冲进天宁寺。

一进天宁寺大门，鬼子兵就分成几路搜查中国军人。当他们发现地藏殿、观音殿里有不少穿这僧衣的受伤人员时，顿时大叫大嚷，如临大敌，端起枪来，看见一个打一个。宏度和尚听到枪声，马上来应付。他会说几句日语，便告诉鬼子兵，说这些伤员是和尚。鬼子兵不信，便把伤兵一个一个地剥去僧衣，现出了他们肩上的老茧和身上的枪伤，由此断定他们是中国军人。于是，他一枪、你一枪地把58个伤兵和2个香火道人先后打死。一个鬼子兵逼我带他们到方丈室。这时，方丈早已离了寺，只有一个香火道人老王躲在方丈室里。鬼子兵见他未穿僧衣，更加怀疑，端起枪就把他打死了。我吓得不敢动，这个鬼子兵在方丈室转了几转，看看方丈真的不在，就又逼着我带他到藏经楼，还没有走到藏经楼，就听到那边也响了一枪。原来是另一个鬼子逼着宏度带他到藏经楼，在接近藏经楼时，看到寺里的南禅和尚慌慌张张地从楼里出来，那鬼子兵问也不问，一枪就把南禅打死了。我和师父宏度站在原地，不敢乱走。待到那两个鬼子兵从藏经楼出来，押着我们下楼时，宏度师父悄悄地对我说："我要避开了，你如能脱身，可到湾头山光寺去同我会面。"说完，他就溜进寺里的小夹巷子。后来我才知道，他利用熟悉的地形，东躲西藏，到当天晚上，便翻墙头溜出天宁寺，到山光寺去了。我因刚到天宁寺不久，对地形很不熟悉，加之自始至终被鬼子兵紧紧盯住，一直脱不了身，只好留了下来。

晚上四点多钟，我们这些和尚连饭也没吃上一口。鬼子把剩下的和尚集中起来，我暗暗一数，只有 11 个人，其中没有宏度师父，我以为师父被鬼子打死了，伤心了一阵子也不敢大声哭。鬼子兵看到我们中间有一个敲钟的老和尚年龄很大，不像是伤兵，便放他走了。但不一会儿，便听到寺里天王殿那边一声枪响，我心里估计他也是凶多吉少了，便在心里默默地为他祈祷：但愿菩萨保佑他平安吧。

鬼子把我们剩下的 10 个和尚用铁丝绑了起来，连成一串，押到天宁寺大门口，一字朝南跪下，还在旁边架上一挺机枪。我们一个人也不敢动，跪了个把钟头，又冷又饿又怕，一个个直发抖。看押着我们的鬼子兵自己也嫌冷了，就把我们押到天宁寺的门洞子里坐下来。大约是看我年纪最轻，鬼子兵就叫我去劈柴火，给大家烤火。

好容易挨到天亮，鬼子兵又把我们押进城里，押到当时是鬼子兵指挥部的"盛世盐关"里面。一个鬼子军官问我们："你们，播裳？"我事先听宏度师父说过，"播裳"就是日本话"和尚"的意思。于是，壮着胆子说："我们真是播裳。"那个鬼子军官不信，便叫我们念"普门品"给他听，以辨真假。我一听，原来这个鬼子军官是懂佛经的。因为普门品是一部大经，绝大多数和尚都背不出来，只能照着经书念。这时，我们不由得"僵"住了，不知是谁领先背起了和尚每天必念的"大悲咒"，大家就一齐背起来。鬼子军官一听，哈哈一笑，说："真播裳，真播裳！"就把我们放了，但叫我们回去后，把伤兵尸体和天宁寺一起烧掉。我心里一急，嘴上喊出声来："不能烧啊！"刚被抓去的和尚都跟着我一齐求告："不能烧！"鬼子军官听了，有点要发火。我突然想起宏度师父曾说过，日本人有不少信佛的。师父还说过，跟日本人说话不通，写字倒可以弄清个大概意思。于是，我就壮着胆子拿起鬼子军官办公桌上的纸笔写起来，我告诉鬼子军官，天宁寺是个古迹，是高僧佛陀跋陀罗翻译"华严经"的道场，是历史上皇帝敕赐过的大庙。鬼子军官见了我写的这几句话，脸上平和下来，叫几个鬼子押着我们回到天宁寺，把尸首抬到一起，挖个坑埋掉就行了，也不要烧寺了。

我们回到寺里，因为已经一天一夜没有吃东西了，实在抬不动尸首，只好在地上拖，把所有的尸体一起拖到大殿面前，扔进御碑亭两侧的防空壕里，覆上一些土，草草地掩埋了。这时候，我存心细望，没有看到宏度师父，倒是看到了敲钟老和尚的尸体，知道他二人定是一逃一死，不由得为师父的逃脱感到庆幸，又为敲钟老和尚遇难而哀伤。待到打扫干净后，鬼子走了，时间已经到午后了。

到了晚上，大家烧了一锅粥当晚饭，这顿饭吃下肚，浑身才有了一点热气。但我心里仍惦记着师傅的下落，总想找到他，以便把寺里的情况告诉他，免得他挂念。我悄悄地对寺里管库房的佛尘老和尚说了这个想法。佛尘听了，也想打听到宏度，好请他拿个主张，就关照我：“无论找到找不到，都要速去速回。宏度能一起回来更好。”于是，我趁着夜里有些月色，便偷偷地从后门出了天宁寺，当夜就赶到古运河西岸的高桥。

说来也巧，从高桥渡河，原本有座浮桥，每当岸上有人要过河时，几条船接起来变成了桥；河里有船要航行时，几条船一拆开就行了。但由于鬼子刚刚侵占扬州，管桥的人都溜掉了，河上也没有船航行，这几条船搭成的浮桥也就没有人来问过了。我乘机过了浮桥，不敢走大路，便先躲进了蚕种场桑树林子里的坟堆旁边。本来想看看动静就走的，不料在夜里十点钟左右，一队鬼子同驻在五台山寺庙里的中国军队交上了火，乒乒乓乓的枪声响的时间虽不太长，我躲在桑树林子里再也不敢轻举妄动了。等到天麻麻亮，我看看附近没有什么动静，就赶快沿小路七弯八扭地向湾头方向跑去，终于赶到了山光寺，见到了师父宏度。两人一见，恍如隔世，不由得相对哭泣不已。过了一会，我便将天宁寺这几天的情况叙述了一遍。宏度师父说，鬼子已经向湾头这边打过来了，天宁寺已经度过了一劫，不如先回去再说吧。当晚，我和师父便一起跑回了天宁寺。

在走进寺门口时，寺里养的一条狗，见到宏度回来了，又跳又叫，我们师徒两个生怕再出意外，赶紧进了寺门。不料，对河天宁门城楼上的鬼子喝问起来，又用手电筒照来照去，弄得狗子越发叫个不停。鬼子哨兵在城门楼子上听了，一梭子子弹就把狗子打死在天宁寺的大门口。

宏度师父听见狗子中弹后的哀叫声，连忙双手合掌念佛。他对我说：“放心吧，菩萨总要惩罚这些魔鬼的！”

（摘自：扬州市郊区政协文史委主编：《扬州郊区文史资料》
1997 年第 3 辑）

11. 万福桥惨案中一个幸存者的回忆

金步孙　张福凯整理

幸存者杭田富，现年73岁，1937年惨案发生时28岁，一直以理发为业，年轻时担任救火会的义务救火员，现住方圈门菜场28号。

据杭老回忆：日本鬼子是在冬月里（即公历十二月）快要过年时到扬州的，大概就在头两天的一个夜里，邮政局突然失火了。那时的邮政局不在现在的地方，是在多子街头，十三湾对过，坐北朝南，大概就是现在的甘泉路邗江县新华书店这个位置。因为我是缺口街保安堂救火会的成员，那时的救火会都是民间用有钱出钱、有力出力的方法组织起来的。那时扬州还没有救火车，都是用的水龙，我是分工担任挑水任务的。日本鬼子来了，有钱有办法的人大多先逃了，我们只好呆在城里听天由命，按照救火会的规矩，只要听到鸣锣报警以后，就要去救火了。我们五副水桶担在挑水途中，突然全部被鬼子拦住，把我们抓到青莲巷姓周的大房子里，关在那里过夜，要我们天刚亮时挑抬军用物资到仙女庙，还有本街姚德富父子二人也被抓去了，和我们一起被抓的总共有八十人左右。有人说这次邮政局失火是鬼子烤火烧起来的，也有人说是日本鬼子故意放火烧起来抓夫的，究竟是怎么一回事就不清楚了。

大概是冬月十五日这天麻花亮时，鬼子就押着我们从扬州向仙女庙进发，前头有马队开路，后头有步兵压阵。我们挑的是行李、餐具、子弹等军用物资。那时扬州和仙女庙之间，不像现在这样交通便利，运河上只有摆渡，没有桥。当时走的路线是由东关出城，沿河边向北走，在五台山渡口过浮桥，在经过湾头过河，走七闸子到仙女庙。走到五里庙时，有很多人拿着纸或洋布口袋做的太阳旗表示欢迎（编者注：据张磊提供的资料说，这是卖国求荣的伪乡长石汉章和地主陈学顺用哄骗的手段组织起来的，共有200多人）。这时日本鬼子又抓了这些欢迎的人当民夫，原来是一个人挑的，现在人多了，就改成两个人抬了。大约在午后二时左右，到了仙女庙顺允银楼就将我们挑的东西全部卸在那里，在我们前面，还有一批被抓的民夫，也在这时和我们一道释放了。领队的日本兵，就发给我们一张证明，以便沿途查问，但由于人数众多，彼此不相识，也不知道证明在哪个手中。我们回来是由江家桥、头道桥、二道桥、万福桥这条路线走的。每过一道桥，东西两头都有岗哨检查，已经有七道岗都顺利通过了，哪知到了万福桥上，准备过第八道岗时，突然不准通过了，只好听他摆布。这时日本兵就一个个的进行检查，看看头，看看手，有的还脱了衣服看肩膀。看过以后，就将其中一部分人抽出来站在南边，约有七八十人，我也是被抽出来站在南边的。当时不知道是什么用意，只看到桥上有张桌子，上面架了两挺机枪，已被吓得魂飞天外。后来日本鬼子把手一挥，叫我们站在南边的人走，这时才松了口气，赶快过桥向城里跑，快走到五里庙时，忽听得万福桥方向响起了一阵阵的枪声，当时也估计到可能会发生什么不幸事件，但没有想到会像后来所知道的这样惨。到了五里庙时，当地的人都回家去了，进城时和我同走的只剩下 3 个人，还不准进城，后来遇到"维持会"的人，才把我们带进城，到家已经黄昏时分了。第二天就听到说，万福桥下廖家沟里，到处都是浮尸，共有四、五百人之多。我们缺口街保安堂救火会，共被抓去了 7 个人，只剩下我一个人幸存下来，其余 6 个人都死于非命了，他们的名字是：

1. 皮匠杨廷仲
2. 棕棚店张老三（原住处现是商业职工幼儿园）
3. 巴总门巷刘启瑞
4. 马兴昌材板店徒工
5. 本街的姚德富（家属现住广陵路支家大院内）
6. 姚德富的儿子

还听说湾子街救火会也在万福桥上死了 30 多人，以上 6 人虽然都是死于同样的情况，但姓姚的一家要算是 6 人中最惨的了，自从姚德富父子被抓以后，姚妻就日夜盼望丈夫和儿子回来，每天黄昏时就啼哭着说："又是一天过去了。"如此，日复一日，直到次年春天二月才听说连家桥、罗家桥有一批浮尸，已经就地掩埋了。他家人去开堆寻找，仅从所穿的花布棉袄上找出了他儿子的尸体，其丈夫的尸体一直没有找到，因为痛不欲生，不到一年时间她自己也自杀了。

（原件藏：扬州市广陵区档案馆）

12. 扬州万福桥惨案社会调查

扬州万福桥大血案造成郭裕奎家破人亡
——吴兴镐访问记

采访对象：吴兴镐

采访时间：2006 年 3 月 30 日

采访地点：扬州广陵区螃蟹巷 4 幢

采访内容：

1937 年 12 月 17 日，是我的大舅郭裕奎惨遭日寇枪杀于扬州万福桥上的日子，那天早晨，位于扬州石牌楼的敦吉当典是个规模不小的当铺，突遭日本强盗的洗劫，后又疯狂地放火毁屋，顿时大火弥漫，火光冲天，殃及邻居，我的大舅家住在得胜桥串殿巷内，离火场较近。当时，我大舅躲在家里，他见到大火，就想出去救火。我年迈的外祖母死活阻拦不住，大舅终于不顾一切冲出去救火。哪里知道，他这一去就再也没有回来。那天大火被扑灭后，大舅不幸被凶恶的日军掳去当夫。同被抓去的还有周围邻里数人。他这一去一夜未归，可怜的外公外婆当夜彻夜未眠，胆战心惊。

第二天，外公郭驷突然听到一个令人震惊毛骨悚然的消息：12 月 17 日下午，日本兵在万福桥上丧心病狂用机枪扫射，集体屠杀了我手无寸铁的无辜百姓 400 多人，这是一起骇人听闻的血案。听说这些被害的人中不少是从城里被抓去为日本兵抓去抬东西的。我大舅就是在那天失踪的。外公预感到凶多吉少，禁不住心惊肉跳。他因思子心切，也就顾不上许多，亲自跑到出事地点寻找大舅，是死是活总想见上一面。在众多横七竖八，血肉模糊，面目难辨的尸体中，突然外公从穿着上辨认出我大舅的遗体。他处理好遗体，回到家中绝望地痛哭了一场。大舅遇害时，年仅 22 岁。

外祖父（郭驷），外祖母（郭韩氏）从此悲愤填胸，而外祖母不幸一病不起，结果含着悲愤走上了黄泉路。

我的大舅母更是整日以泪洗面，伤心过度，思夫成病，后来在悲惨的境遇中精神失常而故。我可怜的表弟——大舅的独生子也因父母双亡而痴痴呆呆，不幸也夭折身亡，这一家 4 口全被日本兵害死。

情况反映人：吴兴镐

参加访问者：封雷　丁久钧

记录：管敏　刘静静
（原件藏：扬州市广陵区档案馆）

万福桥惨案遇难者——赵汝海
——访问扬州万福桥惨案幸存者赵汝炎谈话记录

时间：2006年4月12日上午

地点：扬州梗子街影剧公司宿舍赵汝炎家

被访问人：赵汝炎，现八十八岁，退休前为影剧公司职工

访问人员：丁久钧　袁少华　朱德平

记录：封雷

访问目的：调查赵汝炎在万福桥惨案中的经历和见证惨案

我叫赵汝炎，今年88岁。我家兄弟三人，大哥叫赵汝泉，二哥叫赵汝海，我是老三。当年我的父母亲都在。那时我家住在多子街箱子店旁，强盛和南货店对过，坐北朝南，我父亲是开汽油灯店的。1937年12月17日早上，日本兵在多子街把我二哥和我从家里抓去当民夫，挑东西到仙女庙去。同时被抓去的还有强盛和南货店家的老二谭××，其他的人记不清了，我们一共有一百多人，有十多个日本兵押队。我们从多子街出发，经左卫街、缺口街、过桥……到了仙女庙。仙女庙是日本人认为的军事要地。到了仙女庙，我们把东西放在顺允银楼，那时日军在仙女庙的司令部。沿途，日军还抓了二、三百人，叫挑夫们由一个人挑变成两个人抬东西。总共大约有四、五百人吧，这样速度就变快了。

从仙女庙回来，我和二哥走在一起，走在队伍的边上。我又瘦又矮，因为冷，二哥把我裹在他棉衣里。到万福桥时，日本人检查我们每个人肩上有否老茧，手上有无老茧。以此来判断我们是否中国军人，这样把人分成两部分。二哥赵汝海手上有老茧，日本人把他当成中国军人，把他拉走了。我又矮又瘦，一个日本兵来拖我，要把我和二哥分开，我很害怕，连拖了我三次，把我拖到一边去，和二哥分开。二哥他们被赶上了万福桥。不一会，万福桥两边的机枪声响起来了，上了桥的四、五百人都被杀死了。桥上响起一片"救命啊"的喊声。二哥被打死了，我很害怕，吓昏了。后来，我上桥找二哥。二哥头上有一个洞，我晓得二哥走了，不行了。后来，我装成卖条埽［帚］的，逃到我老家赵家潭。

（原件藏：扬州市广陵区档案馆）

访问广陵区湾头镇万福村蔡吴庄知情人（节选）

时间：2006 年 6 月 1 日下午

被访问人：吴殿勤，85 岁，家住蔡吴庄东头

　　　　　吴兆山，80 岁，家住蔡吴庄西头

访问人：丁久钧，吴怀民，袁少华，孙坚

地点：万福村村委会

吴殿勤：

……

从五里庙到万福桥，当时日本人要大家用纸画太阳旗，去欢迎"大日本"，有几百人（当时没有维持会，但有几个丧失民族骨气的人出头露面去组织）。欢迎的人中青年人多，把日本鬼子吓死了。日本人就开始叫脱衣服检查，发现有人在里面穿着中央军的军服。日本人于是就把他们一起弄到万福桥。日本人叫长胡子的站在桥北边，青年人站在桥南边。然后叫长胡子的先往西走，过万福桥。长胡子的走后，叫青年人也往西边去。万福桥长 400 多米，青年人走上桥后，日本士兵从桥的两头用机枪打。我不在现场，只听见枪响，就像放炮仗一样。蔡吴庄到万福桥很近，只有 100 米左右。当时桥上喊声、哭声、骂声响成一片，没听说反抗的。只有一个人跳水逃走了，他没有淹死，叫卞长福。尸首以后怎么处理得我们不晓得，当时我们还小呢！日本人杀了人以后，在桥头有人站岗。其实，头道桥、二道桥、万福桥等桥头都有鬼子站岗。日本鬼子住在一个庙里，叫观音堂。过了两天，我们听说桥上全是血。

……

（原件藏：扬州市广陵区档案馆）

13. 阎窝惨案社会调查

（一）

1938 年 5 月 20 日中午，日军在铜山大庙镇西贺村把我父亲孙荣韶（22 岁）、伯父孙荣华（24 岁）、四祖父孙世卓（29 岁）赶到滕家四合院活活烧死。

口述人：孙庆兰

调查人：王公荣

（二）

1938 年 5 月 20 日早上，我父亲马孟太听说日军见男人就杀，吓得到阎窝去避难，后来被日军赶到滕家四合院关到屋里用火烧。父亲当时年轻，从屋顶跳下，耳朵被枪打掉，后背严重烧伤，逃到芦苇荡里，幸免一死。

口述人：马计美

调查人：王公荣

（原件藏：铜山县抗战课题组）

14. 常熟惨案证人证言

樊菊芬，女，1923年10月出生，现住新港镇浒浦管理区乔家浜41号

浒浦乔家桥王辅纪的姐姐王彩彩，见日军来找"大姑娘"，就逃跑躲避，结果被日军发现后追赶，王彩彩眼看就要被日军赶上，逼得没法，跳到了路边的一个粪坑中。日军还不放过，把她从粪坑中拉起来后，见她满身污秽、臭气熏人，就忿忿地把她击毙。

（秦祖达采访于2006年6月17日）

李云华，男，1919年11月出生，现住新港镇高浦新村1区7号
高金生，男，1915年11月出生，现住新港镇高浦新村1区45号
夏金云，男，1923年3月出生，现住新港镇高浦新村3区46号
夏和尚，男，1916年11月出生，现住新港镇泗湖村东杜潭14号

日军侵入吴市泗湖村，把村民夏四保、夏丙生等20人拉夫当差到汤家桥时，将他们全部杀害，并烧了泗湖村的62间房子。日军在起岸后放火烧房的还有吴市的高家宅基10户50间，牛盘泾21户93间及4队陆满满、陆小五等4户13间，鱼池坝28户84间，李家宅基14户，庙弄里20多户，俞家巷15户。俞小六等被烧死，夏四咲、夏耀生等9人被杀害。

（钱康良、夏文虎、夏惠清采访于2006年6月23日）

毛　兴，男，1924年7月出生，现住新港镇高浦新村1区82号
夏元兴，男，1938年2月出生，现住新港镇高浦新村6区47号
王蔚蓁，男，1921年出生，现住新港镇小市村10组
张二姐，女，1924年6月出生，现住新港镇小市村15组

日军入侵高浦村，先后烧了管家泾、徐家弄、二条巷等自然村房屋89户360多间，杀死村民28人，高浦8组陈永发正办定亲酒，日军见人就杀，一下杀死了陈根、周和尚、王发根等11人。日军入侵新港镇阮湾村时，烧房99户381间，杀死王金福、王金龙等26人。新港镇小市村被烧房屋近百户375间，村民顾百寿、顾发根等22人被杀。

（夏惠清、夏振生、薛浩生、陈亮采访于2006年6月20日）

祝小妹，女，1920年10月27日出生，现住支塘镇枫塘村

1937年11月17日，一伙日军从支塘前来芦直塘，一路烧杀抢掠，先后烧了马家村、祝家巷。到芦直塘后，将来不及逃跑的男女赶到周洪兴的谷场上，实

施屠杀。日军先用刺刀刺死了周洪兴的父亲周贵，又一刀把其年仅9岁的女儿周招招的头砍了下来。这时，站在女儿旁边的周洪兴被吓昏了，身子索索抖动，日本兵就举刀向他砍去。幸亏他站在篱笆旁，刀被篱笆竹挡了一下，尽管被劈中了颈项，倒在篱笆旁、鲜血直流，倒没立即死去。可因伤口感染化脓，溃烂了许多时日，还是逃不了死去的命运。祝小妹的母亲见日军这样残酷凶狠，吓得倒在篱笆旁，日军见了走过去在她头部连砍两刀，由于她头上戴着发钗、簪子，挡住了刀刃，才幸免于死，但脑壳已被砍坏、后经医治才得痊愈。同一天被杀的还有祝小妹的丈夫及沈根林、沈金、沈耀耀及其儿子沈根生。不久，日军又到村上杀死了祝小妹的哥哥祝祖、嫂嫂丁桂桂。当时丁桂桂手里正抱着支塘镇赵同寄养在她家吃奶的孩子赵惠英，不幸这孩子亦被日军的子弹击中手掌，小手肉烂骨碎，后因医治无效，溃烂致死。

（王振浩、陈涵奎、郁新采访于2006年3月8日）

王雪保，女，1926年11月出生，现住董浜镇永安村11组

吕鸿声，男，1925年10月出生，现住董浜镇永安村17组

邱根兴，男，1923年4月出生，现住董浜镇里睦村邱家巷

1937年11月13日，日军侵入董浜永安村，在过一条壕沟时，一匹马跌了下去，日军迁怒村民，在村内点火烧房，行凶杀人，徐小六、吕雪根被烧死，徐氏被日军开膛剖肚，肚肠都流到了腹外，吕张氏被枪杀在家中；吕桂生娘怒骂日军，被日军拉住双脚扯成两瓣；王胜、李传传夫妇等被日军打死。董浜里睦村被烧房屋有161户813间，其中草房634间，羊棚74间，瓦房105间。里睦村的邱家巷，正处公路转弯处，农户邱斌的儿子邱和尚新婚不久，见日军来，外出逃跑，被日军用枪射死。因邱家那里是过往行人必经之路，无任何树木遮蔽，不少难民逃难到那里时，都被日军打死，抛入邱家屋旁的水潭里，后人称这个水潭为"千人坑"。日军过去后，当地百姓从坑中打捞起了13具尸体，其中有蒋根全、杜金男、杜生、顾大三、冯福根等当地村民。

（徐月琴、吕惠康、董寅春采访于2006年6月27日）

张相林，男，1929年3月出生，现住董浜镇智林村六组

1937年11月的一天，一日军从徐市前往董浜镇智林村路经杨家桥时，农民曹小四正在田间劳动，邻居朱兴的女儿在田里割草头（苜蓿），曹见日军过来，就唤朱躲避，日军听到后，举枪把曹击毙，并追上逃跑中的朱兴之女，把她拖到曹小三家强奸。

（钱祖兴、朱和尚采访于2006年6月28日）

薛大大，男，1922 年 10 月出生，现住虞山镇李桥社区

1937 年，村民杜祖荣的女婿在城区开有南货店，日军入侵时，因要关店逃难，就把一批火腿寄放到了杜祖荣家。日军到村子里时见杜家有火腿，要搬去煮着吃，杜祖荣想上前制止，结果被日军抓起来绑缚在屋前的大树上，生了篝火，一边烤食火腿，一边用刺刀一刀刀把杜祖荣刺死。

（张惠芬采访于 2006 年 6 月 14 日）

陈云保，女，1929 年 7 月出生，现住虞山镇泰安社区西横头 64 号

钱金华，男，1949 年 12 月出生，现住虞山镇泰安社区西横头 37 号

闻桐生，男，1935 年 1 月出生，现住虞山镇泰安社区闸口桥东 3 号

1937 年 11 月下旬，日军侵入虞山镇花园上时，村民陈兴男正在泰安街后的田里收稻，日军就以他为靶子，举枪把他打死，并把他家 4 间房子亦放火烧毁。该村钱金华的祖父钱福根被日军从家里拉出来，钱金华的祖母陈金媛上前求日军不要杀害丈夫，结果，夫妻俩双双被日军打死。闻桐生父亲闻根寿在田里收稻结束后去邻居家休息，日军发现后，把他叫去，到闸口桥边用刺刀把他捅死，家中的米、麦、布匹亦被日军抢光。

（秦建环、卢年宝采访于 2006 年 6 月 14 日）

陈招云，女，1925 年 1 月出生，现住虞山镇谢桥新红村 10 组

张俊俊，男，1914 年 2 月出生，现住虞山镇谢桥新红村 23 组

在虞山镇谢桥陈家桥，因中国兵挖了战壕阻击了日军，日军就放火烧了奚小弟的南货店、陈老四的豆腐店及钱小四的货房，并把他们 3 家的 20 多间住房放火烧掉；杀死了钱培根、何二二，并把一名从王市拉来当差的农民用大刀劈死，头颅被劈成两瓣。沈坤元和李大奎的母亲同时被日军用刀劈死在场头。

（陈敏霞采访于 2006 年 6 月 19 日）

张俊俊，男，1914 年 2 月出生，现住虞山镇谢桥新红村 23 组

1937 年 11 月 16 日下午，日军十三师团先遣部队占领谢桥后窜到山亭地界（今新红村）的徐家宅基、杨家宅基纵火烧房、并令汉奸传话：“村民有敢救火者，尽杀无赦。”吓得百姓无人敢去救火。徐家宅基除徐巧巧、张兴兴 2 户 6 间因住日军未烧外，其余张俊俊、徐炳根等 9 户 38 间房屋均被焚毁。与徐家宅基相距 100 多米的陆家宅基，有 6 户 26 间房屋也悉数被焚。第二天，日军大肆屠杀百姓，张全全逃避在徐炳根的落脚屋内，发现日军来寻、想越窗逃跑时，被日军一枪打死在窗台上。陈四四为邵增男看家、躲在柴垛里，被日军发现打死。小泾岸上的陈惠惠被日军用刺刀戳杀在场边，沈小三被日军打死在螺丝墩上，张兴

· 403 ·

兴娘被日军一枪打死，金老文、金惠惠、金进进及其女婿顾某以及外地逃难来的2个百姓一共7人，被日军抓住后装入麻袋，用刺刀乱戳致死，惨不忍睹，日军共杀死村民14人。还有村上妇女徐氏和杨氏，均被日军砍去手臂，造成了一死一残。村民朱兴兴、沈大奎被日军拉夫，一去不返、客死他乡。

（金辉、陈小坤采访于2006年6月19日）

毛桂根，男，1911年11月出生，现住尚湖镇冶塘集镇南街

1937年11月20日9时左右，日军向冶塘包家村窜来，走到包家村附近，被在船上的和尚浜村民徐六弟、徐根生父子发现，徐家父子欲掉转船头回村报信，被日军举枪打死在船上。日军进村后，有4个日军冲进李大根家，见屋内躲满了人，就开枪射击，当场打死20多人。另有几名日本兵闯入孙金生家，见屋内有人，就举枪射击，孙金生、孙柏金、沈根福妻、沈金传及在此避难的冶塘集镇上的小保大、常熟城内的小三男等10余人全部被打死。继而，日军又窜入李坤球家将李大根及其妻李巧金，村民沈全全及外地到那里避难的10余人全部枪杀。60余岁的村民沈增福，面对日军暴行，愤怒至极，就手持乌枪（叉稻把用的铁叉），奋起与日寇拼搏，结果夫妻俩双双罹难。事后有人统计，日军制造的包家村大屠杀，共杀害无辜男女68人，其中村民9人，到包家村避难的邻近村民7人、城区居民52人。

（李和根采访于2006年4月21日）

毛叙发，男，1929年11月出生，现住虞山林场石洞管理区

钱小第，男，1939年9月出生，现住虞山林场三峰管理区

1937年（民国26年）11月19日，日军侵占虞山祖师山时，报恩寺（即祖师庙）后普同塔里的戒非老和尚以及避难的山民30多人，均被日军无辜杀害。家住祖师山的陈家老太（陈金福母亲）在家门口被日军割去一只耳朵，后痛苦地只活了几年。避难在钱家祠堂内的村民陆元元、季增和、小四妹、秦和尚等5人均被日军枪杀。缪家宕缪三妹（20多岁，未婚），被日军杀害，手、脚砍成几段。在兴福姜家湾涧沟边9人被日军集中后跪着枪杀，山茶花村黄狗男也在其中，其中钱金生先跌倒在地，而未死幸存。被日军杀害还有虞山北麓三峰顾家湾姜文明、陆兴兴及汤家宕汤畚金、白云上场小孩鱼永兴（12岁）、村民张炳生（30多岁）及其妹夫、虞山西麓石洞邹巷王叙叙、谢家浜周根根、小银海等。

（虞山林场整理，2006年7月）

（原件藏：常熟市抗战课题组）

15. 关于日军在如皋设立"慰安所"的情况调查

关于日军在丁堰镇设立"慰安所"的情况调查

时间：2007 年 5 月 21 日

地点：丁堰镇三河居委会小曲巷 9 号杨绍董家

调查人：李亚平

被调查人：姚胥千　85 岁　现住三河居委会小曲巷 9 号，原住三河街

　　　　　杨绍基　80 岁　现住三河居委会

在场人：程建华

　　　　徐相成

记录人：侯　保

李：我们今天找二老主要是想了解一下 1938 年日军侵占丁堰后设立"慰安所"的有关情况，请你们回忆一下当时的情况。

姚、杨：好的。

姚：我当时去南通学生意。日本侵占丁堰后，就占有我丈人家的房子设立了"慰安所"。我岳父是国民党，随部队撤到四川去了，家里其他人都逃到乡下亲戚家，房子都空了，就被日本人占有了。

杨：姚老说的是事实，他丈人家就在我家对门。日本人来的时候，我也下乡去逃难，年把后回来的，回来就听说日本人把抓来的花姑娘关在我家对门王郁斋家（姚胥千的丈人）。

李："慰安所"的原址在现在什么位置？

杨：在三桥街沿河 43 号。

李：现在把以上记录内容读给二位听一下，如无出入或补充，请签字！

姚、杨：好的。

被调查人：姚胥千　杨绍基

在场人：程建华　徐相成

关于日军在唐头镇设立"慰安所"的情况调查

时间：2007 年 5 月 22 日上午

地点：唐头镇唐头居委会 16 组 62 号江宝瑞家

调查人：李亚平

被调查人：江宝瑞

在场人：贾根建

记录人：侯　保

李亚平：老人家叫什么名字？今年高寿？

江宝瑞：我叫江宝瑞，今年90岁。

李：你是不是老唐头镇人？

江：是的，我就是唐头镇人，我家在唐头镇街上开药店。

李：日本人来的时候的情况你是否还记得？

江：记得，日本人到唐头来以后，烧杀抢掠，无恶不作，唐头街上的人大部分都逃走了，整个唐头街被日本人烧得只剩一两家了，我家药店也被烧掉了。当时我家住房就在现在这个位置。日本人的驻军就在我家对面，日本人还占有了我家西隔壁王家的三四间房，用来关"慰安妇"，当时叫花姑娘，王家原来是开店卖水果、蔬菜的，家境也不是太富裕的，日本人来以后，他们家都逃难去了。

李：当年用来做"慰安所"的房子在现在的什么位置？

江：就在我家西隔壁，是唐头居委会16组65号。

李：现在我把记录内容读给你听一下，如无出入或补充，请签字。

江：好的。

被调查人：江宝瑞

在场人：贾根建

关于日军在白蒲镇设立"慰安所"的情况调查

时间：2007年5月10日

地点：如皋市白蒲镇勇敢居委会史字巷11号

调查人：李亚平　如皋市委党史办党史科科长

被调查人：花寿民　86岁　如东双甸小学退休教师　现住白蒲镇勇敢居委会史字巷11号

　　　　　徐家珍　86岁　现住白蒲镇勇敢居委会史字巷11号

记录人：侯　保

李：两位老人家叫什么？今年多大年纪？

花：我叫花寿民，今年86岁。

徐：我叫徐家珍，也是86岁。

李：你们是不是老白蒲镇人？

花：是的，我家原来就是白蒲镇上。

徐：我从小就生在白蒲镇史家巷。

李：今天我们来是想向你们了解一些 1938 年日本人侵占白蒲时的情况，请你如实反映。

花、徐：好的。

花：日本人来的时候，我全家都逃到东乡去了，到 43 年才回来的。

徐：当年日本人来的时候，到处烧杀抢，我们躲在家里没敢出来。我叔叔徐一陶就住在西面房子里，他告诉我们：日本人抓了许多花姑娘，就关在前面的中兴旅社里，就是现在史字巷 1 号那个位置。

被调查人：花寿民　徐家珍

见证人：曹　玲

关于日军在白蒲镇设立"慰安所"的情况调查

时间：2007 年 5 月 10 日下午

地点：如皋市白蒲镇政府

调查人：李亚平　市委党史办党史科科长

被调查人：许承湖　82 岁　白蒲镇勇敢居委会 7 组组长

记录人：侯　保

李亚平：老人家叫什么名字？

许承湖：我叫许承湖。

李：你今年多大岁数？是哪里人？

许：我今年 82 岁，是白蒲镇勇敢居委会 7 组的。

李：你是不是从小在白蒲长大的？

许：是的，我从小就是白蒲镇人。

李：我们今天找你来是向你了解一下 1938 年日军侵占白蒲后所发生的一些事情，请你如实反映。

许：好的。

李：有人反映日军侵占白蒲后，曾在白蒲设立过"慰安所"，你作为土生土长的白蒲人，是否知道这件事？

许：知道。日军进白蒲时，白蒲镇上的住户基本上都想办法逃走或躲起来了，能看得见的只有少数七八十岁的老人和未成年的小孩。我当时上小学，没逃走，还被迫学过日语。日军在白蒲镇上史家巷 1 号（当时是一个旅社）设"慰安所"，先后抓了二十多个花姑娘关在里面。负责"慰安所"管理的是一个叫顾进凡的地方恶霸。"慰安所"从日军进白蒲一直到日军投降才结束。我家服侍我的保姆钱莲，也被抓进去过，后来是我父亲花重金买通保长缪炳贤，才被放了出来。1949 年解放后，我家把她嫁给了一个裁缝。

李：日军在白蒲的驻地在哪里？

许：在地主郑光五家里，开始三四十人，后来只有一个班，大约十一二人。

李：你小时候的那个保姆还在不在人世？

许：不在，早就过世了。

李：原郑光五家在现在什么位置？

许：在市大街 268 号。

李：原"慰安所"所在地在史家巷 1 号，当年是不是就是这个地名？

许：当年是叫家史家巷，主要是由于那里茅坑多而叫开的，后来定门牌时，定为史家巷。

李：这两个地方相距多远？

许：相距约四五十米。

被调查人：许承湖

见证人：曹　玲

关于日军在白蒲镇设立"慰安所"的情况调查

时间：2007 年 5 月 16 日下午

地点：如皋市委党史办

调查人：李亚平

被调查人：徐福如　1936 年出生　现住武家苑　原锦绣派出所所长

记录人：侯　保

李亚平：徐所长，你曾经在白蒲工作过，我们今天请你来，就是想请你反映一下你在白蒲了解的一些关于"慰安所"的情况。

徐所长：好的。我是 1957 年冬到白蒲去搞肃反的。当时王仁斋是组长，我负责对各单位人员进行一一排查。肃反结束后，我们转为对敌特组织的排查，我们把凡是有历史问题的人员分条线部门进行集训，并分别整理材料，这些材料很多，应该还在，至于在哪里，我现在说不清，在所有材料中，有关于设立"慰安所"的材料，我记得当时记载"慰安所"所长叫穆瑞华，她有两个丈夫，一个叫顾澎庆，一个叫沈义为，她有一个女婿叫吴迪余，是粮食部门干部，当时材料中还有一个叫许太昌的，日本人侵占白蒲时，他是警察，娶的就是一个"慰安妇"，该女一生未育。解放后白蒲旅社一个叫陈金氏的也是当过"慰安"妇女，她孤身一人，无家可归，解放后政府把她安排在白蒲旅社工作。

被调查人：徐福如

关于日军在石庄镇设立"慰安所"的情况调查

时间：2007 年 5 月 24 日上午
地点：石庄镇三元桥龙阳服饰有限公司
调查人：李亚平
被调查人：汤德隆　男　83 岁
在场人：汤其秀　王　祥
记录人：侯　保

李：老人家，我们今天来找你主要是想了解一下日军侵占石庄后设立"慰安所"的情况，设还是未设？设在哪里？请您回忆一下，如实反映。

汤：好的。我家住在石庄镇上，祖居东大街，解放后住到南街，日本人来的时候，我母亲和我姐姐逃难去了，我一人在家看守，我家种了许多南瓜，日本人天天来摘，还要我送到他们大同油坊他们的司令部去，每次去都路过沙龙驹家门前，日本人就是在这里设立"慰安所"，把抓来的花姑娘关在里面，沙龙驹家旁边是吴家开的浴室。听说花姑娘都是从农村抓来的，石庄街上的都逃走了。

李：我把以上记录念给你听一下，如无出入或补充，请签字。

汤：好的。

被调查人：汤德隆
在场人：汤其秀　王　祥

关于日军在石庄镇设立"慰安所"的情况调查

时间：2007 年 5 月 24 日上午
地点：石庄镇石庄居委会建业中路一支巷 9 号施仁政家
调查人：李亚平
被调查人：施仁政　84 岁
在场人：汤其秀　王　祥

记录人：侯　保

李亚平：我们今天来找你，主要是想了解一下，日军侵占石庄后设立"慰安所"的情况。你回忆一下，如实反映。

施仁政：好的，我老家住在石庄镇东大街，现在国营商店那里就是我家老地址，我家开店卖瓜果蔬菜。日本人来以后，我也逃难，几个月后回来的，回来时，日本人就已经在我家斜对面河龙驹家设立了"慰安所"，"慰安所"的所长是汉奸施文华，平时没有日本人站岗，里头就是施文华这些汉奸负责管理。我知道的有三个花姑娘关在里面，那几年她们一直在里头，直到日本人投降，其中有一个人，几年前我还经常看见她上街买菜。当时日本人的司令部设在大同油坊，也就是现在铁工厂那里。

李：我把以上记录念给你听一下，如无出入或补充，请签字。

施：好的。

被调查人：施仁政

在场人：汤其秀　王　祥

关于日军在白蒲镇设立"慰安所"的情况调查

时间：2007 年 5 月 10 日

地点：如皋市白蒲镇勇敢居委会史家巷 11 号

调查人：李亚平　如皋市委党史办党史科科长

被调查人：顾秀英　84 岁　1923 年生　现住白蒲镇跃进居委会蔡家园 89 号

记录人：侯　保

李：顾老，我们是如皋市委党史办的，今天请你来反映一下 1938 年日本人侵占白蒲时设立"慰安所"的一些情况，请你把知道的情况反映一下。

顾：好的。1938 年春日本人来的时候，我们全家逃难到南家店（现属通州），住了两年才回来的，我哥哥在家里，全白蒲镇 90% 以上的人都逃走了。再回到白蒲镇时，听说日本人在周围抓花姑娘，抓来就关在这前面的中兴旅社，现在大致在史家巷 1 号位置上。当时日本人在现化肥厂附近（原晋詹红丹的医院）设有据点，晋詹仁后来就是白蒲镇的维持会长。

被调查人：顾秀英

见证人：曹　玲

关于日军在白蒲镇设立"慰安所"的情况调查

时间：2007 年 5 月 10 日下午

地点：白蒲镇秀才巷 56 号彭飞家

调查人：李亚平　如皋市委党史办党史科科长

被调查人：彭　飞　80 岁　化肥厂退休工人　现住白蒲镇秀才巷 56 号

记录人：侯　保

李：彭老，我是市委党史办的，今天来找你，是想请你反映一下 1938 年日本人侵占白蒲后设立"慰安所"的情况，你把你所知道的情况如实反映一下。

彭：好的。1938 年日本人到白蒲后，我们全家到乡下逃难，一个多月后才回来继续开面店。回来后听说街上维持会到农村去抓花姑娘，抓来后就关在原中兴旅社（现史家巷 1 号）。中兴旅社就成为"慰安所"，一直到 1945 年日军投降才结束。我那时也经常到中兴旅社门口去玩。有时花姑娘要吃面，我父亲就让我把面送进去，那里面房子很多，花姑娘有二三十个，旅社老板是翟挂生。一开始日军驻地在地主郑光王家里，也就是现在市大街 268 号南侧（后粮管所仓库），大队撤掉后，只剩八九个日本人，就撤到晋詹仁的医院里去了，晋詹仁就是维持会会长。

被调查人：彭　飞

见证人：曹　玲

关于日军在唐头镇设立"慰安所"的情况调查

时间：2007 年 5 月 22 日上午

地点：唐头镇唐头居委会 16 组 44 号

调查人：李亚平

被调查人：江宝芸

在场人：贾根建

记录人：侯　保

李亚平：老人家你叫什么名字？今年高寿？是不是老唐头镇人？

江宝芸：我叫江宝芸，今年 87 岁，是老唐头镇人。

李亚平：1938 年日本人侵占唐头时的情况你还记得吧？

江：记得一些，日本人侵占唐头时，我在石庄学生意。由于老板不允许经常回家加上路上有日本人，所以我回家少。回来后，听说我家在唐头镇上开的药店被日本人烧掉了，日本人还把花姑娘关在我家原住房（现唐头居16组6号）的西隔壁王家的房子里。王家是开店卖水果、蔬菜的。日本人来后，全家都逃难去了。日本人就占有了他家的房子。

李：关花姑娘的房子在现在的什么位置？

江：就是唐头居委会16组65号。

李：我把上述记录念给你听一下，没有出入请签字。

江：好的。

被调查人：江宝芸

在场人：贾根建

关于日军在石庄镇设立"慰安所"的情况调查

时间：2007年5月24日上午

地点：石庄镇石庄居委会

调查人：李亚平

被调查人：朱云程　男　96岁　平泽路12号

在场人：汤其秀　顾永芳　王　祥

记录人：侯　保

李亚平：今天请你来主要是想了解一下日本人侵占石庄时设立"慰安所"的一些情况。请你回忆一下当时的情况。

朱云程：好的，日本人是阴历1938年6月24到石庄的，我在黄桥茶叶店当伙计。6月25回来的，之后，从黄桥辞职到张黄亲戚家，虽不正常在家，但经常回来。听说日本人把抓来的花姑娘关在南街小地主冒建山家里，供日本人享乐。

李：我把上述记录念给你听一下，若无出入或补充，请签字。

朱：好的。

被调查人：朱云程

在场人：汤其秀　顾永芳　王　祥

关于日军在石庄镇设立"慰安所"的情况调查

时间：2007年5月24日上午

地点：石庄镇石庄居委会

调查人：李亚平

被调查人：蔡炳兰　女　95 岁　石庄路 215 号

　　　　　张华明　男　80 岁　东大街 106 号

　　　　　庞永宜　男　83 岁　南大街 35 号

　　　　　戴斐然　男　88 岁　东行宫巷 8 号

在场人：汤其秀（居委会书记）、顾永芳（镇妇联主席）、王祥（原政府秘书）

记录人：侯　保

李亚平：今天请各位老人家来主要是想了解一下日军侵占石庄时设立"慰安所"的情况，大家回忆一下当时的情况，实事求是的反映一下。

蔡、张、庞、戴：好的。

蔡：日本人来的时候，我躲在家里，没有去逃难。当时我住在东大街，我记得日本人抓过两个花姑娘，抓到东大街澡堂那里去的。

张：日本人是 1938 年阴历 6 月 24 日侵占石庄的。我当时也逃难的，后来不久就回来了。当时的大同油坊就是日本人在石庄的红部，也就是现在石庄铁工厂所在地。我知道日本人把花姑娘抓去关到东大街某个地方，在那里设立"慰安所"。具体什么地点，我不知道，我知道的有三个花姑娘，具体一共有多少，我不知道。

庞：日本人在石庄设的"慰安所"，我记得在东大街有一处，其他地方有没有，我不清楚，我也不知道具体在东大街什么位置，我见过花姑娘，都是抓的乡下的，镇上的都逃走了，大约有十几个。大同油坊就是日本人司令部。日本人在石庄回街都有碉堡。

戴：日本人 1938 年 6 月 24 日（阴历）到石庄，当时我住在北街，虽然距东大街不远，但日本人控制地区不敢去。只知道日本人在东大街设立"慰安所"，把抓来的花姑娘就关在那里。一共大概抓了十几个。

李：我把上述记录念给你们听一下，如无出入或补充请签字。

蔡、张、庞、戴：好的。

　　　　　　　　　　　　　　　　被调查人：蔡炳兰　张华明

　　　　　　　　　　　　　　　　　　　　　庞永宜　戴斐然

　　　　　　　　　　　　　　　　在场人：汤其秀　顾永芳　王　祥

姜（周）粉英回忆白蒲镇"慰安所"有关情况的谈话笔录

时间：2007 年 5 月 9 日

地点：白蒲镇杨家园村 42 号

接谈人：钱军华　记录人：朱　华

被接谈人：姜粉英　女　1917 年 7 月 3 日出生

住址：如皋市白蒲镇杨家园 42 号　单位：（略）

联系电话：（略）

谈话内容记录：

问：老太你叫什么？今年多大，出生日期是否记得。

答：我叫周粉英，今年 91 岁，我是五月半过生日，属蛇的。

问：老太有没有其他的名字？

答：我娘家人姓周，叫周粉英，前夫姓倪，后夫姓姜，叫姜全昌，我还有个名字叫姜粉英。

问：你家有哪些人？

答：家里的儿子，叫冬候，还有孙子，孙女。

问：你是否愿意办理公证？

答：自愿的。

问：你要把你的亲身经历如实陈述一下，不要有虚假的和不真实的。如有虚假的陈述，按照法律规定要承担法律责任，你是否知道？

答：好的，我说的话，我不怕。

问：你把你知道的事和经历如实陈述一下。

答：我在 22 岁的时候被抓去的，抓去的时候吓死了，那一年 2 月 20 日还是 22 日我记不清了，抓我的是姚家园里的人来抓的。用打腰带子把我绑去的，那里有 18 个人，连我和我姑子一共 20 个，把我抓了送到白蒲镇北石桥那里的客栈。后来进去才晓得叫"慰安所"，总是日本人。

问：抓去了干了些什么？

答：不做什么，就是做性交。

问：你接待的是哪些人？

答：总是日本人。他们都是买票的。

问：一天接待几个人。

答：一天三至四次，最多五次。

问：去了多长时间。

答：去的时候是 2 月 20 日，过了 5 月端午回来的。

问：怎么回来的？

答：当地杨［姜］书记把我保回来的，他想娶我，我长得漂亮，我说的我把（嫁）过人家的，倪家不要我了，我就跟你。

问：笔录读给你听，无误请捺指印。

附件 1：公证书

（2007）皋证民内字第 527 号

申请人：姜粉英（周粉英），女，一九一七年七月三日出生，现住江苏省如皋市白蒲镇杨家园村 42 号。

公证事项：保全姜粉英（周粉英）的陈述

申请人姜粉英（周粉英）因证明事实真相的需要，于二〇〇七年五月九日向我处申请对其本人证明当年侵华日军在江苏省如皋市白蒲镇设立"慰安所"一事的陈述进行保全证据。

根据《中华人民共和国公证法》的规定，本公证员与公证员朱华、拍摄人员蔡家华（男，一九四一年十二月二十三日出生），《扬子晚报》的记者缪礼延（男，一九六六年五月十五日出生）关于二〇〇七年五月九日在江苏省如皋市白蒲镇杨家园村 42 号姜粉英（周粉英）家对申请人姜粉英（周粉英）的陈述进行了现场录像和记录，并制作了《谈话笔录》一份共两页（见附件），得到录像带一盒，并制作光盘一式两份（每份一碟）。一份交给申请人姜粉英（周粉英），一份由我处保存。

兹证明与本公证书相粘边的《谈话笔录》一份共两页的复印件与原件内容相符，原件上所记载的内容为申请人姜粉英（周粉英）亲口所述，并经本公证员将《谈话笔录》读给申请人姜粉英（周粉英）听，确认无误后，姜粉英（周粉英）在该记录上捺指印，其所捺指印属实。现保存于我处的录像带一盒为拍摄人员蔡家华现场所拍摄，与现场实际情况相符。

附件：《谈话笔录》的复印件一份共两页。

江苏省如皋市公证处
公证员　钱军华
二〇〇二年五月十一日

（原件藏：中共如皋市委党史工作办公室）

四、大事记

1932 年

1 月 28 日 淞沪抗战爆发。苏州为中国第十九路军大后方。2 月下旬起，日军频频出动飞机，对太仓、昆山、苏州等地实施侦察轰炸。

2 月 23 日 日机 9 架袭击苏州市觅渡桥机场，投弹 12 枚，炸坏中国飞机 3 架，机场被严重毁坏。

3 月 1 日 凌晨 5 点，日军以飞机和大炮对太仓县（现为苏州太仓市，下同）民宅、建筑物、各种设施进行狂轰滥炸。日军 11 师团主力 5000 余人在太仓七丫口南北江堤一线陆续登陆。附近的七丫村被毁房屋 1213 间，鸦江村被毁房屋 138 间，仪桥村被毁房屋 56 间，陆浜村被毁房屋 84 间，马北村被毁房屋 24 间，共计被毁房屋 1515 间。村民朱阿三、顾阿荣、刘汉文、闵阿品、常阿贵等 49 人被日军杀害，蔡阿宝、吴爱宝、顾友金、顾仲如 4 人受伤。

3 月至 5 月 日军在太仓登陆后，先后攻占浮桥、茜泾、浏河、新塘市、陆渡桥等集镇，共杀害村民达 200 多人，伤数十人；焚毁民宅 701 户，3500 余人流离失所，房屋及财产损失达 35 万余元。

5 月 9 日 日军撤退后，太仓县沿江乡镇受此战祸，损失严重。太仓旅沪同乡救济会募得捐款 10 万余元，江苏省兵灾救济会发给赈灾款 67500 元，棉种 900 担，米 500 包，谷 200 余石，衣服 3000 多件，储仓米 1260 石，救济灾民。

1935 年

2 月 22 日 苏州至浙江嘉兴的苏嘉铁路动工修筑。翌年 4 月 25 日全线接轨，7 月 15 日通车运行。苏嘉铁路全长 74.15 公里，历时 14 个月建成，耗资 360 余万元。苏州沦陷后，先后受日军"军管"、华中铁道株式会社"统管"。1943 年末，日军需大量钢铁制造军火，决计拆除苏嘉铁路，至 1945 年 1 月全部拆除。

1937 年

8 月 12 日至 9 月底 国民政府为阻滞侵华日军海军溯长江而上，在江阴县（现为无锡江阴市，下同）江面沉船封江，先后有 12 艘旧军舰、23 艘商船，8 艘趸船和 185 艘盐船、民船被用以堵塞水下封锁线空隙。

8 月 13 日 苏州各界人士积极捐款支援抗战。据不完全统计，一个月内工商界募集到 77052 元，农界 4 万元；仅《吴县日报》一处即收到各界人士送来的捐款达 1 万余元，以及捐献的大量金银饰品和器皿。后援会还组织征集废钢铁、麻袋等军需物资支援前线，不到一个月即征集废钢铁上万公斤。

8 月 15 日 日机 16 架分两次空袭南京。至 10 月 15 日，日机共投弹 523 枚，南京市民被炸死 392 人，伤 438 人，房屋被毁 1949 间。

8 月 16 日 日军开始全面空袭苏州。日机第一次 22 架、第二次 9 架先后在苏州飞机场、阊门外老五团（北兵营）以及城内道前街、西善长巷、朱家园、瓣莲巷、学士街、东西支家巷等处投弹。受弹处房屋被毁，居民死伤 500 余人。西善长巷被炸毁民宅 30 多家，居民被炸死 30 余人，有家铜锡店一名孕妇正在浴盆洗澡，被炸得身首分离，徐光斗一家 3 口全被炸死。西善长巷大中旅社 100 余间房屋、西大街江苏反省院 100 余间房屋，均被日机全部炸毁。自此日至 11 月 15 日 3 个月内，日军在苏州城区共投弹 4200 余枚。苏州市民迁往四乡者约十之六七，店肆均停止营业。

8 月 18 日 下午 2—3 时 日军飞机 9 架在昆山县（今苏州昆山市，下同）正仪镇上空轰炸 62 号铁路桥，桥下 4 艘难民船中的 160 余名男女老少全部被炸死和溺死，正仪镇区居民连夜全部逃走。

8 月 23 日 日军第十一师团在太仓县浏河口登陆，对浏河口南岸到小川沙一带沿江村庄疯狂烧杀抢掠。浏新乡龙家桥村、七十二家村（今浏河镇新镇村）首当其冲，自此至 11 月间，浏新乡六七百户人家、2000 余间房屋被烧毁，村民被杀 78 人，伤 200 余人。在闸南村的梅家宅、张家宅、瞿家宅、陈家牌楼、米筛宅、老何家宅、新何家宅等村庄，日军杀害村民梅文林、梅正林、周阿生、陆桂生等 32 人（男 22 人，女 10 人），强奸妇女姜杏宝等 5 人，打伤高雪洪 1 人（男），烧毁房屋 318 间。

8 月 苏州各界群众组织救护队，救护淞沪抗战前线撤下的伤员。据不完全统计，自八一三事变起至 9 月中旬，苏州先后抢救、治疗、转运前方伤员 5 万余人，收容疏散由上海杨树浦、黄渡以及太仓等地来苏的难民 15 万人，仅 8 月 28 日至 9 月 2 日的数天内即疏散难民 2 万余人，这些难民由后援会转运至镇江、宜兴、南京、苏北、湖州、南浔、宁波等地。

8 月至 10 月　日机对苏州太仓县浏河镇街市投弹百余枚，炸毁居民住房、工厂、商店、汽车站、医院、电灯房等建筑物 400 多幢，约 2000 多间。

9 月 6 日　日军轰炸南京市白下区太平路，民众死亡约百人。

9 月 13 日　由上海救济委员会安排遣送的苏州、嘉兴 2100 多旅沪难民，分乘 21 条民船离沪，至苏州北新泾虞姬墩河面遭两架敌机轰炸、扫射，死伤达 400 余人。其中苏州东山村民被炸死 14 人，受伤 17 人。

9 月 19 日　日机轰炸苏州平门火车站，投弹 18 枚，炸毁车站房屋及卫生列车和一列难民车，炸死炸伤难民达四五百人。10 月 6 日，日机再次轰炸苏州市平门火车站，投弹 27 枚，并用机枪扫射，炸毁站屋和子弹车，伤亡旅客 70 余人。

9 月 25 日　日机 96 架分 5 次空袭南京，投炸弹 500 枚，轰炸中央大学、中央通讯社、中央医院、广东医院、下关电厂、首都电灯公司、首都自来水公司、下关难民所等，以及江东门、三条巷、边营、中山东路等居民住宅区，南京居民伤亡达 600 人。

9 月 28 日　下午，无锡火车站遭到日军轰炸，炸弹散落到附近的马路区、仁寿里浴室和居民区，居民死伤达 280 余人。

10 月 6 日　下午 1 时左右，日机 7 架轰炸无锡，在车站附近先后掷弹 20 余枚，车站附近新仁堆栈、车站货栈办公处、铁路饭店、淮南煤矿公司、长春裕米行、兴盛米行、以及陈白头巷仁寿里一带民房均遭损坏，死伤平民约 200 余人。其中新仁堆栈损失棉花 2.2 万多担，铁路饭店损失 52.8 万元，无锡工运桥堆栈所存的粮、棉、丝、布尽付一炬。通惠路上 372 间店铺被毁，平民死伤 369 人。

10 月 8 日以后　日机不分昼夜地对无锡进行疲劳轰炸，光复门外周山浜、西门外惠山等工商业集中地区遭袭，庆丰、丽新等大纺织厂多次中弹。

10 月上旬　日机连续四天在太仓、鹿河、归庄、璜泾等地轰炸，炸死炸伤平民 200 余人，炸毁房屋 300 余间。

10 月 14 日　晨，张家港十一圩港（今张家港市锦丰镇）的一艘难民船渡江，被日舰发炮击中。难民船沉没，全船难民 100 余人无一生还。

10 月 28 日　晨 9 时许，日机 6 架先后在无锡投弹 50 余枚，居民死伤数十人。中国银行第一堆栈、大中华旅馆、邮政局、大东旅馆、第一旅馆、瑞昶润栈后进金昌旅社等处被毁严重。

10 月 无锡协新毛纺厂被投炸弹 12 枚，厂房和机器大部损失。城中办事处被烧毁成品价值约 1.9 万余元，厂内库存成品、原料等物资又遭土匪抢劫，估计损失 20 万元以上，工厂停产，职工遣散。1938 年该厂为日军驻地，2 号锅炉被炸，机器设备遭到严重破坏。

同月 位于无锡西门太保墩的振新纺织股份有限公司遭日机轰炸，直接损失 345.285619 万元（损失时价值）。其中被焚毁车间、宿舍、仓库等建筑物价值 565550 元，焚毁各种纱 205 件，布 7940 匹，价值 128630 元；焚毁原棉 1478240 担，损失价值 813023 元；纱锭 1200 锭及一切附属零件，价值 1681150 元，各项生财物料等 264503.19 元。

11 月上旬 在苏州北桥、渭塘间冶长泾河上，4 艘难民船被日机炸沉，难民死亡 300 多人。

11 月 13 日 凌晨，数十艘日舰和 4 架飞机，从白茆口至福山之间轰炸苏州浒浦，小学及民房数十间被毁。日军在侵入浒浦后，杀害村民 270 余人，烧毁房屋 1783 间、渔船、农船 34 艘。

同日 日军分 4 路侵入常熟县（现为苏州常熟市，下同）徐市镇。至 19 日，日军在徐市境内北港村、归市、横浦、蒋湾、巷门村等地共杀害村民 67 人，伤 6 人，强奸 8 人，拉夫 31 人，烧毁房屋 1888 间。

11 月 13 日至 15 日 苏州市阊门外石路商业区因日机轰炸起火，烧了 3 天 3 夜。东自石佛寺、小菜场，西至小鸭蛋桥东段，南至石路北侧的耶稣教堂以西至惠中旅社以东，北至饭店弄南侧，被烧毁的商店、旅社、戏院、茶馆、浴室、饭店有二三百家，居民住宅有五六百户。损失财物无法估计。

11 月 13 日至 16 日 日军在常熟县新港镇碧溪村杀害村民徐小狗、李三弟、张和尚、张民等 144 人，烧毁房屋 179 户（948.5 间）。

同日 创办于 1904 年的常熟县支塘裕泰纱厂被炸，大火延烧数日。14 日，日军看见 100 多名工人正在救火，便架起机枪扫射，近百人倒在血泊之中。同日，日军闯到支塘姚泾，把村民孙家夫妇等 4 口及到该村避难的孙进金家 7 口等 30 余人全部杀死。

11 月 14 日 日军侵占常熟县淼泉镇，南街所有房屋烧为灰烬，槿树坟、雉浦江西沿途尸首遍地，市镇周围的复大、竟丰新、福康、元兴、勤丰等布厂大部分被焚，500 余台布机被毁。

同日 晚上，日军从水路偷袭吴江县（现为苏州吴江市，下同）平望镇北的枭腰桥，遭滞留的中国守军第 87 师狙击。中国军队寡不敌众，伤亡惨重，士兵和外地难民共 400 多人被杀。日军洗劫全镇，礼和、泰原两当铺及其它商店、民居被劫一空。

11 月 15 日　日军在吴江县平望全镇实行封锁，在北大桥、南大桥上筑起巷门，禁止民众上街。后开始向镇周围侵扰、枪杀百姓、焚烧房屋、强奸妇女。全镇共损毁房屋 3026 间。

同日　日军入侵常熟县古里镇白茆村，烧毁房屋 2366 间。至 18 日，共杀害村民 117 人（其中有儿童）。

同日　日军在常熟县大义镇枪杀村民 90 人、打伤 6 人，强奸妇女 39 人，拉夫 8 人，烧毁房屋 334 间、烧毁收获的稻垛、稻堆 1057 亩、烧死耕牛 2 头。

11 月 16 日　国民政府下令党政机关撤离南京。财政、内政各部及金融机关向汉口，交通、实业两部向长沙，其余向重庆转移。金陵兵工厂西迁重庆。金陵大学、金陵女子文理学院 11 月西迁成都继续办学。

同日　日军 70 多人在常熟县藕渠镇庞浜塘岸村烧毁房屋 108 间，枪杀村民 56 人，有 3 对夫妇双双死在日军刺刀下。傍晚日军窜至青龙村，对众香庵和浜斗里来不及逃走的当地村民和一群难民进行扫射并用刺刀捅，当场杀害 200 多人，村民钱丙生一家 13 人被杀，许多妇女被奸。

11 月 17 日　日军烧毁吴江（现为苏州吴江市）县立震泽民众教育馆（原宋代三贤祠）、古刹普济禅寺、东岳庙及寺内数棵唐代古柏。下塘大桥头众多店铺被烧。下塘东栅（今南横街）麟角坊的颐塘医院、育婴堂全毁，沿颐塘河（市河）两岸闹市化为一片焦土。据统计，日军入侵之初，镇上被烧店铺达 130 多家，房屋 200 多间。在纵火烧房的同时，日军见人就杀，在思范桥北堍、四宜轩弄底、砥定大桥和斜桥等处都有百姓尸体。当年 12 月初，维持会组织了掩埋队，全镇共收埋尸体 124 具，其中幼童 3 人，妇女 6 人。

11 月 19 日　苏州城沦陷。日军第九师团富士井部由平门入城，第十军海劳原部由娄门入城，开始在苏州城内外肆无忌惮地杀人、放火、掠夺、奸淫，成千上万苏州百姓家破人亡、财物损失巨大。入侵平门的日军，用机枪击沉难民船 8 艘，数十名难民被射死在河中，平门内北寺塔前的香花桥面上有 10 多具被害者的尸体。齐门大街上 4 人被杀，河里有 40 多具尸体，公路大桥下河中有 30 多具尸体，男女老少都有。齐门大街后面，难民被害 10 多人。齐门外洋泾荡大桥附近的寄柩所云锦公所里，日军用机枪集体射杀了 100 多名逃难的老百姓。齐门外洋泾塘防空洞内炸死民众 20 余人。

入侵葑门的日军，在城门口用刺刀、枪托杀死居民五六十人。入侵胥门的日军，在万年桥大街屠杀居民和自卫队员三四十人。入侵金门、阊门的日军，在南新桥、大马路、石路、上塘街等地滥杀无辜百姓，从永福桥到东吴戏院的路面上，被害者尸体有二三十具；在南新桥桥面上也有尸体数具；从南新桥至吊桥的一段城河里，有10多具尸体。金门内黄鹂坊桥，日军一次枪杀了自卫队员10多人。阊门内西北街100号门口的石灰潭里，堆满了被杀害者的尸体。在北寺塔大雄宝殿前，日军一次杀害中国被俘士兵五六十人。葑门内盛家带徐家祠堂里有七八十名重伤士兵，全被日军枪杀。日军将200多名妇女关在大庙中，任其奸淫，最后将她们押到虎丘山旁全部杀害。事后，功德林老板和都亭桥青帮头子夏啸乐组织了9个掩埋队，10天内在苏州共掩埋尸体2870余具。在屋内被杀，由家属自埋者尚不计在内。在杀人的同时，日军还大肆劫掠。据吴县（现苏州城区）县商会事后登记统计，48个行业530家商户被抢劫，损失共达6047361元。观前街家家商店几乎被抢劫一空。据伪江苏吴县知事公署1939年3月《事变损害统计》：沦陷前后吴县（现苏州）13个城乡公所共计被毁房屋8227间，人口死亡6774人，财产损失1043.3万元，其中城厢3个公所遭破坏房屋4739间，人口死亡3738人，财产损失810万元（此数据为很不完全的统计。当时伪吴县知事公署划定吴县计29个城乡公所。）

同日 日军华中派遣军司令松井石根到苏州搜掠文物。明代著名东林党人周顺昌的遗物，包括周顺昌墨迹手卷、周顺昌遗像及上朝图等原件，全被日军劫去。

同日 省立苏州图书馆损失图书3038种，12798册；杂志期刊927种，15136册；报纸合订本26种，1747册；版本损失22种，18179片。苏州美术馆在被日军占用时损失西画36件、国画36件，估计价值29760元。史家巷81号的居民潘俭庐损失字画79件，估计价值4650元。苏州大公园内吴县图书馆被日军炮轰及放火而毁，损失图书5万余册。图书馆由江阴巨商奚萼铭赞助银元5万元建成。

同日 日军占领常熟县城，烧杀奸淫无恶不作。石梅附小右面荒地上有尸体20多具，南门外莲灯浜言公堂被杀群众300多人。8名日本兵在常熟虞山镇西大河范巷宅基对2名逃难的年轻女子进行轮奸，当发觉附近大坟堆内有人，当场射杀逃难群众15人，其中3户为全家死亡。

同日 日军在吴江县平望镇西大乡烧毁房屋926间，在莲花乡烧毁房屋286间。

11 月 20 日 日军入侵江阴县北涠，烧毁北涠城隍庙，几个自卫团员被烧死在庙里；北涠商团 19 名团员被杀死；29 名难民在老桥圩被机枪打死；52 人被日军杀害在西荷花池里，其中包括许湘初父子俩、金如章、刘钟谕等；邹家巷路无锡难民船上的 17 名男子被杀害，五六名女子被奸污。日军侵占北涠，共烧毁房屋 314 间，杀害百姓 250 余人，奸淫妇女 46 人。

同日 日军入侵张家港市恬庄（今属凤凰镇），见人就杀。开饭店的刘和尚、开药店的陈二麻、农民徐庄先的儿子及外地逃难群众等 108 人惨遭日军杀戮，其中 2 名妇女被日军强奸后用刀捅死。

11 月 21 日 10 余架日机轰炸江阴县城，江阴城内吴汀鹭住宅、县政府、利用纱厂等悉数被炸毁。南菁中学、顾家埭、善门路、大宜春、小桥头以及同生泰、日新恒等各大商号，尽成一片瓦砾。同日，江阴难民船开往泰兴，以后陆续过江难民达 1.3 万人。

同日 日军十三师团重滕支队分三路侵入江阴顾山地区。一路冲进陈俞家堂，枪杀患病的俞老太，轮奸 2 名躲在洗澡间的姑娘。另外几路分别窜进陆家堂、赵家堂、界经岸、肖家堂、红豆村下、陈罗家堂、邓巷、陆宅基等地，古塘巷王彩妹和祖母李氏为免凌辱，双双投河自尽；东巷门口开豆腐店的陈小大一家 5 口全部被日军捅死；巷门内做裁缝的陈根福一家 8 人（其中有未满两月的婴儿）被日军驱至西街轮船码头面河而跪，用倭刀砍杀；镇上少妇章氏，被日军强奸后，又被竹竿插入阴部活活戳死。南街宅基几个躲在墙角里的妇女悉被日军轮奸。22 日，日军在顾山四三房巷、顾西村等地杀死村民 49 人，糟蹋妇女 13 人，烧毁房屋 31 间。吴景星妻子被日寇奸污后杀害，丈人章砚芳（江阴县知事）、大儿子吴×义被日军用刺刀刺死。顾山大地主吴彦新 100 多间房屋全被烧毁。据统计：此次日军过境顾山，共杀害顾山村民 125 人，奸污妇女 52 人；被烧毁房屋 338 间，因烧毁稻垛和用作马饲料等损失稻谷 25 万余公斤。

同日 日军第十三师团前锋部队侵入江阴长泾镇南涠，焚烧房屋 19.5 间，掠夺稻谷草料 330 亩，枪杀农民 11 人，拉去民伕 4 人，奸淫妇女 14 人，掳走民船 8 艘；在夏姚桥烧毁民房 8 户，掠夺 184 亩稻谷喂马，宰耕牛 5 头，掳船 5 艘，邻村李家庄的 4 户房屋亦全被烧光；在顾家巷路里向镇区发动攻击时，枪杀农民 3 人、民伕 3 人，奸淫妇女 10 余人，焚毁房屋 35 间、稻堆 10 多垛，掠走鸡鸭猪羊 100 百余只，蒋姓全家 5 口情急投河自尽。22 日，日军分兵包抄长泾集镇，在宋家湾、跨塘桥一带，奸淫掳掠，枪杀农民 23 人，烧去稻堆 9 垛、房屋 60 多间。23 日，中国守军在长泾林家村突围时，林家村及徐家坝、苏巷一带被日军烧毁房屋 25 间，青壮年村民被害 5 人，守军一个连突围未成，全连殉国。24 日，长泾失陷，镇上被焚房屋 160 余间，居民被枪杀 10 人，伤 10 余人，妇女被强奸 10 人，大福桥、大明电灯厂被烧毁，各商铺被劫一空，居民住宅无一幸免。据统计：日军攻陷长泾后，总计焚毁房屋 386 间，烧去稻谷 9 万多斤，杀害村民 73 人，伤 20 多人，奸淫妇女 71 人，掠夺财物估计价值 158900 余元（法币）。

11 月 22 日　早晨，日军在无锡安镇北宅浜村打死熟睡中的陈百萱一家和他们的亲戚共 12 人，烧毁后巷村 98 间半房屋，黄桂大等 4 人被日军打死。在南前头村将村中未及逃走的村民抓住，将他们押至沿河一空场进行屠杀，共有 37 人被日军杀害，其中一人是逃难的难民。14 户人家中，有 4 户被杀绝。被烧毁房屋 61 间、收成稻谷 220 多亩。此后，日军在安镇连杀几天，共杀死 500 余人，烧毁房屋 5000 余间，稻垛 1000 多个。

同日　日军在常熟县冶塘镇李大根家枪杀村民 20 余人，在孙金生家枪杀 10 余人，在李坤球家枪杀 10 余人，在包家村杀害当地村民 9 人，城里、镇上及邻村逃难的百姓 59 人，共杀害村民 100 余人。

11 月 23 日　日军侵入无锡北乡塘头与东北塘之间的严埭镇，共枪杀村民一百数十人。

同日　日军入侵武进县横林镇，纵火三天三夜。烧毁镇区房屋 1180 多间、余巷等 13 个村房屋 729 间，杀害群众 80 多人，奸淫妇女十多人。

11 月 24 日　日军自白茆口登陆后，直扑无锡城郊，一路烧杀。伪无锡自治委员会成立后，特委派王菊林组织卫生队，雇用敞船二十只，民伕百余人，负责收尸掩埋，每船装尸体 20 具，前后工作了两个月，估计掩埋尸体至少在万人以上。

同日　中国银行无锡支行及所属损失库存现款、营业用器具、担保品项下货物及证券、附业投资及其他，价值国币 6038644.73 元；损失房屋地皮、担保品项下货物及证券、抵押品及没收项下房地产、附业投资，价值 1904862.23 元；损失旅运费、防空费、救济费、抚恤费等价值 26560 元。

同日　日军十六师团步兵第二十连侵入无锡县东亭镇的许巷村（今春雷村）南桥头进行残酷屠杀，全村 223 人惨遭杀害。其中当地村民 94 人，从无锡其他地方来许巷避难的难民 129 人。全村 63 户人家有 57 户家中亲人被杀，其中 4 户被杀绝，19 名妇女被日军奸污，其中 4 名奸后又被杀害。大屠杀后，日军放火烧了 94 栋房屋，以及刚收割下来的 150 亩稻谷和家具等，另有一些牲畜、家禽和金银饰品遭日军抢劫。傍晚，部分日军又窜至无锡东亭陈大房（今属长流村朱巷），枪杀8名当地群众，并纵火焚尸。

11月25日 日军十六师团占领无锡城区，无锡沦陷。从26日开始，日军就分头在无锡城内繁华地段纵火，大火烧了十昼夜。共焚毁公私房屋160000多间，其中烧毁工厂厂房28537间；商店店堂54268间，学校校舍8614间；机关、团体、医院、膳堂用房1626间；祠堂、名胜建筑2105间；居民住房65600余间。

同日 上午，部分日军从无锡县东亭镇许巷村窜至松园墩、莫宅里（今属长流村），用机枪射杀躲在松园墩芦荡旁一个防空洞内的80多名群众。日军还将乘2只木船在此避难的常熟地区难民80多人杀死，并抢去木船。日军在松园墩共杀害当地村民和难民200余人，烧毁房屋202间，烧毁登场稻谷421亩。

同日 下午2点左右，日军从无锡市东北塘天池巷一带朝寺头镇（今属无锡市惠山区堰桥镇）刘家宕村发动进攻。攻占长巷、张塘岸等地之后，日军随即在刘家宕一带开始了2天多的疯狂烧杀，被杀群众达百余名之多，占原总人口的20%左右；被烧房屋237间，稻子22堆，计损失230亩稻谷。27日，日军在血洗刘家宕等村后，又侵占了张塘河北面的寺头街，将这条盛极一时的街道烧得只剩下三五间房子，杀害30多人。日军在烧杀抢的同时，还大肆强奸妇女。杨服膺的妹妹等10多名妇女被日军集中起来后遭到强暴。中街赵建华的女儿遭奸杀后，其乳房被日军割掉。周梅林娘的阴部被插上带有鱼叉的木棍，其状惨不忍睹。

同日 日军在无锡县西漳镇的青联村实行"三光"政策，共烧死、杀害村民94人，其中全家被杀的有4户，村中成为寡妇的有38人，成为孤儿的有9人，被拉伕的有79人，被烧毁房屋138间，稻垛93堆。

同日 日军板谷矶垣师团前锋部队1000余人侵入无锡市江阴县祝塘镇，烧毁房屋1030间，杀害村民76人，奸淫妇女119人，宰杀耕牛16头。

11月26日 位于无锡西门外太保墩的无锡申新第三纺织厂被日军炸毁。申新三厂是江苏和无锡最大的棉纺织厂，在抗战时期遭受重大经济损失。按战前原价估算，申新三厂在抗战中的直接经济损失总计1034.74万元，间接损失即半损毁需修整费达496770万元。同时受损的还有申新三厂所属的公益铁工厂。上海沦陷后，该厂一部分轻型机器西迁，大部分重型机器有的分装到镇江，后散落在苏北各地，一部分留在无锡的，沦陷后被日军劫走。

同日 无锡申新系统各厂在抗战中的损失大致如下：厂房、仓库、工房等建筑大部被毁；生产设备纱锭 20 万余锭、布机 2700 余台；原料及成品原棉 16 万余担、棉纱 1 万余件、棉布 128000 余匹，粉袋 233000 余只，棉毯 8 万余条；机物料几乎全部；其余发电机、马达、锅炉、各种工作母机，也损失殆尽。

11 月 27 日 江阴县青阳镇沦陷。境内被烧毁房屋 1300 多间、稻垛 500 多个，被杀无辜民众 160 多人，被蹂躏妇女 200 多人。

同日 日机在镇江市投弹 140 余枚，炸毁房屋不计其数，义渡码头、拖板桥、粮米仓、五条街、松花巷、日新街、原在黄山的镇江中学、鼓楼岗的镇江师范、杨家门的穆源小学和沿江一带均遭猛烈轰炸。居民被炸死 340 余人，伤 156 人。28 日，日机沿都天庙到河滨公园的运河轰炸、扫射，100 多艘民船被炸，伤亡 200 余人。中午，日机低空轰炸南门越城，近 60 人被炸死。北固山下 200 多搬运工人正在抬运石子装船，被轰炸、扫射，全部遇难。

同日 日机首次对丹阳县城进行狂轰滥炸，坐落城内中市大街（今新民中路）中段的江恒煤油库中弹起火，蔓延全街。29 日，日机再次肆虐，将南门大街、东门大街相继炸毁，后又继以大火数日，县城被烧毁民房 9006 间，其中楼房 103 间，学舍 310 间，全城房屋所存无几，72 人遇难。财产损失约 2000 万银元。

11 月 29 日 日机对溧水县城轰炸，炸死 1500 人。恒裕布店、管中和药店、管太和药店、四美酱园、复和饭店和盛和烟茶店等被炸毁、烧光。七十多条街道被炸毁烧光。5000 多间房屋被毁。

同日 番号为大野、片桐、助川、野田、三国、今中的大队日军，分别从常州戚墅堰和武宜公路（今常漕公路）进入城区，占领了整个常州城，常州沦陷。自 10 月 13 日日机开始连续对常州城区狂轰滥炸至沦陷初期的 40 多天中，常州市区共被毁房屋 9000 余间，被杀民众 4000 余人，虹桥以西为日军的主要杀人场。家住前北岸的钱叔陵一家，有 26 人同时遇难。文庙前的葛仙桥旁，一次就被枪杀了 50 余人。今国棉三厂附近的圩田里，有 20 多人被打死。中山门两侧的城门洞内塞满了尸体。小东门桥铁路 8 号道房附近横躺着 28 具尸体。牌楼弄胡尚书古墓旁和桃园南首的乱坟岗上，各扔有 100 多具尸体。日军占领常州后，大成一厂沿运河房屋被日军占用作为养马场。因日军入侵，大成一厂损失惨重，依 1937 年的价值，约为 510 多万元（法币）；武进电气公司损失约合 30 余万美元；民丰厂被毁厂房 110 余间，损失银元 80 万枚；戚墅堰发电厂仅仓库材料一项损失就达 43 万元之多。

11 月 30 日 日本侵略军攻占宜兴县城，宜兴沦陷。日军占领宜兴县城后，肆意残杀无辜。后日军一度撤离县城，宜兴县长储南强雇人以芦席裹埋遇难同胞，共收尸700余具。

同日 日军侵占武进县奔牛镇。据1947年7月16日《武进新闻》刊载奔牛警察分局调查："日军进入奔牛时，烧毁房屋1742间，枪杀群众401人，其中在西园空地上用机枪集体扫射而死者40多人。"

11月 位于无锡北门外广勤路长源桥的广勤纺织股份有限公司被日军炸毁，总计直接损失630.198574万元。间接损失5723万元（以每天出纱90件每年以300天计，8年将生产216000件，资本额200万元，作年息二分）。庆丰纺织漂染整理厂被日军炸毁，总计损失151.4813088亿元（损失时价值），510.9万元（购置时价值）。丽新纺织印染整理股份有限公司厂房一部被炸毁，12月，日军占领该厂，故意用铁锤敲击毁坏纺织印染原动各部机械，并搬走了全部所存花纱布，马达物料等在被占期间陆续运走，至1941年2月工厂已是破损不堪。总计损失价值857.9030万元。间接损失（补充及修理损失机器房屋连同货物物料等）达680余万美金。

同月 无锡庆丰纺织漂染整理厂被炸毁。炸毁建筑物包括织厂平房、织厂楼房、漂染厂、仓库、男工宿舍等48483775平方尺，价值476878元（购置时价值），119219.5万元（损失时价值）；损失纱锭28448枚，布机377台，漂当机及附件全套，原动部及机修间附件全套，价值2123039元（购置时价值），530759.75元（损失时价值）；损失花衣2326891担，棉线3060件，棉纱83613件，各类布66973.5匹，脚花883055担，还有物料、煤屑等，计价值2509083.83元（购置时价值），864833.838万元（损失时价值）。总计庆丰纺织漂染整理厂损失法币151.4813088亿元（1946年填报时价值），510.9万元（购置时价值）。

同月 位于无锡丽新路的丽新纺织印染整理股份有限公司被日军占领，日军故意用铁锤敲击纺织印染原动各部机械，每件机器无一幸免，并搬走了全部所存花纱布，马达物料等在被占期间也陆续运走，至1941年2月，工厂已是破损不堪。计损失厂房价值227410元；现款153220元；制成品1883850元；原料1018560元；机械及工具4502060元；其他793930元，总计损失价值857.903万元，间接损失（补充及修理损失机器房屋连同货物物料等）美金680余万元。

同月 无锡沦陷前后，无锡永泰系统各厂都有不同程度的损失，永泰丝厂的宿舍被大火烧毁，隆日丝厂的机器散失，锦记丝厂的机器设备被烧毁，华新丝厂的机器散失、办公室被毁，永盛丝厂的女工宿舍炸毁，胜利后除永泰丝厂复业外，其余均无法复业；永泰第一制种场、永泰第二制种场、永泰和茧行、公泰昌茧行、公泰隆茧行等机器设备也都被毁；永泰系统各厂库存干茧2万余包，生丝600余担，有的被烧，有的被抢，生丝被抢走100余担，干茧被抢1000余担，被烧5000余担。

同月　无锡县立历史博物馆在1935年5月时有馆藏品380种2346件。其中有全套孔庙乐器、祭器以及明代无锡人民抗倭古炮、辛亥革命锡金军政分府门额等。无锡沦陷后，馆内藏品被洗劫一空，从此该馆未能恢复。

同月　在常熟县练塘镇颜巷至羊尖镇15公里沿线两侧，日军烧毁村民房屋1174间，抢走粮食3800斤、宰杀耕牛4头、猪羊197头。在练塘境内强奸妇女39人（最大60岁、最小15岁，5人遭轮奸，3人奸后被杀）。

同月　日军在常熟县新港镇吴市境内的徐六泾、高浦村、虹泾村、包唐村等烧毁房屋3800多间、屠杀村民571人、强奸妇女374人。

12月初　从12月初开始，日军兵分三路直扑南京。其上海派遣军以第11、第13、第16共三个师团沿镇江、丹阳、句容西进，直逼汤山、栖霞山地区，以第3、第9师团由常州、金坛、天王寺直扑淳化；其第10军所属第6、第18、第114师团以及国崎支队则沿宜兴、郎溪、溧阳、溧水、洪蓝、小丹阳一线直逼南京。

12月1日　南京市市长马超俊把安全区的行政管理权交给国际委员会。拨3万担米，1万担面粉和盐，10万元法币予以资助。

同日　江阴县城沦陷，日军连续烧杀3天。中华、华昌两个煤码头被破坏殆尽，华明发电公司设备遭严重破坏，公司停业。江阴染织厂损失价值339500元。利用纱厂损失140余万元，幸存厂房、机器被日军侵占。南菁中学5幢楼房及从书院时代起积存的3万多册藏书和刊刻《皇清经解续编》的全部木版，县中新建礼堂和41间校舍、整个寿山小学均被付之一炬。江阴电话局全部被毁，损失计6.8万美元。北外大街及东大街繁华区被毁商店1000余家。城内住在西城角及南街一道的老弱妇幼悉被杀害；黄田港口的煤炭码头100多人被刺杀后，弃尸江中。三天之内，江阴城被毁房屋2057间，被屠杀居（村）民599人。

12月2日　日军从无锡宜兴城区向西进犯，同时向北推进。翌日，自徐舍至溧阳公路沿线居民被敌射中，死于非命者达1600余人。

12月3日　在侵华日军的操控下，伪苏州地方自治委员会（俗称苏州维持会）成立。建会时，攫取观前街的中国、交通、江苏等几家银行五六十万元。

同日　清晨，日军一股窜至丹阳县（现为镇江丹阳市，下同）魏家村，先把村民堆放在场上的家具烧毁，接着把全村老少魏保龙、魏保根、魏保川、魏书根等80余人押到广场，用机枪扫射，又把躲在场上窝棚里的40余人刺死，最后烧毁该村房屋200余间。此次惨案全村共有120余人罹难。

12月3日至5日 日军在江阴花山嘴附近的10多个小村庄残杀百姓280多人，烧毁房屋420多间，其中，朱家村被杀害村民11人，被焚房屋10多间；胡家村被杀村民30多人，被烧毁房屋48家；卢家村被杀害村民108人；徐家村、吴家村、杨家村3村被杀害村民30人，被烧毁房屋128家；周家湾被杀9人，60多间房屋连同天主教堂被烧毁；白荡里村被杀村民17人，烧毁房屋24间；花山山坡共计有40余人遇难，140多间房屋被烧毁；曹鲍村被杀死70人。

12月4日 日军轰炸高淳县，炸毁县保婴局房屋数间；炸死炸伤东坝镇村民100余人，炸毁房屋700余间。

同日 日军在句容县（今为镇江句容市，下同）行香乡倪塘村，将沿途抓来的群众和附近村民40余人捆绑在倪安仁家院内，用火烧死。当晚又将青年倪才东吊在树上，用刀一块块割肉喂军犬。次日晨，日军又从外村押来80多名农民，在丹句公路旁全部用机枪杀害。1名年轻妇女遭8名日军轮奸致死。日军临走前在村内放火，全村86户被烧毁85户房屋。这次惨案中被害群众共120余人。

12月6日 日军第114师团攻占江宁县（现为南京市江宁区，下同）秣陵关，村民男女老幼114名人死于火灼、枪弹、刺刀之下；有17人被拉夫，其中7人失踪；25人受重伤；149名妇女被强奸或轮奸。459间房屋被烧。

12月8日 日军第十三师团天谷、安达两部队从南门入城，镇江沦陷。日军随即展开残酷的烧杀淫掠，见妇女无论老幼病孕，均肆意糟蹋，随处可见被奸淫致死的妇女。凡山洞地下室，一律以机枪扫射，避难女子均惨死其中。全城39个镇，除三阳、黄华、铁路三个镇外，其他36个镇均遭火焚。大火遍及五条街、东坞街、西坞街、日新街、大市口、中华路、二马路、南马路、鱼巷、山巷、柴炭巷、太保巷、江边、盆汤巷、姚一湾、小营盘、杨家门、上河边、小街、南门大街等地，其中受害最重的是大西路西段与南门大街。学校被烧的有镇江师范、镇江中学以及千秋、敏成、穆源等小学（包括轰炸中被焚毁的部分街巷和学校）。被烧的庙宇有竹林寺、鹤林寺、招隐寺、甘露寺，焦山以及苗家巷清真寺。日军在镇江杀人放火达10天之久，城内外商业繁华区付之一炬。东门外三十六标原是中国军队的驻地，日军到后把附近居民百余人赶到一个大厅里，然后关门放火，大多数人被烧死，一些挣扎逃出来的人，全被军刀砍死。宝盖山东边有一个大防空洞，躲了一批平民，日军竟用机枪扫射，死了300多人。节孝祠旁的火星庙，由美国牧师办了一个平民收容所，收容300多人，均被日军杀害。据当时镇江红卍字会的一个掩埋队队长杨佛和老人说，经他们队掩埋的无主尸体即近1600具。抗战胜利后，镇江商会周道谦先生和人文征辑委员会唐邦治先生曾进行过调查，确定这一时期镇江人民被日军屠杀者在万人以上，且几乎都是平民。在镇江沦陷的几天时间内，各银行、钱庄抵押仓库的各种物资估值6000万元，半数被焚，半数被掠；煤铁业各家存煤共5万吨，全被日军夺走；江广业（油麻糖香、南北杂货业的统称）各糖行货栈存糖3万多担，被日军焚掠；另有芝麻万斤，金针菜10余万包，食油80余万斤，粮食业代收而未运出的小麦百余万包，本帮所存米粮百余万担，木业木码5000余两，均成了"皇军"的战利品。全城公私损失达1亿元之巨。据民国27年伪丹徒县公署不完全统计，沦陷数日内，镇江民众死亡4524人，被烧毁房屋16700余间。

同日　靖江县城（现为泰州靖江市，下同）沦陷，日军炸死、杀死城区居民300多人，炸毁城区约三分之一房屋。

12月10日　自午至晚，日军猛攻镇江焦山，连续发射炮弹200余发，并有飞机轰炸。海西庵首中燃烧弹起火，鹤寿堂、枕江阁、三层楼、伊楼、米仓等，相继毁于炮火。12日晨8时起，日军以钢炮、飞机夹攻，至午后1时焦山沦陷。日军随即搜山，屠杀僧侣居民及守军20余人。日军还将油料倒在被俘人员（七八人）身上，点火焚烧。当晚日军30余人分住于碧山庵、救生局等处。山上各庵所藏328件古字画和周代鼎、宋朝玉带和30方石鼓及清光绪皇帝龙袍等文物，被掠一空。21470册古籍图书或化为灰烬或被劫。山中所有住家女人，多遭强奸或轮奸。日军又在法堂放火，方丈楼、石肯堂、库房等均被波及，付之一炬。碧山庵、松寥阁、水晶庵亦被日寇纵火焚毁，烧毁房屋300多间。

12月11日　日机轰炸，10枚炸弹击中南京"安全区"，炸死了约30名老百姓。

12月12日　日军由江浦县（现为南京市浦口区，下同）侵入浦镇东门，来不及和不能跑的男女老少，还有在早沦陷的上海及京沪杭沦陷区的难民、青年学生近400人在十七中学过河桥坑里，被捆绑后用刀砍死。

同日　日军飞机、军舰轮番炮击仪征县（现为扬州仪征市，下同）十二圩，炸毁居民瓦（楼）房38间、草房153间、国民党军平海号军舰1艘，居民死伤100多人。

12月13日　南京沦陷。日军从中华门、中山门、光华门、太平门涌入城内，与此同时，日军国崎支队占领了浦口，第 16 师团一部攻入下关，日本海军封锁了长江，中国守军退路被切断。日军占领南京后，对无辜的居民和放下武器的士兵，进行了长达 6 个星期的野蛮、血腥的大屠杀。此外，还疯狂蹂躏妇女，纵火焚烧、大肆抢劫，将南京这座文明古城破坏殆尽。

12 月 14 日 扬州沦陷。日军从南门进城后，烧杀抢掠。17 日，日军在扬州万福桥制造惨绝人寰的大屠杀，用机枪架于桥的两端，杀害手无寸铁的平民 419人。在大屠杀中，仅有民伕卞长福一人跳下河死里逃生。日军还纵火烧毁民房，两天内在万福桥附近烧毁了 400 多间房子。

12 月 15 日 夜间，日军将平民、所俘官兵共 9000 余人，押往南京海军鱼雷营，用机枪集体扫射，除殷有余等 9 人逃出外，其余全部遇难。

同日 日军在南京国民政府司法院难民所内，将穿着制服的长警 100 余名，另有男女平民 1000 余名以及其他人员，总共 2000 余名，押至汉中门外，分别捆扎，用机枪扫射，有受伤未死的，又遭活焚，全部遇难。

同日 在南京市下关区挹江门姜家园南头，日军将居民 300 人集中，用机枪射杀，或纵火烧死。无一幸免。

12 月 15 日至翌年 1 月 日军侵占南京市六合县城后，曹金鹏、胡克敏、郑国均的父亲及邻居家的 1 个老太太、肖老夫妻、陆铜匠、马世黄、殷荣康及张氏等 1500 多名无辜群众被枪杀。

12 月 16 日 日军将南京华侨招待所难民 5000 余人押至下关江边中山码头枪杀，尔后又把尸体推入江中，毁尸灭迹。当时仅有梁廷芳、白增荣两人跳江脱险。

同日 日军在南京白下区中山北路前法官训练所旧址，将平民吕发林、吕启云、张德智、张德亮、张德海等 100 余人，拖至四条巷塘边，以机枪射杀，无一幸免。

同日 南京鼓楼区五条巷 4 号难民区内军民石岩、陈肇委、胡瑞卿、王克林等数百人，被日军驱赶至大方巷广场，以机枪射杀。

同日 南京鼓楼区傅佐路 12 号平民谢来福、李小二等 200 余人，被日军押至大方巷塘边枪杀。

同日 江宁县汤山镇许巷全村青年 100 多人，被日军强迫集中于打稻场上，用刺刀一个一个全部戳死。

同日 日军侵占江都县（现为扬州江都市，下同）仙女庙河南后，在都天庙、玉带桥一带，枪杀百姓近百人。次日，日军攻占江都仙女庙河北，疯狂烧杀。从三元桥至塘子湾一带，沿河街道 500 多户 1000 余间民房和店铺化为焦土，400 多居民惨遭杀害。

12 月 17 日　日军在南京下关三汊河放生寺，及慈幼院难民所等处，集体枪杀平民四五百人。

12 月 18 日　日军第 13 师团山田支队将圈禁于南京幕府山下的中国军民 57400 余人，用铅丝两人一扎，驱赶至下关草鞋峡，先用机枪扫射，继用刺刀乱戳，最后浇上煤油，纵火焚烧，残余骸骨均投入江中。

同日　日军将从南京大方巷难民区搜捕的青年单耀亭等 4000 余人押赴下关，用机枪扫射，无一生还。在下关南通路之北，日军将被俘军人和难民 300 余人，集合于该处麦地里，用机枪扫射，无一幸免。

12 月 19 日　在南京龙江桥口，日军将被俘的中国军民 500 余人捆绑后，用机枪射杀后纵火焚尸。

12 月 23 日　驻扬州江都县仙女庙的日军调防，先后抓去的百姓 100 多人全部被杀害。

12 月 26 日　江阴、武进交界的郑陆桥、羌家头、秦家头一带群众打死下乡骚扰的日军三人。26 日，大批日军到鲍庄、秦家头、夏家头、郑陆桥、北夏墅、顾家头等 20 余个村庄进行报复性"扫荡"，杀害群众 123 人，烧毁民房 1800 间。

同月　日军在南京建邺区上新河一带将逃难的平民及大批放下武器的士兵 28730 人采取枪击、刀刺、溺水、活焚等手段集中屠杀。

同月　日军在南京下关区九甲圩江边等处枪杀中国军民五百余名。

同月　日军在南京城南凤台乡、花神庙一带屠杀难民 5000 余名、士兵 2000 余名。

同月　日军在南京雨花镇窑岗村用机关枪扫射村民几百人。

同月　日军在南京城东外江一带开汽艇进行扫射，打死难民 300 余人。

同月　日军在南京浦口区西葛街后田野山坡开枪杀死 100 多人。

同月　日军在南京江宁区上坊街杀害民夫 100 余人，10 名妇女被日军强奸后虐杀。

同月　六朝古都南京，名胜古迹众多。古建筑或因日机轰炸、焚烧，或为日军抢劫、肆意捣毁，或被改做军用，遭到空前劫难。著名的南京明代古城墙遭受的破坏十分惨重。中华门城堡箭楼被日军炮火横空抹去；光华门城墙、中华门城墙大部分被毁；中山门三孔拱门被炸塌两孔；挹江门城楼被焚毁。具有历史价值的重要桥梁，如文德桥、利涉桥、淮清桥、大中桥、九龙桥、毛公渡桥等，或被炸，或被焚。中山陵园在南京保卫战中是中日双方反复争夺的阵地，日军动用大炮、坦克、飞机，并用火攻，造成很大破坏。日军占领南京后，田中部队、涡川部队进驻陵园，在陵园内乱划军区，将果园一带划为军农区，附设畜牧场，并在陵园内举行军事演习，紫金山森林遭到严重破坏。作为南京文教中心的夫子庙被日军纵火焚毁，所有配殿、楼阁等均荡然无存。

同月　南京紫金山天文台陈列的明清天文仪器遭到严重破坏，其中明代3件，清代2件。许多零部件损失殆尽，浑天仪、简仪龙角和龙爪多处破损。

同月　南京自来水管理处被日军占用，损毁房屋62间、办公桌椅95套，汽车6辆及其他生活用品，直接经济损失37.99万元。

同月　日军占领浦镇机厂，改名为浦镇工场。

同月　拥有100万元资产的南京大同面粉厂被日机多次轰炸，全部毁坏；扬子面粉厂被日军占领停产。

同月　日军在无锡新安镇烧毁半条街306间房，同时将蔡皇村渡口的维新村80多幢华侨房屋和刘巷等10多个村子的2000多间民房焚烧殆尽，杀害村民84人。

同月　无锡江阴县锡澄汽车有限公司大型公路汽车36辆、小轿车8辆全被日军调用，有的行驶内地，有的为敌伪华中汽车公司所占用，公司损失殆尽。

冬　日军在无锡县洛社镇烧毁上塘东西一条街和下塘部分房屋，共545间，杀害军民近百人。

年底　日军在苏州掳掠了2000多名中国妇女，逼为"慰安妇"。

同上　江苏无锡乾昶丝厂因日军入侵，损失各类丝茧折合518944.28元法币（购置时价值），663627.21元法币（损失时价值）。

1937年　南京沦陷期间，工业、农业、商业、金融业、市政建设、文化教育卫生等遭到毁灭性破坏。工业方面，日军炸毁有百万元资产的大同面粉厂，纵火烧毁通济门一带的机米厂，并将烧坏的机器设备全部运往日本。据统计，整个南京工业因日军破坏，损失率高达80%。商业方面，南京的主要商业街区都受到严重的破坏。太平路被烧去了90%，中华路北段自内桥至三山街口尽为废墟，南段自三山街至中华门全路房屋被烧掉70%。长乐路由武定桥至中华路一段全毁，中正路上的中央商场和大华影戏院全被日军纵火。日军还纵火烧毁了整个夫子庙地带，大成殿荡然无存，周围的金粉楼台都化作焦土，六朝居、奇芳阁、得月楼等著名老店付之一炬，屋宇被毁的占十之六七。城北下关车站被烧得片瓦无存，江岸上的中山码头、首都码头、三北码头、招商码头被烧得只剩残砖碎瓦。

金融业方面，完全被毁者，有白下路中国银行、大行宫中国银行、中华银行、南京银行、新街口垦业银行、中山东路中孚银行、中华路南京市银行、建康路中央银行、永大银行、杨公井四明银行、中华门上海银行、中华路新华银行、国货银行、下关交通银行；被日军占用的，有新街口盐业银行、大陆银行、交通银行、新兴银行、白下路中实银行、薛家巷中国银行等。市政建设方面，南京的供电、供水、交通、道路、桥梁均遭到严重破坏。文化教育卫生事业方面，日军无视国际法，对南京的文化、教育、卫生机构恣意破坏，中央大学的建筑设施先遭日机轰炸，又遭日军抢劫焚烧。日军还轰炸和烧毁了中央护士学校、广东医院总院、南京市政府卫生局。在农村，日军也大肆焚烧村民的房屋。日军对南京的纵火焚烧，共破坏了高大华丽房屋 784 幢又 3.1 万多间，器具 2400 多套又 30.9 万多件，衣服 5900 多箱又 590 多万件，金银首饰 1.42 万多两又 6300 多件，书籍 1800 多箱又 14.86 万余册，古字画 2.84 万多件，古玩 7300 多件，牲畜 6200 多头，粮食 1200 多石。

1938 年

1 月 2 日 淮安市盱眙县城沦陷。日军在盱眙城烧杀奸淫。7 日，日军在城里四处放火，全城顿成一片火海。8 日，一股日军窜到上山道院（瑞岩观旁），架起机枪扫射，240 多人惨遭杀害。躲在大王庙归云洞里的 30 多位居民、明伦堂里的 320 多名外地难民也全部遇难。14 日凌晨，日军向来安方向撤走。这期间全城近 2000 名居民被杀害，其中外地 300 多人，100 多户全家灭绝。全城 21 条街巷有 17 条被烧，8000 余间民房化为灰烬。

1 月 9 日 日军在南京浦口区小河西的堤坝上，把抓获的群众 100 多人用绳子绑在一起，赶到江中的登墩上，用机枪扫射，除 2 人幸存外，其余均被杀死。

同日 日军在南京江宁县陆郎镇搜捕无辜群众 110 多人，押至陆郎神山头杀害，仅有 10 多人被压在尸体下面侥幸逃生，但均受重伤。日军还抓捕群众 32 人，逼其挑抬物品前往江宁镇，除 1 人逃生外，其余均被杀害。陆郎镇未及逃走的妇女多被奸被杀，仅在 2 户刘姓家中，日军就轮奸抓来的妇女七八人，然后割乳、刺腹、挑阴道，将其杀害。

1 月 15 日 大股日军包围镇江丹徒县宝堰镇，杀死 22 人，烧毁镇上房屋 804 间，（其中楼房 430 间、平瓦房 275 间、草房 99 间），商店 286 户。

1 月 26 日 日军百余人分乘 18 艘轮船到昆山县淀山湖西北的马援庄村，将村子包围后，用刺刀逼着村民到户外集中，又用绳索将被押者手连手捆成一串，每串 10~20 人不等，然后押往淀山湖滩用刺刀戳、马刀砍，集体杀害，遇难同胞计 70 余人。在村里、场头、田间被害的 20 余人，这次屠杀，被害村民 92 人，国民党军 16 人。同时，日军还纵火烧毁房屋 394 间，稻谷 73.9 万斤，抢劫银元 1000 块，杀死耕牛 35 头。

同月 南京沦陷后，日军"中支占领地区图书文献接受委员会"有计划地开展"文化大劫掠"，南京国民政府各部会机关的大量图书、文献、档案成为其掠夺的重要目标。3 月 14 日起，日军开始搜集文献，并将搜集到的图书文献运到珠江路原实业部地质调查所内。至 4 月 10 日，日军劫掠了包括中央政府主要部会在内的南京 25 个机关的图书文献。其中国民政府 82700 册，外交部 52200 册，军政部 1300 册，司法部 54600 册，南京市政府 2100 册，省立国学图书馆 167000 册，参谋本部 6500 册，建设委员会 1200 册，地质调查所 11000 册，地质学会 5200 册，中央大学 1850 册，考试院 28150 册，行政院 32100 册，教育部损失 13500 册，中央党部 23500 册，中央研究院 43700 册，内政部 5900 册，实业部 41750 册，财政部 1900 册，全国经济委员会 10600 册，最高法院 13200 册，铁道部 5650 册，中央政治学校 13300 册，紫金山天文台损失 400 册，国立编译馆 27600 册，合计 646900 册（此为当时收集的，后来收集统计数在 80 万册以上）。上述图书资料中有大量的经济资料，为日本占领中国提供了战略决策的依据。

同月 日军在无锡玉祁镇占据瑞纶丝厂，后撤退时将所有机器设备以及原料制成品全部焚毁，损失价值 386960 元。

同月 日本三井物产会社侵占南京永利铔厂。以后，又将全套硝酸生产设备，包括八座吸收塔、一座氧化塔、一座浓缩塔在内共 1482 件、550 吨设备运往日本用于军事生产。

2 月 14 日 日机轰炸溧阳县（现为常州溧阳市，下同）南渡镇，群众被炸死 100 人，炸伤数百人，房屋大量被毁。

2 月 南京浦口 400 多人到煤炭港油库去挑油，被日军发现。日军用草绳反捆其双手，往江里赶，并向在水中挣扎的人群扫射，400 多人全部被杀害。

3 月 12 日 驻沪宁线的日军 1400 多人、40 多艘汽艇，在 3 架飞机的掩护下，重兵包围无锡马山。日军首先对岛上的国民党军队进行狂轰滥炸，尔后在东半山的燕尾咀强行登陆。经过激战，中国守军田文龙部被击溃。日军占领桃坞岭之后，接着对马山人民进行了一场血腥的大屠杀。在"马山惨案"中有 1500 余人惨遭日军杀害，其中本地人 999 名，其余为及苏州、无锡、常州等地的难民和渔民，以及田文龙部官兵 100 余人；被烧毁房屋 3600 间、渔船 40 多艘。

3 月 17 日　日军饭家旅团约 5000 人，从南通城郊的姚港附近登陆，占领南通城。日军侵占南通以后，把中国第一个博物馆——南通博物苑变成了养马场，亭榭池馆毁得残破不堪，南馆、中馆、北馆的窗户全部弄坏，里面的历史文物散失得所剩无几。收藏古今珍物最富的南馆里，一尊大铁佛倒仰在地，一片支离破碎；南馆四周许多石刻的文物都不见踪迹。

3 月 17 日至 30 日　日军在南通市新港镇（今南通市崇川区境内）行凶，数次烧杀，总共杀死群众 72 人，烧毁房屋 1300 余间。

3 月 30 日　中午，日机轰炸盐城，在察院桥、新西门一带投掷炸弹和燃烧弹，炸毁民房 1600 余间。居民死伤 60 余人。

春　驻在镇江圌山山脚下沿江龟山头的日军久保田部的几名士兵登山而上，追抓妇女未果，恼羞成怒，在寺中放火焚烧，三百多年的古刹毁之一炬。大火三日不绝，计烧毁该寺的山门、大雄宝殿、藏经楼、方丈室、法堂、念佛堂、斋房、伽蓝殿、祖堂、库房、米仓等 99 间半。后又从田家桥炮轰圌山山塔。

4 月 5 日　日本组织的无锡惠民制丝公司成立。经理星忠男（日人），协理张子振。第一批加入公司的有润康、振艺、大生、福纶、鼎盛五家丝厂（丝车 1240 台）。7 月又有宏馀、振元，禾丰三家加入（丝车 988 台）。该公司当年用茧约 8.5 万担，产丝 4000 担。

4 月 18 日　日军在溧阳县蒋店屠杀百姓 125 人。

4 月 19 日　日军在如皋县城四个城门外烧毁商店、学校、寺庙、民房计 191 户 1300 余间。

4 月 24 日　日军从镇江句容县天王寺据点出发，袭扰磨盘乡白阳村等 10 多个村，见人就抓，不从即杀，纵火烧死 40 多个青壮年和藏在一座楼房里的 30 多个妇女。还抓了 70 多名村民，用绳穿肩骨，押到马场，集体屠杀。当晚和第二天，日军在这一带大肆烧杀，10 多个村庄的民房几乎被烧光，其中白阳村 104 户民房仅幸存 1 户。两天时间日军共杀死村民 300 多人，烧毁房屋 1000 余间。

4 月 26 日　日军占领盐城，随即在城内实施焚烧，大火连续烧了 7 天 7 夜。后由红十字会收集的尸体就达 485 具。盐城西大街原有 400 余家店铺，大火后仅剩徐同茂一家商店。登瀛桥烧得仅剩几根枯黑的桥桩兀立水面。在东城有胥寿勇、胥寿成、陈寿琪等 12 户居民的 78 间房屋以及所有家具物品全部烧光。城内原有 58700 多间房屋中的百分之八十以上被烧毁，50 多处名胜古迹、楼台亭榭毁于一旦。

4月27日 无锡五牧、洛社、石塘湾、横林、戚墅堰的日军及无锡部分铁路警备队，分水陆两路来到无锡县玉祁，上午烧了新桥、大墩关帝殿（殿内天井里一颗4人合围的古银杏树被毁）和玉祁街四周零星的房子；下午日军又从西街烧到东街，连石驳岸在内，无一幸免，大火两日两夜未熄。玉祁镇412户1200多间房屋被烧毁，其中新桥被烧27户计87间，大新制种场和场内茧子蚕种，全被烧光。

4月28日 上午9时，日机18架轰炸徐州，9架炸东站，9架炸北站，共投大小炸弹200余枚，北站约落30余枚，附近居民死伤惨重，扑风巷、河北镇、坝子街地段数百户尽付一炬，东站津浦西路徐海旅社一带和津浦东站以东天桥一带被炸最惨，炸、烧毁房屋1000余间，到晚8时大火未熄。两站死亡有百余人，伤者倍之。

4月 日军部队至邳县（今为徐州邳州市，下同）北部六区的杜庄、张庄一带扫荡，烧杀奸抢。在杜庄村，日军刺死3人；在张庄村，杀死3人；在褚墩村，刺死2人；在大四户村，杀死群众12人，烧毁房屋300间；在西韩家村，杀死3人，烧毁房屋400间；在朱团村，打死村民5人，伤1人，烧毁房屋600间；在周家村，强奸妇女4人，抢去马牛7头；在大小岗子村，杀死民众18人，烧毁房屋600间，强奸妇女50人；在良壁村，杀死群众20人，烧毁房屋1300间；在董家村，打死村民3人，烧毁房屋300间，另有40多名妇女被日军用车拉到小岗子村强奸。

同月 台儿庄战役期间，日军在邳县邢楼乡杀人放火，在江沟村残酷杀害躲在村东北树林里的18个村民，在耿庄村杀害村民21人，在垛庄杀害15人，据调查，日军在邢楼乡39个自然村共杀害百姓191人。

同月 日军在邳县戴庄镇李圩村烧毁496户，2818间房屋，全庄仅剩下5间没烧；在房庄村，烧毁90户，425间房屋房屋；在营子村，141户，712间房屋仅剩4间未烧毁；在小新庄村，218间房屋被烧毁215间，连同前堡、后堡共烧掉房屋303间；在北杨庄烧房405间；在糖坊烧房13间，在高庄烧房33间，在南杨庄村烧房8间，家具、农具等财物也一同被烧毁。

5月3日 日军飞机轰炸阜宁县城，大火在全城南北5里、东西7里长的街区燃烧达27天，全城80%的房屋被毁。阜宁县城的大关口渡口，至西圩门西大街、北圩门莲花街计35000间房子全部被烧光，石字街居民张宝兰婆母和小叔子2人被烧死。日军还强迫9名居民自行挖坑、活埋。

5月4日 日军乘坐六轮大卡车行至南通市港闸区十里坊时遭游击队抵抗，日本兵实行报复，见民房就烧，从现在的南通红鹿毛纺厂一直烧到大码头，约有3公里路长，河两岸上千户民房被烧，河东河西成了两条长长的火龙。

5月7日 驻盐城市阜宁县城日军约200多人，在阜宁城小虹桥西边（现县防疫站西侧），挖一个大石灰坑，把在阜宁城中抓到的95人拖到石灰坑内活活呛死。

5月8日 一支日军扑向南通县（现为南通通州市）任家园和张家园，当地百姓争相躲逃，老弱妇孺和拖儿带女的来不及远走，只好躲在川猫儿河边的芦苇丛中。日军发现有人，就用机枪、步枪由南到北疯狂扫射。日军恐有人存活，又用刺刀沿着尸体逐一戳过去。躲在河滩芦苇丛中的难民共110人，除了两人受伤后来从死人堆中逃生外，其余108人全部遇难。其中张金寿一家8口全部遇难。

5月10日 日军出动飞机26架分5次飞临徐州市上空，共投弹230余枚，多为重磅及硫磺弹，被灾区域计津浦镇南天桥东西两侧及津浦马路、下洪乡、顺河街、天房乡、铁茶乡一带，因当日西风狂作，火势蔓延，消防人员亦被炸死炸伤多名，无法救火。截至晚九时，仍在燃烧中。共计焚毁民房约4000间，平民死伤300余名，铁茶乡受灾最重，此次被灾达950户，延烧2500间，津浦镇铁路两侧民房1000余间，悉付一炬。11日，日机38架在徐投弹百余枚，毁房屋四五百间，民众伤亡十余人。车站附近流离失所之平民，往站西二里的铁场刹村躲避，又遇敌机轰炸，铁场刹全村成为一片焦土，民众死伤达200余人。12日，敌机5架再次轰炸，区域仍为车站附近之平民区及小商店。

5月13日 晨，敌机54架，又到徐州轰炸，在陇海北站投弹达百余枚，该站附近建筑及民房被炸毁，并有多处起火，平民死伤100余人。

5月14日 敌机54架从早上6时至下午6时在徐州市区投弹280余枚，死伤平民七八百人，被灾约千户，炸毁房屋达3000间，投弹延烧的区域，为大同街、六安街、卧佛寺等地，法教士之天主堂也被投弹7枚，炸毁房屋数十间，该教堂收容的难民被炸伤7人，死1儿童。日军又在徐州中学、铜山师范、徐女师、徐报社、省民教馆分别投弹多枚，同时轰炸电灯公司、电话局、电报局及交通银行、天成公司、花园饭店、三阳医院等处。

5月17日 日军侵占徐州丰县县城，烧杀抢掠，共计有300余民众被杀。县政府、救济院、图书馆、县初中、县小学3所，瓦房500间被烧毁。县城居民、商民被烧毁房屋500余间，计被毁房屋千余间，直接损失112.9万元，间接损失624.17万元。

5月19日 徐州沦陷。日军在徐州市和周围地区疯狂地杀人放火、奸淫掳掠，制造了10多起屠杀惨案。日军滨田部队长（野师）所率部队为最先陷徐的部队，杀害徐州民众最多，单红十字会埋尸计三百多具，另残害中国伤兵150名。不少妇女被日军奸污，有的在大街上大庭广众下被强奸。该部进徐后，放火烧中山街，且不让救火，并轰炸北车站、牛奶房、子房山、铁刹庵等处。

同日 日机15架轮番轰炸宿迁城，投掷炸弹、燃烧弹，引发大火连烧3日。烧毁民房千余间，居民死伤20余人。鱼市口、竹竿街、教军场、北马口一带损失尤为惨重。5月25日，日机再次轰炸宿迁县城。后间隔四五日飞机即来骚扰，共投弹152枚。

5月20日 日军从徐州出动千余人到铜山东阎窝村一带烧杀。不到1小时，阎窝村就有200多名群众惨死在日军的刀枪之下。日军又从山坡上、芦苇丛里把躲避的村民及徐州城里来躲难的群众计670余人逼进一家姓滕的四合院里，用机枪扫射和汽油焚烧，当时除5人从屋顶扒洞逃出，钻进芦苇塘幸免外，其余全部惨遭杀害。阎窝村被杀绝的有18户。同时惨遭洗劫的还有阎窝附近的杏坡、王山、马庄等村。

同日 日军第九师团200人在徐州西的铜山县汉王镇蛤针窝、汉沟、罗岗、杨林等村疯狂屠杀手无寸铁的老百姓2000多人，奸淫妇女80人，烧毁房屋3300间，抢走财物不计其数。

5月20日到5月23日 日机连续4天轰炸连云港古镇板浦，700多间房屋被炸毁，70多人被炸死炸伤；三元宫、崇庆院、盐义仓、二许故居等古建筑都被炸成一片瓦砾废墟；其中鱼市口至东大街的吕姓、黄姓、徐姓3家被炸死17口。

5月23日 日机开始轰炸淮安城，24日上午9时许，12架日机又来轰炸，多处民宅被炸坍、起火。漕运总督署旧址一处防空洞里躲着100多人，被一枚重磅炸弹全部炸死。这次轰炸，毁民房近千家，炸死炸伤百姓200多人。6月15日，日军第三次轰炸淮安，居民死伤30多人。日机对淮城的三次轰炸，共炸死炸伤320余人，炸毁民房1300余间。

5月25日 日军侵扰溧阳县前马镇，前马自卫团被打垮，蒋店和道人渡村70多无辜百姓惨遭集体枪杀。日军此次扫荡，杀害百姓120多人，烧毁民房1000多间。

5月26日 日机对南京市浦口区星甸街道进行轰炸，炸死20多人，炸伤、烧伤100多人。

同日　日军侵犯海安县丁家所（现名丁所），先用炮火轰击，然后在丁所沿河两岸放火烧毁店房、民房970余间，杀害村民许百才、李长银等72人。

5月28日　日军从阜宁县城新桥口（现阜城镇新桥村）向西"扫荡"洋老舍、小张舍、于家圩等村（现新沟镇海宗村），杀死村民张开选等3人，烧毁501户民房1406间，烧毁粮食1300担，打死耕牛6头，抢走猪羊80头，损毁私塾学校1所。

同日　驻阜宁县城日军"扫荡"朦胧镇（现东沟镇永兴村），杀死村民闫盛相、朱二奶、许为康、田其刚等138人，抓走10人，烧毁房屋630户1860间、家具2980件、生产工具6600件、粮食4200斤、衣物10820件，强奸妇女150人，另有15名尼姑、道姑也被糟蹋，她们受辱后有的上吊，有的跳河自尽。同时日军用船拖走300家店铺的物资，运不走的全部烧光，全镇8000亩土地抛荒。

5月　日商三井、三菱、大丸等洋行在无锡开设粮行，遍设出张所，控制无锡米市。一年中所经手的米稻在一百万石以上。

6月3日　日军"扫荡"江都县（现为扬州江都市，下同）邵伯镇两渡乡一带，烧毁22个村庄，335户1141间房屋，打死村民23人。

6月7日　日军百余人"扫荡"如东县丁堰以东地区，至8月21日，先后7次纵火，共烧毁民房2345间，杀死群众21人。

6月12日　国民政府为阻滞日军南进，炸毁河南花园口黄河大堤，造成豫东、皖北、苏北44县54000平方公里土地被淹，淮阴40万亩农田受灾严重。

6月21日　清晨，1500多名日军开着30多辆汽车，拉着大炮，到徐州市铜山县吕梁山下一带村庄"扫荡"。一天之内，洗劫十几个村庄，屠杀群众231人，奸淫妇女23人，烧毁房屋4400多间。

同日　日军"扫荡"盐城市阜宁县城北中灶村（现三灶镇中三灶村境内），驻中灶村7天，共打死村民王其善、王延才、李富居、薛友兰等78人，打伤3人，抢去耕牛25头、猪300多头，奸污妇女25人，烧毁房屋300多户896间，粮食4500担、草100多万斤。

7月7日　早晨，日军闯入苏州吴江县芦墟镇内，将百姓赶到体育场集中。约10时许，日军放火烧房，不到1小时，全镇沿街闹市商铺多处起火。市河西岸，南起中塘桥西景春楼茶馆，北至南袁家浜板桥的街市建筑，以及街面往西延伸的民居十之八九被焚毁。街市中心的恒裕福绸布店、协隆南货店等80余家商号、店铺、近千间住宅房屋及财物全部毁之一炬，损失达10万元之巨。数百人无家可归。住宅被烧毁的富家望族有柳公望、沈昌直、沈眉直、褚忠良等10余家。沈氏兄弟均为南社著名诗人，收藏的古玩字画和孤本、抄本书籍亦荡然无存。

8月4日 清晨，日军100余人在两架飞机配合下包围镇江市丹阳县延陵镇，一批日军冲进镇内街道出口处，用机枪向人群疯狂扫射，打死群众10余人。接着砸开店门，抢掠货物，到处杀人放火，繁华的延陵几成废墟，古刹昌国寺大雄宝殿亦被焚，张金虎、张毛头、蒋连富等79名群众被杀害，伤者不计其数；被烧毁房屋323间，连同被抢掠货物，当时价值22.28万元。

8月11日至13日，17日至19日 日机轰炸南京市六合区竹镇、马集、八百、瓜埠等集镇，炸死炸伤民众1000余人。

8月15日 日军烧毁扬州东郊湾头镇东段200多间民房，枪杀和烧死村民200多人。

夏 日军到仪征县城周边三将、永庆、胥浦、古湎、先农等乡"扫荡"，先后烧毁甘露小学、东门小学、沙漫洲濂溪小学校舍和民房1548间；抢劫牛骡等大牲畜13头、猪19头、家禽1万多只、粮食288石、棺材15具等。

9月1日 傍晚，日军在句容县茅山道院元符万宁宫，放火烧毁三清殿和西斋院的许多楼房，将守庙居士黎洪春和沿途抓来的群众杀死。10月6日，日军第二次到茅山道院烧杀，从乾元观开始，先烧松风阁和宰相堂，后烧殿宇和住房，最后把13名道士和5个打柴农民捆绑按倒在地上，用刺刀戳过后再用机枪扫杀。7日清晨，日军分二路烧杀，一路烧仁佑观和德佑观；另一路烧玉晨观和白云观，枪杀了5名道士和4名打柴的农民。两路日军又到元符万宁宫，逼苏先俊、严先明、眭先凤、倪觉仁、陈道纯等5名道士脱光上衣，跪成一排，用刺刀乱戳，4名道士当场惨死，只有眭先凤侥幸存活。8日，日军在茅山顶宫将30多名道士赶到山门口，准备用机枪扫射，突闻枪声，未及开枪，仓皇逃窜。同时将民伕陈先容、徐钦胜抓到句容，两人被日军狼狗活活咬死。

9月2日 日军炮轰建湖县湖垛镇，炸死、烧死平民300人，烧毁房屋4010间，50名妇女遭强奸。商店几乎全部被炸毁。

9月6日 驻徐州城的日军向民众注射毒针，民众皮肤肿溃而死者达百余人。

9月27日 驻如皋县石庄镇的日军在大石家庄（今石庄镇境内）屠杀群众89人，烧毁房屋300多间，另有18个农民被抓去运送日军尸体和抢掠的物资，到石庄后被日军用刺刀刺死。

10月18日 凌晨，日伪军近千人在飞机掩护下，袭击徐州市邳县土山镇。

抓捕群众数百人，将其中 50 多人捆绑到西门外集体枪杀，除沈太高、沈昭品、姚青山、刘洪山等少数人死里逃生外，遇难者 48 人。加上此前日军在土山制造的系列惨案，土山百姓被打死打伤的共 160 余人，有 18 家被杀绝。当晚，日军撤离土山后去占城，路经刘井西村又杀害村民郝同礼、刘焕文、刘焕章、刘振亚、潘存堂等 8 人。

10 月 23 日　日本特务齐滕弼州带领职员 6 人，占据徐州贾汪煤矿，将"贾汪煤矿"改为"柳泉炭矿"，齐滕弼州任矿长，并将原有矿警队缴械，改编扩充，控制矿区。为加宽老矿至新矿间道路，强占居民高永清、丁玉福等数十家良田 400 余亩，分文不给。又圈占韩场民田 390 余亩作坝垒。

11 月 11 日　下午，日军侵犯睢宁，2000 余间民房被烧毁。

11 月 22 日　日军富永旅团在飞机、坦克掩护下猛攻宿迁城，宿城沦陷后，日军实施屠杀。西北城门内张老庙、石灰窑至西马路口一带，未及撤出的居民 300 余人被杀害。

11 月 24 日　驻宿迁县城日军 100 多人攻打洋河。11 月 25 日，日机对洋河轮番侦查，轰炸一天。11 月 26 日　日军侵占洋河镇。国民党政府军第 57 军霍守义师两个团奋起迎击，日军被迫撤退。撤退时纵火焚烧，大火烧了 4 天 4 夜，被毁民房 9947 间，百余名民众被烧死、刺死。

11 月 30 日　在泰县（现泰州姜堰市，下同）组织的苏北国际救济委员会，名誉会长颜惠庆、韩国钧、会长成静生、副会长黄关庐在上海《申报》上载文呼吁：苏北 20 余县遭日军焚掠轰炸，加之黄水为患，被难灾民 280 余万人亟待赈济。

11 月　江苏无锡市宜兴县各区难民人数至本月止计 63814 人。

12 月 1 日　驻扬州日军连日在仪征县大仪一带与地方抗日武装陈文部队激战。日军士兵每遇当地老百姓，皆予以枪杀或刀刺，共杀害百姓 300 多人。

同日　夜，国民党军第 57 军反攻进入宿迁县城，重创日军。逃出城外的日军在得到徐州方面日军的驰援后，于翌日晨再次入城，在马陵公园、西马路口至北圩门一带四处搜寻，逐户放火，见人就杀，见妇女就奸，烧杀达 3 日之久，杀害平民 3000 余人，烧毁房屋 2000 多间。

冬月　日军在靖江县朱滩圩杀死村民 45 名，在三和庄杀死村民 38 名，在十圩杀死村民 26 人。

1938 年末　江阴县政府民政科对战争损失进行救济调查，月城乡被毁村庄 35 个，被毁房屋 4049 间，农具等财物损失约 10 万余元，有难民 6732 人。

1938 年　日军在南京强征"军用苦工"1 万至 3 万人。

同年　江苏南京文教单位损失地质矿物标本约 5 万余件，矿物和岩石标本 1500 件，煤岩与石油标本 612 件，土壤标本 1100 件，化石标本 23126，石器标本 2200 余件，猿人头骨 2 件，参考用实贵类 1100 件。生物学标本约 6 万余件，哺乳类 78 件，鸟类 4100 件，爬虫类 100 件，两栖类 380 件，昆虫类 2 万件，考古出土文物 2600 余件及 347 箱。

同年　日军侵占徐州后，推行"以战养战"和"以华制华"的策略，实行鸦片"自由买卖"、"自由种植"，甚至强令种植，到处开烟馆，严重危害人民健康。

同年　日军徐州宪兵队特高科长山下率便衣窜到铜山县第六区可恋庄，烧杀奸淫，无恶不作，共打死打伤村民 600 人。

同年　泰州市泰兴县 3 个难民收容所共收容难民 29598 人。

1939 年

1 月 1 日　日军在常州西郊建飞机场，农田被圈作飞机场的农民 1473 人因失地而生活无着，饥寒交迫，请求当局救济。

2 月 15 日　日军占领新沂县后，杀死平民 47 人，烧毁房屋 10500 余间。

2 月 27 日　8 时，日军 5 架飞机轰炸宿迁泗阳县城，在城中小学、周家槽坊等处炸死居民 19 人。晚上，日军自西门进入县城，烧杀抢掠。3000 多户人家倾家荡产，1 万多居民背井离乡，流离失所。

2 月　日军到邳县第一区、第三区等地进行"扫荡"。在韩场村，烧毁房屋 10 间，抢去牲畜 8 头、粮食 3000 斤。在第三区汤家庄村，日军用刺刀刺死村民汤学礼父子 3 人及汤李氏等 9 人，强奸妇女 27 人，烧毁汤泽坤等房屋 25 间，烧毁小麦 15000 斤，抢去牲畜 6 头、大车 1 辆；在寺庄子村，杀死群众 44 人，烧毁房屋 40 间，抢去牲畜 35 头；在大马墩村，杀死张朋友、赵小景等 11 人；在小营子村，用刺刀刺死王宗元、王怀先 2 人，抢去牲畜 7 头，又杀死张道口张大爷父子 2 人；在冯场村，杀死王凤昌、王凤岭、王凤林等 6 人，烧毁房屋 300 间；在艾山后西村，打死赵景文；在大马庄村，烧毁房屋 200 间。在第一区城东乡，杀死惠东文之妻，强奸妇女 6 人，奸后杀死 2 人；在草寺村，杀死群众 18 人，强奸妇女 7 人；在河滩乡，杀死王宝三一家 3 人，强奸妇女 1 人；在房上村杀死群众 31 人，强奸妇女 18 人；在城西乡西惠家村，杀死 3 人，强奸妇女 2

人；在徐场村，强奸并杀死妇女1人。

2月至3月 占领徐州、海州、扬州一带的日军多路分进合击，先后侵占了沭阳、泗阳、涟水、淮安、淮阴等十几个县城。日军侵占各地后，安设据点，四出"扫荡"，抢劫奸淫，无恶不作。

3月6日 驻盐城市响水县日军200多人侵犯滨海县东坎镇，强占原耶稣教堂、端级小学和公园（今滨海第二中学处）为据点，将祠堂大厦拆毁，构筑军事碉堡。占据东坎几天时间内，日军先后烧毁周围五华里以内民房共2650间。

3月26日 凌晨，100多名日军由响水口突袭响水县六套镇，杀害姜洪志、王玉成、高文元、汤本桂、王克斌等村民108人；打伤徐张氏、王正奎、周春池、芦长茂、姜玉模等5人；抢劫烧毁粮食5000多斤，桌凳、箱柜、门板等近500件，被子100多条，家禽400只（头）及商店杂货等。

4月11日 据无锡江阴县政府民政科统计，江阴县城公所统计四城内外人口及户数难民数。合计居民户数11141户，人口数41367人，难民数27474人。

5月 日方以中日合办的名义，霸占南京六合县永利化学工业公司硫酸铔厂；年产硫酸氨数十万吨。

6月5日 日军火烧常州武进县湟里街，烧毁2000多间店面、民房。

6月7日 日机轰炸宜兴县，在官林镇北街投弹30余枚，炸死平民61人，伤27人。6月19日起，日机连续数日轰炸宜兴，徐舍、美栖里、下新桥等处，炸死、炸伤平民20余人，毁民房20余间。21日，徐舍一带被炸毁区公所及学校房屋20余间，死伤7人。杨巷被炸毁瓦房66间，茅屋20间，民船6艘，民众死伤70余人。官林、义庄、南塍、湖头等地被毁民房甚多。22日，日机6架再次轰炸宜兴，官林民众死伤三四十人，毁民船20余只。杨巷、徐舍一带受弹50余枚，毁民房40余间，民众死伤六七十人。同时，日机在丰义、湖头、范道、湄贺、宋凟、高塍等处投弹五六十枚，造成损失甚巨。

同日 日军90余人突然窜至紧靠丹阳县延陵镇的钟甲村，以机枪封锁延陵出口，接着便冲入镇内，见人就杀，遇屋就烧。杀害群众109人，焚毁房屋172间。1名6岁的女孩被枪杀，一个婴儿被用稻草包裹烧死在摇篮里。

6月 日军从泗阳县众兴村出动，向王集、张家圩、穿城"扫荡"，沿途烧毁房屋1600余间，杀死群众30余人。

7月4日 日军飞机轰炸高淳县，东坝镇村民被炸死七八十人；下坝镇被炸死3人，炸毁房屋20余间；固城镇被炸死16人，炸伤30人，炸毁房屋30余间。

8月13日 江都县大陆、马桥、丁伙等地大刀会成员1000多人夜袭驻仙女庙东街，由于消息泄露，日军事先撤出埋伏。大刀会返回时，遭其伏击，死43人，伤100余人。

8月28日 日寇血洗连云港花果山景区，抓走4名僧人和5位山民，随后在新浦的"第八工场"（现解放路市食品公司附近）一带全部活埋。同时又将山上千年古刹三元宫古建筑群（共13处，175间殿宇）除灵官殿外，全部焚毁。

8月30日 伪政府发布命令，伪华兴券被强制在南京市面流通约2年，用来弥补伪政府收入的不足，套购法币与物资，造成南京市面货币混乱，通货膨胀，物价飞涨。

8月 日军在无锡成立军合作社，统制地方农工商经济活动。该组织由苏州特务机关无锡联络部主持，以合作社名义发行"军用票"，垄断粮食等物资，控制民众的生产和消费。他们以合作社名义购入大量稻米，然后将食油、砂糖、食盐、肥皂、火柴等生活用品分配给社员，而社员在购买这些配给的物品时，必须使用"军用票"。

9月13日 日机2架同时轰炸南通大生副厂（即二厂），把当时启东最大的纺织厂彻底炸毁。据1946年2月南通大生副厂（即二厂）战事损失评估（含日军管理期间），房屋、生财设备、原动及修理机器、纺织机器、物料、货物等6大项目总计5228万元（按1937年法币币值估价）。同时炸毁沿街店面100多间，炸死约40人（含附近居民）。日军还烧毁了启东久隆镇一家木行，后又到二厂烧毁宋元良、杨允富2幢楼房，再到方兴村烧毁房屋20多间，久隆镇久西村张连清母亲被日军打死。

10月2日 凌晨，8架日机轮番轰炸高邮县城（现为扬州高邮市，下同），掩护日军攻城。轰炸中，城内百姓死伤400余人，二沟河南的一块空场上有50多人被炸死。日军占领高邮城后，在西门湾一带枪杀居民200余人，在西后街北头一带枪杀居民300余人。晚上，在乾明寺南菜地集体枪杀几十名被抓去做苦力的青壮年百姓。城里城外民众伤亡一千几百人。

11月29日 日军数百人包围连云港赣榆县岗庄湖（今属东海县），将未来得及撤退的无辜群众100余人逼进一家大院，他们把群众分为两处，其中81人被推进一间大屋用机枪扫射，除两人幸存外，其余均遇难。另有十几人被烧死。

12月15日 位于泰兴县口岸镇福星桥东侧的著名古建筑金寿公所（有各类房屋110余间）被日军纵火烧毁。

12月 日军在高邮县界首镇残杀百姓86人，抗日干部3人，烧毁古刹、学校、民房 5550 间，抓壮丁 239 人，抓伕 605 人，抢劫粮食 4709 担，抢劫猪、牛、羊 1178 头，衣物 4312 件。

1939 年　日伪在江阴县征收田赋 35.28 万元。

本年　日军在江苏南京中央医院原址建立细菌生化实验部队——荣字第一六四四部队，大量生产霍乱、鼠疫等病菌，用于细菌战，在宁波等地造成大量中国军民死伤。一六四四部队还用活人做实验，1942 年 10 月，中国俘虏百余名被注射各种病菌致死。

1940 年

2 月 20 日　日伪军从淮安城（今淮安市楚州区）出动，攻打小刀会。在地洞沟，日军用轻重机枪向小刀会猛烈扫射，用迫击炮向会众们轰击，小刀会伤亡惨重。日军进入蒋南庄，大肆烧杀，全庄 50 余户人家近 300 间房屋被烧毁大半，此次浩劫，死于日军刺刀、炮火之下的小刀会会众及无辜百姓，仅蒋南庄一地，就有 200 多人，外村有 370 多人，受伤者不计其数。

2 月 23 日　下午 1 时，日机 5 架侵袭无锡宜兴张渚，投弹 30 余枚，村民死 68 人，伤 81 人，毁民房 35 间。

3 月 6 日　日军到高邮县一沟乡黄家庄"扫荡"，烧毁 98 户、469 间房屋，杀害村民 29 人。14 日，日军第二次到黄家庄"扫荡"，烧毁房屋 45 户、205 间，杀害村民 12 人，奸淫妇女 2 人。16 日，日军第三次到黄家庄"扫荡"，打死村民 2 人，烧毁房屋 264 间，强暴妇女 25 人，其中 1 名妇女遭 6 名日军轮奸。

3 月 24 日　苏州电气公司被日军华中水电公司强行接管。

4 月 1 日至 2 日　日军血洗宝应县大、小瓦甸和夷家沟等 11 个村庄，杀害群众 49 人，其中 1 名孕妇被剖腹致死，胎儿也惨遭杀戮；烧毁民房 211 户、1366 间。

4 月 15 日　日伪大肆搜刮粮食，驻宜兴的日军头目广野，在沦陷区采办粳稻 10 万担。

5 月 1 日　日、伪军 1000 多人分三路对高邮县界首镇于家庵、康家圩、姚家沟等地进行"扫荡"，烧毁房屋 13000 多间，有 3000 多户村民受害。姚家沟 29 户房屋全被烧光，32 人惨遭杀戮，有 6 户全家老幼无一幸存，姚家沟男性青壮年大都死于日军的屠刀下，姚家沟成了"寡妇圩"。

5 月 6 日　日军到沛县胡寨区（现属五段镇）"扫荡"，将村民籍兴章、张广银、毕启光、刘二等 4 人杀害，烧毁房屋 1000 余间，全村 400 户只剩 10 户没烧。

5 月 19 日 日军到吴江县芦墟、莘塔等地疯狂"扫荡"，在芦墟洋沙坑（城司村）村东，杀害村民 4 人，进村后抓到何玉琪、陈炳元娘、陈补林妻等 13 人（1 男，12 女），用铁镐、铁铲垄（砍）死 12 人，1 人重伤致残。在莘塔镇枪杀 4 人，至赵田村又戮杀 5 人。5 月 21 日，日军纠集大部队至吴江县赵田村纵火，并继续焚烧白巨斗、苏家港、洋沙坑、南尹、灶江等 6 村，赵田村、白巨斗、洋沙坑被烧最烈。后据救济会统计，莘塔被焚 4 村、240 户，被杀男女 70 人，伤 5 人，难民 896 人；芦墟被焚 2 村、94 户，死伤男女 24 人，难民 423 人。6 月 3 日，日军到吴江县芦墟洋沙坑、白巨斗、苏家港和莘塔东面的南尹、灶江等村，大肆焚烧屠杀。白巨斗村（现城司村）4 人被杀。在洋沙坑，杀害一少年，并纵火烧毁全村 63 户 150 多间房屋。在苏家港（时莘东乡，现为芦墟三和村），日军用硫磺枪放火、杀人、抓"花姑娘"，顾百三夫妻及其儿子、顾家麻二叔、赵连庆儿子等 16 人（包括 9 名妇女、2 名儿童）被害，朱寿宝、顾三弟等 6 人受伤。全村民房除陆、凌 2 家大屋和三四家民房部分幸存以外，100 户人家全被烧光。

5 月 20 日 上午 8 时左右，驻赣榆县海头的日军突然奔袭龙河，向赶集的人群疯狂射击，100 多人倒在血泊之中，吴村一老人带着两个孙子赶集，也遭杀害。

5 月 23 日 日军洗劫高邮县汤庄乡，烧毁民房、庙宇 2000 多间，杀害村民 8 人。

同日 日军侵袭兴化县城，沿途烧杀抢掠，据不完全统计，杀死平民近百人，伤数十人，炸毁、烧毁民房近千间。

6 月 14 日 驻新沂县新安镇日军进攻马陵山区的中国驻军，日军闯进位于五华顶的泉潮律院，浇上汽油，放火焚烧，大火延烧 3 日。占地七八十亩，具有 300 多年历史的庙宇 600 多间及各种珍藏文物被毁于一旦。

6 月 24 日 当日为丹阳县访仙镇的传统集日，驻夏家村日军用机枪向在靠近九曲河的镇里最大茶馆近月轩内吃茶的群众扫射，枪声一停，大批日军又冲入店堂对受伤未死的人用刺刀乱刺，从后窗跳进九曲河的都被站在桥上的日军枪杀于河中。共计在近月轩内杀死 83 人，在街上、河里枪杀 25 人。下午，日军继续出动到农村"扫荡"。这次被杀害的共有戎祥根、戎金海、戎和松等 150 余名无辜百姓，武进县和埠城等较远地区来赶集而被杀害的尚不在内。

7 月 14 日　日伪军 500 多人进行大规模"扫荡","围剿"驻宝应县望直港附近的中国守军 697、698 团，在花亭荡一带杀害医务和后勤人员 35 人，群众 4 人，烧毁民房 1000 多间。

9 月 12 日　驻南新安镇、涟水等地日、伪军 900 余人，分 5 路向涟水县高沟、杨口疯狂扫荡，仅在高沟以南的岔庙一带，就焚烧村庄 50 余座，杀害群众 200 余人。

9 月 15 日　日、伪军 120 多人，从涟水县城出发，向纪集、高沟一带"扫荡"。第二天，日伪军又从小纪集向北袭扰，将赵庄躲在田野里的男女老少 83 人，都驱赶到了"谦益"糟坊的庄房里，用机枪、刺刀、马刀屠杀并焚尸。日军这次"扫荡"，从小纪集、小戴庄、何沟到赵庄，杀害民众 200 多人，烧毁房屋五六百间。秦罗村近 20 户人家，房屋百余间，全部被烧毁。

秋　盘踞在扬州、高邮、宝应等地的日军集中了正规部队和伪军，使用数十只汽艇、机动轮船、大木船，穿过高宝湖，沿南三河向淮宝全境"扫荡"。同一天，从淮安城（今淮安楚州区）出动的日军，到黄集、朱坝、范集和林集，从淮阴出动的日军到西顺河集，从盱眙出动的日军到蒋坝、周桥、太平集等地进行惨无人道地烧杀抢掠。伤亡群众数以千计。集镇上的小学校被全部炸毁烧光。

10 月 15 日　日军窜扰宜兴县杨巷镇，烧毁民房 1310 间，货物生财损失无数。

10 月 16 日　时值中秋，侵占盱眙城的日军第 13 旅团一部和伪军 400 余人，乘坐 50 余艘汽艇和民船，突袭泗洪县双沟镇。烧毁民房 3800 多间，杀害居民 600 多人，强奸、轮奸妇女 20 多人，有 21 户居民被杀绝。

12 月 11 日　日、伪军在无锡雪浪镇搜寻新四军军粮未果，将顾丕显和维持会的顾耀根、顾祖基、顾阿胖等 4 人绑起来，除顾祖基外，其余 3 人被枪杀于许舍小学操场上。下午 2 点左右，这股日军刚撤走，又一队日军（100 多人）从羊岐登陆，翻山扑进许舍镇烧杀抢掠。大火一直烧到晚上六七点钟。村民因灭火而惨遭杀害的有顾六兴等 6 人。在这起惨案中，方圆 5 里范围内包括许舍在内的 20 多个自然村被烧毁房屋 1048 间、粮食 10 万余斤，南山村 4 名妇女被强奸。

12 月 19 日　日军占领兴化县周奋乡时堡庄，枪杀村民 29 人，杀伤村民 8 人；烧毁民房 400 余户，2000 余间；烧毁庙庵 166.5 间。

本年　日军在无锡胡埭镇闾江村设据点，先后杀害 150 余人。一次从外地抓来 13 人，押至胥山湾，全部活埋；从无锡押来 50 余人，在大雷咀用机枪射死；从宜兴抓来 20 余人，全部枪杀在闾江；从陆区抓走塘家浜村的滕和尚和夏渎上村的是兆根 2 人，枪杀是兆根，将滕和尚活埋在间江村前的公路旁。

同年　宏济善堂无锡分堂（宏济善堂是日本在中国经销鸦片的公司）在道长巷成立。鸦片由日本人用火车从上海直运无锡，沿途由日本兵押运护送，每次运到无锡的鸦片在 5000 两以上，由宏济善堂无锡分堂分成小包，批发到无锡城乡。无锡月销鸦片 1500 两至 3000 两。

同年　日军在徐州市兴中乡强占民田 2545.1 亩建造机场，强占民田 690.2 亩建筑营房，强占民田 165.9 亩修筑公路，每亩仅发给伪联银票 70 元。

1941 年

1 月　日军在邳县草桥镇周庄村与中国驻军作战，后在该村盘踞一星期之久，大肆烧杀奸抢，计杀死村民 2 人，活活剥皮 1 人，奸淫妇女 50 人，烧毁房屋 1300 余间及所有家具，粮食 20 万斤，抢走牛 4 头。

2 月 18 日　日军袭击在兴化县西鲍乡曹泊村的国民革命军江苏省干部训练团，对官兵及家属和当地群众进行屠杀，共杀死官兵及家属 430 人，当地群众 16 人。第二天，抓走村里青年 6 人，逼着他们做苦工。

2 月 20 日　14 架日机轰炸兴化县中堡村、长安村，炸死无辜平民 82 人，炸伤上百人，其中中堡村唐洪章、中长村的范桂荣两家共 10 口人全部遇难。此外，村民财产遭受巨大损失，83 户 236 间房屋被炸毁、烧毁。

同日　日军在兴化县昭阳镇北窑村杀死无辜村民 99 人，烧毁房屋 300 多间。

2 月 21 日　日机 8 架轰炸盐城南洋镇，投弹数十枚，炸死新四军伤病员和居民 55 人，炸伤 75 人，炸毁房屋 500 间。

3 月 22 日　日机 16 架在盐城大冈镇（今属盐城市盐都区）投弹 100 余枚，炸死炸伤群众 250 人，其中大冈本地 100 多人，外地商贩近 100 人，其中村民戴永昌父母、妻子、叔祖母及 3 个小孩全被炸死，居民张礼文一家 7 口，仅张礼文一人幸免，妻子小孩 6 人全部遇难。民房被炸毁、烧毁 350 间。

5 月 20 日　驻扎在兴化县城的日军伙同 100 多名伪军"扫荡"林湖乡戴家舍，枪杀村民 1 人，伤 2 人，轮奸妇女 1 人，烧毁房屋 600 多户。

5 月 30 日　伪军 200 多人袭击兴化县西郊镇联庄会，烧毁北沙、郭仙等"九庄十三舍"，打死群众 80 多人，强奸妇女 10 多人。

6 月 18 日　日伪签订了《关于苏州地区清乡工作之日华协定》，确定苏南抗日根据地为"清乡"的重点。从 1941 年 7 月至 1943 年底，日伪在京（宁）沪杭地区先后进行了九期"清乡"，其中有七期是在苏南境内。7月1日，日伪军开始对苏常太昆（即苏州、常熟、太仓、昆山）地区实施"清乡"。日伪军先以优势兵力从水陆两路实行大范围的封锁，在公路、河道两旁筑起竹篱笆，重点地段架起电网和铁丝网，然后在"清乡"区增筑大量据点，实行分割占领。苏常太地区抗日力量遭受重大损失，损失400多人（包括牺牲、被捕、失散）。广大群众也完全失去人身自由。常熟地区被无辜抓捕、关押的群众达数千人。昆山北部地区从7月起的半年内，被日伪军杀害的无辜群众达400多人，被强征军米200多万斤。

7月22日　上午10时左右，日军9架飞机侵入海安县李堡镇上空，投下炸弹四五十枚，池旺头向北100多间房屋被烧毁，村民死伤100多人，炸毁、炸沉运送公粮船只及藕船、黄豆船、豆饼船等近30条。下午9架飞机又去李堡东北的六排公司轰炸，炸死不少村民。

7月23日　华中鲁迅艺术学院二队师生200人在孟波、丘东平、许晴率领下，夜行军至盐城北秦庄（今建湖县庆丰乡）宿营，次日拂晓遭日伪军突袭，丘东平、许晴、张平、张杰等35人罹难，61名学员被俘，60名学员被冲散。为营救师生，当地群众有8人被杀死，4人负重伤，3名妇女被奸污。

7月　伪军张圣伯部在南通县金沙镇杀害党员干部、民兵、群众上百人，抢劫财物、奸淫妇女难以计数。

10月上旬末　连云港海头据点日伪军为了"加强防务"，放火烧毁据点周围的民房，大火燃烧数日，2000多间房屋化为灰烬。7个在家看门的老大娘也惨遭枪杀。

12月　太平洋战争爆发后，日军对无锡经济的掠夺进入第四阶段。这一时期，日伪组织了伪全国商业统制会，下分米统会、麦统会、油统会、棉丝统会等机构，以武力为后盾，统制重要物资，停止民间自由买卖。

冬　日军发动大规模"扫荡"，在江阴县黄桥乡陈家宗祠内，集体毒打并枪杀乡民200余人；在月城镇黄义士祠内，拘捕乡民数十人进行严刑拷打，杀害20余人；在官山乡枪杀10人。

1942 年

1月6日　凌晨起，国民党苏北游击纵队（亦称苏北挺进军）二纵队两个团在泰州市姜堰俞九舍与日军遭遇，激战一天，伤亡100多人。国民党军败退后，日军对俞九舍、洪西村一带进行"扫荡"，历时 11 天，200 多名手无寸铁的无辜百姓惨遭屠杀，仅俞九舍的 4 个车棚里就有 100 多具尸体。

1 月 11 日　日、伪军"扫荡"丰县二区，纵火焚烧陈三座楼、顾庙、彭庄、陈双楼、前刘桥、李蔡园、李土楼、师桥、师后楼、史庄、徐王庄及马庄、侯围子等村，尤以陈三座楼、陈双楼、李蔡园、师后楼、史庄最为惨重。敌伪所到之处，民家被抢一空。

1 月 12 日　日、伪军犯丰县大沙河镇唐寨村，沿途抓捕村民，至黄口车站后，装车运走青壮年 178 名。前日在宋楼镇大毛楼亦抓走数十人。

2 月 21 日至 3 月 14 日　苏州、吴江、青浦、嘉善、嘉兴诸据点千余日军（长谷川师团），分乘百余艘机船，"扫荡"吴江芦墟、莘塔、北厍、周庄（周庄时属吴江县，现为昆山市）等地，历时 20 多天，制造了十多起惨案，史称"芦莘厍周大屠杀"。芦墟首当其冲，损失惨重。在芦墟张家坟，"铜洋钿"（绰号）、"小漆匠"小五官等 10 余人被日军溺死，顾南寿的表亲凌汉和，东玲村的凌根生，芦东村的姚老虎、沈荣生，草里村的王四林、张阿三、钱坤生、吴阿金等 72 人被日军用刺刀刺死。甘溪村，2 月 21 日，村民被害 8 人；3 月 4 日，14 位村民又死在日军屠刀之下，被烧毁房屋 140 多栋。杨树兜，日军刺死村民 16 人，其中，其中倪阿七一家祖孙三代全遭惨杀。城司村死 7 人，伤 2 人。大树下村，被日军刺死 11 人。2 月 22 日，北芦墟村 72 人被害，其中全家被害的有 3 户 7 人，外村来的客人有 4 人，婴幼儿 8 人，孙福林、孙保生、顾耀祥等 3 人受重伤未死。日军还放火烧毁了 8 户人家的房屋计 30 间。利字窑村，被害 30 余人，6 人重伤。梓树下村，青壮年倪连生等 13 人被害。低潮村张爱林、张阿二、钱金福、陈宝林等 28 人被枪杀，2 名妇女被强奸，23 间房屋被烧毁。高浮头被焚毁房屋 40 间。芦墟夹港里村（今爱好村）6 人被枪杀，3 人被溺死。房屋被烧毁115 间。白荡湾村（今爱好村）被害 18 人，被烧毁房屋 100 间。芦墟倪家舍，12 名逃难老人被杀害，20 多户房屋被烧光。在莘塔凌家墙门，日军将关押的卢阿根、唐玉泉等 60 多人全部戳死，后日军又纵火焚烧。莘塔南灶村（现元荡村），村上房屋基本被日军烧毁，有数十人被烧死。日军轮船开至莘塔丰字村（现莘西村）扫荡，村民吴顺林、吴信林等 10 多人被戳死在秧田里。全村二三十人遇难（该村为一独脚圩，总共有 20 多户人家），男性青壮年几乎被杀尽，成为"寡妇村"。北厍金家湾村 30 多名村民被射杀，2 名妇女被先奸后杀（其中有 1 名孕妇）。在北厍东浜、西浜两村，21 日，日军乱抓村民 60 余人，东浜村村民顾文彬、潘阿荣等 21 人被杀害在西浜浜口顾阿留家屋后。同日，邻村港上被日军杀害 10 多人，著名近代诗人柳亚子先生的故宅大屋也被焚烧为灰烬。在北珠村，3 月 6 日，日军杀害无辜村民 20 多人。昆山周庄镇，在 10 多天时间里，日军用刀劈、斩首、断手、刺刀戳胸掏肠、枪击、火烧、水溺等凶残手段，杀害 200 余人。据不完全统计，在这次"芦莘厍周大屠杀"中，被杀害的中国民众不少于 1700 人，其中，伤残 85 人，失踪 5 人。

2 月 28 日　苏州苏纶纺织厂厂主严氏以 335 万日元向日方赎回苏纶厂。

2 月至 6 月　日伪在江阴、无锡、武进三县交界地区和吴县、昆山、无锡三县铁路以南地区进行了苏州地区第三期"清乡"。

3 月 9 日　日军在吴江县芦墟镇邗上村（现芦东村）抓了 20 多人，当场枪杀朱海生奶奶、牛大夫妻、曹氏老太 3 名妇女，陈阿兆被踢入金字港淹死。其余被赶到姚家浜（姚池村，现芦东村）村口庙边，其中包宝兴、朱永昌、陈金海、陈金荣等 13 人被集体杀害在姚家浜庙基上。重伤幸存的有陈牡丹、朱海生 2 人。另有 3 头耕牛被打死。在姚家浜庙基上同时被屠杀的还有其他村上抓来的村民，共 80 多人。日军还把包宝兴和朱永昌尸体搁在车前沟上用稻草焚烧。

同日　日军二进吴江县北厍镇蛇垛港，又抓村民 10 人，关押于北厍柳宅，后将他们杀害。日军撤走后，从柳宅池塘挖出尸体 200 多具。

3 月 12 日　伪江苏省长李士群在无锡发动"清城"，闭城大搜捕。先后拘捕 500 余人，枪决 12 人，其余解南京日本集中营和安徽裕溪口矿山服劳役（日本投降后回锡的仅 200 余人）。是日，除无锡外，吴江、昆山、太仓、常熟、江阴、武进等县也同时"清城"。李士群为推行所谓"江苏实验区"，乘机捕杀异己。

3 月　日军 3 架飞机轰炸东台县潘丿镇，炸毁村民曹大玉、陈文兵、姜保康、张明寿等 250 户居民 1500 间房屋。

5 月 14 日　日伪在苏州进行清乡大搜捕，苏州城区被抓 120 余人。百余人被送往南洋群岛服役，数十人死于非命，几十人陆续逃回、释回。

6 月 25 日　日军山本部队带领伪 32 师及特务机构共 1200 人，侵占启东县吕四镇及乡下各地，拆掉百间民房、庙宇修筑炮楼。日兵舰在海上烧毁渔船 20 多条，烧死渔民百余人。

同月　日伪军 200 多人占领睢宁县梁集镇东店村，在东店强拉民夫 2000 多人，日夜构筑工事，以作进占固守。

7 月 21 日　日军分别在射阳县南洋镇抓丁 150 余人，在伍佑抓丁 300 多人，在北洋抓丁 300 多人，在花川港抓丁 100 多人，在城内抓丁 500 多人，共 1350

余人，用军车押送泰州、泰兴一带。

7月 日军在泰州城抓捕大批进步学生和教师，仅泰州中学（时称时敏中学）就有200多人，其中有一名叫盛世明的学生（涌茂泰铜匠店老板娘的弟弟），被抓走后一直未回。

9月5日 日军"扫荡"东海县马陵镇时，在白石头村（现为山左口乡）将全村妇女70多人拘在一所空院里轮奸。

9月 日、伪军对南通市通州二鸳、三余、杨港等地进行"扫荡"，平民数百人惨遭杀戮和活埋，二鸳镇及周围村庄几乎化为灰烬，数千人无家可归。

10月1日 盘踞宿迁城日军向北"扫荡"，午时至邵店，烧毁房屋达700余户。粮食、柴草、器具、衣被等，悉被焚毁。

11月13日 驻淮安日军1000余人从淮城出发，经范集、黄集、朱坝，沿浔河南岸至洪泽县岔河，纵火烧房数百间，杀害群众100余人。

11月13日至12月15日 日军"扫荡"淮北抗日根据地中心区境内泗南、泗宿、泗阳、洪泽等县33天。日军出动第17师团、13旅团各一部，及伪军第15师窦光殿一部、28师潘干臣一部、伪苏淮特区绥靖军郝鹏举两个团，总兵力1万余人，在骑兵、坦克、飞机配合下，一路由泗县到青阳，一路由宿迁到金锁镇、归仁，一路由五河到郑集，一路由淮阴到高良涧、蒋坝，一路由盱眙到洪泽湖。日军在梳篦式"扫荡"之后，在泗洪马公店、金锁镇、归仁镇、青阳镇筑上据点，反复进行"清剿"。据不完全统计，在日军33天"扫荡"中，杀害抗日根据地军民2645人；群众损失财物折合法币2192.13万元，其中牲畜损失21.32万元，房产器材损失172万元，粮食被服损失194万元，货币损失505万元。

本年 日伪在南通海启地区抓捕壮丁2000人以上。

本年 随着太平洋战争及中国战场战局的发展，日本侵略军加紧推行"以战养战"和"以华制华"的政策，对华中各抗日根据地的争夺变得更加激烈了。驻扎在苏中的日军独立混成第12旅团和2万多伪军，向抗日根据地军民接连不断地发起"扫荡"和"清剿"，平均每星期就有一次四五百人的小"扫荡"，每半个月就有一次千人以上的大"扫荡"。

1943 年

2月12日 日军以独立第12旅团主力、第15师团一部为主，配合以第17

师团一部及伪军第36、第28、第22师、独立团等部共2万余人，分南北两路合围"扫荡"江苏盐阜区，先由凤谷村、苏家嘴、湖垛、沟安墩、陈家洋和新安镇等地分五路合击盐城板湖、佃湖、东坎、八滩地区。再分成多路，以拉网战术，合击阜东和滨海地区。20日，日伪军2000多人在八滩、蔡桥等地打死打伤村民13人，烧毁民房7500间，造成5万人流离失所。

同日　日、伪军千余人在对淮安盐河以西、灰墩以南、小朱集和岔庙以东、红窑以北纵横二三十里的地区，进行合击"清剿"。程稽庄22位村民被杀害。张锅甑村只有16户人家，敌人进庄后将躲在徐慎右家的9人当场戳死。刘大园庄20户中有5户被杀绝。金圩笪凤节、顾玉林等5人被杀死于涟新公路一旁塘坳内，至今村民犹称之曰"五人塘"。徐圩村民孙士元20多岁，不甘引颈就戳，赤手拼搏，日军6人蜂拥而上，将其劈为两半。据《解放日报》记者陈登桂事后调查统计，这次大屠杀，盐西十里、红窑、亚东、得胜、普安、金圩等6个乡，共被日、伪军杀害361人，受伤致残者19人。

3月6日　日军占领建湖县高作等镇，前后抢劫8天，抢走群众大量财物，奸污妇女110人，其中3人被奸致死。

4月8日　日伪签订《苏北地区第一期清乡工作总纲》。11日，伪苏北清乡主任公署在江苏南通成立。日、伪军策划已久的对苏中四分区的"清乡"正式开始。南通、如皋、启东、海门4县各据点的日伪军在日军第61师团长小林信男率领下，倾巢而出，采用梳篦、拉网式战术，分兵几十路向根据地中心区分进合击，反复搜索，企图围歼苏中抗日根据地党政领导机关和抗日武装。在短短一个月内，日伪军接连发动三次大"清剿"。所到之处，断绝交通，挨门挨户反复搜查，抓捕共产党、干部和民兵，捕捉壮丁，强拉民夫，奸淫妇女，抢掠财物。仅在通中地区就打死打伤群众300多人，奸污妇女700多人，抓走壮丁300多人。日伪还在"清乡"区内逐一设立伪区乡机构，增设大批据点，形成梅花桩式的据点群；控制主要交通线，把根据地分割成许多小块。还沿"清乡"区边缘，构筑了长达300余华里的封锁竹篱笆，每隔一里左右，便筑有碉堡，凡交叉口则设立检问所配兵把守，隔断"清乡"区与外界的联系。

4月　日军到东台县弶港"扫荡"，烧毁小街近300户人家1000多间房屋，强奸妇女20多人，其中顾××被两个鬼子轮奸后含恨而死。

5月6日　日军诱捕启东县陆洲舫部官兵700多人，杀死赵云生、樊小扬、黄占龙、汤阿毛、蔡士林、薛锦华、小朱、李锦标、孙慕才、倪排副等大队、中队长。将200余人（均为外地人，无人保释）解送浦口集中营，其大部后来死难。

6月 自本月起，日、伪军以编查保甲为主要内容，在苏中四分区实施"政治清乡"。在启东、海门、南通、如皋依次各进行一个月，一直持续到9月为止。7月24日至26日，日机动"清剿"队及伪军在南通县十总（今通州市十总镇）一带驻剿，抓捕干部群众200余人，将5人杀害后，又于26日晚活埋49人。8月20日，日伪开始由江苏启东西区转向海门中、东区进行高度强化"清乡"，苏北"清乡"政工团团长孙永刚亲自出马，采取烧、杀、抢等暴力手段强行编制保甲。出动300多人"包剿"无畏乡，放火烧了200多间房子，抓捕200多人进监牢。

8月 日军对建湖县芦沟镇淳化、恒丰、立诚、德润等乡实行"扫荡"，烧毁737间民房，奸污32名妇女，抢去耕牛51头、猪136头，拆毁大型农具474件，抢粮食4420担、衣物16150件，砍伐树木10万棵，造成近2万亩土地荒芜。

9月10日 日、伪军对淮北根据地实行大规模的"三光"政策，在泗南县（今宿迁市泗洪县濉河以南）、淮泗县（今宿迁市泗阳县）烧掉30余村庄，抓捕农民三百多人带往徐州。

9月22日 日军"扫荡"新沂县邵店镇，占据周围各自然村，纵火烧毁村民房屋和粮食，计有万间房屋和1.5万多亩玉米，致使1500户近8000人食宿无着。

9月30日 日伪军在盐城建湖县庆丰镇宋楼、洪桥、张庄、古基等村扫荡，杀害群众165人，打伤26人，奸污妇女近百人，烧毁民房3000间，抢劫粮食3000担、耕牛210头、猪3500头、鸡鸭1.1万只，抢劫并烧毁15家商店，近万亩土地抛荒。

9月 日伪华中蚕丝公司宣布解散前夕，曾派人到江苏无锡各丝厂，擅将各厂机器、锅炉等强行敲拆，作为废铁"捐献"，其中永裕、振艺、振元、大生、泰孚、森明等6家丝厂，都遭到严重破坏，损失计"中储券"2亿元之巨。

10月9日至21日 日伪军在南通县中部、西部地区进行"延期清乡"，仅在同乐（今属西亭镇）、华芦（今属骑岸镇）、严灶（今属四安镇）、沈家店（今属四安镇）、唐洪灶（今属东社镇）等地就抓捕群众560余人，其中480余人惨遭杀害。

12月 战前无锡庆丰厂有容量为1600KW、1000KW、4000KW的三座发电机，日商无理要求庆丰厂以这三座发电机来偿还日方占领庆丰厂时的复旧费、管理费，庆丰多方交涉未果。本月，日商以借贷为名，将1600KW发电机拆迁至蚌埠的日商华中水电公司，此后又将4000KW、1000KW发电机拆迁至山东德日商华北水电公司。

同月 日军修建九龙机场时，强占泰县九龙村（今属泰州市海陵区）储家汪、瓢家汪、高高山、六十亩荒塘、野菜汪、西瓦田等村民田1000余亩；马家沟民田200亩；唐楼村民田200亩，民房124间，致使该村26户村民（共140多人）无家可归。

同年 日军将无锡62家机器厂、27家翻砂厂等留存未搬之车、钳、刨、钻床等母机，共计1314部全部运至东北，计钢铁重量约为5500余吨。此外，贵重物品、器皿、衣饰等被掠夺者，不可胜计。

同年 日本人虽然在年初发还了无锡部分纱厂，但仍用各种方法控制和利用，一是成立棉花统购委员会，统一收购、统一分配棉花；二是成立棉纱、棉布收买办事处，颁发《收买棉纱、棉布实施纲要》，不准纱布自由买卖，利用这些规定来限制华商的生产，造成无锡本地的工厂原料不足、电力不足，生产出的纱布又被伪政府以分期付款，三年还清的办法加以征购，无锡的纱厂实质上成了日军的代纺厂。由于破坏严重，生产极不正常，无锡全县运转10万纱锭，仅为战前的40%。

同年 日军为了建造农场，强占徐州市第二区东店子村陈洪太等29户村民184.2亩土地，西店子甄继曾等27户村民160.3亩土地，上店子胡荣光等20户村民138.5亩土地。以上三村被日军占领土地共483亩。

同年 日、伪军"延期清乡"期间，在南通通州市三余（今三余镇）、余西（今二甲镇）、金沙（今金沙镇）、骑石（今骑岸镇）、西亭（今西亭镇）、汇通（今川姜镇）等区抢杀耕牛456头，抢、毁粮食664万斤，烧毁房屋3500多间。在南通县中心区，抓壮丁5000余人，奸淫妇女1000多人。

1944 年

1月22日至23日 日军在淮泗县（今宿迁市泗阳县境内）从陶圩开始纵火焚烧村庄，沿途向南烧了102个村庄，绵延80华里。卢集、小王集（高渡）、裴圩、黄圩、顺河集等集镇被烧得地塌土平，被烧被抢的及牲畜财物无法统计。

3月 日军从宿迁、洋河等地出动，向泗阳县南部"扫荡"三天，从曹庄向龙集、界集一带纵火，至烧至尚嘴，火烧泗阳南乡50里，烧毁村庄数十个，上万人流离失所。

7 月 5 日 淮安（今淮安楚州区）、淮阴、泗阳众兴镇等地日、伪军及码头、杨庄伪 28 师 110 团、109 团特务营全部，计兵力 1800 余人，对袁集区实行所谓"歼灭性扫荡"。据不完全统计，东金圩、西金圩、汤庄、凌桥、谢庄、葛油坊等十几个村庄，被烧毁房屋 1000 余间，粮食 10 余万斤，群众被杀害 60 余人，壮丁被抓走 170 余人。

7 月 日伪军在新沂县陇海铁路沿线村镇突击抓壮丁，计抓青壮年 1000 余人。

10 月中旬 伪军徐继泰部配合日军第 72 旅团及驻连云港市灌云、东海县伪保安队 3000 余人，对灌东地区进行残酷扫荡，大部分村庄被烧光、抢光，群众死伤 500 余人。

11 月 7 日 驻大中集的伪旅长谷振之率伪军 400 多人，窜入东台县垦区朝荣、垣附、福成等乡烧杀抢掠，抓捕青年 274 人，烧毁 40 多家房屋，抢去棉花 3000 担，抢劫 700 余户。

同年 汪伪政府接收了华中宏济善堂，无锡分堂改称土膏行，下设源和、源浴两家土膏店，公开大量销售鸦片。与此同时，伪无锡县维持会会长杨翰西与日本特务"宣抚班"班长勾结，又开设"公和土膏行"和土膏店 5 家，售吸所 60 家。另外，日本宪兵队还扶植大毒贩陈孟起，组织"清心俱乐部"，在无锡城中观前街开设售吸所。日军占领期间，无锡的售吸所超过 120 家，大小毒贩千余人。

同年 日军广川部队为了扩大徐州市近郊的大郭庄飞机场，继 1939 年强占大郭庄村民王化龙等土地 3401.2 亩后，又于本年划去民田 2337.8 亩，共强占民田 5739 亩，并拆除村民草瓦房计 2350 间，伪政府仅每户发给伪储备票 1000 元，造成大郭庄、上河头、李庄、冯庄等四村数千人倾家荡产，流离失所。村民冯印桂、冯王氏、李姚氏等 7 人为此自尽殒命。

同年 日军在连云港锦屏山磷矿杀害矿工五百余人（均为开封人），有的矿工被打得半死后投入井内。

1945 年

1 月至 3 月 日伪在江阴征收田赋税款及米粮数目合计为 99914 石 5 斗 2 升 4 合。

2月7日　满载人和货物的万吉轮从泰州市龙窝起航后行至泰兴天星桥江面时触日军水雷沉没，百余人被淹死，大量货物沉入江中，口岸、龙窝数十人遇难。

6月21日　江苏宿迁市井儿头、大墩吴、连六庄等地刀会为抗拒日、伪苛政，举行暴动，砍死伪突击队长王承绪以下20余名，活捉伪军49名。27日，伪军区团长王斗山，勾结新安镇日军前来报复。战斗中，刀会会众被打死80余人。日伪军进庄后，烧毁民房100余间，杀害儿童30余人，砍杀成人10余人。

6月　盘踞在东台县的日、伪军抢粮食、抓壮丁，伪军孙良诚部共摊派老百姓大米1万担、抓捕壮丁1000名。

8月15日　本日是日本帝国主义宣布投降的日子，赣榆县吴山区民兵200多人集中在卜都村待命，准备接受大伞庄伪军投降。第二天拂晓，400多名伪军把卜都村团团包围。在突围战斗中，有13名民兵牺牲。天明伪军进村后实行大屠杀，全村由24名群众被害，其中张庆君弟兄3人、张鸣九父子3人、张学都母子2人、张庄贵父女2人均同时遇害。

9月9日　中国战区日本投降签字仪式在南京中国陆军总司令部大礼堂举行。

12月中旬以后　北平、南京、上海、广州、汉口、太原、徐州、济南、台北、沈阳10地成立审判战犯军事法庭，分别审判各地日本战犯。

（撰写者：江苏省委党史工作办公室）

后　记

　　抗日战争期间人口伤亡和财产损失调研工作（简称抗损调研工作），是中央党史研究室组织实施的任务，是国家社科基金特别委托项目。江苏省的抗损调研工作在中央党史研究室的直接指导和省抗损调研工作领导小组的领导下，在领导小组各成员单位的大力支持配合下，经过全省各级党史部门和有关单位的艰辛努力，如期完成了任务。

　　在抗损调研工作中，全省收集了大量的、具有研究价值的档案、文献和口述资料，我们将这些资料和调研成果进行分析整理，形成《江苏省抗日战争时期人口伤亡和财产损失调研报告》、《大事记》，以及相关专题和资料，上报中央党史研究室出版。

　　值抗损调研工作任务完成之际，我们对省课题调研工作领导小组成员单位的大力支持，特别对中国第二历史档案馆、江苏省档案馆、侵华日军南京大屠杀遇难同胞纪念馆的有力帮助，对全省各级党史部门和有关单位为课题调研付出的辛勤努力，对各位专家学者的大力支持与热情帮助深表感谢。对曾经参加课题调研工作的杨妍、陈广彧、张允强、吴晓红等同志一并表示感谢。

本书编者

2014 年 4 月

总 后 记

历时多年的《抗日战争时期中国人口伤亡和财产损失调研丛书》终于问世了。参加这套丛书编纂工作的，主要是承担《抗日战争时期中国人口伤亡和财产损失》课题调研任务的各省、自治区、直辖市及其下属市、县的领导同志和课题组成员，以及部分著名专家。他们以高度的责任心和使命感，竭尽全力，攻坚克难，终于完成了各自承担的任务，并按统一要求，形成了调研成果的 A 系列书稿。同时，有关省、自治区、直辖市还从实际情况出发，编纂了主要反映市、县调研成果的 B 系列书稿。由于各地情况不尽相同及其他原因，呈现在读者面前的丛书，将分批陆续完成和出版。

为了保证质量，我们对本丛书中由各省、自治区、直辖市完成的 A 系列书稿（即省级调研成果）实行了四级验收制，即：所有的省级调研成果，先由有关省（自治区、直辖市）课题领导小组及其聘请的省级专家验收组分别审读通过、写出书面意见；然后提交到中共中央党史研究室课题组。中共中央党史研究室课题组审读后，再聘请国内知名专家审读书稿，提出书面意见。对每次审读提出的意见，各省、自治区、直辖市课题组都认真研究落实，对书稿进行反复修改，或是说明相关情况，直到符合要求。由一批专家完成的 A 系列书稿（即带全局性的专门课题调研成果），也通过类似的办法验收。主要反映市、县调研成果的 B 系列书稿，则由有关省、自治区、直辖市党史研究室组织验收。各种调研成果验收修改的过程，同时也是调研的深化过程、提高过程。经过反复修改补充的成果，在质量上都有明显提高。

中共中央党史研究室课题组在中共中央党史研究室室委会和分管室副主任的具体领导下开展工作。中共中央党史研究室几任主要领导同志即曲青山和孙英、李景田、欧阳淞主任，非常关心和重视本课题调研工作的开展。分管这项工作的室副主任李忠杰同志始终严格把握政治方向，精心部署和安排，明确提出创建"精品工程、基础工程、警世工程、传世工程"的要求，给工作指明方向，还及时领导解决调研过程中遇到的种种困难和问题。各地同志和有关专家同中共中央党史研究室课题组保持密切联系，对中共中央党史研究室课题组的工作给予了积极配合和支持。

　　中共中央党史研究室课题组由李忠杰、霍海丹、李蓉、姚金果、李颖、王志刚、王树林、杨凯等同志组成。先后担任中共中央党史研究室第一研究部领导职务的黄修荣、刘益涛、蒋建农同志参与了课题调研和审改的部分工作。中共中央党史研究室科研管理部、办公厅的部分同志也参与了有关工作。特别是在北京市和山东省召开的两次全国性会议，中共中央党史研究室科研管理部、办公厅的有关同志自始至终参与了繁忙的会务工作，付出了大量心血和辛勤劳动。

　　在李忠杰同志直接领导下，中共中央党史研究室课题组承担了组织指导与协调推进各地课题调研和联系有关专家完成全局性专题调研的繁重任务。在人手十分有限的条件下，课题组同志们近10年如一日，以对民族负责、对历史负责的自觉精神，克服困难，埋头苦干，为圆满完成任务做了大量工作。计先后编发213期达60多万字的《工作简报》，同各省、自治区、直辖市的同志和有关专家进行了数以千次、万次的电话联系及当面沟通，先后到10多个省、自治区、直辖市实地调查、参加会议，了解情况，当面指导，协助各地完成调研工作，或邀请有关地方的同志到北京进行座谈；还组织22个省、自治区、直辖市课题组编纂《抗日战争时期全国重大惨案》，同中央档案馆联合编辑《抗日战争时期解放区人口伤亡和财产损失档案选编》，同中国第二历史档案馆、中国人民解放军档案馆联合编辑其馆藏的相关档案资料，撰写有关专题报告，等等。将近10年来，课题组成员虽有变动，但工作始终如一，没有延误和懈怠。

需要说明的是，《抗日战争时期中国人口伤亡和财产损失》课题，有时也简称为抗战损失课题或抗损课题。虽然有学者认为"抗战损失"或"抗损"通常只能反映抗日战争中财产方面的损失，人口伤亡不能称作损失，但考虑到当年国民政府习惯采用"抗战损失汇报"或"抗战中人口与财产所受损失统计"等表述，所以本课题参照前例，以"抗战损失"或"抗损"作为课题简称。

2014年初，根据中央领导同志的指示精神和中共中央党史研究室室委会关于做好出版和对外宣传全国抗战损失课题调研成果准备工作的要求，我们组织部分省、自治区、直辖市的分管领导和课题组成员对已经印出样本的A系列书稿再次进行复审和互审，并邀请部分承担了抗战损失专题调研任务的专家参加审稿工作。这次集中复审和互审的主要任务是：审核已经印出样本的A系列书稿，对相关数据、史实严格把关，保证课题调研结论的真实性，保证书稿没有重大差错。中共中央党史研究室主要领导同志和分管领导同志也提出要求：把工作做得再深入、再扎实一些，统一规范，责任到人，把问题消灭在书稿正式出版之前。

在复审和互审过程中，地方同志和邀请的专家以多种形式及时沟通，围绕审稿发现的问题研究讨论，和中共中央党史研究室分管领导进行交流，对一些重要的共性问题达成一致。经过复审和互审，对有关的A系列书稿做出进一步修改。在此基础上，中共中央党史研究室课题组同志又对拟第一批出版的每一部A系列书稿进行多环节的审读、检查、修改、校对，严格审核把关，尽可能如实、客观地反映调研情况和成果。

中共中央党史研究室的其他同志及一些外聘同志、从地方党史部门借调的同志，如徐玉凤、谢忠厚、杨延力、郭明泉、戴思厚、王俊云、梁亿新、宋河星、毛立红、王莹莹、茅永怀、庚新顺、李蕙芬同志等，满腔热情地参加了本课题调研的部分工作。不论是调研选题的讨论、同有关各方的联络，还是资料的整理、归类、建档等，他们都付出了辛勤的劳动。

这里，还要特别感谢国家社会科学基金规划办公室、国家新闻出版广电总局有关领导和同志对本课题调研工作的支持和帮助，感谢有关部门对丛书出版经费的支持和保证。中共党史出版社的领导汪晓军以及陈海平、姚建萍等同志，也为这套丛书的出版花费了很多心血。

我们相信，本丛书 A 系列和 B 系列各卷的陆续公开出版，必将大大有助于抗战损失课题调研成果的推广利用，有利于固化历史，更好地发挥以史为鉴、资政育人的作用。但是，我们也深知，本课题调研迄今所取得的成果，还只是阶段性的、部分的、不完全的成果。在已经取得的来之不易的成果的基础上，今后，这一课题的调研工作还要深入不懈地继续进行下去。

中共中央党史研究室课题组

2014 年 4 月 30 日